读客文化

南明史

（下）

顾诚 著

北京日报出版社

目　录

第十八章　1648—1649年湖南战局　　　　　　　　　　001

第十九章　永历朝廷内部的党争　　　　　　　　　　　026

第二十章　清军攻占桂林、广州　　　　　　　　　　　042

第二十一章　大西军的联明抗清　　　　　　　　　　　058

第二十二章　1651—1653年浙闽赣抗清势力的消长　　　113

第二十三章　孙可望部署的湘、桂、川全面反攻　　　　139

第二十四章　清廷加强推行以汉制汉政策　　　　　　　173

第二十五章　李定国的两次进军广东　　　　　　　　　215

第二十六章　1654年会师长江的战略设想　　　　　　　243

第二十七章 李定国迎永历帝入云南和孙可望的降清　　277

第二十八章 清军大举进攻西南及永历朝廷的播迁　　323

第二十九章 郑成功、张煌言长江之役　　351

第三十章 永历朝廷的覆亡　　385

第三十一章 郑成功收复台湾　　438

第三十二章 夔东抗清基地的覆灭　　494

引用书目　　517

原版后记　　528

第十八章
1648—1649年湖南战局

第一节 明军收复常德、宝庆与何腾蛟挑起内衅

1648年正月江西金声桓、王得仁和同年四月广东李成栋的反正，是永历朝廷的一大转机。上文已经指出了金、王用兵方向的不当和李成栋援救江西不力，导致局势逆转。但是，就整个南明复兴事业而言，关键却在湖南战场。其原因如次：第一，清廷在金声桓、王得仁以江西反正之后，唯恐长江中下游有失，急忙命令孔有德、耿仲明、尚可喜三王带领军队撤回湖北汉阳，湖南只留下总兵徐勇守长沙、总兵马蛟麟守辰州、总兵张国柱守衡州，此外就是广西巡抚李懋祖和总兵余世忠据守广西全州到湖南永州一带，兵力相当单薄。永历政权可以投入湖南的兵力远远超过当地清军。第二，永历朝廷如果能够趁清军主力撤离湖南的机会一举收复全省，在战略上将使湘、赣、粤、桂连成一片，既便于互相呼应支持，又可以为进一步扩大战果奠定基础。第三，湖南一省是永历

朝廷重臣何腾蛟、刘承胤以不同形式拱手让给了清方，在江西、广东反正以前，永历君臣局促于广西部分府州，威望大损，如果能够凭借自身力量收复湖南，必将提高朝廷的声望和地位。

然而，永历朝廷在湖南战场上却一误再误，坐失时机，罪魁祸首就是窃踞督师阁部的何腾蛟。迄今为止，人们大抵没有摆脱南明门户之见的影响，对许多人物和事件做了不正确的叙述。嫉贤妒能、误国误民的何腾蛟一直被推崇为正人君子，描写成支撑南明政权的擎天大柱，就是一个典型的例子。

让我们先看一下1648年夏秋间湖南的形势。这年四月，堵胤锡、马进忠利用孔有德等三王兵马撤出湖南的机会，于十八日由湘西九溪卫（在今湖南慈利县西北）、永定卫（今湖南张家界市）出发，二十四日收复了常德[1]。一度降清的将领陈友龙也在靖州反正归明。陈友龙原来是刘承胤的部将，号称敢战。刘承胤以武冈降清时，他受制于主将被迫降清。1648年四月，他的军队驻扎在湖南靖州城外二十里处，孔有德委任的署贵州巡抚彭而述来到靖州，陈友龙就在这月十五日宣布反清，围攻靖州，"合苗、瑶诸山峒赤脚椎髻之徒，蜂拥靖州城下，火炮如电，戟列如霜"。清署贵州巡抚彭而述督副将阎芳誉出城迎战，"守将杨文义做内应，城以陷，标下副将贺进才冒矢石死"，彭而述逃往宝庆[2]。十七日，陈友龙派兵进入贵州黎平府，活捉会同县清知县宋云梯，黎平府推官蔡䴂逃往黔阳。清偏沅巡抚线缙

---

[1] 顺治五年七月初九日湖南巡按吴达"为汇报紧急塘报事"揭帖，见《清代档案史料丛编》第六辑，第一五六页。

[2] 彭而述《读史亭文集》卷十五《仕楚纪略》。同书卷十四《张将军传》记张自强阵斩陈友龙，"谍者曰：此友龙头也"。实误。陈友龙之死是何腾蛟唆使郝永忠将其攻杀。

向朝廷报告："武冈、黎、靖、会同一带犹属旧治，响应神速，尽裹网巾。"[1]又说："宝庆一府所辖五州县，今新宁、城步、新化陈友龙、王国柱做叛，已去三县；武冈危困三月，亦在叵测，所存邵阳一县半怀观望。"[2]七月初一日，陈友龙部攻克武冈州，清副将贺云、知州何衡泗自杀[3]。八月初五日，陈军又攻克宝庆府（府治邵阳）。

正当湖南局势对南明处于极为有利的情况时，原先负有丢掉几乎湖南全境的罪责，一直龟缩于广西桂林的督师阁部何腾蛟却急不可耐地妄图窃取"复湘"首功。他带领曹志建、赵印选、焦琏、卢鼎等部于五月二十七日攻克全州[4]。清广西巡抚李懋祖、总兵余世忠退入湖南永州[5]。何腾蛟的军队尾随清军进攻永州，余世忠等据城阻击。尽管何腾蛟位高兵多，却庸懦无能，顿兵永州城下，久攻不克。他眼看堵胤锡部已经收复常德，陈友龙部连克靖州、武冈、宝庆等地，复湘大功很可能落入他人之手，竟不择手段地加以破坏。

何腾蛟对陈友龙怀有很深的敌意。原因是刘承胤在武冈降清时，陈友龙本不情愿，迫于当时的形势勉强归附清朝；清方为了使他死心塌地跟随自己，故意责令他带兵进攻何腾蛟的老家贵州黎平（按，何腾蛟是五开卫人，五开卫治与黎平府同城），俘虏了何的家

---

[1] 顺治五年四月二十一日偏沅巡抚线缙题本，见《明清史料》丙编，第七本，第六七〇页。
[2] 顺治五年七月十一日偏沅巡抚线缙揭帖，见《清代档案史料丛编》第六辑，第一五七页。
[3] 顺治五年七月偏沅巡抚线缙"为塘报事"揭帖，见《明清档案》第九册，A9—10号；参见同年八月线缙揭帖，同书第九册，A9—43号。
[4] 钱秉镫《所知录》卷二。
[5] 顺治五年七月二十一日偏沅巡抚线缙揭帖中说："今署广西抚臣李懋祖、镇臣余世忠已离全州，退守永州矣，其势甚迫。"见《清代档案史料丛编》，第六辑，第一五七页。

属[1]。陈友龙反正以后，先后占领靖州、黎平、武冈、新化、宝庆，同收复常德地区的堵胤锡、马进忠部互相呼应，大有一举拿下长沙之势。何腾蛟为了泄私愤、争头功，竟然指使南安侯郝永忠率部由柳州北上靖州地区偷袭陈友龙部。郝永忠一介武夫，长期受何腾蛟笼络，当即奉命行事。他以借道靖州恢复辰州为名，突然对陈友龙部发起攻击；陈友龙毫无防备，全军溃败，带着残兵败卒逃入广西向永历朝廷诉冤。陈友龙军既在何腾蛟挑起的内战中被打垮，不仅乘胜进攻长沙的计划破灭，宝庆府也被清总兵张国柱、参将魏守职重新占领[2]。

  何腾蛟导演的南明军队自相火并，使湖南清军得以喘息。直到十一月初一日，何腾蛟指挥的军队才攻下永州，然后再次占领宝庆，延误了收复全湘、东救江西金声桓、王得仁的时间，后果十分严重。对于何腾蛟的私心自用，留守桂林大学士瞿式耜是非常清楚的，但是他同何腾蛟气味相投，互为表里，故意把事情的经过说得含糊其词。现存瞿式耜集中《恢复宝庆疏》尾注明时间为"永历二年六月初六日具奏"，接着的一篇《永城大捷疏》尾注明是"永历二年七月初六日具奏"。后面这件奏疏说："本月初一日一鼓而下，克复永城。"根据清方档案和地方志，攻克永州是这年十一月初一日，瞿式耜的上述两件奏疏都应该是十一月上旬写的，他本人上疏时自然不可能写错时间，问题出在据疏稿编集的时候。这两件系时错误的奏疏都同何腾蛟直接有关，未必是偶然的疏忽。鉴于人们对奏疏所写年月往往深信不疑，对这种例外情形做点考证就是必要的了。

---

[1] 沈佳《存信编》卷一记：1647年十月"刘承胤遣部将陈友龙带兵五百至五开卫取何腾蛟家眷四十余口，腾蛟妻王氏投水死，妾赵氏、张氏俱自缢。友龙遂取腾蛟老母及家属至靖。（孔）有德即以友龙为靖州总兵。"

[2] 康熙二十四年《宝庆府志》卷二十一《武备志·兵纪》。

瞿式耜《恢复宝庆疏》中说："本月初五日，准督师阁部何塘报前事：'据标下职方司主事李甲春，原翰林院简讨姚大复报称：宝庆一府，职等前与总镇陈友龙已经会师恢复。后陈兵派饷一倍、十倍，以致百姓迎虏；兼以郝（永忠）兵入靖，陈（友龙）兵溃回，宝（庆）复为虏所踞。职等奉本阁部严命，于十八日率兵万余，一仗决胜，斩级二百零五颗，生擒三十四名，夺大西马五十余匹。有功员役，另察册报。虏遁洪桥，我兵屯营宝（庆）城外五里，扼其要路。此系恢郡捷报，恳乞奏闻，等情到案。本阁部（何腾蛟自称）看得，宝庆一府东通长郡，南连衡岳，西界武、靖，表里山河，诚楚之大郡也。本阁部鞭长不及，终少调剂，以致旋得旋失。今发监军御史余鹍起，躬督标下职方司李甲春之兵，乘虏初入，脚跟未定，一鼓恢复，厥功伟矣！然湖南、北之真虏毕集永阳（即永州），本阁部调四爵之兵（指曹志建、赵印选、焦琏、卢鼎），无日不战，无仗不胜。阱此数万豺虎，衡、宝之虏自在目中。宝庆恢复，又可省一番筹战之劳矣。理合塘报，烦惟转奏。'等因到臣（瞿式耜自称）。"接着，瞿式耜写道："该臣看得，宝庆之旋得旋失也。由于郝永忠之兵入靖，陈友龙调兵回顾，衡之援虏乘机再入。今幸督师辅臣腾蛟方略布置，一鼓恢复，与永捷之报同日并驰。……"[1]何腾蛟、瞿式耜都谈到陈友龙放弃刚刚收复的宝庆是因为郝永忠兵进入靖州。按情理说，陈友龙反正以后已成为明朝将领，郝永忠部由广西进入湖南，本应联合进取长沙等府县，怎么会适得其反呢？原来，陈友龙自靖州反正后，捷

---

[1] 《瞿式耜集》卷一《恢复宝庆疏》。

报频传，永历朝廷加封他为远安伯，以示奖励[1]。何腾蛟怀着不可告人的目的派郝永忠以友军之名行偷袭之实，一举击败陈友龙，才导致宝庆得而复失。何腾蛟所督军队重占宝庆后，自矜功伐，真是恬不知耻。瞿式耜替他帮腔，一唱一和，朦胧上奏，表明永历朝廷中结党弄权，几无是非功过可言。给事中金堡趁机起哄，上疏大骂"闯贼郝永忠本我寇仇，暂归绛索，未尝与虏一战，而震惊乘舆，戕贼内地，顷且残靖州，逐勋镇矣。陈友龙反正之后，有力恢宝（庆）武（冈）之功，而永忠遍布流言，谓勋辅腾蛟令其报仇，欲以离义士之心，败督师之望"；要求朝廷下诏"削其官，声其罪，使天下知其为国法所不赦"[2]。金堡舞文弄墨，为何腾蛟开脱罪责，发泄对原农民军将领的仇恨，可谓无耻之尤。王夫之有一段记载比较接近事实：

> 何腾蛟素恶友龙，以庶母、妻、妾故，尤怨之。且闻其复湘乡，恐其先得长沙。而腾蛟方围永州未能下，念无以制友龙者。郝永忠方屯柳州，腾蛟使谓永忠曰："诸将出楚，皆立大功，将军独深壁柳州，将为诸将笑。今予自率滇、曹兵下永、衡，王、马诸部出辰、常；为将军计，惟有靖、武一路可出耳。陈友龙收二十余城，富甲诸将，金粟可坐食十年。战友龙之与战□（虏），难易亦易知，且彼自以得上封拜，恬天子为安，不虞人之见袭，可一鼓破

---

[1] 蒙正发《三湘从事录》记："又刘承胤标镇陈友龙自武冈反正，光复黎（平）、靖（州），下至宝庆。友龙每得□（虏）官，即剥皮示众，绰号陈剥皮。寻以功晋远安伯。"王夫之《永历实录》卷十一《陈友龙传》也说："事闻，敕授总兵官左都督，封远安伯。"

[2] 金堡《岭海焚余》卷中《时政八失疏》。

也。吾妻妾皆死于友龙之手,将军于我,师生谊最厚,独不能为我一报乎?尽友谊,取大功,收厚利,据乐土,在此行也。幸勿以友龙新受褒赏为疑。将军诚据宝庆,待我而下长沙,虽杀友龙,朝廷其不能致诘于将军审矣。"永忠军方困于食,得腾蛟报,大喜,即卷甲趋古泥。即贻书友龙,言假道自黎平西出黔境,往复辰州。友龙不为备。永忠倍道驰袭友龙于武冈。乃称"奉督师令讨友龙"。友龙兵不得集,遂溃败。永忠尽并其军。友龙挟一矛冲重围走,三日夜不得食,乃达柳州。驰疏讼冤,朝廷果以腾蛟故,置不问。永忠遂大掠黎、靖、武、宝,杀百姓以巨万计。武、宝绅士起义应友龙者,皆捕掠之。给事中金堡自黔阳入,奏:"永忠击杀忠义,戕贼内地,破坏恢复。"朝廷为腾蛟故,复切责堡。腾蛟每对客揶揄曰:"吾荐拔将帅至五等多矣,能为我效一臂者,郝南安一人而已!"诸将以是怨望解体[1]。

何腾蛟一手挑起了内衅,既报了私仇,又抢了收复宝庆的功劳,欣欣然自以为得计。可是从整体战略上看,明军收复湖南,同江西会师的时机就此错过。这不仅导致了大局的逆转,就他自己的命运而言也种下了覆亡的根苗。南明朝廷重臣之短视大抵如此。

---

[1] 王夫之《永历实录》卷十一《陈友龙传》;参见同书卷一《大行皇帝纪》,卷十五《郝永忠传》。

第二节　忠贞营等部湖南之役

　　1648年（顺治五年、永历二年）四月十八日，堵胤锡领导马进忠、王进才部从驻地九溪卫（在今湖南慈利县江垭西北）、永定卫进攻常德，二十四日攻克该城[1]。王进才部进至辰州（府治在沅陵）所属的官庄坪、白马渡。清偏沅巡抚线缙惊呼："贼势愈张，非独常德一府失陷，而湖南、湖北百姓尽裹网巾，白布缠头，擒杀县佐，逼夺印信，公文阻隔，音信不通，大有可虑者。"[2]南明军队在四、五月间先后收复泸溪、辰溪、黔阳、宁远、新田、祁阳、安仁、耒阳、酃县、城步、新宁、安化、江华、麻阳、东安等地。清辰常道戴国士见势不妙，也以沅州（今湖南芷江）叛清归明[3]。明保昌侯曹志建在五月二十一日攻克道州后，会同郝永忠部围攻蓝山[4]。何腾蛟调集曹

---

[1]　顺治五年五月二十六日偏沅巡抚线缙"为塘报常城失守事"揭帖，见《清代档案史料丛编》第六辑，第一五二至一五三页。马进忠攻克常德的时间在南明人士的记载中常有错误，如钱秉镫《所知录》卷二记："二年八月与北兵战于麻河，大捷，斩首七千余级，恢复常德，封鄂国公。"王夫之《永历实录》卷七《堵胤锡传》说："时方溽暑，进忠邀胤锡饮树下，因步林塘间，见故墟有茂荫清迳，进忠曰：'此可构一亭轩，坐销余暑。'遂指挥军士垒基址，庀木石。胤锡大怒曰：'终当老死此山乎？'进忠笑不应。翼日，日晏未起，樵苏者归报进忠已拔营出常德。"旧历未过端午，何至于溽暑？钱秉镫自称听了马进忠部监军毛寿登讲述麻河战役经过，王夫之是湖南人，不知道为什么把四月间的事误记为八月。

[2]　上引顺治五年五月二十六日偏沅巡抚线缙揭帖。

[3]　顺治五年六月湖广四川总督罗绣锦揭帖中说"道臣戴国士据报被贼掳去"，接着又说他"从贼"，还写了一批招降清方官员的信件，见《明清档案》第八册，A8—174号。鲁可藻《岭表纪年》在这年三月下记："辰常□（房）道戴国士反正于沅州。"

[4]　顺治五年六月湖广四川总督罗绣锦"为汇报湖南失守州县仰乞圣鉴事"揭帖，《明清档案》第八册，A8—173号；参见同书A8—174号罗绣锦揭帖。

志建、焦琏、胡一青、赵印选、卢鼎等部兵从七月十七日起围攻永州（府治在零陵），到十一月初一日攻克该城，擒杀清广西巡抚李懋祖、广西总兵余世忠，清永州通判郦胤昌投河自尽[1]。衡州（今衡阳市）的清朝文武官员见明军声势浩大，主动放弃衡州，撤至湘乡、长沙扼守[2]。

何腾蛟、堵胤锡节制的各部明军虽然趁清军主力撤出湖南的时机，收复了湘西、湘南许多州县，但除马进忠的军队以外其他各部兵力较弱，而且各自为政，难于承担收复湖南全境、东援江西的重任。一旦清军主力再度入湘也不是对手。制辅堵胤锡有见及此，决定亲自前往夔东邀请英勇善战的忠贞营进军湖南[3]。李赤心（即李过、李锦，隆武时封御营挂龙虎将军印、兴国侯）、高必正（即高一功）统率的忠贞营自1646年围攻荆州被勒克德浑部清军击败后，退到川鄂交界的大山区休整，先在巴东县平阳三坝驻扎，1647年（顺治四年、永历元年）四月内从巫山、巴东交界处渡过长江，"头入施州卫（今湖北恩施），尾在建始县"[4]。顺治五年（1648）七月初一日，李赤

---

[1] 瞿式耜《永城大捷疏》，见《瞿式耜集》第八十三至八十四页；《解报余世忠首级疏》，同书第九十七页。《所知录》卷二。参见顺治十三年十一月十三日偏沅巡抚袁廓宇题本，见《明清档案》第二十九册，A29—83号。

[2] 顺治五年八月偏沅巡抚线缙"为塘报大变事"揭帖，见《明清档案》第九册，A9—44号。鲁可藻《岭表纪年》卷二记："宝□（指宝庆清军）亦走衡州。督师何腾蛟离衡仅五十里，各□（房）聚集衡城，先犹议守，少顷，尽抢衡城内外而散，惟王回子、张固山、李东斗数□（房）带骑渡河，走长沙。"

[3] 鲁可藻《岭表纪年》卷一记，永历元年（1647）三月，"封总制忠贞营堵胤锡光化伯，并兼东阁大学士"。南明史书中因此简称他的官衔为"制辅"。

[4] 顺治四年七月湖广四川总督罗绣锦"为恭报会歼逆渠并陈塘报情形仰祈圣鉴事"揭帖，见《明清档案》第六册，A6—37号。

心领兵"数十万"东下一举占领湖北彝陵[1],九月即全营开至湖南常德。十月二十一日从常德进发,击败清总兵徐勇派来的援兵,二十四日收复益阳县。十一月初一日分兵攻取湘潭、湘阴、衡山,初三日在湘潭击败清偏沅巡抚线缙、总兵徐勇部一万余人,占领该县;初九日又攻克湘乡、衡山两县。至此,长沙府属十二个州县已经被明军收复九座,只剩下府附郭二县长沙、善化(实际上就是长沙一城)和浏阳仍为清军据守,长沙成了孤注[2]。十一月十一日,李赤心、高必正亲统将校数十名率领兵马包围长沙,"临城四面攻打",发"箭如雨,铳子落城中如鸡卵,中人物皆毙",五天五夜连番进攻,"掘城凿洞",志在必克[3]。清偏沅巡抚线缙、总兵徐勇据城顽抗,但部下兵丁只有三千名,外无救援。徐勇在城头督战时,被李赤心一箭射倒城上[4],攻克长沙已经指日可待了。清朝湖南巡按吴达在给朝廷的奏疏中说"一只虎等贼于十一月十一日攻围长沙,危在旦夕,幸众将士血战,方得保全。……长沙之围虽十六日报解,而其势益危"[5];偏沅巡抚线缙也说长沙"将至垂危",十六日李赤心等大军忽然"抱

---

[1] 顺治五年八月湖北巡按王守履"为再报彝陵失守各官仰祈圣鉴事"揭帖,见《明清档案》第九册,A9—48号。

[2] 顺治六年二月湖南巡按吴达"为察明长郡情形请补缺员事"揭帖,见《明清档案》第十册,A10—41号。

[3] 顺治五年十二月二十五日巡按湖南监察御史吴达"为孽贼被创,饮恨复仇,飞请救援事"揭帖,见《清代档案史料丛编》第六辑,第一六〇至一六一页。清孔有德委署的贵州巡抚彭而述当时正在长沙城内,他自称"予与镇、道、府登陴守御兼六昼夜……事在五年十一月初十至十六日"。见《读史亭文集》卷十五《仕楚纪略》。

[4] 鲁可藻《岭表纪年》卷二记,"□(房)镇徐勇立城上,赤心一箭中其骹"。《满汉名臣传·徐勇传》也说徐勇"中流矢仆,复苏",见黑龙江人民出版社1991年排印本,第四四二三页。

[5] 顺治五年十二月二十五日吴达揭帖。

头鼠窜"[1]。

这究竟是怎么一回事呢？个中缘由清方守城文武官员以为己功自不待言，南明许多史籍也因为作者的政治偏见常加掩饰。实际情况是督师阁部何腾蛟同节制忠贞营的大学士堵胤锡由于政治主张不同大闹矛盾，何腾蛟急于争功，造成功亏一篑。上文说过，包括长沙在内的湖南大部分地区在1647年清孔有德等三王进攻下，何腾蛟统率的明军望风而溃，他本人也逃到广西。这次趁清军主力撤退，收复湖南郡县时，何腾蛟想把功劳据为己有，以盖前愆，还在进攻永州的时候就多次给留守桂林大学士瞿式耜写信夸口说："衡、长功夫，俱在永州做就。"[2]可是，由于他指挥无能，进展缓慢，而忠贞营是制辅堵胤锡出面从夔东调来的，成了复湘主力，特别是眼看即将取得攻克省会长沙的首功。于是，争夺长沙战功成为何腾蛟同堵胤锡矛盾的焦点。当忠贞营从常德挥师南下时，何腾蛟就写信给堵胤锡说："治生（何腾蛟的谦称）与清大战于严关日月桥，三王败遁；进围零陵（即永州），指日可下，各郡邑尽入掌中。闻忠贞诸盟驻节中湘，分取衡阳，则功又有所属矣。近王（进才）、马（进忠）诸勋举动甚是乖张，治生已有檄谕之矣，谅此辈必不负治生也。"堵胤锡读信后不胜感慨，对兵部侍郎毛寿登说："我等封疆之臣，罪且难赎，何公尚欲言功耶？"[3]鲁可藻记："初，忠贞至长沙攻城，已挖二窟，城内岌岌。腾蛟意：长沙自我失之，必自我复之。遂以忠贞援江，候调

---

[1] 顺治五年十二月偏沅巡抚线缙"为逆贼合力攻围，官兵奋勇杀退，恳祈叙录事"揭帖，见《明清档案》第九册，A9—183号，同件又见《明清史料》甲编，第六本，第五一五页。
[2] 瞿式耜《恢复大捷疏》，见《瞿式耜集》第九十九页。
[3] 计六奇《明季南略》卷十二《堵胤锡始末》。

标镇各营同进复长沙也。"[1]堵胤锡在忠贞营即将攻克长沙时也不无得意地说：长沙自"督辅失之，我为复之，不亦善乎？"[2]何腾蛟听到后妒意倍增，他竟不顾一切，以督师阁部的权力下令把即将攻下长沙的忠贞营调赴江西，表面理由是派他们解救被谭泰、何洛会部清军包围在南昌的金声桓、王得仁；实际上是要让自己直接节制的南明杂牌军队收复长沙。堵胤锡拗不过何腾蛟（他原是何的下级，何腾蛟又有留守大学士瞿式耜在朝廷内鼎力相助），被迫下令忠贞营于十一月十六日放弃即将攻克的长沙，怅怅然带兵东进。当时亲见其事的汪辉记载："何公自至湘，将一只虎十三家调往江西，马进忠调下湘潭。"[3]长沙城里的清军逃脱了覆没之灾，趁解围的机会四出抢粮，加固城守。何腾蛟拼凑的杂牌官军战斗力既不强，又调度不灵，大部距长沙尚远，以致坐失事机。如果何腾蛟稍有大臣度量，以国事为重，绝不至于出此下策。当时的形势很明显，李赤心军拿下长沙只是指顾之间的事，一旦攻克省会，湖南一省将迅速底定，南明不仅将有一个稳定的后方，而且趁屡胜的兵威东救江西，北取入湘门户岳州，整个战局将大为改观[4]。

[1]　鲁可藻《岭表纪年》卷三；同书卷二也说："督师何腾蛟入衡州，留胡一青镇守，递下湘潭。与堵胤锡议：胤锡统忠贞援江，腾蛟统马进忠及滇营、督标等恢星沙。"
[2]　蒙正发《三湘从事录》。
[3]　汪辉《湘上痴脱离实录》，见《希青亭集》。
[4]　南明史籍的作者常出于偏见，把湖南战役失败的责任推到忠贞营身上，为何腾蛟开脱罪责。如钱秉镫《藏山阁诗存》卷十《行朝集·悲湘潭》题下注云："督师何公腾蛟围长沙，垂破；忠贞营兵至，一时溃散。公不去，驻于湘潭，被执死之。"完全是颠倒黑白。

第三节　济尔哈朗进军湖南与何腾蛟被俘杀

何腾蛟下令把围攻长沙的忠贞营调走以后，自以为可以让自己节制的勋镇拿下长沙，攫取首功。然而，他情报不明，不知道清廷所派济尔哈朗统率的满、汉大军正在向湖南推进。清廷接到湖广总督、巡抚、巡按诸臣连续告急的奏疏[1]，于1648年（顺治五年）九月十一日决定任命郑亲王济尔哈朗为定远大将军，"统兵讨湖广逆贼李锦"[2]。十月，济尔哈朗军行至山东曹州，参与镇压该地的农民反抗；十二月在湖北安陆府喂马[3]，休养士卒，准备大举入湘。何腾蛟对敌情缺乏起码的了解，加以指挥无能，在忠贞营于十一月十六日撤离长沙后，始终没有组织成一支进攻长沙的兵力。1649年（顺治六年）正月，济尔哈朗大军进入湖南，何腾蛟部下诸将如惊弓之鸟，纷纷拉起队伍就跑。何腾蛟身边只有马进忠部少数兵力，自知难以迎敌。他在无可奈何之时，给永历朝廷上疏奏称："湖南千里一空，前恢复诸城一旦尽弃，引罪自劾。"[4]何腾蛟原疏未保存下来，但从南

---

[1]　顺治五年闰四月湖北巡按王履揭帖中说："尤可虑者，目今王、马、袁、堵诸逆，假以复明为名，狂逞于荆岳之上；金贼、土寇蹂躏于蕲黄之下，而三王有班师回京之声息。……真危急存亡之秋矣。镇、道诸臣日日请兵请救，大声疾呼，急如星火。……职谨会同督臣罗绣锦、抚臣高士俊、治臣赵兆麟合词具题，伏乞圣鉴，敕部速议施行。"见《明清史料》甲编，第三本，第二二七页。

[2]　《清世祖实录》卷四十。李锦即李过，隆武帝改其名为李赤心。清廷命将出师以李锦为主要对手，而不是何腾蛟，这点很值得注意。

[3]　顺治五年十二月湖广四川总督罗绣锦"为塘报南郡失守情形仰乞圣鉴事"揭帖中说，他奉命于十一月赴安陆府为济尔哈朗准备喂马粮刍，济尔哈朗军至安陆当在十二月，见《明清档案》第九册，A9—185号。

[4]　钱秉镫《所知录》卷二。

明人士的记载里可以推测他的"引罪自劾"肯定隐瞒了自己把忠贞营调走招致全局败坏的真相，许多南明官绅又同何腾蛟、瞿式耜沆瀣一气，对原大顺军改编而成的忠贞营怀有很深的偏见，因此把这段历史描绘得混乱不堪，全部责任都推到忠贞营和节制该营的堵胤锡头上。例如，堵胤锡邀请忠贞营入湘，李赤心、高必正应命率部于九月间到达常德，十月二十一日由常德南下；何腾蛟在十一月间给瞿式耜的塘报中还说"本阁部不以恢长为喜，而以忠贞来附为喜"；同年十二月初一日瞿式耜转奏后奉圣旨还说："今长、湘凯闻，李赤心、高必正等雄冠诸军；制辅堵胤锡联属各部，以成大捷，朕心嘉悦。"[1]可是，到了王夫之等人的笔下，就变成堵胤锡招忠贞营参加湖南会战仿佛是一种阴谋，李、高兵进至常德百里外时堵胤锡才写信通知马进忠，"进忠大惊，疑忠贞营之众旦夕即并己，立命焚廥舍庾积，掠百姓，拔营南走……进忠去常德，王进才、牛万才不知所出，遂约刘体淳（纯）、张光翠同走衡、宝间。忠贞营至常德，已赤土无茎草，不能留，即尾进忠后，自宁乡趋湘潭。马蛟麟徐出收常德，湖北复陷。诸军猬集于湘，高必正遣偏师攻长沙，以谢胤锡，不克，亦退湘、衡间，互相疑掣，转掠千里，胤锡无以制之。腾蛟泛轻舸至湘潭，乃与胤锡议，以南昌求援甚急，胤锡督忠贞营渡湘而东走醴、攸，往援江。而忠贞营徘徊茶、攸间，殊无行意。湘潭陷，腾蛟败没，忠贞营奔衡州走郴，为入粤计。胤锡不能令也"[2]。这完全不符合事实。李赤心、高必正率忠贞营入湘作战，本来是堵胤锡和马进忠的请求，出兵时还对夔东的留守兵力做了部署，防止湖北清军乘虚西上。当时清

---

[1] 《瞿式耜集》卷一，奏疏《恢复大捷疏》。
[2] 王夫之《永历实录》卷七《何堵章列传》。

荆州总兵郑四维依据可靠消息报告："闻说马进忠等请虎贼（即李赤心为首的忠贞营，李过绰号"一只虎"）往常（德）、澧（州）。仍将谭贼（指谭文、谭诣、谭弘）船只发上新滩，留王二（即王光泰）、王三（王昌）、姚黄（指摇黄十三家）、朱经略（朱容藩）、王昉生接住施、归、建始一带。今（十月）初五日，各贼起营前往常、澧。"[1]王夫之是当时当地人，应当知道事实的真相。他为了掩盖何腾蛟的过失，竟然编造了一篇马进忠同忠贞营内讧的神话，渲染得栩栩如生。这种凭个人好恶任意上下其手的史笔，只能把读者引入歧途。

1649年（顺治六年、永历三年）正月二十日，清军在济尔哈朗统率下没有遇到任何抵抗，就进抵道林市，从活捉的明摆塘兵口中审问得知何腾蛟和马进忠正在湘潭城内。次日清晨，清军快速行进，出其不意地包围了湘潭县城。马进忠见清军势大，率部南撤，何腾蛟成了无兵之帅。二十一日清军进入湘潭，何腾蛟被俘[2]。清郑亲王济尔哈朗下令屠城，湘潭城中的百姓几乎全被杀光。当时逃到乡下的文人

---

[1] 顺治五年十月二十一日荆州总兵郑四维揭帖，见《文献丛编》第十三辑。
[2] 顺治六年二月湖南巡按吴达"为塘报事"揭帖中说："据差往王营伺候旗鼓守备申庆元报称，于十二日引领大兵星夜前进，至道林市擒杀贼拨三十余名，当审贼息，何腾蛟、马进忠见驻湘潭城内。次早二十一日大兵齐进，当时贼败，大兵随即围城，贼兵突门溃奔。除砍杀不可数计，当即擒住何腾蛟，惟马进忠脱逃。因天晚难追，于二十二日发兵追至湘乡。王爷暂住湘潭，出示安抚百姓。"见《明清档案》第十册，A10—38号。鲁可藻《岭表纪年》卷三记："忠贞既去，马进忠兵才来千余，滇、标等营又以忠贞阻路不至。□（房）乘虚直入，一路扫荡，近城始知。腾蛟闻报三次，尚不信。标官强上马，□已入城。追者斩其后骑门役，而腾蛟马不前，遂被执。"这段记载大致可信，只是说滇、标等营被忠贞阻路不至与事实不符。据清方档案和地方志，忠贞营解长沙围后向东进军，形势逆转南下至郴州。而何腾蛟节制的滇营赵印选、胡一青及王进才等部在宝庆、衡州一带。

汪辉记载：清军从正月二十一日开刀，"屠至二十六日封刀，二十九日方止"，半个月后他进城看到的是一场惨不忍睹的局面："近前则足软，欲退又不能。魂飞魄散，心胆俱寒矣。时血迹尚鲜，腥臭逼人，立身无地，有食亦不能下咽。但见尸骨纵横，惨不可言。……市上人民不止二三十，城中不满百人，受伤未死者数十人。"[1]康熙初，《湘潭县志》收录的一件碑文也说："六年正月，万骑自长潜渡，屠其城，尸坟起，与垣檐平。会守帅提馁卒至，搏尸衣而暴露之，涂藉污泞隘巷间，横竖比叠；有未亡者欲以面目求死者状，裹骸还里，此臭皮囊三七日外作鬼畜变相，竟人人似，又哭而置之。"[2]

何腾蛟被俘后，清方劝他投降，他坚决拒绝，正月二十七日被杀害于湘潭流水桥旁一个小坡下[3]。据记载，何腾蛟就义前"惟举手拍地，呼：'可惜！'两掌皆碎"[4]。大概他终于认识到由于自己的偏私心理作祟导致全局瘅败，追悔莫及吧。永历朝廷得到何腾蛟就义的消息，追赠他为中湘王，谥文节。

何腾蛟被俘后坚贞不屈，保持了民族气节，应当肯定。但纵观他的一生却是成事不足，败事有余。弘光时期他受制于左良玉，无所作为。隆武时期，他伙同湖北巡抚章旷排挤大顺军余部，收罗一批散兵游勇充当嫡系，又无将将之能，造成刘承胤、曹志建、黄朝宣等割据跋扈的局面。上文说过，隆武帝遇难，他负有不可推卸的责任。反

---

[1] 汪辉《湘上痴脱离实录》，见《希青亭集》。

[2] 康熙三年《湘潭县志》卷七，石村拾筏《湘燐化碧碑文》。

[3] 汪辉《湘上痴脱离实录》记："何公于廿七日杀在流水桥坡侧，后有僧人推土墙掩之。"参见王岱《吊何黎平腾蛟》诗附语，《沅湘耆旧集》卷四十六；王岱，湘潭人，崇祯己卯举人，后仕清。

[4] 王夫之《永历实录》卷七《何腾蛟传》。

攻湖南之役取得节节胜利之际，作为全军统帅的何腾蛟却处处私心自用，唆使郝永忠偷袭反正来归的陈友龙部，挑起明军自相残杀，给清军以喘息之机；又悍然调走围攻长沙的忠贞营，一手断送了复湘援赣的战略大局，卒至以身予敌。南明之不振，用人不当是个重要原因。

济尔哈朗在擒杀何腾蛟以后，利用南明军队不战自溃，分兵大举进攻。由尚书阿哈尼堪、固山额真刘之源领兵往攻宝庆（邵阳），固山额真佟图赖、伊拜领兵往攻衡州；当时，堵胤锡同李赤心率领的忠贞营驻于湖南郴州地区，济尔哈朗亲自带领主力前往征讨[1]。忠贞营兵力不敌，战败后向南撤退[2]。

阿哈尼堪、刘之源部在宝庆击败明军王进才、马进忠军，占领府城邵阳，接着向西进攻黔阳，在该县的洪江（今黔阳县南）击败袁宗第、刘体纯（二只虎）部，进占沅州（今芷江）、靖州[3]。

佟图赖、伊拜部在衡州击败明军，南明总兵陶仰用阵亡[4]。胡一青、周金汤退入广西全州。佟图赖乘胜追击，占领全州[5]。由于全州是由湖南进入广西的门户，直接关系到永历朝廷的安危，南明将领焦

---

[1] 《清世祖实录》卷四十五，顺治六年八月丙午日（十九日）条下记："时闻贼渠一只虎据辰州，臣亲领兵渡江趋辰州。又闻贼渠杜允熙据永兴，臣星夜趋永兴。"济尔哈朗的奏疏是用满文写的，实录译成汉文时因音近致误，辰州当是郴州，杜允熙即堵胤锡。

[2] 《明季南略》卷十二《堵胤锡始末》记：四月"初五日，永兴陷，从子正明死之，诸眷属皆遇害。公自耒阳以数十骑退入龙虎关，暂住保昌侯曹志建营"。

[3] 《清世祖实录》卷四十五，洪江误作"红江"。

[4] 陶仰用之名见《瞿式耜集》永历三年十二月初四日"奏为汇各路塘报疏"。《清世祖实录》卷四十五及其他官修文书多误作"陶养用""陶养勇"。

[5] 《清世祖实录》卷四十五，周金汤误作"周进唐"。

琏等领兵分三路反攻全州，被清多罗顺承郡王勒克德浑部援军击败。焦琏等调整兵力后再次反攻全州，济尔哈朗亲自带领主力往援，明军不敌，退回桂林[1]。清军在勒克德浑率领下进攻道州，明将曹志建战败，道州失守。曹部虽曾反攻道州，都被清军击退。

济尔哈朗、勒克德浑在重新占领湖南大部州县后，还曾派出一支军队西入贵州境内。当时明将郝永忠部还沉浸于内讧之中，在黎平府东南的中潮地方包围远安伯陈友龙残部，陈友龙战败被杀[2]。清军的突袭使郝永忠措手不及，被击败，清军占领黎平府[3]。郝永忠带领部众退到广西庆远（宜山），又辗转于贵州独山一带[4]。由于欣赏他的何腾蛟已被清军俘杀，而瞿式耜等人对他恨之入骨，在奏疏中公开称他为"郝逆"，他在永历朝廷直接控制区内几乎没有容身之地，被迫率领部众由贵州转入夔东山区，与刘体纯、袁宗第等会合，长期坚持抗清斗争。

综上所述可以看出，1648—1649年（顺治五年至六年）集中在湖南的南明军队有李赤心、高必正统率的忠贞营，马进忠部，王进才部，滇营赵印选、胡一青部，郝永忠部，陈友龙部，曹志建部，袁宗第、刘体纯、牛万才等部，兵力相当雄厚。只是由于居统帅地位的督师阁部何腾蛟非但驾驭无能，而且挑起内讧，弄得众心离散，被济尔哈朗指挥的清军各个击破。清军占领湖南和广西全州后，永历朝廷几

---

[1] 《清世祖实录》卷四十六，焦琏误作"赵廉"。
[2] 《瞿式耜集》永历三年十一月十八日"奏为恭述湖南近日情形事"疏中说："郝永忠兵扎中潮，围远安。"这里写的远安不是地名，而是明远安伯陈友龙。
[3] 《清世祖实录》卷四十七，郝永忠误作"何永忠"。
[4] 鲁可藻《岭表纪年》卷三写作"至黔之独山川"，川字当系州字之误。

乎已无招架之力。但这时清廷因为姜瓖等领导的山西反清运动尚未平定，京师兵力空虚，多尔衮于顺治六年八月间下令济尔哈朗"班师还京"[1]。永历朝廷才惊魂稍定。

清朝满汉主力北撤以后，留守湖南的兵力大为削弱。九月，南明焦琏部和滇营赵印选、胡一青等部收复广西全州，该城清方官兵退入湖南永州[2]。十月上旬开始，各路明军重新活跃起来，恢复湖南失地。永国公曹志建部于初二日攻克永兴、初三日收复耒阳[3]。原驻洞口、洪江一带的鄂国公马进忠、襄国公王进才移兵南下会合由全州入湘的新宁侯赵印选、兴宁侯胡一青部，于十月二十七日攻克武冈（永历元年改名奉天），活捉清守将杨应元，新宁、城步等县也随之收复[4]。十一月初四日王进才部又攻克靖州，清将阎芳誉等逃窜途中溺水而死[5]。收复武冈以后，胡一青部经东安、冷水滩攻永州；曹志建军向衡州推进；马进忠部则进迫宝庆。

南明军队对湖南的反攻，引起了清朝湖广当局的恐慌。清湖广四川总督罗绣锦上疏朝廷紧急请求增派援兵。摄政王多尔衮批交兵部商议，顺治七年（1650）二月，兵部建议调驻守山东济南的续顺公沈永忠率领本部官兵移驻湖南宝庆（邵阳），并将原随佟图赖等南征的总兵张国柱、郝效忠二部交其统辖，经朝廷核准后下达。这时，清廷

---

[1] 《清世祖实录》卷四十五。
[2] 鲁可藻《岭表纪年》卷三。
[3] 瞿式耜永历三年十一月二十一日奏疏，见《瞿式耜集》排印本第一一七页。
[4] 瞿式耜永历三年十一月二十三日"奏为飞报大捷事"疏、"马进忠大捷疏"，见《瞿式耜集》第一二五至一二六页及一二七页。
[5] 瞿式耜永历三年十一月十八日"奏为恭述湖南近日情形事"疏中引监军御史蓝亭塘报说南宁侯张光翠"于九月二十九日已复靖州矣"。十一月二十一日又报攻克靖州在是月初四日。

所调定南王孔有德、平南王尚可喜、靖南王耿仲明的军队已分别由辽东南下，孔有德自告奋勇攻取广西。清廷指示他进入湖南以后，先会同沈永忠军"力办湖南之贼，务令销靖伏莽，地方底定"，再报朝廷批准后进征广西[1]。在后来的一段时间里，清军暂时稳定了对湖南的统治，等到孔有德军攻占广西大部分地区以后，留镇湖南的兵力仍然相当有限，从而埋伏下了大西军联明抗清后由贵州东入湖南，清军一败涂地的种子。

第四节　忠贞营撤入广西和堵胤锡病死

李赤心（李过）、高必正（高一功）统率的原大顺军改编而成的忠贞营在猛攻长沙即将奏捷的时候，被督师阁部何腾蛟借口援救江西调走。十一月十六日忠贞营解长沙之围，移营东进。由于他们已远离自己的夔东基地，湖南地方残破筹饷不易，而扼据攸县、茶陵一带的南明杂牌军队又唯恐忠贞营过境将危及自己的地盘，以武力阻止忠贞营通过。李、高部众数万人处于饥寒交迫、进退失据的困境之中。

到次年（1649）正月南昌失守，忠贞营援赣的任务已化为泡影。同月，清郑亲王济尔哈朗统军进入湖南，何腾蛟在湘潭被俘杀，部下官兵望风而逃，湖南大部分州县被清军占领。李赤心、高必正被迫率军南撤，从临武、蓝山、江华、永明（今湖南江永县）经广东

---

[1] 《明清史料》甲编，第三本，第二六三页《兵部题为塘报湖南逆贼情形仰乞圣鉴事》。

星子（属连县）、阳山[1]，退入广西贺县、怀集（今属广东）[2]、开建、封川（今广东封开县）[3]，准备屯驻梧州。五月二十四日前锋进抵梧州。南明广西文武官虽然明知李赤心、高必正早在隆武时即已封侯爵，这次由夔东入湘作战又是奉永历朝廷调遣而来，可是在他们处境艰难被迫退入广西时，竟被斥之为"犯境"之"贼"。二十五日，忠贞营将士乘八桨船数百艘到达梧州附近，南明总兵叶承恩、兵备道刘嗣宽、梧州知府束玉如临大敌，"飞舸逆战，箭炮交加"[4]，被忠贞营击败。赤心与必正统舟师泊于江口（今广东封开县，距梧州约四十里），叶承恩、刘嗣宽见兵力不敌，"飞檄德庆总兵杨大甫率所部来援"[5]。由于忠贞营兵多势众，加上永历朝廷内部意见分歧，李赤心、高必正等部终于经过梧州[6]，进至浔州、横州。

当时明庆国公陈邦傅正同所招"义勇"徐彪部争夺南宁，从1648年九月打到次年五月，陈邦傅兵败，南宁府城仍被徐彪占领。陈邦傅知道忠贞营兵精将悍，进入广西以后又没有立足之地，就要弄权术派人邀请李赤心、高必正剿灭徐彪，收复南宁。十二月初三日，忠贞营于永淳县（在今横县、邕宁之间）界攻杀徐彪，随即占领南宁府

---

[1] 康熙十二年《连州志》卷七《事纪志·变异·人之变》记："顺治六年四月，李赤心兵马十余万经星子路至阳山七孔桥，往粤西。"
[2] 光绪元年《怀集县志》卷八《县事志·前明》记："己丑，闯贼余党一枝虎（李过绰号为一只虎）十三万由阳山漂流至境，屠掠甚惨。"
[3] 道光十年《肇庆府志》卷二十二《事纪》记：顺治六年"四月，流寇李赤心等率所部抵开建，大肆杀掳"。
[4] 瞿昌文《粤行纪事》卷一。
[5] 瞿昌文《粤行纪事》卷一。
[6] 同治十一年《苍梧县志》卷十八《外传纪事》下《本朝》引旧志云：六年"十一月二十五日，闯孽李赤心至梧大掠。"按，十一月当为五月之误。

城。在这以后约一年时间里，兴国公李赤心驻扎南宁，郧国公高必正驻扎横州[1]。陈邦傅利用忠贞营消灭异己的目的既已达到，又想把忠贞营支往桂林，这样一方面可以控制永历朝廷，另一方面又可以使忠贞营从自己视为禁脔的南、太、思明地区离开。于是，他玩弄种种花招，自己拜李赤心养母（即李自成妻）高氏为义母，称高必正为舅舅[2]；又献上女儿给高必正做二房夫人（高必正原有妻室，陈邦傅身为庆国公，以女配给自然不便为妾，故特请朝廷并给郧国夫人诰命）。在做了这样一番处心积虑的安排以后，他才露出谜底，"怂恿必正提兵入桂（林）"[3]。桂林是留守大学士瞿式耜的驻地，由于永历朝廷经常逃难，这里成了比较稳定的政治中心。瞿式耜得知陈邦傅的阴谋后，上疏朝廷"请以粤西全省粮饷分给诸勋，使无侵扰"[4]。李赤心、高必正有了立足之地，得以休养士马，已经心满意足，根本不赞成陈邦傅的挟制朝廷、破坏抗清大局。因此，开初还虚与委蛇，后来见邦傅喋喋不休，才由李赤心直言正告说："陈兄劝我劫驾，是将终谓我为贼也！"[5]陈邦傅碰了个大钉子，兵力又不敌忠贞营，只好怀恨在心，另思狡计。这就是不久后伪撰敕书封孙可望为秦王，利用原大西军挤走原大顺军改编而成的忠贞营，并且控制永历朝廷的张本。

---

[1] 康熙抄本《南宁府全志·祥异志·附寇变》。
[2] 王夫之《永历实录》卷二十六。《叛臣列传·陈邦傅传》云："邦傅欲倚之蹂两广，并式耜、成栋军，逼胁朝廷，乃迎忠贞营屯浔、南，拜李赤心母为母，以舅氏高必正。日夕怂恿赤心夺桂、平（乐）、肇（庆）、广（州）挟驾以号令诸将。"同书卷十三《高、李列传》亦载此事，但较简。
[3] 钱秉镫《所知录》卷三。
[4] 同上。
[5] 《永历实录》卷二十六《陈邦傅传》。

当忠贞营向广西撤退的时候，制辅堵胤锡见大势已去，带领残兵一千余人，从镇峡关（即龙虎关）退入广西。当时镇守关口的明保昌侯曹志建在宗室朱谋烈的挑拨下，认定堵胤锡来到镇峡关是为忠贞营做内应，夺取自己的地盘。于是，在晚上突然派兵把堵胤锡的随从军士包围歼灭，胤锡父子逃出，藏于附近监军佥事何图复山寨里。曹志建仍不肯罢手，统兵往攻山寨，诱杀何图复[1]。堵胤锡经贺县、梧州到达广东肇庆行在[2]。这时，传来忠贞营在梧州遭到粤、桂两省军阀阻挠，双方发生武力冲突的消息。堵胤锡向朝廷建议让忠贞营暂时安置于广东适当地方休整。李元胤听说后大为不满，声称：" 我辈作鞑子时，渠不来复广东，今反正后，乃来争广东乎？且皇上在此，他来何为？"[3]永历帝派兵部侍郎程峋前往宣谕粤、桂诸将，胤锡托程峋把自己和忠贞营将领的部分家眷护送到梧州。不料，李元胤为了阻止忠贞营进入广东，暗中指使封川守塘官张祥发炮，把程峋和他护送的家属座船击毁于江中。事情闹到朝廷，永历帝唯恐得罪东勋，竟不了了之。

堵胤锡到达肇庆行在后，永历帝命他入阁辅政。以瞿式耜、李元胤为后台的丁时魁、金堡等人又上疏劾奏他在湖南"丧师失地之

---

[1]《所知录》卷二记：朱谋烈"谓志建曰：此必忠贞欲袭关，堵乃先导，将谋为内应耳。志建信之。"瞿共美《天南逸史》记：江西宗室朱谋烈"乘曹、堵不睦，欲阴构之，从中取事。胤锡夜遁，匿故御史何某之子何图复家。志建复率众往索，图复不与。图复家近猺獞，赀财富厚，素能抚集猺人，遂与志建战。志建诱杀图复……猺獞恨志建入骨，志建之锐卒亦尽矣。……后志建言及此事，甚悔恨，几至堕泪，誓杀朱谋烈。"

[2]《明季南略》卷十二《堵胤锡始末》记六月十五日堵胤锡至肇庆。

[3]《所知录》卷二，《存信编》卷三。

罪"[1]。其实，湖南的丧师失地是与瞿式耜气味相投的何腾蛟一手造成的，瞿式耜等人诿过于堵胤锡完全是别有用心。堵胤锡在遭到广西、广东实权人物瞿式耜、李元胤的猜忌后，心情十分忧郁。在动辄获咎的情况下，他仍然志不稍减，一方面力排众议坚决主张联合原大西军抗清，另一方面联络忠贞营等部准备重返前线。尽管永历帝对堵胤锡相当信任，但也知道把他留在身边辅政于事无补，于是，加升他为少傅兼太子太师、文渊阁大学士、吏部尚书兼兵部尚书"总督直省军务"，节制忠贞、忠武（指马进忠、王进才、张光翠、牛万才等部）、忠开（指于大海、李占春、袁韬、武大定、王光兴、王友进、王昌、王祥等部）诸营兵马[2]。然而，窃据朝廷大权的人物却唯恐他重掌兵权，别开生面，于是在行军银饷上百般刁难。据记载，堵胤锡五次上疏请发军饷，才批给三千两，银子刚领到手又被李元胤派人抢去。八月二十四日，胤锡陛辞，永历帝问道："卿将何往？"胤锡回答："陆行无马，水行无舟，有视师之名，无犒军之费。臣决不敢逍遥河上，贻外人指摘，惟有廓清四海，以申此意。万不得（已），当捐此身，以报皇上耳。"朱由榔无可奈何，"乃撤御前龙旗二，以壮行色。胤锡叩谢，含泪而出"[3]。堵胤锡檄调忠贞营出师，又正碰上该营主将兴国公李赤心因病去世，"军中新丧大帅"不便出师。到这年十一月，在堵胤锡再三要求下，只有忠贞营的淮侯刘国昌愿意

---

[1]　《所知录》卷三。
[2]　《明季南略》卷十二。《岭表纪年》卷三把他的官衔写作"总督天下兵马大学士"。
[3]　李天根《爝火录》卷十九。

率部跟随他出征[1]。十一月二十六日，堵胤锡心力交瘁，在浔州一病不起，赍志以殁[2]。临终上遗疏说："臣受命以来，罪大孽重。不复自谅，拟再合余烬，少收桑榆。不料调兵则一营不发，若曰：'堵阁臣而有兵，则丰其羽翼也。'索饷则一毫不与，若曰：'堵阁臣而有饷，则资其号召也。'致臣如穷山独夫，坐视疆场孔亟。昨西上横邑，感疠大重，一病不起，遂快群腹。臣但恨以万死不死之身，不能为皇上毕命疆场，而死于枕席，是为恨也。臣死之后，愿为厉鬼以杀贼。伏乞皇上拣任老成，用图恢复。如国家大事，有李元胤、刘湘客、袁彭年、金堡、丁时魁、蒙正发六人作皇上腹心股肱，成败可虞，祖宗有灵，实鉴临之。臣死矣，不胜余憾云。"[3]可见他对朝廷权臣跋扈乱政极为愤慨。永历朝廷追赠其为浔国公，谥文忠[4]。

---

[1]　《岭表纪年》卷三于十一月下记："因李赤心等各占地方，国昌无善地，堵胤锡出楚，欲随之。"
[2]　《明季南略》卷十二《堵胤锡始末》。
[3]　《明季南略》卷十二《堵胤锡始末》。
[4]　《岭表纪年》卷三。

第十九章
永历朝廷内部的党争

第一节 楚党和吴党

　　明末党争剧烈，官僚士大夫往往结党营私，争权夺利，置国家利益于不顾，多次给民族带来重大灾难。如果说在弘光以前的东林、魏党之争表面上还以"君子""小人"为分野，到永历时期就完全变成了争夺朝廷权力的内部倾轧。按钱秉镫的说法："先是，朝士有东西之分，自东粤来者，以反正功气凌西人；而粤西随驾至者，亦矜其发未剃以嗤东人。而东、西又各自为镇。久之，遂分吴、楚两局。主持吴局者，阁臣朱天麟、吏部侍郎吴贞毓、给事张孝起、李用楫，外则制辅堵胤锡也；而江右之王化澄、万翱、雷德复，蜀中之程源、粤东之郭之奇实为之魁。主持楚局者，丁时魁、蒙正发、袁彭年……陕西刘湘客、杭州金堡既与时魁等合，桂林留守瞿式耜亦每事关白，居然一体矣。""凡自湖南、广西随驾至，出于督师（何腾蛟）、留守（瞿式耜）门者，大半归楚。吴人谓楚东恃元胤、西恃留守；实则吴亦内倚吉翔、外倚邦傅，特其踪迹秘密，不似时魁等招摇人耳目耳。"其他人则"浮沉吴、楚之间，或无所依附"[1]。这种描述有一定道理，但并不完全正确。所谓"吴局""楚局"经历了一个对立、分化、转合的过程。广东反正以前，是瞿式耜等人同广西南浔军阀陈邦傅之间的矛盾；李成栋反正以后，开初是未曾降清的扈从诸臣同反正来归的广东文官武将之间的矛盾。由于李成栋反清归明，永历朝廷管辖区骤然扩大到广东全省以上，永历帝也移跸肇庆，进入李成栋父子的控制区。朝廷为取悦成栋等人，在用人行政上"重反正，薄守节"[2]。甚至讳言是否曾经剃头降清，"近奉新功令，休称两鬓完（原注：时禁自陈保发归朝之语）"。[3]以忠贞不贰、扈驾有功自命的官僚对此颇有意见，留守桂林大学士瞿式耜竭力反对永历帝移驻广东，就是担心朝廷权力落入"东勋"手里。朱由榔迁至广东肇庆之后，瞿式耜愤愤不平，在1649年（永历二年）九月的一封信中说："吾之留守桂林，不止要照管东、西，通何督师之气脉；亦为东边用人行政，惟知奉承剃发之人，全不顾朝纲清议，太看不得。与之同流合污既不能，终日争嚷又不耐，反不如身居局外，犹得清清白白做一人也。"[4]可见，瞿式耜原先对李成栋集团的得势耿耿于怀，不久，何腾蛟兵败身死，马吉翔又极力拉拢李成栋，瞿式耜力单势孤，才通过袁彭年、刘湘客、金堡

---

[1] 钱秉镫《所知录》卷三。
[2] 钱秉镫《藏山阁诗存》卷十《行朝集》，《端州杂诗》。
[3] 钱秉镫《藏山阁诗存》卷九《生还集》，《酬汪辰初》。
[4] 《瞿式耜集》卷三，书牍。

等人同反正来归的"东勋"结合起来，共同对付马吉翔、陈邦傅等原广西实权人物。争夺朝廷权力的格局错综复杂，"吴""楚"的概念本来很不准确，既不是以同乡亲友联结而成，也不是以反正、随驾（即曾否降清剃发）划分。

如果仔细剖析一下所谓吴、楚党争，不难发现它实际上是勋镇（带有地方割据色彩的军阀）之间的矛盾在朝廷上的反映。简单一点说，主要是广西军阀庆国公陈邦傅同广东军阀李成栋、李元胤父子之间为争夺朝廷权力的斗争。瞿式耜是江苏常熟人，按地域观念应该算是吴人，为什么却同"楚党"联为一体呢？这是因为他原任广西巡抚，后来任留守桂林大学士，希望统揽广西全省军政，可是陈邦傅凭借实力以"居守"广西的敕旨（他还行贿中书舍人把居守的诏敕写成"世守"）为依据控制了广西大部分地区。瞿式耜所能指挥的军队仅限于宣国公焦琏（原封新兴侯）等部，行政权力也局促于桂林一隅之地。因此，他同陈邦傅在争夺广西权力上处处钩心斗角。李成栋以广东全省和广西梧州反正来附，被封为惠国公。陈邦傅在永历朝廷处境危迫时曾经向佟养甲、李成栋暗通款曲，有意投降清朝，这时却以扈驾功邀封庆国公。李成栋知道他的底细，羞与为伍。于是，瞿式耜为首的势力同反正来归的"东勋"集团逐渐合拍，形成一个左右朝政的联合阵线，即所谓楚党。钱秉镫在著作中曾披露其中内幕："初，金堡赴行在，将有建白，过桂林以示留守（瞿式耜）。留守令至肇，与刘湘客酌之。参疏八款，李成栋、陈邦傅、庞天寿、马吉翔皆在所参。湘客削去其二，去李而用陈，去庞而用马。封上，一时丰采赫然，补兵科给事中。当成栋未反正时，邦傅潜通降启，心鄙之，及是爵位相等，甚耻与哙等为伍。得堡疏，大喜，故元胤交益密，实不知成栋初亦在参中也。"[1]金堡在隆武朝廷中就有"敢谏"之名，永历二年（顺治五年，1648）十月他辗转来到广西桂林，对朝廷情况尚不了解，准备以尊主权为名疏参在外东、西二勋，在内司礼监太监庞天寿、文安侯马吉翔，借以一鸣惊人。疏稿呈瞿式耜审阅，瞿指示他到肇庆去同刘湘客商酌。经过刘湘客提示，删去李成栋、庞天寿的名字，变成专参西勋。十二月上本，"传揭到李成栋，成栋叹服。吉翔、邦傅亦成栋之所恶也。自是丁时魁等益与李元胤固结"[2]。由此可见，楚党的幕后人物为瞿式耜和李元胤，称之为楚党是因为出头露面的袁彭年、丁时魁、蒙正发都是湖广人。

那么，以堵胤锡、陈邦傅、王化澄、朱天麟为后台的"吴党"是怎么回事呢？严格说，永历朝廷内并不存在吴党。所谓的"吴党"是楚党把妨碍自己独家揽权的势力指派为结党营私。堵胤锡、王化澄、朱天麟在永历朝廷里是比较正直的大臣，他们同陈邦傅、马吉翔并没有什么瓜葛。问题是，陈邦傅在广东反正以前足以同瞿式耜等人相抗衡，广东反正以后力量平衡被打破，陈邦傅为了维护自己的地位，先把李过（李赤心）、高一功（高必正）为首的忠贞营接进广西南宁一带安插，后来又拉拢云南的大西军余部；而堵胤锡等人却是从抗清大局着眼，主张南明朝廷应该联合原大顺军和大西军。尽管堵胤锡、王化澄、朱天麟等人和陈邦傅考虑问题的出发点天地悬隔，落实到具体事情上却颇有类似之处。换句话说，"吴""楚"党争的内涵原来是东、西军阀的争权，后来却衍生为对待原农民军的态度上的分歧。

---

[1] 《所知录》卷三。
[2] 《岭表纪年》卷二。

在永历朝廷大臣中，何腾蛟、瞿式耜联为一体，竭力维护崇祯朝以来的"正统"观念，歧视和排斥原农民军。在民族矛盾上升为主要矛盾的情况下，他们仍然保持着极深的阶级偏见，妄图凭借残明的文武官绅势力实现"中兴"，这实际上是一条自取灭亡的道路。他们的这种政治态度在南明官绅中显然有一定代表性。由于他们自己的军事力量相当弱，不得不同反正来归的文官武将互相勾结，形成所谓的楚党。

然而，在民族危机日益深重的情况下，南明朝廷（从隆武政权开始）中一些有识之士看到了只有联合原大顺、大西农民军共同抗清才有复兴的希望。其中的代表人物就是大学士堵胤锡、朱天麟、王化澄等人。在南明历史上，最杰出的政治家有两位，一位是堵胤锡，另一位是张煌言。堵胤锡在永历朝廷中一直遭到何腾蛟、瞿式耜等人的排挤，无法展布他的雄才大略，终于赍志以殁；张煌言偏处浙江、福建海隅，得不到实力派郑成功的支持，空怀报国之志。历史上常说"何代无才"，治世不能"借才于异代"，就南明而言又何尝不是如此。在史书上，人们习惯于把史可法、何腾蛟、瞿式耜列为南明最堪称赞的政治家，其实，他们不过是二三流的人物，就政治眼光和魄力而言根本不能同堵胤锡、张煌言相提并论。同堵胤锡、张煌言类似能够依据形势的变化高瞻远瞩的还有张家玉、杨畏知、朱天麟、王化澄等人。正是由于这些人在统筹全局上同维护崇祯朝以来政治格局的某些官绅的见解有明显差异，他们当中一部分任职永历朝廷的人因此被说成是同"正统派"（即楚党）相对立的所谓"吴党"。

堵胤锡从隆武时期起就真心实意地联合大顺军余部，负责改编和联络忠贞营，后来又力主联合据守云南的大西军，因此先后遭到何腾蛟、瞿式耜等"正人君子"的嫉恨。永历三年（1649）秋，金堡上疏"劾其丧师失地，而结李赤心等为援，张筵宴孙可望使。且面责之曰：'滇与忠贞，皆国仇也，厥罪滔天。公奈何独与之呢？'胤锡失色，徐曰：'我幸苦边事，如君言，竟无功耶？'堡曰：'劳则有之，功于何有？'"[1]上引堵胤锡临终上疏，对五虎及其后台瞿式耜、李元胤的把持朝政导致复兴无望深表不满，可见堵胤锡的备受排挤是因为政见分歧和反对廷臣结党营私。

朱天麟，崇祯元年进士，历仕崇祯、隆武、永历三朝，永历二年（顺治五年，1648）任东阁大学士。李成栋反正后，袁彭年等五虎弄权，上疏攻击跟随永历帝播迁的大学士严起恒，权臣陈邦傅、马吉翔，太监庞天寿。永历帝很不高兴，由皇太后出面叫朱天麟拟严旨诘责。接着，又有金堡倚仗"东勋"兵力上疏劾奏陈邦傅无饷无兵，窃取勋爵。陈邦傅大怒，上疏反斥金堡任临清州知州时曾经投降大顺，又请朝廷派金堡为自己的监军，"观其十万铁骑"。朱天麟即票拟旨意道："金堡辛苦何来，朕所未悉。所请监军即会议。"同任内阁大学士的严起恒早就想排挤朱天麟，暗中把这一票拟的旨意告知吏科给事中丁时魁。五虎得知消息，连夜约集给事中、御史十六人于正月十三日晨拥入行在宫门，声称"强臣钳结言官之口"，"吾等不做官矣"；"将公服袍带掷弃庭中，小帽叉手，白衣冠联袂去"。这时永历帝正在穿堂召见太仆寺卿马光，听得外面一片喧哗，吓得"两手振索，茶遂倾衣"。永历帝心知五虎自恃有李成栋父子为靠山，才敢大闹朝堂，被迫于次日（十四日）特敕李元胤出面邀请参与闹事的十六人仍入本衙门办事。朱天麟即日解职，所票旨意改拟[2]。五虎垮台以

---

[1]　温睿临《南疆逸史》卷二十八《金堡传》。
[2]　《明季南略》卷十二《科道散朝》，参见《两粤新书》。

后，朱天麟于九月间再次入阁办事。在联合大西军问题上，孙可望坚持封秦王，不愿改号，朱天麟说："许之便。我势日衰，彼力方壮，我以空名羁之，犹可号召以拒强敌，毋持迂议，自贻伊戚。"他的主张被严起恒等人拒绝。永历六年（顺治九年，1652）八月十八日朱天麟病卒于广南府[1]。

王化澄，崇祯七年进士，参与定策拥立永历帝，官至东阁大学士。在孙可望请封秦王时，他力排众议，声称："江楚溃败，两粤且不支，能制可望之不王乎？"主张真封秦王，与大西军余部联合抗清。这就触犯了楚党的大忌，被金堡等劾免。清军占领广西后，王化澄躲入山中，被清将马蛟麟捕获，誓死不降，于顺治九年三月十八日遇难。关于他的为人，《南疆逸史》卷二十二《王化澄传》中说"正色立朝，人赖以安"。而楚党人士的著作却对他极尽诋毁之能事，说他"贪庸误国"。

总之，堵胤锡、朱天麟、王化澄等人无非是赞成联合原农民军共同抗清，在政治见解上比较相似，就被编派为什么"吴党"头子。仔细研究现存材料，不仅找不到他们同陈邦傅、马吉翔私下勾结的迹象，他们之间也没有抱成一团，操纵朝政的事，根本谈不上结党营私。楚党则是确实存在的，他们是明朝反动统治者的"正脉"，其特色是奉行既要抗"虏"，又要平"贼"的方针。正因为楚党实质上代表着崇祯以来明朝统治阶级中的顽固势力，在南明史籍中袒护楚党的相当不少，也容易为清朝统治者所容纳。在明、清统治集团眼中，大西、大顺军都是十恶不赦的"流寇"，只有在涉及李定国时才网开一面，因为他们认为李定国属于"改邪归正"之列。由于在各种南明史

---

[1]　《南疆逸史》卷二十二《朱天麟传》。

著中都谈到"吴""楚"党争，特别是持论者大抵颂扬楚党，指斥本不存在的"吴党"中的许多人物为"奸佞"，本书多费一点笔墨予以澄清就是必要的了。

第二节 所谓"五虎"

上文说过，楚党是大学士瞿式耜为首的一批朝臣同反正来归的李成栋集团经过矛盾摩擦，转而互相勾结的一个重要政治派别。由于瞿式耜留守桂林，李成栋经营广州和北伐事宜，在肇庆的永历朝廷上就形成了由李元胤坐镇指挥，联络东、西，把持朝政的小集团，其主要成员有左都御史袁彭年、礼部侍郎刘湘客、吏科给事中丁时魁、工科左给事中金堡、户科右给事中蒙正发[1]，故称"五虎"。袁彭年为"虎头"，刘湘客为"虎皮"，金堡在党同伐异时最为积极，"经其指责，刻画尽情使无置身之地"[2]，故被称为"虎牙"，丁时魁为"虎尾"，蒙正发为"虎爪"[3]。五人结党把持朝政，招权纳贿，"言非虎党不发，事非虎党不成，星岩道上，遂成虎市"[4]。五虎以君子自命，动辄引祖制旧章，"裁抑干进，力整朝政"，实际上他们

---

[1] 袁彭年等五人当时担任的官职在史籍中记载不完全一致，这里是根据瞿式耜永历四年二月初七日《救刘湘客等五臣疏》，见《瞿式耜集》，上海古籍出版社1981年版，第一四四页。

[2] 钱秉镫《请宽金给事疏》，见《藏山阁文存》卷一。

[3] 参见计六奇《明季南略》卷十二《假山图五虎号》条；温睿临《南疆逸史》卷二十八《金堡传》。

[4] 参见计六奇《明季南略》卷十二《假山图五虎号》条；温睿临《南疆逸史》卷二十八《金堡传》。

自己正是一批钻营干进的人物。鲁可藻说："总之，彭年欲大拜（指入阁为大学士），时魁欲掌宪（出任都察院左都御史），堡欲掌吏科，肆行排挤，公道所以不服耳。"[1]五人遇事强谏，不过是倚仗李元胤、瞿式耜的势力排斥异己，达到控制朝廷的目的[2]。为了说明问题，下面把五人的情况介绍一下：

袁彭年，湖北公安县人，袁中道之子，崇祯七年进士，历仕崇祯、弘光、隆武三朝，降清后随佟养甲、李成栋入粤，任广东学政署布政使，曾起草告示称"金钱鼠尾，乃新朝之雅政；峨冠博带，实亡国之陋规"[3]，向清朝献媚。当他得知江西金声桓反正，李成栋有意易帜时，立即参与其事，反正以后他以襄赞有功升任左都御史。从此凭借成栋父子为靠山，骄狂自大，妄图把持朝政。永历皇帝移跸肇庆后已经处于李成栋的势力范围之内，用人行政权不由己，他甚至愤愤不平地说道："以后官俱听袁彭年升除罢。"[4]有一次袁彭年同永历帝当面争执起来，"语不逊"，朱由榔以"君臣之义"责备他，袁竟然公然顶撞道："使去年此日惠国（李成栋）以五千铁骑鼓行而西，此日君臣之义安在？"朱由榔气得变了脸色，群臣也为之咋舌，足见其气焰嚣张[5]。1650年（顺治七年、永历四年）清军再次攻占广州，袁彭年又腼颜降清，除行贿求免外，还哭诉自己在1648年参与李成栋

---

[1] 《岭表纪年》卷三。
[2] 《岭表纪年》卷二记："迹其一年间，事事争执，若似乎守典故，尊朝廷，究竟不过欲权自我操，贿自我受而已。声言不可倚傍勋镇，时魁等自陈邦傅而外，无勋不结交，不承奉，而成栋父子无论矣。……不过大言以欺所亲，欲以文其贪黩耳。"
[3] 何是非《风倒梧桐记》卷一。
[4] 鲁可藻《岭表纪年》卷三。
[5] 钱秉镫《所知录》卷三。

复明是被迫的。清政府虽未治罪，但也认为他是个反复无常的小人，不予录用[1]。

刘湘客，陕西富平人，明诸生。隆武时任推官、御史，永历时改授翰林院编修、侍读学士，大学士朱天麟、王化澄认为他不是科甲出身，任翰林院官不合体制，改为都察院佥都御史。桂林失守后，他潜藏深山郁悒以终，在五人中是比较有气节的。

丁时魁，湖北江夏人，崇祯十三年进士，任礼部主事，隆武、永历时历任礼科给事中、吏科左给事中、吏科都给事中。桂林失守后降清，被委任为广西学道[2]。王夫之记："桂林陷，见执，孔有德召为幕客。居数月，病死黄冈。何履仕为治丧，割其辫掷棺外，曰：'斗生（时魁字）不戴此辫以死，可不负梧州一顿棒，而今不免也，惜哉！'"[3]

金堡，浙江仁和（杭州）人[4]，崇祯十三年进士，任山东临清州知州，隆武时任礼科给事中。在永历朝廷中任工科左给事中，与留守桂林大学士瞿式耜关系密切。后来同袁彭年等结为一党，攻击异己不遗余力。例如在《驳何吾驺疏》中痛斥何吾驺、黄士俊在佟养甲占领广东期间未能死节："黄士俊在佟房坐中见先臣子壮极刑，四十三年

---

[1] 王夫之《永历实录》卷十九《袁彭年传》说："是冬，广东再陷，彭年匿民间，已复出投款，言李成栋胁之反。夤缘得免，归里，挟策游潜、沔间，以诗自鸣。未几，死。"据曹烨《曹司马集》卷三《岭南近草》有作于顺治十年的《袁特丘移寓佛山喜赋》等诗，可知他在尚可喜、耿继茂占领广东后，在广东佛山等地还住了好几年，并没有立即"归里"。

[2] 钱秉镫《所知录》卷四。

[3] 《永历实录》卷二十一《丁时魁传》。

[4] 《永历实录》卷二十一、《南疆逸史》卷二十八都说金堡是仁和人；瞿式耜《戊子十月既望，新兴焦侯邀游虞帝祠，金黄门首唱佳咏，依韵和之》诗内注云："予与道隐俱常熟人。"见《瞿式耜集》第二一八页。

状元及第,而不早死真不幸耳。后与吾驺携手同来,为国贼乎?……若叩头养甲,满口老爷,则吾驺之礼义逊让也。臣为太祖高皇帝而骂之,何体面之有?"[1]真是正气凛然,大有与一切软骨头不共戴天之势。可是,对于真正投降了清朝出任官职的袁彭年,金堡不仅不置一词,反而引为知己。究其用心,不过是因为何吾驺、黄士俊早在崇祯年间即已入阁为大学士,必须找个题目大做文章,力攻而去,自己的小集团方可放心揽权。桂林失守后,金堡当了和尚,但他并不像熊开元、方以智那样淡泊明志,而是出入于清朝达官显贵之门,为尚可喜树碑立传的《平南王元功垂范》就是出自他的手笔。

  蒙正发逃归故里后,写了一本《三湘从事录》,在南明史籍中颇受重视。许多人以为他以当事人记载当时事比较可信,加以后来名声颇大的王夫之给他写了墓志铭,更抬高了这本小册子的地位。王夫之的学术成就不在本书讨论之列,但他的政治态度和经历与蒙正发颇为类似,其立论的客观性大可怀疑。只要把蒙正发的《三湘从事录》、王夫之为蒙氏所撰墓志铭同史实核对一下,就可以看出蒙正发不仅不像王夫之所说是位"力持纲纪,清冒滥,劾功罪,裁凌躐",整顿朝政的正人君子;刚好相反,他自己正是一个不顾纲纪、多方冒滥、混淆功罪、凌躐成性的卑污小人。蒙正发原是湖北崇阳县一名贡生,清军占领该地后,他志不忘明(这点应予肯定),逃入湖南平江、长沙,投奔何腾蛟,何以札付授予推官职衔充任章旷(时以太仆寺少卿衔任监军,后任监军道、恢剿巡抚)的参军,不过是章旷手下的幕僚而已。章旷在用兵上一无所长,招募了一批湖南等地的土兵做嫡系,从未打过一次胜仗。岳州南面的新墙之役,是明清之间一次很

---

[1] 金堡《岭海焚余》卷中。

小的对抗，章旷兵败，只是在潼溪用鸟枪伏击了少量清军，这在明清双方都是不值一提的小规模接触（明军既未攻克岳州重镇，清兵也未南下），蒙正发在《三湘从事录》中自我吹嘘也不过连用了两个"仆尸数百"；到了王夫之笔下竟成了蒙正发"督南将覃裕春等大战于潼溪，以八千人破数万之铁骑，斩馘无算。自南渡来无敢战者，战而胜自潼溪始。皆君亲冲锋镝，誓死不退之力也"[1]。真可说是妙笔生花了。其次，蒙正发出身很低，章旷为提高他的地位，让他去参加隆武朝所开湖南乡试，中式成为举人，这在明朝官场上重进士轻举人的习俗中本不算多大一回事，问题是在衡州举行的这场乡试的主考为崇祯十三年进士、巡按御史杨乔然，监临是同年进士、郴桂道吴晋锡。蒙正发早已觊觎患病的章旷的恢剿巡抚职务，章旷死后，何腾蛟题请吴晋锡继任恢抚。蒙正发恨之入骨，竟然在自己的记载中把监临说成是严起恒。科举时代非常重视师生关系，蒙正发的移花接木不过表明他为了功名利禄不惜出卖老师罢了。第三，吴晋锡继任巡抚本来是顺理成章的事，他是崇祯朝进士，历任永州推官等职，弘光时期湖广巡按黄澍到南京朝见，多方活动，建议何腾蛟由巡抚升任总督，自己接任巡抚，巡按一职即拟由永州司李吴晋锡担任[2]。何腾蛟任总督后，上疏推荐傅上瑞为长沙道、章旷为监军道、吴晋锡为辰沅道，由于马士英从中作梗，吴晋锡的任命未被批准[3]；隆武时几经周折才被任为按察司副使郴桂道，职位和章旷基本相等，而当时蒙正发还是一名贡

---

[1] 王夫之为蒙正发所作墓志铭，见《永历实录》附录，岳麓书社1982年版。
[2] 李清《三垣笔记》附识下，弘光。
[3] 吴晋锡在《半生自记》中说是没有向大学士马士英、蔡奕琛行贿，故未批准。实际上很可能是因为黄澍在弘光帝面前大骂马士英，结下怨仇，吴晋锡既曾受黄澍推荐，士英遂迁怒于他。

生。章旷病死时把敕印交给他看管，这是官场中常见的事，蒙正发在著作中故意大肆渲染章旷的意思是让他接任巡抚。这真是奇谈，且不说永历朝廷对蒙正发看不上眼，章旷的遗疏里也只字没有提到他，更说不上有推荐他继任之意。恢抚出缺时正值清孔有德、耿仲明、尚可喜三王大军入湘、明军一溃千里之时，吴晋锡于八月二十三日受恢抚之命，次日清军占领武冈，吴时在病中，未能随军撤入广西，改服装为头陀见清怀顺王耿仲明，得释放返归故乡。蒙正发在《三湘从事录》中一面把自己未能攫得巡抚高官说成"欣跃如释重负"，一面痛诋吴晋锡为"纳印出降"。王夫之更煞有介事地说："会章公以忧愤卒，何公欲以章公兵授君守永州。而永李吴晋锡赂何公左右，夺其军授之。兵讧，晋锡降。"[1]吴晋锡没有见危授命固然是事实，蒙正发和王夫之后来也是见形势不利逃回清朝统治下的故里，蒙正发还曾受到清朝总兵全节的优待，这种以五十步笑百步的"气节"适足令人齿冷。第四，五虎案发后，除了袁彭年以外，丁时魁、刘湘客、金堡、蒙正发都被逮捕下诏狱，狠狠挨了一顿板子（廷杖），金堡被打断了腿，半死不活，借住在蒙正发船上。时人钱秉镫有一段记载颇能说明蒙氏之为人："湘客等受杖，金给事堡伤独重，垂死，寄卧其同难某给事舟中。某楚伧心不乐，私自鹭舟。予适至，闻舟后有铰锚铢声，入视之，则业已成约交价矣。予语其人曰：'约成须俟金君疮愈，乃过舟，不然将移至何所耶？'其人悟，急毁约。某大诟曰：'若能如

---

[1] 见王夫之为蒙正发作墓志铭。按：王夫之是湖南衡阳人，他不可能不知道吴晋锡任"永李"（即永州府理刑推官）是崇祯年间的事，永历时已升至衡（阳）、永（州）、桂（阳）巡抚和大理寺卿。章旷病死时正值清孔有德、耿仲明、尚可喜三王由衡州向武冈、永州进兵，吴晋锡既然贪生，怎么会出钱贿赂何腾蛟左右之人谋取危差？

价买舟以安金君乃成丈夫,奈何以人舟为己义也。'予搜囊得百金犹不足,而君(指广西巡按吴德操)贶适至,脱手相付,正满其数,快哉!某即日自移去。"[1]这里写的同难给事中楚伦"某",正是"五虎末将"蒙正发。钱秉镫同瞿式耜、刘湘客、金堡等人关系颇深,曾上疏为金堡请宽典[2],文中不愿显指其人。他在后来的诗文中提到五虎事件时常常略去"虎爪"蒙正发,盖亦深鄙其人。

由于南明史籍中为五虎辩解者颇不乏人,揭露号称五虎的主要人物的一些表现,对于澄清纷议有其必要。特别是蒙正发逃归故里后,借口"不孝有三,无后为大"的古训,娶了一大堆小老婆,合家欢乐之暇舞文弄墨,在《三湘从事录》的跋中摆出一副历史评判者的架势,大放厥词:"正发衡而断之曰:始终皆流贼之为害也!"事实证明,当蒙正发返回清朝统治下的湖广享受清福的时候,原大西军李定国部、原大顺军为主的夔东十三家,正在同清方做艰苦卓绝的斗争。蒙正发道貌岸然地痛斥"流贼",既是他混迹南明政权中所代表利益集团本性的流露,也是和清朝统治者唱着同一个调子。

第三节　永历朝廷的"打虎"

1650年(永历四年、顺治七年)二月,永历帝逃到广西梧州,进入陈邦傅的势力范围,朝廷风向立即改变。户部尚书吴贞毓,礼部侍郎郭之奇,兵部侍郎程源、万翱,户科给事中张孝起等十四人联名上

---

[1] 钱秉镫《藏山阁文存》卷五《吴廷尉鉴在传》。
[2] 钱秉镫《藏山阁文存》卷一《请宽金给事疏》。

疏揭发袁彭年、刘湘客、丁时魁、金堡、蒙正发"把持朝政，罔上行私"的罪行[1]。朱由榔对五虎倚仗李成栋、李元胤父子的兵权，骄横狂悖的行径早已不满，当即决定将刘湘客等四人逮捕，下锦衣卫狱拷打审讯；袁彭年当时因养母去世丁忧，念其反正有功免予处分，实际上是因为袁彭年同李元胤等人关系更为密切，朝廷有所顾忌。在拷问时，金堡不肯服罪，大呼二祖列宗；丁时魁、刘湘客、蒙正发则丑态毕露，"满口老爷饶命，万代公侯等语"，叩头如捣蒜[2]。

留守桂林大学士瞿式耜从邸报上得知朝局翻转后，立即上疏申救五虎。他在二月初七日上的奏疏颇能道明五虎一案的背景，其中说："就使诸臣而果罪状昭彰，一如疏中所指，处分岂无时日，而汲汲为此朝不待夕之举动？又且不先不后，恰当勋臣邦傅到梧之时，能无我虽不杀伯仁之疑否？……然则诸臣此举，直借皇上以行其报复之私，而又巧乘皇上之跸梧、庆国（即庆国公陈邦傅）之来朝，为迅雷不及掩耳之谋，以断其救援之路。且诸臣驱除异己，駸駸渐及于臣，以臣与五臣，夙称莫逆，每朝政皆得相商，杀五臣即所以杀臣，去五臣即所以去臣。臣既为党魁，不杀臣不止，臣今日且不知死所，尚敢以危疑之身，为皇上奏恢疆之烈哉！"[3]二月十三日疏中又说："若以媚东（指"东勋"，李成栋部将）误国为题，试问：向者举用杜永和、罗成耀等，未必尽出五臣也，事先则未见诸臣力争，事后则偏欲五臣受过，宁足以服天下人之心乎？况东粤必不可弃，即不戒而南、韶失守，犹望东勋镇努力以冀桑榆之收，以雪会稽之耻。先以媚

---

[1] 《瞿式耜集》卷一《救刘湘客等五臣疏》，参见钱秉镫《所知录》卷四。
[2] 何是非《风倒梧桐记》卷二。
[3] 瞿式耜《救刘湘客等五臣疏》，见《瞿式耜集》卷一。

东二字为驱除锄剪之方,是用以慑东勋镇之魄乎?抑用以激东勋镇之勇乎?……至于今日朝廷所恃者忠贞营耳。忠贞奉援楚恢江之命,两载于兹。自督辅臣腾蛟在时,已逗留不进,今庆国勋臣邦傅之力,遂能必其悉甲破虏乎?况忠贞与东勋必不相睦,未得破虏之功。先开内地之衅,东之为东,竟不可知矣。"[1]瞿式耜的奏疏清楚地透露了永历朝廷"门户歧分,元黄角立"的政治分野。鲁可藻说:"时魁等入朝,全恃式耜标榜之力,挟式耜以倾动同朝,弹压东人;乃合东人以威胁主上,奔走群小。式耜于时魁等竭心力、物力而奉之;金堡到桂,尤加礼焉。堡入朝,式耜不论关防衙门关切必寄揭帖。而式耜题升之官再不复贿,时魁等则又睁眉怒目而争。故式耜之嫡表施召征寄书到桂曰:留守亦是勋镇气息。"[2]

从上面引用的材料可知永历朝廷的"打虎运动"实质是各勋镇为争夺朝廷权力的一场内讧。朱由榔在肇庆时,五虎神气活现;一旦进入陈邦傅的地盘,立即失宠受辱。这一事件再一次说明永历朝廷始终不能威福自操,在很大程度上要看朝廷依附的是哪一派军阀。袁彭年等人固然不是正人君子,陈邦傅更不是忠贞之士。尽管有大学士瞿式耜、严起恒等人再三上疏申救,五虎均未能幸免,除袁彭年以丁忧为名解任外,其他四人都予以革职充军、追赃助饷。

---

[1] 瞿式耜《再救五臣疏》,见《瞿式耜集》卷一。
[2] 鲁可藻《岭表纪年》卷四。按,瞿式耜之母施氏,即施召征之姑母。

第二十章
清军攻占桂林、广州

第一节　孔有德、耿仲明、尚可喜统兵南下

1648年（顺治五年）清廷在姜瓖、金声桓、李成栋掀起的反清浪潮下，深感满洲兵力有限，决定起用孔有德、耿仲明、尚可喜三王统兵南下。这年十二月，多尔衮派使者召孔有德、耿仲明、尚可喜从辽东入京。次年四月，三人到达北京[1]。五月十九日，清廷下诏改封恭顺王孔有德为定南王、怀顺王耿仲明为靖南王、智顺王尚可喜为平南王。同一天"令定南王孔有德率旧兵三千一百，及新增兵一万六千九百，共二万，往剿广西，挈家驻防，其全省巡抚、道、

---

[1] 顺治六年二月三十日恭顺王孔有德"为恭谢天恩敬报起行日期"揭帖中说，他已定于三月二十七日率部就道进发。见《明清档案》第十册，A10—31号。这是指他带领部众由辽东开拔的时间。

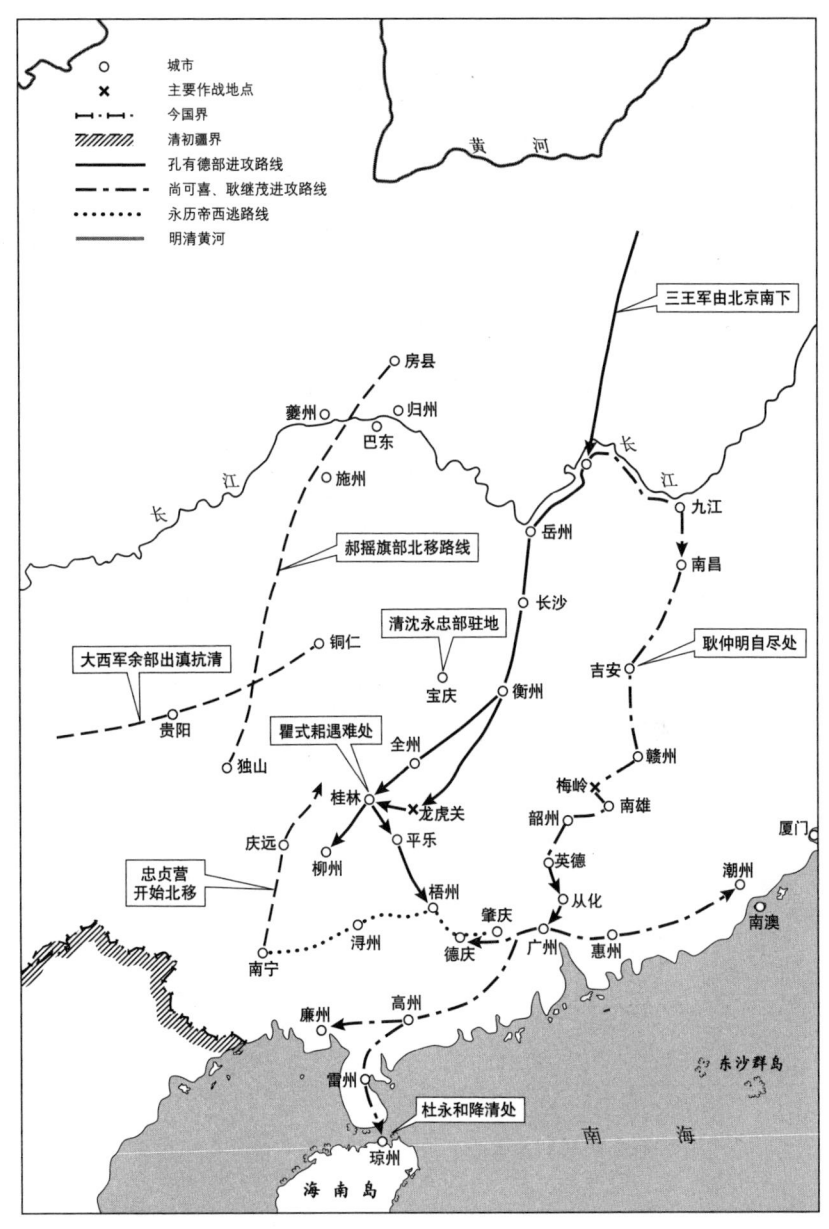

1650年清孔、尚、耿三王南征图

府、州、县各官并印信俱令携往。靖南王耿仲明率旧兵二千五百，及新增兵七千五百；平南王尚可喜率旧兵二千三百，及新增兵七千六百，共二万，往剿广东，挈家驻防，其全省巡抚、道、府、州、县各官并印信俱令携往"[1]。当部署三王南下时，清廷原来的意图是命孔有德征福建，耿仲明取广东，尚可喜攻广西。尚可喜明知自己和耿仲明部下兵马都不过两千余名，加上新增兵也只有一万，难以承担攻取一省的任务，建议增强兵力，缩短战线。孔有德傲慢自大，嗤笑尚可喜胆小怯懦，自告奋勇独力攻取广西。清廷会议后决定耿、尚合兵进取广东，孔有德率部进攻广西[2]。三王藩下将领的设置是：定南王下以线国安任左翼总兵官，曹得先为右翼总兵官，另调湖广辰常总兵马蛟麟为随征总兵；靖南王下以徐得功为左翼总兵官，连得成为右翼总兵官；平南王下以许尔显为左翼总兵官，班志富为右翼总兵官。

部署既定，孔、耿、尚三人即率旧部下江南，会合浙江、湖广等地调集的兵马。孔有德由湖南向广西进军；耿仲明、尚可喜则取道江西入粤。

1649年（顺治六年）十一月初二日，靖南王耿仲明部驻吉安，平南王尚可喜驻临江（府治在今樟树市），二人商定十二月初三日出师南进。就在这时满洲贵族向清廷控告耿仲明、尚可喜率兵南下时收留了"逃人"一千多名，清廷派去严厉追查。耿仲明知道触犯了朝廷

---

[1]《清世祖实录》卷四十四。
[2]《平南王元功垂范》卷上。孔有德在顺治九年四月死到临头时还在疏中自我吹嘘道："臣谬辱廷推，驻防闽海。同时有固辞粤西之役者（指尚可喜）。……臣自念受恩至渥……故毅然以粤西为请。"见《清史列传》卷七十八《孔有德传》。

的深忌，唯恐受到"窝藏逃人法"的惩办，十一月二十七日在吉安自杀。清廷原拟将尚可喜、耿仲明削去王爵，各罚银五千两；多尔衮考虑到正在用人之际，以"航海投诚"有功为名决定免削爵，罚银减为四千两。耿仲明畏罪自杀的消息传到北京后，清廷决定平南、靖南二藩兵力由尚可喜负主要责任，耿仲明之子耿继茂仅以阿思哈哈番职位统率其父旧部充当尚可喜的助手[1]。

第二节 孔有德占领桂林与瞿式耜死难

1649年（顺治六年）夏天，孔有德率部行至湖南，驻于衡州，"相机进剿广西"。清廷为了使孔有德能够专力攻取广西，在次年（1650）二月调驻守山东济南的续顺公沈永忠带领官兵移驻湖南宝庆，拨固山额真图赖标下总兵张国柱、郝效忠两部归沈永忠指挥[2]。

孔有德在度过炎暑之后，于秋天进攻湘、桂两省交境的要隘龙虎关。明永国公曹志建率部阻击，被孔有德军击败，士卒死者有一万多人[3]。清军占领龙虎关，曹志建引败兵逃入其弟曹四驻扎的广西灌阳，永国公印也在混乱中丢失，另用木头刻制一枚。九月十二日，孔

---

[1] 为尚可喜歌功颂德的《平南王元功垂范》中说："前此王未尝特将。自靖南薨，战守方略一出王指授。……王好让，尝曰：入关以来，有豫、英诸王；下湖南有恭、怀二王在，吾何力之有焉。"事实上，命将出自朝廷，尚可喜不过以谦逊自诩罢了。耿继茂袭封靖南王在顺治八年四月，见《清世祖实录》卷五十七。

[2] 顺治七年二月兵部尚书阿哈尼堪等"为塘报湖南逆贼情形仰乞圣鉴事"揭帖，见《明清档案》第十一册，A11—94号。

[3] 王夫之《永历实录》卷十《曹志建传》。

有德命董英、何进胜等攻灌阳,曹志建兄弟望风先遁,逃至恭城青塘窝。次日,清军进迫曹营,分兵三路合力进攻,明军大败,将军刘大胜等四名、总兵林永忠等七名阵亡,士卒被杀三千多人,曹志建兄弟领着残兵逃入深山瑶峒。清军缴获木刻永国公印、大炮二十八座、枪铳三百一十五支以及马匹、火药、刀枪、盔甲甚多[1]。

恭城失守使桂林东南面已受到威胁,另一路清军由全州、兴安进攻严关,构成南北合击之势。明留守桂林大学士瞿式耜于十月十三日召集诸将开会讨论战守事宜。当时桂林地区的明军还相当多,兴安、严关有开国公赵印选部,桂林城内有卫国公胡一青、武陵侯杨国栋、宁远伯王永祚、绥宁伯蒲缨、宁武伯马养麟。瞿式耜认为凭借手头兵力即使不能打败孔有德部清军,至少也可以守住桂林。因此,他竭力筹措粮饷,鼓励诸将备战。不料,这些养尊处优的将领已成惊弓之鸟,毫无斗志。十一月初五日,赵印选传来兴安塘报,说严关一带设置的塘兵都被扫去,清军即将迫近桂林。瞿式耜大吃一惊,急忙催促赵印选领兵扼险防守。赵印选见清军势大,畏缩不前,这天下午他和胡一青、王永祚、蒲缨、杨国栋、马养麟带领部众保护着家属离开桂林向西逃窜,城中顿时大乱。刑部尚书(原两广总督)于元烨"微服出走,甫至月城,遂为乱兵所杀"[2]。瞿式耜眼看诸将不战先遁,捶胸顿足道:"朝廷以高爵饵此辈,百姓以膏血养此辈,今遂作如此散场乎?"[3]在绝望当中,他决定自己留下来,与城共存亡,派中军

---

[1] 顺治七年十月偏沅巡抚金廷献"为飞报捷功事"揭帖,见《明清档案》第十二册,A12—51号。
[2] 瞿无锡《庚寅始安事略》。鲁可藻《岭表纪年》卷四记"于元煜为乱兵所杀",煜字为避康熙讳改。
[3] 瞿式耜《临难遗表》,见《瞿式耜集》卷一,奏疏。

徐高携带朝廷颁给的敕印送往永历帝行在[1]。傍晚，总督张同敞听说桂林兵将星散，只有瞿式耜仍留在城内，就从漓江东岸泗水入城，要和式耜一道殉义。瞿式耜对他说："城存与存，城亡与亡。自丁亥（1647）三月已拼一死，吾今日得死所矣！子非留守，可以无死，盍去诸？"张同敞毅然回答："死则俱死耳！古人耻独为君子，君独不容我同殉乎！"二人于灯下正襟危坐，夜雨淙淙，遥望城外火光烛天，城内寂无声响。天亮前，守门兵来报告清兵已经占领桂林各城门。初六日上午，瞿式耜、张同敞被清军押往靖江王府（即王城，独秀峰在其中）见定南王孔有德。靖江王朱亨歅父子也拒绝出逃，同时被清军俘虏。瞿、张被俘以后，不管孔有德婉言相劝，还是威加逼迫，二人始终英勇不屈，只求速死。孔有德无计可施，把他们软禁于桂林。二人赋诗唱和言志，合计一百余首，名曰《浩气吟》。其中式耜有句云："莫笑老夫轻一死，汗青留取姓名香。"同敞诗云："衣冠不改生前制，名姓空留死后诗。"过了一个月，瞿式耜见不是了局，唯恐讹言流传，就写下一封密信派一名老兵送往原驻平乐府的焦琏，信中说："徐高、陈希贤重兵在城未散，城中俱假降，若援兵疾入，可反正也。"[2]老兵出城时被搜获密信，孔有德担心留下有后患，下令将二人处斩。闰十一月十七日，瞿式耜、张同敞在桂林遇难[3]。

瞿式耜、张同敞在可以转移的时候不肯转移，宁可束手待毙，

---

[1] 徐高出城后也被清军捕获，在桂林遇害，见瞿昌文《粤行纪事》卷三。
[2] 瞿元锡《庚寅始安事略》。按，徐高为瞿式耜中军，陈希贤为旗鼓，均挂总兵衔。信中说徐陈二人有重兵在城，言过其实，意在鼓舞焦琏率兵突袭桂林。
[3] 见《瞿式耜集》、瞿昌文《粤行纪事》卷三。按，闰十一月为明大统历，清时宪历次年置闰于二月，故按清历应为十一月十七日。瞿、张被害地点诸书记载不一，当以瞿昌文所记桂林城北仙鹤岩为实。

这种现象在南明史上并不少见。究其心理状态主要有两点：一是对南明前途已经失去了信心。张同敞在桂林失守前不久对友人钱秉镫说："时事如此，吾必死之。"钱氏开导说："失者可复，死则竟失矣。"同敞伤心备至地回答道："虽然，无可为矣！吾往时督兵，兵败，吾不去，将士复回以取胜者有之。昨者败兵蹢我而走矣，士心如此，不死何为？"[1]瞿式耜的经历比张同敞更复杂，他既因封孙可望为秦王事不赞成联合大西军，对郝永忠、忠贞营等大顺军余部忌恨甚深，而倾心依靠的永历朝廷文官武将平时骄横躁进，一遇危急或降清或逃窜，毫无足恃，已经感到前途渺茫了。其次，根深蒂固的儒家成仁取义思想也促使他们选择了这条道路。与其趁清军未到之时离开桂林也改变不了即将坍塌的大厦，不如待清军入城后，以忠臣烈士的形象博个青史留名。尽管这种坐以待毙的做法多少显得迂腐，还是应当承认瞿式耜、张同敞的从容就义比起那些贪生怕死的降清派和遁入空门、藏之深山的所谓遗民更高洁得多，理应受到后世的敬仰。

第三节　尚可喜、耿继茂攻占广州

自从李成栋、金声桓先后败亡以后，明朝廷为了防止清军侵入广东，在1649年（永历三年、顺治六年）三月，派武陟伯阎可义领兵镇守南雄。阎可义在李成栋部将中是比较忠勇敢战的。1649年七月，他曾再次统兵翻越梅岭进攻南安府（府治大庾），军势还相当强盛。

---

[1] 钱秉镫《所知录》卷四。

清南安守将刘伯禄、金震出等向赣州"泣血求救,一刻四报,危在旦夕"。清南赣巡抚刘武元派副将栗养志等率兵往援。七月初七日、十六日清军分两路直搏明军,阎可义部战败,总兵刘治国、陈杰等被俘,大、小梅岭都被清军占领[1]。

梅岭战役之后不久,阎可义病死于南雄[2]。杜永和、李元胤等人商量决定派宝丰伯罗成耀去接替。罗成耀不愿意,发牢骚说:"尔等俱安享受用,独苦我邪!且国公(指李成栋)屡出,未能一逞,今以我去,能又何如?"在杜永和等反复劝说给以重贿下,他才勉强赴任,自己驻于韶州,只派中军江起龙守南雄[3]。

这年旧历十二月初三日,尚可喜、耿继茂率部从江西临江府出发,十六日到赣州。南赣巡抚刘武元派协将栗养志军为前锋,二十七日清军主力进抵南安府。尚可喜一面派人侦探广东明军守备情况,一面散布消息说所部清军将在南安府内过年,休养士马。二十八日晚上趁明军无备,翻越梅岭进入广东省境。第二天抵达南雄,事先派了数十名间谍潜伏于城内,三十日除夕晚上放火焚烧鼓楼,趁明军慌乱救火之际,打开文明门,清军主力冲入城内;明总兵杨杰等仓促应战,被清军击败,杨杰和副将萧启等十余名将领被杀,总兵董垣信被活

---

[1] 南赣巡抚刘武元"为飞报官兵奋勇夺关,大败广贼,三路进剿,搤渠扫穴,异常奇捷事"揭帖残件,见《明清档案》第十册,A10—177号;同件又见《明清史料》甲编,第三本,第二五三页。

[2] 鲁可藻《岭表纪年》卷三记:六月"武陟伯阎可义卒于南雄"。据上引清方档案可知系时有误。

[3] 鲁可藻《岭表纪年》卷三、卷四。钱秉镫《藏山阁诗存》卷十二《行朝集·梧州杂诗》注云:"初,罗承耀不肯出镇,当事重贿之,乃行。本与永和同出惠国部下,故不受节制。"

049

捉[1]。明守军马兵二百余名、步兵六千余名战死，"城内居民，屠戮殆尽"[2]。攻占南雄之后，清廷所派广东巡抚李栖凤即入城据守。顺治七年（1650）正月初三日，尚可喜、耿继茂率领清军由南雄出发，初六日抵韶州府。明宝丰伯罗成耀事先已带领兵将和道、府、县官南逃，清军未遇任何抵抗即占领韶州，遣人招抚府属六县[3]。

南雄、韶州相继失守的消息传到肇庆，永历朝廷又是一番惊慌失措。马吉翔以清军势大难敌为由，竭力主张向广西逃难。镇守广州的两广总督杜永和请求不要轻易移跸，以免导致广东各地人心瓦解。朱由榔犹豫不决，派刘远生和金堡去广州解释逃往广西的必要性。刘远生等乘轻舸从乱军之中到达广州，向杜永和等人说明朝廷意图。杜永和深知朱由榔胆小怕死，又不便阻止。刘远生回到肇庆向永历帝奏言："永和奉诏，固不敢阻留陛下行止。但涕泣为臣言：'上西去，则竟弃广东，付之还□（虏），诸忠义士随成栋反正者，亦付之还□（虏），令其杀戮。为皇上画此谋者，亦何其惨也！'臣闻其言，恻然无以对。今或请两宫（指两位皇太后）暂移梧州，而车驾暂留，号召援兵。永和他日之必不敢阻驾，臣请以首领任之。"[4]优柔寡断的永历帝听了刘远生的婉转陈言，也想暂且留在肇庆观察一下形势的发

---

[1] 顺治七年正月清南赣等处巡抚刘武元"为恭报大兵抵赣进广日期并恢复南雄大捷仰慰圣怀事"揭帖，见《明清档案》第十一册，A11—82号。
[2] 乾隆十八年《南雄府志》卷十六《杂志》。按，府志记清军破南雄为十二月三十日夜间；《平南王元功垂范》卷上亦作"冬十二月晦攻南雄，克之"。上引南赣巡抚刘武元奏疏内云二十九日攻克南雄旧城，次日攻克新城。但府志记清军入城后大肆屠戮，除上引卷十六所记外，卷十七《编年》也说："大清平、靖二藩克雄城，民尽屠戮，十存二三。"《元功垂范》却胡说什么"民间妇子查发其家，安堵无犯"，真是恬不知耻！
[3] 《明清档案》第十二册，A12—59号。
[4] 以上参见王夫之《永历实录》卷十七《刘远生传》。

展。可是，太监夏国祥却迫不及待地用步辇把慈圣皇太后抬到行宫门外，以太后懿旨名义催促朱由榔上船逃往广西梧州。桂林留守大学士瞿式耜获悉朝廷逃离肇庆后，也大不以为然。他在永历四年（1650）二月十三日奏疏中说："端州（即肇庆）为皇上发祥之地，忍弃而不顾乎？且东失则西孤，又万分不容不兼顾者乎？"[1]尽管清军离肇庆还有相当一段距离，广东、广西的实权大臣又都反对朱由榔的播迁，但无济于事，朱由榔仍在正月初八日登舟，"百官仓皇就道。粤东人皆奔回，惟辅臣士俊独坐阁中不去。上念其年且九十，不能从行，敕令回籍，俟乱定再召，乃去"。二月初一日，朱由榔到达梧州，"驻跸水殿"[2]。

皇帝带头逃窜，给广东士民的心理上蒙上一层阴影。朱由榔命"马吉翔改兵部尚书，督守肇庆，曹煜升尚书，与李元胤并留督"[3]。此后又命广西的庆国公陈邦傅、忠贞营刘国俊等部东援。兵力虽多，却由于缺乏核心指挥，各部不仅观望不前，而且互相牵制，甚至自相残杀，致使入粤清军得以顺利地完成进攻广州的部署。

正月二十七日，尚可喜、耿继茂统军由韶州南下，二十九日到达英德县。在该地分兵一支由总兵许尔显、副将江定国带领由水路攻取广州门户清远县。三月初四日尚、耿主力进至从化县，明知县季奕声投降。初六日尚、耿所部即推进到广州郊外。明两广总督杜永和严词拒绝尚、耿的招降，据城坚守。初九日晨，清军抬着梯子进攻广州北城，在守军顽强抵抗下大败而回。尚可喜见广州守

---

[1]　《瞿式耜集》卷一，奏议《再救五臣疏》。
[2]　钱秉镫《所知录》卷四、何是非《风倒梧桐记》卷二记：正月初九日永历登舟，十三日解维西行，二月初一日至梧州。
[3]　鲁可藻《岭表纪年》卷四。曹煜即曹烨，此书在清代抄传时避康熙帝讳改。

御坚固，城中明军实力尚强，如果一味硬攻势必损兵折将。于是，他同耿继茂等商议改变战略，决定采取扫清外围、加紧铸造大炮等措施，为最后拿下广州创造条件。尚可喜一面命官兵、抓夫在广州城的北、东、西三面挖壕围困，一面招降广东沿海的所谓"积年大寇红旗水师"，控制南面海口。四月二十六日，"红旗水师"总兵梁标相、刘龙胜、徐国隆带领战船一百二十五只，焚劫杜永和部水师船艘，剃发投降清朝，停泊于广州城外的东、西二洲[1]。为了加强水上兵力，尚可喜还命总兵许尔显、中军盛登科等监督增造船只一百一十九艘，到九月十八日才完工，同时招募水兵二千二百名，会同"红旗水师"控扼广州水域，与陆上清军形成掎角之势。尚可喜、耿继茂还派出使者招降明惠州总兵黄应杰、潮州总兵郝尚久和守道李士琏、巡道沈时启，杀明朝滋阳、铜陵、兴化、永平等八郡王[2]，从而扩大了清军控制区。清福建巡抚张学圣在奏疏中说："六月二十五日据潮州投诚总兵郝尚久"遣员赴漳州请援兵抵御郑成功围攻潮州之军，清漳州总兵王邦俊出兵解围，可知郝尚久降清必在六月以前。同件中说郝尚久交出"伪新泰伯银印一颗重七十八两"，"海寇郑成功恶其归顺，攻围潮城势甚危急，尚久遣官赴闽请援，职经移行漳州镇臣王邦俊统兵前往解围，恢复大捷"[3]。郑成功进攻潮州另有原因，这里不再重复。

---

[1] 见《平南王元功垂范》卷上。鲁可藻《岭表纪年》卷四记：三月"肇庆水师梁标相、刘龙胜叛入海，投□（房）营。原注：撑去李元胤座船，杀其守船旗鼓汪捷。船内所载甚伙，有空敕三百道、钦部札千道。标相等原系红旗海贼，元胤招为水师，因更汪捷管理，凌虐之，忽叛去。"

[2] 《平南王元功垂范》卷上。

[3] 顺治七年十一月十九日福建巡抚张学圣"为进剿潮州各官伪敕印札事"揭帖，见《明清档案》第十二册，A12—60号。

尚可喜深知广州城墙坚固，城中明军兵多志坚，"非用大炮断难收功"，因此他命投降知县季奕声在从化加紧铸炮，造成四十六位，加上由江西赣州带来和途中缴获的大炮二十七位，合计七十三位；同时制造炮子、火药，达到"每炮一位备足火药、炮子四百出"[1]。此外，增援清军也陆续到达，其中有原驻南赣的高进库、先启玉部，广德镇总兵郭虎部。

南明永历朝廷曾派总兵马宝、郭登第等由肇庆攻清远，借以牵制清军，被击退。明大学士何吾驺组织总兵陈奇策率领战舰一百余艘会同张月部陆兵迎战于三水，也被清军击败，三水失守[2]。

到十月下旬，清军各项准备工作均已就绪，尚可喜、耿继茂下令全力进攻广州，总兵连得成、班志富、郭虎、高进库首先攻克广州西关。十一月初一日，清军集中炮火轰击西北角城垣。第二天该处城墙已被轰塌三十丈，尚可喜、耿继茂亲临前线督战，指挥清军从阙口攻入城内。在巷战中，明军官兵被杀六千多名，总兵范承恩被擒[3]。南明总督杜永和见大势已去，同"伪伯张月、李四、李五、水师伪总兵吴文献、殷志荣等俱由水路逃去，大小船只千余一时奔窜出海"[4]。清军占领广州全城后，疯狂地进行屠杀、奸淫、抢劫，一位外国传教士记载："大屠杀从十一月二十四日一直进行到十二月五日。他们不论男女老幼一律残酷地杀死，他们不说别的，只说：杀！

---

[1] 《平南王元功垂范》卷上作"每炮一位备火药炮子五百出"。
[2] 《平南王元功垂范》卷上。
[3] 《平南王元功垂范》卷上。
[4] 顺治七年十一月十六日平南王尚可喜、靖南王子阿思哈哈番耿继茂"为恭报恢复广东事"题本，见《明清档案》第十二册，A12—59号。

杀死这些反叛的蛮子。"[1]中国史籍也记载：顺治七年尚可喜、耿继茂"再破广州，屠戮甚惨，居民几无噍类。浮屠真修曾受紫衣之赐，号紫衣僧者，募役购薪聚骸于东门外焚之，累骸烬成阜，行人于二三里外望如积雪。因筑大坎瘗焉，表曰共冢。"番禺县人王鸣雷写了一篇声泪俱下的祭文，摘录一段以见当日情状：

> ……甲申更姓，七年讨殛。何辜生民，再遭六极。血溅天街，蝼蚁聚食。饥乌啄肠，飞上城北。北风牛溲，堆积髑髅。或如宝塔，或如山邱。便房已朽，项门未枯。欲夺其妻，先杀其夫；男多于女，野火模糊。羸老就戮，少者为奴；老多于少，野火辘轳。五行共尽，无智无愚，无贵无贱，同为一区。……[2]

广东著名文人邝露就是在这次屠城中遇难的[3]。尚可喜、耿继茂以汉族同胞的鲜血在清朝功劳簿上记下了"名垂青史"的一笔。

---

[1] 卫匡国《鞑靼战纪》，引自《清代西人见闻录》，中国人民大学出版社1985年版，第五十三页。按：日期为阳历。
[2] 九龙真逸《胜朝粤东遗民录》卷一《王鸣雷传》。《平南王元功垂范》卷上记："初三日，王与靖南王子入城，止屠戮，封府库，收版籍。"前引《明清档案》A12—59号云初二日占领广州，初三日尚、耿入城，未明言何日"止屠戮"，但屠戮出自尚可喜口述，可见难于掩盖。
[3] 《邝海雪集笺》卷十二，附录。

第四节　永历朝廷的播迁

　　1650年（永历四年、顺治七年）十一月，清尚可喜、耿继茂部攻克广州，孔有德部占领桂林，驻于梧州的永历君臣在同一天里得到两省省会陷落的消息，立即乱成一团。朱由榔在十一月十一日仓促登舟，向南宁逃难。经过浔州时，庆国公陈邦傅已经决定投降清朝，准备邀劫永历帝献给清方。朱由榔得到报告，"冲雨而过"，脱离了危险。陈邦傅没有抓到永历帝，就把从平乐战败后撤到浔州地区的明宣国公焦琏刺杀，将其首级献给孔有德做进见礼[1]。

　　当时的情况表明永历朝廷已经接近于瓦解，从上到下是一片混乱。清军占领广州和桂林，形势固然危急，但在两广地区南明还有一些军队据守着残疆剩土。杜永和等在广州失陷后航海到琼州府；南阳伯李元胤还活动于广东钦州、廉州；清军在占领两省省会之后也需要一段时间休整。可是，朱由榔生性懦弱无能，一有风吹草动立即"起驾"逃难。他从梧州窜往南宁时，根本没有做留守地方的任何部署，像普通百姓一样只知逃命要紧。"移跸"后，梧州竟然"空城三月"[2]，次年正月孔有德遣左翼前锋马骥接管梧州，二月命总兵马蛟

---

[1] 瞿昌文《粤行纪事》卷三记："陈邦傅阴使人刺杀宣国公焦琏于武靖州（原注：土州，属浔州府），函首以献。"钱秉镫《藏山阁诗存》卷十三《失路吟》之《浔州帅》诗序云："陈邦傅无功冒封，跋扈特甚，素忌焦琏。平乐破，琏奔浔，邦傅伪与和解，斩以降。"同治《苍梧县志》卷十八记："八月，明庆国公陈邦传（当作傅）与其子文水伯曾禹遣将至梧州降于我师。并诱杀协守总兵焦琏。琏与邦傅有儿女戚，说降不屈，遂为所害。"
[2] 钱秉镫《藏山阁诗存》卷十三《失路吟》之《徙蒙村见梅寄曾孝廉》诗云"空城敌未来"，原注："梧城空城三月。"

麟镇守该地[1]。跟随永历帝逃难的只是内阁大学士严起恒、锦衣卫马吉翔、太监庞天寿等少数官僚。由于撤退时的漫无组织，乱兵乘机劫掠，一些有心追随朝廷的官员也裹足不前。原先聚集于两广的朝廷和地方官员大有树倒猢狲散之势。除了镇西将军朱旻如在昭平县同清军格斗而死，被革职的朝臣汪皞投水自尽以外，其他未随驾的官员有的降清，有的窜入深山，有的剃发为僧。如大学士唐诚、户部侍郎张尚、大理寺丞吴德操、广西巡抚余心度、督粮参议魏元冀等均先后降清[2]；原戎政尚书刘远生及其弟刘湘客等避入深山，鲁可藻、钱秉镫、王夫之等人都是在这时脱离永历朝廷返回清政府统治下的故乡以明朝遗民自居。"山中宰相"方以智、原给事中金堡做了和尚。以风节自命的"五虎"首领袁彭年（左都御史）和丁时魁再次降清，都自称1648年在广州反正是被李成栋所逼迫。袁彭年在广东向尚可喜等人投降，献上赃银八百两，得保残生；丁时魁在广西降清，向孔有德摇尾乞怜，被任为清广西学道。

永历朝廷逃往南宁后，仍有一部分明朝将领在广东、广西沿海地区坚持抗清。原守广州的杜永和部乘船渡海撤往琼州；在钦州龙门岛一带有邓耀部，上下川岛有陈奇策部，文山村一带有王兴（绰号绣花针）部。明督师大学士郭之奇、两广总督连城璧于艰苦竭蹶中联络各部义军尽力同优势清军相抗衡。南阳伯李元胤不忍心看到其义父李成栋反正来归的广东全省重新沦陷，又不愿意撤入陈邦傅控制的广西，自告奋勇前往高州、雷州准备收合余烬，同清军再决雌雄。顺

---

[1] 同治十一年《苍梧县志》卷十八《外传纪事》引旧志。
[2] 鲁可藻著有《历头随笔》记载梧州失守前后永历朝臣的动向，原书未见。张怡《謏闻续笔》卷二摘引其叙事诗并注，可资参考。鲁可藻曾任永历朝廷广西巡按、巡抚、"南京兵部尚书"，他也是在这时脱离永历朝廷的。

治八年（1651），他在钦州防城被土兵王胜堂擒获，押送到广州[1]。耿继茂劝他投降，他坚决拒绝；又劝他写信招降琼州的杜永和部明军，李元胤大义凛然地回答道："事不成，已为辱国，乃欲败人事耶？"[2]几天后，他听说杜永和率部降清，痛哭流涕，日夜请死。耿继茂下令将他杀害，一同遇难的还有李成栋另一养子明安肃伯李建捷。

---

[1] 道光十三年《廉州府志》卷二十一《事纪·国朝》。
[2] 《南疆逸史》卷五十《李元胤传》。

第二十一章
大西军的联明抗清

第一节　孙可望请封秦王之纠葛

　　以孙可望为首的大西军进入云南，具有长远的战略眼光。经营云南是为了有个稳定的后方进行休整，积聚力量，以便重整兵马，同清军再决雌雄。入滇两年，由于政策措施正确得当，社会安定，生产迅速恢复发展，大西军对云南的统治日益稳定，实力已经大大增强。与此形成鲜明对照的是，南明永历朝廷吏治腐败和内部互相倾轧，导致抗清阵营的分崩离析，疆土越来越缩小。大顺军余部从1645年隆武朝廷当政时期就已经开始了联合抗清，以李过（李赤心）、高一功（高必正）统率的"忠贞营"成了抗清的主力。尽管南明统治集团明知"今日朝廷所恃者忠贞营耳"[1]，然而从朝廷以至督、抚重臣何腾

---

[1] 见《瞿式耜集》卷一《再救五臣疏》。

蛟、瞿式耜[1]、章旷等人却出于阶级偏见处处排斥、刁难这支忠心耿耿奋力抗清的农民武装，干着亲者痛、仇者快的勾当。他们视为嫡系的各种杂牌官军却只知祸国殃民，一旦形势危急就叛变投敌，甘心充当清廷推行民族征服政策的马前卒。在这种情况下，抗清形势的不断恶化自然不可避免。

孙可望等原大西军领导人正是从全国大局着眼，决定领兵出滇，开赴抗清前线。出兵以前，孙可望同杨畏知、沐天波商议时说道："年来以云南一隅之地，兵精粮足，欲图大举，以复中原。"[2]他认识到在民族危机日益深重的情况下，以朱明王朝为旗帜可以获得更多的同盟者，有利于抗清事业。另一方面，孙可望决定请求永历朝廷加封，也有借此挟制李定国、刘文秀的意图。孙可望与李定国、刘文秀、艾能奇的地位本来不相上下，入滇以后可望虽被推为盟主，但他毕竟不能同张献忠相比，李定国、刘文秀手握重兵，各以"西府""南府"老爷自居，并不能唯孙可望之命是从。许多史籍都记载，1648年孙可望借演武场升旗事件，把李定国按在地上打了一顿板子，以确立和提高自己在全军中的领导地位。冯甦记："可望饶机智，既据有全滇，益自尊大，而其党犹侪视之，李定国尤倔强，每事相阻忤。明年戊子，可望与刘文秀等议，缚定国于演武场，声其罪，杖之百；既复相与抱持而哭，命定国取沙定洲以赎罪。定国心憾之，念相推奉已久，无能与抗也。"[3]这说明孙可望的领袖地位并没有真正形成。他为了名正言顺地节制定国和文秀，想通过永历

---

[1] 1980年载于《清史论丛》第二辑的拙文《论清初社会矛盾》讲到大顺军联明抗清时误将何腾蛟、堵胤锡写作"何腾蛟、瞿式耜"，谨于此附带更正。
[2] 《明末滇南纪略》卷四《悔罪归明》。
[3] 冯甦《滇考》卷下。

朝廷加封，使自己的爵位高于二人。深悉其内幕的杨畏知说过："请封，可望一人意也。其意欲得封爵出刘文秀、李定国上，足以驾驭两雄，使受其节制耳。李定国为人直朴无伪，初遣使请封时，定国不悦曰：'我自为王，安所用请？'可望再三谕以封爵出自朝廷者为真，今皆假号也。定国曰：'若是，则便是朝廷官，不更作贼矣，勿反复也。'"[1]正是出于这些考虑，孙可望于1649年（永历三年、顺治六年）派杨畏知和户部龚彝充当使者前往广东肇庆，同永历朝廷联络。随身带了孙可望的一封书信，内容如下：

> 先秦王荡平中土，扫除贪官污吏。十年以来，未尝忘忠君爱国之心。不谓李自成犯顺，玉步旋移。孤守滇南，恪遵先志。合移知照，王绳父爵，国继先秦。乞敕重臣会观诏书谨封。己丑年正月十五日孙可望拜书。[2]

杨畏知等于二月间从昆明出发[3]，四月初六日到达肇庆，呈上书信并进献南金二十两、琥珀四块，马四匹，以表善意。在当时参与抗清的各种力量之中，孙可望为首的大西军实力最强，他管辖下的云南是抗清营垒中最稳定的地区。从南明处境来看，正处在何腾蛟、姜瓖、金声桓、李成栋连续败亡，险象环生之时；孙可望等人决策同永

---

[1] 钱秉镫《上政府滇封三议》，见《藏山阁文存》卷四。
[2] 李天根《爝火录》卷十九。三山何是非印甫集《风倒梧桐记》卷二所记文字稍有不同，如扫除作"剪除"之类。《明季南略》卷十四所载个别文字有讹。
[3] 孙可望派出使者在顺治六年（1649）二月，见康熙四十四年《平彝县志》卷二《沿革》；康熙五十四年《新兴州志》卷二《沿革》。

历朝廷携手抗清，本是这个小朝廷的最佳福音。可是，阶级的偏见和政治上的鼠目寸光，却在永历朝廷内部引起了一场轩然大波。廷臣会议时，赞成封孙可望为王的固不乏人，当政的一批人物却因种种私虑表示坚决反对，如依附李成栋之子李元胤的金堡、袁彭年之流唯恐拥有庞大实力的大西军参加永历朝廷将会削弱自己把持朝政的局面，力持异议。开初，袁彭年、金堡甚至说出"可望贼也，不可以封。劲畏知为贼游说，请收之"[1]。后来见朝臣中赞成封可望借以收大西军余部为己所用的人居多数，又变换策略，"金堡引祖制无异姓封王例，力争不可"[2]，甚至连续七次上疏，拼命反对[3]。镇守贵阳和遵义一带的军阀皮熊、王祥也担心大西军出滇抗清，自己割据的地盘难保，上疏声称："可望名虽向正，事非革心，朝廷毋为所愚。"[4]大学士严起恒等也顽固地拒绝封孙可望为秦王[5]。杨畏知以明朝旧臣、孙可望使者的双重身份陈明利害："可望兵强，可借为用，何惜一封号不以收拾人心，反自树敌？"他建议封孙可望为郡王（即二字王），封李定国、刘文秀为公爵。廷臣钱秉镫除赞成杨畏知的意见外，又提出在封爵的同时趁机挑拨大西军各将领之间的关系，建议朝廷一面封可

---

[1] 《滇缅录》，见《长恩阁丛书》。
[2] 李天根《爝火录》卷十九，金堡力争拒封原疏见《岭海焚余》所收《论真封疏》。
[3] 钱秉镫《上政府滇封三议》，见《藏山阁文存》卷四。
[4] 沈佳《存信编》卷二；《爝火录》卷十九。
[5] 王夫之《永历实录》卷二十《吴贞毓传》记："胡钦华辇金粟入行在，赂化澄及诸部科，为孙可望请封秦王，总理天下。贞毓为之主，严起恒执不从。贞毓乃密具启称臣于可望，疏沮王封者名姓为一册，起恒为首；其尽心倾戴者为一册，已为首。其后可望遂怒杀起恒等二十余人。胡钦华劾瞿式耜老奸误国，王化澄调严旨切责张同敞授兵柄于于元烨，以坏桂林，皆贞毓嗾之也。"

望为郡王,命其居守云南;一面封定国、文秀为公爵,"阴使人语之曰:此可望指也。敕书内极其奖励,许以出滇有功之日即锡王号……两雄本不欲听其驾驭,固利在专征,又出邀上赏,必踊跃奉命"。另由定国、文秀合疏上请封艾能奇的中军冯双礼以五等之爵,造成"德归两雄而离心于可望"的局面[1]。

这场封滇与否的争论持续了几个月,杨畏知见封可望为王的阻力太大,不得已上疏改请封可望为公爵,定国、文秀为侯爵,以便回滇复命。永历朝廷勉强同意了,决定封孙可望为景国公,赐名朝宗[2]。

督师阁部堵胤锡是位比较有眼光的政治家,他曾经亲自出马促成过大顺军余部李锦、高一功等部同南明联合抗清,这次又想努力推进与大西军的联盟。当他听说孙可望请封秦王,朝廷仅封公爵,知道事情必定决裂,就在七星岩盛情款待孙可望派来的使臣随将潘世荣、焦光启,同两人订盟结好,稳住这两位大西军的老部将(正使杨畏知、龚彝都是明朝旧官,孙可望派潘世荣等随同赴广显然有监视和探听朝廷态度之意);同时连续上疏朝廷请封可望为二字王,经永历帝同意决定封孙可望为平辽王[3]。就堵胤锡的本心而言,完全是从维系

---

[1] 钱秉镫《上政府滇封三议》。
[2] 《滇缅录》记:"封可望景国公,赐名安臣。以滇之土官有安世,叛而复诛者,复改名朝宗。封定国康侯,赐名如靖;文秀宁侯,赐名若琦;能奇安侯,赐名时泰,时不知艾死故也。"这段记载肯定有不准确的地方,杨畏知从昆明来为原大西军将领请封,不可能不知道艾能奇两年前已死。
[3] 堵胤锡两次上疏见《明季南略》卷十四。按,《滇缅录》记:永历帝决定封孙可望为景国公后,"畏知再言可望不王不用命之故甚力。乃封可望为王,敕谕但曰'王孙朝宗',不云何王,铸金曰'一字亲王之章',使司礼杨应春、礼科赵昱往。并加畏知总督滇黔尚书、龚彝侍郎而还"。接着说杨畏知等行至梧州时,堵胤锡认为不合体统,"上疏请封为平辽王,李、刘、艾皆公,即军中铸印填敕畀畏知以行"。这段记载可能有误,当时封二字王已颇为勉强,不可能铸印封为"一字亲王"。

明室、共同抗清的大局出发。他深知腐朽已极的永历朝廷不要说恢复中原，就是勉撑危局也只有依靠大顺军和大西军。金堡对堵胤锡的做法深表不满，当面斥责道："滇与忠贞皆国仇也，厥罪滔天。公大臣，偏欲与此辈交结，何意？"[1]在民族危机极为深重的时候，金堡之流仍然对共赴国难的原农民军切齿痛恨，称之为罪恶滔天的国仇，完全颠倒了敌友关系。不料一波未平，一波又起，南明浔州守将庆国公陈邦傅由于忠贞营驻扎在相邻的宾州、横州，担心自身利益难保，他的中军胡执恭建议结好于孙可望，倚仗大西军的声势同忠贞营相抗。他们利用永历帝颁给的空白敕书，私自填写，又暗中铸造了"秦王之宝"金印[2]，于1649年（永历三年）正月由胡执恭冒充朝廷使臣径自前往云南封孙可望为秦王[3]。在陈邦傅、胡执恭伪撰的敕文中用了许多不伦不类的话，如："朕率天下臣民以父师事王"，命其"监国"，赐以"九锡""总理朝纲""节制天下文武兵马"等等。

孙可望并不知道永历朝廷的腐败纷争以致于此，对胡执恭送来的敕书和"秦王之宝"极为满意。他安排了隆重的仪式，亲自郊迎使

---

[1] 钱秉镫《所知录》卷三。
[2] 后来孙可望降，洪承畴奏疏中说他缴纳的"秦王之宝"是镀金的，联系到被清缴获的白文选"巩昌王印"为金铸，可以断定胡执恭赍送的"秦王之宝"是颗镀金银印，孙可望"真封"秦王之后仍继续沿用，而不愿另用纯金重铸，以免印文稍异。
[3] 胡钦华《天南纪事》载："五月，封孙可望为秦王，从武康伯胡执恭之密请也。"按，胡钦华即胡执恭之子，所云封可望为秦王乃永历帝从其父之密请，据沈佳《存信编》卷三记陈邦傅矫诏封孙可望为秦王后，曾令胡执恭上封事，谓"臣师武出疆，谨遵便宜从事之节，已封可望"。永历帝得疏后"留中不发"，大约这就是所谓"密请"，但永历帝并未"从"之。瞿式耜永历三年十一月初三日《纠罪镇疏》说："执恭为庆国公陈邦傅中军，冒滥军功，叨晋五等（指封为武康伯）。其入滇以今年正月，是时可望所遣之杨畏知、龚彝尚未到也。"

者,"肃然就臣礼,先五拜叩头,舞蹈称臣。受秦王封后,率其义兄弟三人并三军士卒各呼万岁后,又秦王升座受义兄弟三人并三军士卒庆贺"[1]。然后把敕书誊黄布告云南各地,欢庆三天。这一连串盛大仪式表明孙可望和义兄弟李定国、刘文秀统辖下的大西军以及他们管理得颇有条理的云南全省已经遵奉南明永历正朔,孙可望本人的领导地位也得到了正式肯定。谁知不久杨畏知等人回到昆明,带来了封孙可望为平辽王的敕印。孙可望大为惊异,说:"我已封秦王矣!"杨畏知问明情况说那是假的;胡执恭争辩说平辽王敕印也是假的,朝廷所封不过是景国公。其实,堵胤锡请封孙可望为平辽王得到了永历帝的核准,并不是假的。鲁可藻记:"御批:胤锡奏朕,已封平辽。朝廷虽小,诏令未可或更。"同年十月又记:"诏仍从堵胤锡原奏,封孙朝宗平辽王,敕令出楚。"[2]次年行在礼部尚书郭之奇在奏疏中说:"滇封之议,创为平辽,已非典则,失名义。矫而为秦,变而为雍,遵何制而定何名,臣俱不得其解。"[3]这些材料都可以证明永历朝廷经过反复周折后授予孙可望的封号是平辽王。胡执恭到昆明时并不知道朝廷采纳了堵胤锡的建议把封号由原议景国公改为平辽王。孙可望既误信了陈邦傅、胡执恭假造的敕印,举行了隆重的受封典礼,

---

[1] 何是非《风倒梧桐记》卷二;《爝火录》卷二十。按,艾能奇已死,义兄弟仅剩李定国、刘文秀二人,所记三人有误。

[2] 鲁可藻《岭表纪年》卷四,浙江古籍出版社1985年版,第一二八页、一四二页。

[3] 《潮州耆旧集》卷三十三《郭忠节集·为经权当求至当名器未可轻徇事疏》,见香港潮州会馆影印《潮州文献丛刊之一》第六三四至六三五页。郭之奇本不赞成封孙可望为王,但疏中明白地说所封"平辽""已非典制";矫封"秦王"是永历三年事,"变而为雍"是永历四年孙可望仍然坚持封秦王,朝廷以秦王乃明太祖次子所封"首藩",不便加封异姓,另议封可望为雍王。

弄得云南军民皆知，这时要降格为二字王，处境的尴尬可想而知。他极为愤慨地说："为帝为王，吾所自致，何借于彼？而屑屑更易，徒为人笑。"[1]下令把杨畏知、胡执恭关进监狱，给朝廷送去启本说："于某日接敕封臣秦王，于某日接敕封臣平辽王，莫知所从。"[2]除了把先后所接"敕书"抄送外，并且表示接到秦王敕印后已经郑重宣布，大小官员和军民都已祝贺，无法改变，请朝廷定夺。平心而论，问题出在永历滥发空白敕书和陈邦傅以公爵身份矫诏伪封一字王，孙可望不仅不负任何责任，而且在宣布受封秦王、接受拜贺以后也确实难以退步。永历朝廷在既成事实面前竟毫无灵活性，坚持拒绝封孙可望为秦王。号称"虎牙"的金堡在疏中义形于色地说："可望应否封王，臣为祖宗守法，即使白刃临臣，臣惟执不封之议。"[3]大学士瞿式耜则抓住孙可望来书"启而不奏，名而不臣，书甲子不书正朔"大做文章，说什么"识者为之寒心，举朝莫不色动"[4]。又针对胡执恭所递伪敕中载有"朕率天下臣民以父师事王"，"崇之以监国"，"许之以九锡"，"推之以总理朝纲、节制天下文武兵马"痛切陈词。其实，正如我们所看到的，孙可望原书只要求封秦王，并没有提出伪敕内这些特殊的礼遇和权力。至于启本中不称臣、不奉正朔更是无可非议，因为从历史渊源而言，孙可望、李定国、刘文秀等是张献忠部下的大将，张献忠在世时已经即位称帝，与明政府本处于敌对地位；孙可望主动上书请封时用启本已经是俯心相就，在未得到永历朝廷的封

---

[1] 《劫灰录》卷六。
[2] 《所知录》卷下《永历纪年》。
[3] 金堡《岭海焚余·请处分第一疏》。
[4] 《瞿忠宣公集》卷五《纠罪镇疏》。按，瞿昌文《粤行小记》内作者自记在大学士朱天麟处"见秦王孙朝宗入贡章奏，书甲子不书正朔，称启不称臣"。

爵前"名而不臣，书甲子不书正朔"，无可指责。只要永历君臣不行事乖张，真伪并出，仅以一纸文书加以笼络，孙可望等人自然会奉永历正朔称臣，实现化敌为友，联合抗清。瞿式耜等人不顾实际情况，妄自尊大，在双方达成协议之前就指责对方不称臣奉正朔，是毫无道理的。至于陈邦傅等所撰伪敕，瞿式耜说："可望未我降，而我先降之；可望未父师，而我先父师之；可望未纳土请官，而我先纳土请官之。料可望本无此想，今执恭固教之矣！"[1]这些话并没有错，问题是瞿式耜不能从大局出发，在永历君臣自己造成的被动情势下，采取有效的补救措施，比如真封秦王，另颁措辞得体的敕书。他实际上同金堡之流一样对原农民军怀有极深的偏见，反对联合抗清。直到这年七月间，永历幸臣文安侯马吉翔建议封可望为澂江王，可望的使者不敢复命。朝廷又议于秦字上加一字，或兴秦，或定秦，纷争不已。倒是孙可望为打破僵局，派遣御史瞿鸣丰入朝，请求实封秦王，"即用原宝，但求上加敕书一道"。这个折中办法可说是两全其美，维持秦王封号使孙可望在云南军民中可以交代过去；另颁敕书不用伪敕中的"父师事王""监国""九锡""总理朝纲"等不妥措辞，永历朝廷也有个体面的下台机会。可是，大学士严起恒、户部尚书吴贞毓、兵部侍郎杨鼎和等人顽固地拒绝真封秦王，毫无转圜余地[2]。值得注意的是，在大西军提出联合抗清的建议以后，永历朝廷不仅在封爵上多方刁难，还不顾大敌当前，加强了对大西军的防范。"是冬，封黔镇皮熊为匡国公，播镇王祥为忠国公，防滇寇也"[3]。这就充分说明阻

---

[1] 瞿式耜《纠罪镇疏》，见《瞿忠宣公集》卷五。
[2] 王遇《孙可望胁封谋禅本末》，见计六奇《明季南略》卷十二。
[3] 《粤滇纪略》卷五。

碍和破坏抗清联合阵线的罪魁祸首正是永历朝廷中的掌权人物。

孙可望虽然对永历朝廷极不满意，仍不改初衷，决定出滇抗清。他派中书杨惺先前往行在报告出兵事宜，疏中说："国姓岂敢冒，王封何敢承。臣等唯一意办虏，功成之日，自听公议。"[1]在南明史籍中，指斥孙可望"胁封"的文字多极了，其中不少出自忠于明室的遗民之手。他们似乎从未想过孙可望提出联明抗清时大西军拥有十万左右的兵力和云南一省的地盘，求一个王爵千难万阻；后来孙可望兵败失势，仅带了一百多名官兵向清朝投降，顺治皇帝立即派人赶赴湖南封他为义王，毫不吝惜爵位俸禄。相形之下，多少可以看出清廷为什么能胜利，南明为什么失败。

第二节　军阀纷争中的川黔

从1647年起，四川、贵州两省处于军阀割据自雄的局面。大西军在孙可望、李定国、刘文秀、艾能奇率领下迅速南撤，三月间已经进入云南。清军方面，肃亲王在正月间驻于合川，委任明朝降将王遵坦为四川巡抚。当时南明四川巡抚马乾扼守内江，豪格命王遵坦对他进行招降，马乾回信说："某为大臣，义无降理。古人有言，封疆之臣应死封疆，此正某毕命之时也。"二月，内江被清军占领，马乾不

---

[1] 沈佳《存信编》卷三。黄宗羲《永历纪年》云永历朝廷封孙可望为荆郡王，"赐之国姓，曰朱朝宗。……可望终冀秦王，言：臣唯一意办贼，成功之后，始敢议及封爵耳"。

屈而死[1]。同月内,豪格进至遵义(明代属四川,今贵州遵义市),明督师大学士王应熊逃往赤水卫[2]。明四川总兵贾登联、副将谭得胜降清,豪格以设宴犒军为名,把二将及所统官兵全部杀害[3]。由于四川地区连年战乱,社会生产几乎完全停顿,无法解决粮饷供应,豪格只好就此止步,率领满、汉军经陕西回京,留下王遵坦、李国英(原左良玉部下总兵)等明朝降将驻守四川,兵力非常单薄。奉豪格之命分守各地的将领因粮饷不继,加上南明将领的反攻,根本站不住脚,被迫向川北撤退。如清署叙府总兵马化豹守叙府(今宜宾)八个月,从所属州县征得的粮食只有稻谷四十八石、粗米九石,官兵枵腹难忍,除将骡马宰吃外,"凡捕获贼徒未奉职令正法,三军即争剐相食"。马化豹无可奈何,由叙府经富顺撤回保宁。这年十一月间降清的明朝陕西将领赵荣贵反正,领兵"围困保宁府(四川阆中),各镇俱上保宁解围"[4]。成都总兵李国英原在遂宁、射洪一带同于大海、李占春部明军作战,也率兵退回保宁加强防守[5]。清朝在四川实际上只控制着保宁及其附近一小片地区。顺治四年十一月,清四川巡抚王遵坦病死,由李国英继任。

在大西军和清军主力转移以后,四川、贵州大部分地区实际上处于分裂割据状态。南明自弘光朝廷以来虽然任命了阁部、总督、巡

---

[1] 欧阳直《蜀乱》;顾山贞《客滇述》。《南疆逸史》卷二十六《马乾传》《樊一蘅传》都说马乾在重庆被清军杀害。

[2] 《清世祖实录》卷二十一,顺治二年十一月初五日条下记:王"应熊遣其侄更律等投顺,赐更律等鞍马衣帽等物"。

[3] 杨鸿基《蜀难纪实》,见乾隆四十二年《富顺县志》卷五,乡贤下。

[4] 顺治四年十二月署叙州总兵马化豹"为紧急塘报事"揭帖,见《明清档案》第七册,A7—66号。

[5] 顺治五年三月初八日李国英奏本。

抚之类的高级官员，大抵仅拥虚名，实权分别掌握在盘踞各地的军阀手里，他们当中的许多人只知互相争权夺利，不能组成一支统一的队伍，利用清军势单力薄的机会收复全川。其中主要的人物有：

杨展，四川嘉定（今乐山）人，明崇祯十二年武进士，任职参将。大西军入川后他一度被俘，逃出后在叙州（今宜宾）拼凑了一支军队，1646年进抵嘉定、峨眉一带。在兵荒马乱、哀鸿遍野的情况下，杨展能够注重恢复生产，"遣使告籴黔楚，自绅士以下至弟子生员皆给资，农民予牛种，使择地而耕，愿从戎者补伍，百工杂流各以艺就养，孤贫无告者廪之"[1]。由于措施得力，一年以后成绩斐然，成了当时四川唯一自给有余的地方。南明永历朝廷先后给他加封华阳伯、锦江侯。

王祥，原为明朝参将，大西军占领四川时他收集了部分残兵盘踞于遵义地区。1647年六月，他趁清军北返出兵入川，前锋总兵王命臣一直推进到顺庆府（府治在南充）。为了扩张自己的势力，他不惜竭泽而渔地榨取地方残存黎民。例如在顺庆府，"其始也，每家给免死牌一张，需银若干两；其继也，每牛给牛票一张，需银若干两。未几，而牵其牛，掠其人，掘其粮，焚其室。胥西南之民而兵之，朝而负耒，夕而荷戈矣"[2]。1648年（顺治五年），清廷委任的夔州镇总兵卢光祖、叙南镇总兵马化豹、永宁镇总兵柏永馥占领顺庆，王命臣等逃回，王祥所据地盘自遵义至江津、合州、彭水、黔江一带。

于大海、李占春，原为曾英部将，拜曾英为义父。这时，老营

---

[1] 彭遵泗《杨展传》，见嘉庆十七年《乐山县志》卷十四，艺文。有的史籍说他得到了张献忠沉于江中的金银，派人从川西土司处买来耕牛种子，实行屯田。

[2] 韩国相《流离外传》，收入民国十八年《南充县志》卷十六。

屯于涪州（今涪陵）西平坝，控制着涪州、长寿、垫江三州县。

侯永锡，原明军偏裨，据守永宁（今叙永）。

马应试，原明朝泸州卫指挥佥事，任游击，据守泸州地区，大肆搜杀焚掠，"江安、纳溪、九姓（九姓司在今泸州市）等处俱遭蹂躏"[1]，经常活动于泸州至富顺地区。

谭文、谭诣、谭弘号称"三谭"，原为忠州卫世袭卫官，驻于忠州（今忠县）、万县、夔州（奉节）一带。

摇、黄各部原为农民起义队伍，后来同当地官、匪纠结，变成一种不伦不类的武装，初期活动于四川东北部地区。各部互不统属，号称"摇黄十三家"，首领人物有争天王袁韬、逼反王刘惟明、震天王白蛟龙、行十万呼九思、二哨杨秉胤、黄鹞子景可勤、整齐王张显等[2]。袁韬，陕西沔县人，1647年（顺治四年、永历元年）正月，"率众数万，军于涪。名为降顺（指归顺南明），而劫掠如故，涪人流离。至五月，国朝肃王发贝勒、贝子诸营下取涪州，袁韬大败，渡小河东岸走贵州湄潭县去。八月，李占春混名李鹞子同诸营上复渝城。十一月内以本营袁韬与李占春等争功，自相攻杀，占春不胜，退下涪州"。[3]

贵州有总兵皮熊等。1647年三月孙可望等率领大西军余部离开贵阳前往云南，皮熊即领兵乘虚而入，从平越（今贵州福泉）"收

---

[1] 乾隆二十四年《直隶泸州志》卷十，杂类。
[2] 李馥荣《滟滪囊》卷一记："初犯蜀时，贼首摇天动、黄龙二贼，遂号摇黄。后分为十三家……"费密《荒书》说："其掌盘子十三人，号摇黄十三家。"但诸书记载十三家头领的姓名和绰号并不一致。
[3] 康熙五十三年《涪州志》卷四，艺文，夏道硕《纪变略言》。

复"贵阳[1]。

以上就是1647年清朝豪格统军回京后川、黔各部活动地区的大致情况。实际上这些军阀为了扩充地盘或者由于驻地缺粮经常移动[2]。

南明朝廷自弘光时已任命原大学士王应熊为督师阁部，樊一蘅为川陕总督，马乾为四川巡抚。1647年王应熊病死[3]，马乾被清军杀害[4]。永历帝任命原偏沅巡抚李乾德为川东北巡抚，不久升任总督；又派宗室朱容藩总督军务，杨乔然、江而文为巡抚。"诸人各自署置，官多于民"[5]。樊一蘅见十羊九牧，事权分散，上疏极论其害。永历朝廷不仅置之不理，反而又提升杨乔然为总督，任命监军道詹天颜为川北巡抚，另一监军道范文光为川南巡抚。原来的川陕总督樊一蘅"无所施节制，但保叙州一郡而已"[6]。与此同时，永历朝廷又听从委任的各总督、巡抚的保荐，给大小军阀加官晋爵。这种一味以官爵收买人心的愚蠢做法，更加剧了四川军阀的

---

[1] 道光三十年《贵阳府志》卷二《大事记》中。
[2] 顺治四年清军及南明军队交战与移驻情况可参看顺治四年十二月署叙州府总兵马化豹"为紧急塘报事"揭帖，见《明清档案》第七册，A7—66号。
[3] 王应熊病死时间和地点诸书记载不一致。温睿临《南疆逸史》卷二十说丁亥（1647）"遁入毕节卫，十二月卒"。顾山贞《客滇述》记王应熊"遁入仁怀县土城，抑郁而死"。欧阳直《蜀乱》记1647年正月卒于赤水卫。刘道开《东阁大学士礼部尚书王应熊传》云："丁亥秋卒于永宁之土城"，见道光二十四年《江北厅志》卷七，艺文。刘道开为同时同乡人，所记可能较准确。李天根《爝火录》卷十六于丙戌年（1646）十二月二十五日下记，"明督师王应熊卒于毕节卫"，恐不可靠。
[4] 马乾于1647年二月为清军所杀。《南疆逸史》卷二十六记其在重庆战死，有误。欧阳直当时在马乾幕中，所记死于内江当可信，见欧氏《蜀乱》及自记。
[5] 《南疆逸史》卷二十六《樊一蘅传》。
[6] 《南疆逸史》卷二十六《樊一蘅传》。

割据和倾轧。反观清方，豪格率军返京时只指定一名总兵（先为王遵坦，后为李国英）任四川巡抚，尽管兵力远逊于南明川黔"诸雄"，却因事权统一，始终固守着以保宁为中心的川北地区。

南明川黔各军阀本已割据自雄，朝廷又叠床架屋地委派总督、巡抚等方面大员，随之而来的是互相争权夺利，抗清大业被置之度外，文官武将热衷于大打内战。在1648—1649年（顺治五至六年、永历二至三年）两年间先后发生杨展攻杀马应试又被王祥击败之战；王祥与皮熊之战；袁韬、武大定杀害杨展、攻占嘉定之战；于大海、李占春等攻杀朱容藩之战。现分述如下：

杨展南攻泸州卫与永宁之战。据时人欧阳直记载，"王祥驻遵，部分三十六挂印总兵官，颇自骄倨。凡过往缙绅若不得其欢心，则每有劫掠之虞。以故士大夫不满于祥，互相唆构御史钱邦芑移书杨展云：有密旨联络勋爵图祥。展得书，信之，以奉讨为名，遣子璟新率兵南下至泸卫，谓马应试作梗，遽杀之，夺其兵。至永宁，为侯天锡合遵兵所败而还"[1]。《泸州志》所记稍异："杨展自嘉定袭永宁，诡结盟好，假道泸卫，应试开门出犒。忽望城坡上鼓声震天，则展兵已露刃直逼城下。应试故着红裤，不及甲马，徒步奔山。谍者知之，遂就擒。今卫城东丫口有杀人坳，相传应试斩首处也。展至永宁，战不利，还屠泸卫而去。"[2]

王祥、皮熊之战。这场内战从1648年七月一直打到年底。先是遵义总兵王祥领兵攻贵州总兵皮熊，包围了贵阳。八月，贵州将领武

---

[1] 欧阳直《蜀乱》。
[2] 乾隆二十四年《直隶泸州志》卷十《杂类》；道光三十年《贵阳府志》卷二《大事记》中。

邦贤、杨光谦引兵击败王军,贵阳解围。十月,皮熊又出兵攻王祥,在乌江被王祥击败,几乎全军覆没。十二月,双方才言归于好[1]。

袁韬、武大定谋杀杨展。武大定原为明朝陕西裨将。清军入陕后,他曾同孙守法等一道抗清,奉明朝宗藩秦王之子为秦王,以资号召[2]。1648年十月他被清军击败,带领部下劲卒三千人突围入川。由通江西走广元,收服利州卫世袭指挥同知张颠部众一千五百人,"与龙安(府治在平武)赵荣贵、松潘朱化龙、茂州詹天颜等相为犄角,剽掠绵(州)、梓(潼)诸邑"[3]。1649年(顺治六年、永历三年)五月,赵荣贵派人来迎请秦王,武大定早已觊觎赵军兵力,设计让秦王应邀赴赵营,然后趁接回秦王的机会把赵荣贵骗入自己营中加以捕杀。不料这位秦藩宗室是个明白事理的人,见赵荣贵及其部下官兵真心实意抗清复明,就把武大定设下的圈套和盘托出。过了两天,武大定遣使"迎王回营,并邀荣贵面筹大事"[4],遭到二人婉言拒绝。武大定知道奸计被识破,连夜取道彰明(在今四川江油县与绵阳市之

---

[1] 康熙三十一年《贵州通志》卷五《大事记》。
[2] 明朝洪武三年朱元璋封次子朱樉于西安,这就是第一代秦王。崇祯十六年李自成起义军攻克西安,末代秦王朱存枢被俘。顺治二年十一月二十七日定西大将军何洛会、陕西三边总督孟乔芳奏报,"驻西安府秦王有二子",其一子于初十日被"土贼""孙姓人带走",居于五郎山,见《清初内国史院满文档案译编》中册,第二○二至二○三页。参见《清世祖实录》卷二十一。《南疆逸史》卷三十八《孙守法传》记"奉秦王第四子称汉中王,开邸五郎山"。费密《荒书》记戊子年(1648)"武大定奉秦王第四子入四川",赵荣贵"迎秦王子入其营,而拒大定"。《清史稿》卷二五七《许占魁传》记:"六年,土寇赵荣贵拥明宗人森滢号秦王,聚众数万犯阶州。"按,定制秦藩命名辈分中无"森"字,朱存枢之子应为"辅"字辈。
[3] 李馥荣《滟滪囊》卷四。
[4] 《滟滪囊》卷四。

间）南窜[1]。由于成都平原屡经战乱，破坏得十分厉害，几乎荒无人烟，武大定部众饥疲不堪，奔到富顺投靠袁韬。当时，川北巡抚李乾德正在袁韬营中，还有另一支摇黄队伍呼九思部也来会合，"俱绝粮，饿死者甚众"[2]。李乾德是个无耻政客，派到四川以后既没有兵将，也没有地盘，他急于抓权，竟私自铸造了"兵部之印"大方银印，自称兵部尚书，行文各镇。又利用摇黄十三家之一的袁韬归明后没有官衔的机会，另铸定西将军银印送给袁韬，博得袁韬的欢心[3]。不料他钤盖私铸兵部印的文书被杨展的幕客识破，当面质问他朝廷常规"印不离部"，你的"兵部之印"从何而来？李乾德无言以对，不敢再用假印招摇撞骗[4]。李乾德一计不成，又生一计，想以巡抚的身份接管州县，把地方的钱粮抓到手，而让杨展单纯主持军事。可是，嘉定地区的耕地主要是杨展组织军民开垦出来的，李乾德的要求遭到断然拒绝。当时重庆一带城空地荒，杨展建议李乾德率领袁韬等部军队往守重庆，由自己负责粮饷供应[5]，这对南明来说本是个不错的主意。李乾德既对嘉定地区的富庶垂涎三尺，又怕出守重庆将冒清军南下的风险，与其为朝廷收一块危地，不如心黑手狠算计自家人，于是在李乾德导演下终于演出了一场川南火并。他利用袁韬、武大定、呼九思乏粮之机，建议"惟求救于杨展，展若从即无饥乏患矣"，

---

[1] 康熙三十六年《阶州志·扼要》记："顺治六年，赵荣贵扶伪秦王作叛，从玉垒关直犯阶境，二月初五日，贼薄城下，……几为所陷。十八日平西亲王师至，赵逆授首，余众悉平。"
[2] 欧阳直《蜀乱》。按，他书多未记呼九思事。
[3] 《南疆逸史》卷二十六《李乾德传》载李与袁韬深相结纳。
[4] 欧阳直《蜀乱》。
[5] 费密《荒书》。

三人都表示赞同，请李乾德立即前往嘉定。"乾德赴嘉定说展曰：'大定与韬愿归将军帐下。'展不可，曰：'风土既异，心性必殊，嫌隙所由生也。今部下数万众皆吾梓里，甘苦共之，赴汤蹈火，皆无异志。若增袁、武，恐滋他患。吾意已决矣，幸勿复言。'乾德复说曰：'从来举大事者不辞众，将军士卒虽精，苦无外援。涪州有余（于）、李，万县有三谭，相为犄角，何分南北哉！二将望风而奔，慕将军之威德也。不劳一卒，不发一矢，收万余人于麾下，不大有利于将军邪？机不可失，时不再来，将军其图之。'展沉吟久，乃许给粮饷，资韬、大定于犍为。"[1]乾德见初步目的已经达到，返回富顺告知袁韬、武大定、呼九思。三人大喜，编造兵员花名册送交杨展。杨展拒绝接受，却按月运粮接济。袁韬、武大定、呼九思亲赴嘉定拜会杨展。不久，呼九思病死，"杨展与武大定、袁韬钻刀歃血，三人誓结生死交。杨为长，袁次之，武又次之。展恩视二人如亲弟，恣其所欲，悉应给。令袁韬移营驻犍为，武大定驻青神"[2]。袁、武二人在杨展资助下渡过了难关，却暗中觊觎嘉定的繁盛。李乾德乘机进行挑唆，对袁韬说："地方钱粮供朝廷之公物也。岂展所私而以布惠于僚友？且展据有西南，终当尾大不掉。公等皆人杰，仰畀于若人耶。"[3]袁韬欣然听从，与武大定密谋定计，以七月二十六日袁韬生日为名邀请杨展赴犍为庆贺。杨展的家属和部将怀疑其中有诈，劝他不要去；杨展自以为对袁韬、武大定有恩，只带了三百名士卒前往

---

[1] 欧阳直《蜀乱》。
[2] 欧阳直《蜀乱》。
[3] 欧阳直《蜀乱》。

犍为赴宴[1]。在筵席上被袁、武擒杀，随从军士也在被灌醉后死于非命[2]。二人随即发兵突袭嘉定。袁韬、武大定背信弃义谋杀杨展的消息传开后，引起南明许多文武官员的愤慨，川陕总督樊一蘅写信责备策划其事的李乾德："嘉陵、峨眉间二三遗民不与献贼之难者，杨将军力也。且背施忘好而取人杯酒之间，天下其谓我何？"李乾德阅信后付之一笑，"以为救时大计非竖儒所能知"[3]。涪州李占春曾经得到过杨展的粮饷资助，"闻变拍案曰：贪利，杀我义士，岂大丈夫耶？"领兵来援嘉定，被袁、武击败。十二月二十四日，袁、武军队经过四个月的围城，攻入嘉定，杨展长子杨璟新带领残兵五十余人经峨眉、新津、灌县逃往保宁，于1650年（顺治七年）正月十六日向清朝四川巡抚李国英投降[4]。袁韬、武大定瓜分了杨展的部众、地盘和库藏，"初意江口所获金银如山积，及搜展府内不满所愿，吊拷夫人并烧毙经事之人，都无窖藏之物。二人大失所望"[5]。李乾德计杀杨展后，又重温旧梦，自称尚书经略，妄图主管地方粮饷，节制袁、武

---

[1] 李馥荣《滟滪囊》卷四记，杨展赴犍为时仅带裨将雷震、田贵等十二人，率三百人随行。他书或作五百人。

[2] 杨展遇害时间据清四川巡抚李国英顺治六年十一月初十日奏疏说："七月二十六日袁韬生日，武大定诱杨展到犍为县与袁韬做生日，席上将杨展杀死，跟随人役尽杀，止逃水手数名。"见《李勤襄公抚督秦蜀奏议》，同件又见《明清史料》甲编，第三本，第二五八页。费密当时任杨展幕客，在其所著《荒书》中也记于七月。嘉庆十七年《乐山县志》卷十四《艺文志》收彭遵泗撰《杨展传》说杨展遇害时"年四十有五，时顺治己丑岁（六年，1649）"。

[3] 嘉庆《乐山县志》卷十六《杂录》。

[4] 顺治七年七月初九日四川巡抚李国英"为恭报前后招抚川南伪镇将领，躬视投诚，仰慰圣怀事"题本，见《李勤襄公抚督秦蜀奏议》。费密《荒书》载于十一月。

[5] 欧阳直《蜀乱》。

二部兵马，结果嘉定被袁、武二人瓜分，"乾德虽亦分数州县，仍空名而已"[1]。

朱容藩是明朝楚藩通城王的后裔，在宗室内地位很低。当明末社会大动荡之际，他漂泊各地，周旋于各种势力之间，可谓见多识广。永历帝在肇庆即位时，他参与拥戴，被授予掌宗人府事。他不满足于这个虚有其名的官职，想抓点实权。从兵科给事中程源口中听说四川兵将颇多，统御无人，认为机会来了，就奏请入川联络诸部，永历朝廷给以兵部右侍郎兼右佥都御史的官衔总督川东兵马。朱容藩即取道湘西到达湖北施州卫，进入王光兴的兵营；接着又联络驻守四川涪州的李占春（混名李鹞子）、于大海部。1647年（顺治四年、永历元年）夏，清涪州总兵卢光祖部携带大批掳掠来的辎重子女由重庆水陆并进，顺江而下，企图一举打通川鄂交通水道。朱容藩当即命令李占春、于大海率领舟师阻击。七月十一日，两军相遇于忠州（今重庆忠县）。清军辎重既多，又不习水战，被李、于二部击败。明军烧毁清船一千余艘，夺回大批被俘人口和财物。卢光祖带领残兵败卒从达州小路逃回川北保宁（今四川阆中）[2]。

朱容藩初战告捷，又联络忠州卫世袭武将谭文、谭诣、谭弘和摇黄呼九思、景可勤、陈某等部同川南、川西明军会合，于九月间收复重庆。[3]这时，由陕西南下川北的定陇侯赵荣贵正集中兵力进攻保宁。由于清初成都一带凋敝特甚，几乎荒无人烟，清朝设置的四川巡抚、巡按都驻于保宁，这里实际上是清方的四川省会，清朝所

---

[1] 费密《荒书》。
[2] 费密《荒书》记忠州之战于九月。计六奇《明季南略》卷十一收陈景云撰《朱容藩僭乱本末》记于七月十一日。
[3] 费密《荒书》记于十月。

委任的四川各镇总兵全部回救保宁。朱容藩和四川、贵州明军几乎收复了保宁以外的四川全境。后来清四川总督李国英回顾道："只因四年（1647）六月王师凯旋（指肃亲王豪格率部回京），留兵单弱，以致群盗蜂起。臣与各镇间关百战，始达保宁。一城之外，尽为贼有。"[1]聚集于保宁的清军名义上有五镇：成都总兵（原为李国英，四川巡抚王遵坦病死后由李接任，改由惠应诏任成都总兵）、叙马总兵马化豹、涪州总兵卢光祖、永宁总兵柏永馥、龙安总兵左勷，实际上兵力极其单薄。四川巡抚李国英1648年（顺治五年）向清廷报告：上年肃亲王豪格拨给四川巡抚标兵一千三百九十名，病死、饿死和逃亡者多达一千三百三十三名，只剩下三百一十名[2]；其他各镇情况也大致相仿，"饿、病死者十去七八"，"每镇不过数百饥病之兵"[3]。南明朝廷本来应该趁此机会，集中兵力攻克保宁，全歼入川清军，然后精兵简政，汰弱留强，招抚流民，垦荒屯田，把四川这块自古以来被称为天府之国的地方经营成抗清基地。然而，各派军阀不仅不愿意减少自己的兵员，而且钩心斗角，互有吞并之心。永历朝廷又叠床架屋地委派阁部、经略、总督、巡抚等高级官僚，这些人为了争权夺利分别笼络某几个军阀，导致事权分散，以致自相火并。

朱容藩是个小有才具的野心家。他倚仗永历朝廷的名义组织川东等地武装恢复了四川大部分地区的时候，正值永历皇帝由武冈逃往南宁。朱容藩妄图利用四川诸将同朝廷失去联系的机会，拥戴自己爬上皇帝的宝座。会师重庆时，他就示意原偏沅巡抚李乾德联络川南一

---

[1] 顺治十年四月十二日李国英题本，见《李勤襄公抚督秦蜀奏议》。
[2] 李国英顺治五年四月初四日奏疏，同上书。
[3] 李国英顺治五年三月初八日奏"为全蜀四面皆贼，孤军无粮难御，谨据实上闻"疏；同上书。

带文武官员劝进，遭到李乾德等人的拒绝。他怀恨于心，派李占春领兵偷袭李乾德和袁韬的兵营，被袁兵击退。1649年（顺治六年）二月，朱容藩回到涪州（今涪陵）、夔州地区，即自称楚王世子监国（《客滇录》说他自称楚王世子，后称楚王，又改称吴王），铸造了"天下兵马副元帅"金印，改忠州为大定府，府门为承运门；夔州临江有天字城，形势颇为险要，朱容藩改其名为天子城，作为自己的行宫。为了收揽人心，他擅自铸印封王光兴、李占春、于大海、杨朝柱、谭文、谭诣、谭弘、杨展、马应试等人为侯爵、伯爵，授刘惟明、杨秉胤、白蛟龙等人为挂印总兵，任命张京为兵部尚书、程正典为四川总督、朱运久为湖广巡抚，此外还任命了祭酒、科道、鸿胪寺等官员，俨然以朝廷自居。朱容藩的胡作非为引起了川西和川南永历朝廷委派的官员极大不满。四川巡按钱邦芑以"为奸宗谋逆，请正天讨事"上疏揭发其罪行，疏中说：

> 臣察得逆宗朱容藩自元年正月在广西得罪，皇上欲置之死，幸蒙天恩赦宥，还其原官，命料理湖南一带。彼时寇逼湖南，容藩即由施州卫走入川东。五、六月间，寇陷涪州，臣方至彭水界上。川东夔府一带与朝廷消息不通，文武无主，容藩假朝廷之威灵，收拾兵将。至八、九月间，川中各镇如王祥、侯天锡、李占春、余（于）大海、赵荣贵、曹勋、马应试、袁韬等，各出兵剿寇，四路捷报。维时皇上幸广西，川中不知圣驾所在，容藩即自为吏、兵两尚书，铸刻印信，选授文武，笼络军民，隐有称王之意。今岁六月，臣巡川南，忽军中传来朱容藩刊《谕建置文武榜文》，其自称则曰："予一人""予小子"，

如此而欲其终守臣节，其可得乎？今皇上远在百粤，四川僻在极西，沿途兵寇阻道，凡诏谕敕旨，经岁余后通，其浮沉不达者尚多。且西川之地，四围皆蛮夷土司，易生反复。又迭经寇祸，三年之间，四易年号，人情惶惑，莫知适从。故容藩欲乘此摇动人心，谋为变乱。自去岁秋冬，川地渐复，臣不惮艰苦，往来深山大箐，荒城破垒之中，驱除豺虎，翦披荆棘，招集残黎，抚慰土司，宣达皇上威德，西川之地始知正统所属。今声教渐著，法纪方行，而容藩包藏祸心，谋窃神器，阳尊朝廷，阴行僭伪，假皇上之威福，布党乱之爪牙。其意待羽翼既成，便欲盘踞西川以为公孙子阳、王建、孟知祥之事。臣已早窥其隐，先致书告以大义，随即传檄楚督何腾蛟、堵胤锡，川督杨乔然、李乾德及各大镇，俾共尊朝廷，毋为叛臣所惑"[1]。

　　钱邦芑考虑到文书往返动经岁月，就把疏稿誊抄遍送川楚各大臣。督师辅臣堵胤锡当时同马进忠驻于施州卫，收到文书后乘船来到夔州，当面质问朱容藩。朱容藩掩饰道："圣驾播迁，川中不知顺逆，联假名号弹压之耳。"堵胤锡驳斥道："公身自为逆，何能服叛逆之心乎？钱代巡有檄会兵，若再不悛，钱公率兵下，吾截其后，川将皆朝廷臣子，谁为公作贼者？"朱容藩无言以对。川东诸将这才知道朱容藩自署的名号都是假冒的，李占春、于大海等人不再听从他的号令。1649年（顺治六年、永历三年）正月，朱容藩移驻万县天字城，以摇黄白蛟龙、杨秉胤二部为护卫，联络谭文等人割据自雄。

---

[1] 计六奇《明季南略》卷十一，陈景云作《朱容藩僭乱本末》。

七月（明大统历八月），永历朝廷大学士吕大器到达涪州，李占春迎见，正好收到朱容藩发来的会师牌札，上列楚王世子、监国、天下兵马副元帅的头衔。大器笑曰："副元帅非亲王、太子不敢称，且天子在上，何国可监？此人反叛明矣。"朱容藩为了豢养军队，率领被蒙骗的将领进攻石柱土司，石柱土司求救于李占春、于大海。李、于二将已经弄明白朱容藩是个冒牌货，派出精兵乘船五十艘来援。1649年（顺治六年、永历三年）七月二十五日，两军交锋，朱容藩大败，白蛟龙被活捉，同李占春歃血结盟，保证不再听从朱容藩的指挥，才被释放回到杨秉胤营中。谭文逃回天字城。朱容藩众叛亲离，成了真正的孤家寡人。他落荒而逃，在云阳被擒杀。[1]

南明四川当局的自相残杀，给清方提供了可乘之机。顺治六年十一月初十日清四川巡抚李国英奏疏中说："窃照蜀中负固诸逆，恃在僻险，观望逾年，臣曾仰体诏赦皇仁，屡持平西王、墨固山令谕差官分头前去招抚（按，当时吴三桂、墨勒根侍卫李国翰的军队驻于陕西汉中，并未入川），如达州刘惟明、剑梓李廷明、唐运会，江油严希赐等悔过投诚，臣已另疏具题外。至如伪朱经略假窃伪号，联络江上李鹞子（李占春）、余（于）大海、三谭、杨（秉胤）、白（蛟龙）等煽乱夔东；而伪阁部吕大器与李鹞子另为一党，驻扎涪州；伪伯杨展招纳武大定、袁韬、曹勋等巢穴嘉、眉、黎、雅，窃据成都一带，而伪总督李乾德与袁韬另为一党往来叙、泸；伪国公王祥等屯聚遵义，出没綦（江）、重（庆）之间；而伪总督杨乔然另扎长寿县，屡谕不悟，蹂躏实深。自王师剿杀伪秦王、赵荣贵之后，兵威震慑，

---

[1] 费密《荒书》。顺治六年十一月初十日四川巡抚李国英揭帖，见《明清史料》甲编，第三本，第二五八页。

各逆互相疑忌，彼此阴谋残杀，于本年九月初二日据达州知州彭振翮塘报内据达州屯镇刘惟明报称，朱经略同谭伪镇于七月二十五日由万县渡河北岸，被余（于）、李二贼发精兵船五十号追杀大败，谭大单骑逃天字城，朱经略阵亡是实。其朱逆下伪镇白蛟龙与李鹞子歃血钻刀，仍放蛟龙回杨秉胤营内，于八月初六日同在天字城起身，欲来东乡县寨子驻扎等情。随发谕移刘惟明并达州知州彭振翮相机往招。"下文又报告了七月二十七日袁韬等杀害杨展，接着说："乃今天厌其恶，使彼自相仇杀，朱逆受刃，杨展继亡，……其后数家贼逆互相践踏"，"惟候平西王、墨固山振旆之川，又不难直扫逆穴，以成破竹之势"，"而收复全川之机会于在此矣"。[1]

第三节　大西军出滇抗清

大西军的由云南开赴抗清前线，一般史籍都记载为1650年（永历四年、顺治七年），这是就同清军交锋而言的。由于云南和清方占领区之间还有一批南明军阀控制着四川、贵州等地，大西军不仅必须突破他们的阻挠才能到达抗清前线；为了消除内讧，稳定后方，统一军令也需要对南明残留武装实行改编。孙可望部署出兵之际，曾经派中书舍人杨惺先赴行在疏报出师，奉旨："览奏整旅东征，为朝廷剿除逆虏，朕心嘉悦。今恭顺（原注：谓孔有德）入犯武汉，盘踞长、

---

[1] 顺治六年十一月初十日四川巡抚李国英"为塘报东南伪逆近日情形"事揭帖，见《明清史料》甲编，第三本，第二五八页。

岳，卿率锐出楚，建瓴直下，廓扫中原，以奏光复。该部知道。"[1]孙可望还利用胡执恭送来的伪敕中的"监国""节制天下文武兵马"字样，以永历年号"驰金龙牌，抄敕册文遍调土、汉官军皆为之下"[2]，"自称监国秦王臣，布告云、贵、楚、粤诸勋镇"[3]，要求贵州、四川、湖广等地的南明军队会盟，听从节制。

早在1649年，孙可望就派白文选率领先头部队进入了贵州。康熙《贵州通志》记："己丑（即1649）八月，孙可望遣白文选取安顺府，遂入贵阳。"并加小字注云："以通好为辞，旋撤去。"[4]1650年四月，白文选部再次进入贵阳[5]，接着李定国也来到贵阳，同南明匡国公皮熊、贵州巡抚范鑛结盟。同年八月，孙可望亲自统领大军进入贵阳[6]。皮熊自知兵力不敌，派遣使者李之华来"通好称盟"，意在阻止大西军入黔。孙可望回信道：

  贵爵坐拥貔貅，战则可以摧坚，守则足资保障。独是不肖有司罔知国本，征派日烦，民生日蹙。黔中多敌兵出入之途，宁无救灾恤邻之念？而疑不穀为假道长发之举。若黔若滇，总属朝廷封疆；留守留兵，无非绸缪粮糗。惟欲与行在声息相通，何有一毫私意于其间。若止以一盟了

---

[1]　《滇缅录》附《黔记》。
[2]　王夫之《永历实录》卷十四《李定国列传》。
[3]　查继佐《国寿录》便记《永历始事》。
[4]　康熙三十一年《贵州通志》卷五《大事记》；又见道光三十年《贵阳府志》卷二《大事记》中。
[5]　《滇缅录》附《黔记》载这年五月，"命前军都督白文选抚安贵州百姓"。
[6]　康熙三十一年《贵州通志》卷五《大事记》。

局,为燕雀处堂之计,非不穀所望于君侯也。"[1]

南明忠国公王祥也"遣官请盟"。大西军将领冯双礼向孙可望请示是否应该推迟进兵[2]。由于皮熊、王祥之流只知盘踞地方,殃民自肥,既不积极对清方作战,又堵住了大西军出黔抗清的通道[3],因此,孙可望决定不理睬皮、王"请盟"的虚礼,下令以武力强行改编。于是,冯双礼、王自奇统兵从间道攻平越,活捉皮熊。九月,刘文秀、白文选北上遵义、永宁。明永宁总兵侯天锡归附[4];"王祥乌合六七万,分为三十六镇,与滇兵一战于乌江河而大溃,祥避死真州,遂下遵义"[5]。皮熊、王祥阻挡大西军出黔抗清的图谋被粉碎以后,孙可望下令把他们部下的兵将收编,"不得逃避,一体入营关粮"[6]。这样既扩充了兵员,又防止了散兵游勇生活无着,为害地

---

[1] 《爝火录》卷二十;《存信编》卷三,二书所载文字稍有不同。《滇缅录》附《黔记》载:"秋八月壬午朔,义师东下发谕贵州。师发云南;师至关岭祀关圣。"当指孙可望亲统大军入贵州。

[2] 《滇缅录》附《黔记》。

[3] 黄宗羲《永历纪年》说:皮、王"两帅接壤,时相构衅,亦不能有所效力"。

[4] 欧阳直《蜀乱》。

[5] 黄宗羲《永历纪年》。沈荀蔚《蜀难叙略》记:"九月,孙可望遣其将白文选引兵攻王祥,至乌江。祥率众拒之。文选致书通好,祥报许之。往来相馈遗者数日。祥开宴召文选,文选赴之。及报宴,祥不敢赴,乃引归。文选蹑之,祥众无复部伍,遂溃于道。祥之散走数十里,乃自刎死,其众亦降。于是,遵义、重庆皆属可望。"道光十五年《綦江县志》卷五《武备》记:顺治七年九月"刘文秀、白文选以兵至乌江。王祥战不胜,遂自刎,其众二十万尽降"。

[6] 《黔记》云:"冬十月己丑,赦王爵(即王祥)标镇兵不得逃避,一体入营关粮。"十一月初五日又"赦王爵营镇兵一体录用"。欧阳直《蜀乱》也记载皮熊被迫投降后,可望"分其兵,据其地"。

方。到1650年（永历四年、顺治七年）十二月，孙可望已进至贵州东部的铜仁，贵州全省都处于原大西军管辖之下。

四川的情况也与此相仿。《宜宾县志》载："庚寅岁（1650）贼首孙可望在滇假翊戴之名，怀窥窃之志，监国贵阳，凡楚、蜀、滇、黔勋爵悉归节制。乃致书樊公（指南明川陕总督樊一蘅），语多矜肆。"樊一蘅派中军都督佥事彭明扬、筠连县知县魏鸣玉充使者前往贵阳，"可望盛陈仪卫召见便殿，于时一二大臣在座，皆东林旧人也。可望卒然问曰：'樊某为国大臣，经略秦蜀，所办何事？'先生（指彭明扬）翘首曰：'老臣尽瘁同于武侯，乃心王室同于郗鉴。但兵势有强弱，故成功有迟早耳。殿下若肯相容，大事尚可济也。若必加兵，诚恐来归之人皆解体矣。不几负率土之望乎？'望怒乃解，赐锦币而还"。次年，樊一蘅病卒，所部均为孙可望改编[1]。当时正在武大定幕中的欧阳直记载孙可望招抚武大定、袁韬的情况颇详："孙可望差官至嘉定，称奉旨联络，内有'会猎岷峨'等语。"盘踞于嘉定、青神一带的军阀武大定、袁韬犹豫不决。明四川巡抚李乾德说："此矫诏也，其心未可测。令武（大定）复书，略曰：'自入蚕丛，荆棘塞道，万里烟绝，一望凄凉，茂草荒林，惟有马迹，狐游虎逐，罕见人踪。间有一二遗黎，又皆五官残废，割耳截鼻，刖足剉手，如游异域，忽睹罗刹，形不类人，喘延余息。备询厥故，始知令先君（指张献忠）之造福于川，盖功德若此其惨毒也。乃曾不旋踵，君之先君身首异处，尸饱馋鸦，可见天之所报，人之所为，已足昭鉴。公等碌碌，犹尚不悛，欲挟令以欺天，逞前奸之故智，词多悖谬，意实险深。窃揣中藏，岂以皮（熊）、王（祥）视我也。倘修邻

---

[1] 嘉庆十七年《宜宾县志》卷四十八，艺文，李洪霂《彭明扬传》。

好,奉教有期;如云会猎岷峨,则水路可通舟楫,陆路可容车马,弟惟有叉手瞠目而听之矣。'"[1]显然,李乾德授意下写的回信对原大西军充满了敌意,断然拒绝孙可望提议的会盟。1651年(永历五年、顺治八年)孙可望派抚南将军刘文秀总统兵马,分两路入川。刘文秀率部渡金沙江,取道建昌;将军王自奇从毕节取道永宁,大举进攻。武大定亲率全营赴雅州(今雅安),抽调精锐士卒交部将张林秀带往荥经堵截大西军。袁韬和李乾德坐镇嘉定(今乐山市),分兵一支守州(今宜宾市)。这年八月,刘文秀指挥的军队在荥经县鹿角坝全歼武大定精锐,张林秀也被击毙。武大定大惊失色,连夜逃回嘉定;袁韬、李乾德眼看大势已去,三人抱头痛哭,随即下令放火烧毁嘉定城内房舍,次日早晨弃城逃走。由于家口牵累,走了七天才到达井研、仁寿。刘文秀进抵嘉定,派轻骑日夜兼程追击,一天之内就赶到仁寿县。袁韬、李乾德被活捉,押回嘉定。武大定连妻子家属也顾不上,带领十余骑落荒而逃。文秀命大定之子武国治、侄儿武国用招回武大定,以礼相待。免袁韬死罪,发往部下听用;李乾德和他的弟弟李升德押往贵阳治罪,走到犍为县时,二人投水而死[2]。

平定四川南部地方以后,刘文秀领兵顺流而下,派使者带着孙可望"秦王、监国"名义的文书联络川东各支抗清武装,"假首会盟"。夔东"伪爵贺珍、王光兴、张光翠等一十四家各拥重兵,阴附孙逆"[3]。盘踞涪州(今涪陵)、忠州地区的明定川侯李占春、靖南

---

[1] 欧阳直《蜀乱》。
[2] 欧阳直《蜀乱》说李乾德兄弟是被大西军"沉之江"。沈荀蔚《蜀难叙略》所记情节与《蜀乱》大致相符,但说袁"韬走荥县被擒,李乾德亦被执,后与其弟升德赴水死"。
[3] 顺治十三年六月左都督暂管郧襄水师事于大海揭帖。

侯于大海[1]因义父曾英于1647年初在重庆被南撤的大西军击杀，坚决拒绝会盟。刘文秀派部将卢明臣（又作卢名臣）领兵进攻，占春、大海大败，七月间带领马步士卒三万余名和家属乘船逃往湖北向清方投降[2]。途中遭到参与会盟的夔东抗清武装的拦击，十月十一日才进入湖北清方管辖区。清荆州总兵郑四维安置李、于二部于松滋县百里洲，由于未给粮饷，李占春于十四日夜间抛弃妻子部众，入山当了一段时间和尚，后来又在清朝招徕下出任过安陆副将、黄州总兵等职[3]。此外，据守万县一带的谭文、谭诣、谭弘，夔东一带的王光兴、王友进、刘体纯、塔天宝等都"扼险自守，差人申好"[4]。这样，刘文秀的出兵四川基本上达到了预期目的，割据自雄的大小军阀被消灭或收编，同以大顺军余部为主体的夔东抗清武装建立了联系，把四川大部分地区经营成了比较稳定的抗清基地。时人杨鸿基对大西军入川有一段概括性的叙述：

> 适至孙可望自滇据黔，辛卯（1651，顺治八年、永历五年）遣兵逼遵（义）；刘文秀自建南出黎雅，杨景星（按，当作杨璟新，杨展之子）奔投保宁；下兵犍为，擒袁韬而降武大定；再合遵、渝之兵东下，余

---

[1] 顺治八年十一月十七日于大海奏本自称"四川靖南侯加封郑国公、今投诚臣于大海"，见《明清史料》丙编，第八本，第七九九页。
[2] 康熙五十三年《涪州志》卷四《艺文》记："至辛卯（顺治八年，1651）献孽孙可望称秦王，从滇下黔入蜀，势并诸营。檄连占春，不听。七月内，贼至，占春溃，遂同于大海放舟下楚，投诚于国朝，而涪已空矣。"
[3] 上引顺治八年十一月十七日于大海奏本云："不意占春臣于十月十四日夜飘然远遁，询其由来，总为三军饷匮……"
[4] 欧阳直《蜀乱》。

大海(当作于大海)、李占春放舟而奔楚；他如三谭、(侯)天锡之辈或降或遁。自此三川之阻兵者皆尽。虽杀运犹未尽，民难犹未弭，而回视向之日月捋虎、霜雪衣裘、倾耳戴目、东窜西奔，以赊须臾之死者，已不啻水火衽席之不侔矣。[1]

可见，大西军的再度入川给当地残存百姓带来了生机，让他们有可能重整家园，逐步恢复社会生产，过上安定的生活。

孙可望部署的出兵川、黔，凭借武力收编永历朝廷残存的地方割据武装，是完全正义的。不把这些祸国殃民的军阀势力扫掉，大西军就不可能进入抗清前线，南明的残疆剩土也不可能真正成为抗清基地。孙可望接管贵州和四川南部地区以后，采取了果断措施加以整顿，在很短时间内就把黔、川治理得井井有条。他派白文选镇守贵州，收编当地的散兵游勇。对永历朝廷滥发的文、武官员札付全部收缴，裁革了一大批鱼肉人民的冗官，如派员"会勘平越各官，戮奸蠹民者"[2]，可望令蒋克远会冯双礼安抚人民，招徕商贾。又"令所属文武呈缴滥札，武职加授总制、参游，文官加授监军、督饷、部卿、金宪，概行裁革。各官作奸蠹民者戮之。令督学刘鸣凤考试贡生，分别伪滥"[3]，从而荡涤了永历朝廷留下的污泥浊水，改善了吏治。同时，致力于恢复农业生产，保护商业流通。有的史籍记载，孙可望收取遵义、石阡、平溪等地以后，"安抚遗黎，大兴屯田，远近多归

---

[1] 乾隆四十二年《富顺县志》卷五，杨鸿基《蜀难纪实》。
[2] 《黔记》。
[3] 《存信编》卷三。

之"[1]。在四川綦江县也"差官丈田……变牛种为粮数",并委任贵州拔贡张师素为知县,张到任时见城内"荆榛满目",乃"招抚遗黎,殷勤保爱"。后来又"发难民千余安插于杜石沙坪一带,多垫江人"。[2]为了活跃经济,互通有无,孙可望下令"招徕商贾[3],令征虏将军(冯双礼)招通平越商贾,失货物者量偿之"[4]。从一些史料来看,孙可望在贵州征收的赋税相当重,如在施秉"临田征租,劫去取十之七"[5]。"庚寅(1650,顺治七年)九月,秦王遣张虘卫复招士民……条银变输谷米共计二石有余,又有皇草、皇柴折价至黔中上纳;所征调银十两,帮补义兵一名器械银五十余两,不敢不从。一切五谷六畜丝麻之类,无隙可逃"[6]。这类材料除了反映当时用兵之际军需孔亟,不得不多征派赋税以外,也表明贵州等地的农业生产已经有所恢复。经过孙可望大刀阔斧的整顿,贵州的面貌为之一新,史载:

> 孙可望在黔,凡官员犯法,重则斩首、剥皮,轻者捆打数十,仍令复任管事。除去革降罚俸等罪,兵民亦如之,无流徒笞杖之法。盖事尚苟简,文案不繁。官绝贪污馈送之弊,民无盗贼攘夺之端。一时反以为便[7]。

---

[1] 《存信编》卷三。《黔记》卷四也记载顺治"八年,可望遣官清丈思(州府)、石(阡府)、黄(平州)施江内外屯田,征租"。
[2] 道光十五年《綦江县志》卷十。
[3] 《存信编》卷三。
[4] 《黔记》。
[5] 《黔记》卷四。
[6] 民国《贵州通志》前事志十七引《杨明吾谱序》。
[7] 《爝火录》卷二十一。

为了保证军事行动畅通无阻和百姓安居乐业，孙可望非常注意修筑道路，"凡街衢桥道，务令修葺端整，令民家家植树于门，冬夏常蔚葱可观"。[1]同时，实行路引制度，防止清方间谍混入云贵。原大西军领导人把治理云南的经验推广到贵州全省和四川部分地区，从而扩大了抗清基地，增强了经济和军事实力，为此后在抗清事业中取得辉煌战果奠定了基础。

第四节　忠贞营的北上夔东和所谓"白毛毡贼"

李自成牺牲以后，大顺军余部始终没有形成一个自己的领导核心。史籍记载，在1645年东、西二路大顺军（由李自成、刘宗敏亲自率领由西安经商洛、豫西、湖北襄阳、武昌一线撤退的大顺军主力为东路；李过、高一功所统陕北及甘肃等地驻军经汉中、四川顺江而下至湖北荆州地区的大顺军为西路）在荆州一带会师后，曾有意拥立李自成的三弟为号召。不久，进攻荆州之役被来自南京的清贝勒勒克德浑部援军击败，自成之弟和田见秀、张鼐、吴汝义等降清被杀，大顺军各部的离心倾向更加有所发展。原随李自成东下的右营将领刘体纯在1645年冬至1646年带领部众经河南西部再度攻入陕西，同武大定等人会合，围攻省会西安，一时声势颇盛。后来被清军击败，转入川东鄂西（即夔东）坚持抗清斗争。袁宗第原是大顺军右营制将军，是刘体纯的上级，但在李自成牺牲后，他显然已经失去了对右营诸将的领导地位，只拥有为数不多的军队同牛万才等部在湖南西部与明朝制辅

---

[1]　《燐火录》卷二十一。

堵胤锡一道继续抗清。李过（即李锦、李赤心）、高一功（即高必正）同堵胤锡也保持较好的关系，但在1646年初荆州战役后，李过、高一功等部退入巴东、建始一带休整，袁宗第、牛万才等人并没有采取一致行动，留在湘西山区；后来忠贞营奉调入湘，经常德进攻长沙等地，遭到明督师何腾蛟的破坏后，接着是清郑亲王济尔哈朗统兵南下湖南，李过、高一功等率部经湘东、广东撤入广西南宁地区，袁宗第也没有随同前往。湖南被清军占领后，牛万才于顺治八年在溆浦投降清朝，袁宗第已带领部众进入夔东，同刘体纯等部联营。郝摇旗（郝永忠）自1645年以后长期追随南明督师大学士何腾蛟，先后转战于湖南、广西兴安、桂林一带。1648年他奉何腾蛟之命由广西北上击败反正来归的陈友龙部后，在永历朝廷中备受指责。次年（1649）何腾蛟被清军俘杀，他举目无亲，率部北上夔东，同刘体纯、袁宗第，以及王光兴、贺珍等部会合，主要活动于湖北房县、均县一带。

下面着重谈谈南明史上著名的"忠贞营"。"忠贞营"的主体是李过、高一功等率领由陕北南下的西路大顺军，1645年在荆州草坪地区同南明巡抚堵胤锡达成联合抗清协议，由堵胤锡上疏隆武帝，赐名"忠贞营"。这支军队保持大顺军的传统似乎比郝永忠等部要多一点，李自成的妻子高氏自荆州合营后一直随忠贞营行动，该营主将李过是自成的侄儿，高一功是高氏的兄弟，营中称自成为"先帝"，称高氏为"太后"，仿佛另成体系，但实际上并没有建立一个有效的领导核心。从现存文献资料来分析，作为大顺朝皇后的高氏，其性格是比较温顺软弱的，她从未利用自己原来的地位为李自成确立一位继承人。这势必导致两个引人注意的现象，其一是原大顺军并不能都归入忠贞营建制；其二是忠贞营内部没有形成名实相符的领导人，李过（李赤心）曾被视为忠贞营的首领，但无论在名义上还是在实际上他更像一位盟主，而不是一位能发号施令的领袖。这表现在李过在大顺政权中受封亳侯，隆武时期封为兴国侯，永历时期他沿用兴国侯，而忠贞营内刘国昌仍用大顺政权所封淮侯，刘世俊沿用大顺政权所封岳侯，永历二年十一月李赤心的塘报一再用"本爵同各爵"会议字样[1]。这些迹象表明原大顺军缺乏一个坚强的领导核心，在抗清斗争中更多地依附于南明重臣，以致未能相对独立地开创局面。永历三年冬，忠贞营到达广西南宁、横州一带，大将有李过、高一功、党守素、马重禧（改名马腾云）、张能、田虎、刘国昌、刘世俊等。不久，李过、张能、田虎等先后病死，高一功成了忠贞营的主要领导人。当时，忠贞营的处境相当艰难，在广西永历朝廷统治区内，他们既遭到留守桂林大学士瞿式耜的歧视，又遭到镇守南宁、庆远一带的庆国公陈邦傅的猜忌。只是由于忠贞营兵力还比较强大，南明广西当局才对他们无可奈何。1650年，清孔有德、尚可喜、耿继茂三藩兵进攻广东和湘桂时，高一功和党守素曾率领精锐五千兵马到行在朝见永历帝，提出两项重要建议，一是改变勋镇割据的局面，财政收入和官员任命都应该由朝廷统一安排，以便集中有限的财力、兵力救亡图存；一是以忠贞营为主力东救广州。他们的主张得到一部分比较正直的永历朝臣支持，然而，南明诸帝大抵都是托身于军阀，连掌握了部分兵权的大臣如何腾蛟、瞿式耜也沾染"勋镇习气"，一味拥兵据地自重，以邻为壑，从来没有全局打算。尽管当时形势已经相当危急，无论是"东勋"（李成栋养子李元胤及杜永和等）还是"西勋"（庆国公陈邦傅以及瞿式耜节制的将领）都唯恐忠贞营地位上升，使自己失去原有的权势，于是想尽办法加以反对和破坏。

---

[1] 见《瞿式耜集》卷一《恢复大捷疏》。

南明史籍中叙述到淮侯刘国昌、岳侯刘世俊领兵会同李元胤、马宝、陈邦傅等东救广州一事均含糊其词，常见的说法是永历三年十一月"忠贞营刘国昌复下梧州，走怀集、阳山。因李赤心等各占地方，国昌无善地。堵胤锡出楚，欲随之"。"总督天下兵马大学士堵胤锡病，卒浔州。胤锡往督忠贞出楚，不从，大拂其意，拟即下梧州，调楚粤各勋。至浔抱病，乃李赤心又以刘国昌之下为胤锡使，遂不赴"[1]。或云："是时，李元胤守肇。忠贞裨将淮侯刘国昌与高、李相失，溃入肇界。元胤堵御之，受约束，乃去，肇赖以全。"[2]特别使人疑窦丛生的是说刘国昌引部进至广东三水、四会时突然被宣布为"谋反"，遭到援东诸将李元胤、马宝、陈邦傅等部的合击。鲁可藻记：庚寅（1650，永历四年、顺治七年）六月，"刘国昌反。自肇庆夜半开舟，执峡口守将斫其右手足，走攻四会，围四阅月。总兵叶标固守以待，各勋兵到，会赖以全"。又说："国昌抄掳不必言，拿人辄斫手，剐眼、割鼻。会罗承耀出，马吉翔约共图之。国昌觉，遂反。后虏陷东省，国昌仍驻阳山山间，时出掳掠境上。"[3]只要认真研究一下这类记载，不难发现其中矛盾百出。比如说刘国昌应堵胤锡之调是因为其所部"无善地""与高、李相失"，其实当时忠贞营诸将都是寄居他人篱下，高、李等部又何尝有"善地"[4]？高一功面见

---

[1] 鲁可藻《岭表纪年》卷三。
[2] 钱秉镫《所知录》卷四。沈佳《存信编》卷三记："九月，胤锡期赤心等不至，造其营诘之，赤心等丧败之余无意北出，请高、雷二郡以休息士马，胤锡不可，遂拔营西去，散居南宁、宾、梧之间。胤锡恚恨，病作；别部刘世俊请自勚（效），胤锡喜，自至浔州迎之。未几，病剧。"
[3] 《岭表纪年》卷四。
[4] 鲁可藻《岭表纪年》卷三记："赤心等散处横州、永淳、南宁、宾州间，土司等不与相安，日有攻击。"

永历帝时"请身为诸将倡：以兵归兵部，赋归户部，简汰疲弱，分泛战守，较勘功罪，则事尚可为；如因仍离析，兵虽众，将虽尊，皇上求一卒之用亦不可得，有主臣皆陷而已"[1]。可见，忠贞营主要将领对广西勋镇的据地自雄深恶痛绝。其次，刘国昌、刘世俊的领兵东出，正是在高一功、党守素到梧州朝见永历帝的时候，据某些史料记载岳侯刘世俊即病死于梧州[2]。鲁可藻记：永历四年（1650）五月，"忠贞营高必正、党守素奉召援东，见朝。久之，复还南宁"。六月，"加高必正、党守素总统御营兵马，各佩大将军印，援东"[3]。王夫之也记载，五月"高必正、党守素（自南宁至梧州）入见。……谕高必正、党守素援广东。必正请括兵马归兵部，钱粮归户部，铨选归吏部；进止一听朝廷，诸帅不得以便宜专行，奉上亲征。廷议不能从。必正、守素归南宁"[4]。高必正、党守素领兵到达梧州时，永历廷臣"郊迎三十里"，永历帝表面上也言听计从，所谓"谕高必正、党守素援广东"，显然是高、党二人的主动建议，下文说"必正请……奉上亲征"在逻辑上才能衔接起来。依据这一判断，刘国昌的率兵由梧州入广东当系高一功等派出的先遣部队。然而，六月间即传来了救援广州诸将报告"刘国昌反"的消息。七月，"高必正、党守素拔营回南宁"[5]。很明显，这是广东、广西勋镇为防止忠贞营入粤策划的阴谋。当时，尚可喜、耿继茂带领的清军进攻广州并不顺利，永历朝廷由广西和广东肇庆派出的各路援军兵力相当雄厚，如果

---

[1] 王夫之《永历实录》卷十三《高李列传》。
[2] 《东明闻见录》。
[3] 鲁可藻《岭表纪年》卷四。
[4] 王夫之《永历实录》卷一《大行皇帝纪》。
[5] 鲁可藻《岭表纪年》卷四。

能齐心合力会同广州城内的杜永和部内外合击,战胜的把握很大。可是,南明军阀内部矛盾重重,所谓"东勋"李元胤与杜永和等人之间争权夺利,他们与"西勋"陈邦傅等人又钩心斗角,只有在打击和排挤原大顺军上才能携手合作。南明官员说"刘国昌反",却始终拿不出证据,既没有列出刘国昌反对永历朝廷的任何罪状,又不能不承认刘国昌部在遭到暗算后仍然在广东阳山、英德一带抗清。究其实质,不过是种预谋,先以朝廷名义调忠贞营东援,粮饷却一毫不与,待到忠贞营军队就地筹饷时立即以"劫掠"为名大做文章,聚而歼之。正因为其中黑幕重重,当事人的记载总是吞吞吐吐,欲语还休。例如钱秉镫当时正在永历朝廷中任职,赋诗云:"端州兵不下,返旆御淮侯(自注:忠贞营裨将刘国昌兵散入端州各属)。莫问粤东急,须防内地忧。督师真失策,酿祸至今留。受诏虚糜饷,何时厌尔求(自注:初,督师宜兴堵公招此兵出,至今为患)?"[1]钱秉镫是个门户观念比较重的人,他明知集中于肇庆(端州)的明军不顾广州危急,返旆打内战的实情,却别有用心地把参与援救广州的刘国昌部说成督师堵胤锡招来的祸水。沈佳《存信编》记:"郧国公高必正将兵二万自楚至行在赴援,人马器甲壮甚,西北百战之余也。必正自请击敌。或言请敕必正出怀集、四会,度清远,以断清人后。廷议以永和故不敢用,处之浔、横之间。尝有敕至必正营,必正出迎十里外,步导至营,行礼甚恭,谓敕使曰:'仆起草野,受国厚恩,欲率众自效,而朝廷不使处于内地,兵之所居,岂得无扰,外忌压境之仇,内残所恃之地,殊非计也。'敕使言之时宰,朱天麟、李用楫颇然之,众莫有听者。"[2]由

---

[1] 钱秉镫《藏心阁诗存》卷十二《行朝集·端州杂诗》。
[2] 沈佳《存信编》卷三。

此可见，忠贞营将领一直以抗清复明为己任，主动请缨，永历朝廷却视之为异己力量，一味加以防范，更谈不上发挥他们的作用了。

到1650年（永历四年、顺治七年）下半年，忠贞营在永历朝廷控制区内已经很难立足，被迫先后转移。刘国昌部在遭到广东、广西军阀的袭击后，同忠贞营主将失去联系，长期在广东北部阳山、英德、乳源一带抗清。鲁可藻记载，这年九月，"马吉翔、马宝、陈邦傅、马应龙等于四会讨伐刘国昌，败之。降其三分之一，国昌遁去，后仍在连（州）、阳山间"[1]。《英德县志》载："顺治九年壬辰，贼首吴接踪等踞巢鲤鱼塘，焚劫乡村，韶、英合兵进剿，斩获不计。尔时复有刘国昌绰号白毛毡拥众数万蹂躏属地，四营群寇大王飞等绰号红头贼亦不下万人盘踞浛界，不时剽劫。官兵进剿，六月破四营于流寨，七月败国昌于蕉冈，追至乳源又大破之，西乡一隅颇得安息，迨十一年甲午、十二年乙未又有红头贼、白头贼屯札于红群塘、白水磜等处，日则伏山冲抢，夜则持梯破围，其害较之哨满等不少减焉。"[2]顺治八年十一月清广东巡抚李栖凤揭帖中说到这年七月间"逆寇白毛毡即伪淮侯刘国昌"驻营于距乳源县七十余里的龙溪，"势欲侵犯乳地"，清南雄、韶州驻军先发制人，趁夜翻山度岭进攻龙溪，刘国昌部被击败，阵亡数百名，包括刘国昌的妻子在内约一千余名家属被俘，刘国昌率残兵退入长溪山内凭险拒敌[3]。这些材料都说明在顺治七年清军攻占广州、桂林以后，永历朝廷形同瓦解，大将陈邦傅、杜永和等先后降清，方以智、鲁可藻、钱秉镫、王夫之等人

---

[1] 《岭表纪年》卷四。
[2] 道光二十三年《英德县志》卷十五《前事略》。同治十三年《韶州府志》卷二十四《兵事》。
[3] 《明清史料》丙编，第九本，第八〇二页。

转入清方统治区以遗民自命，而被他们诬陷打击的刘国昌部却一直在粤北山区坚持斗争，其条件之艰苦可想而知。关于刘国昌部还有两点值得说一下，一是所谓"绰号白毛毡"的问题，王夫之记1649年（永历三年）忠贞营撤入广西后，"刘希尧、刘芳亮与（李）赤心不协，率其军自梧州而北，转掠贺县、广宁、四会至宜章，所至剽杀，粤、楚间人尤苦之，呼为白毛毡贼，通粤将杨大甫，欲叛降□（虏）。朝廷执大甫诛之，希尧、芳亮惴慑失据，而彭嵩年、向文明屯郴南，阻其北降路，日渐溃散。清兵遂至，不及纳款，遂皆败死"[1]。蒙正发记："制抚堵胤锡同忠贞营由茶陵、攸县、安仁、永兴以至江华、永明一带山悬僻谷中，直达广东之星子、连州，所过杀掳，白骨满山野，民呼为白毛毡。"[2]可见，白毛毡并不是刘国昌的绰号，而是大顺军余部的共称，其原因是将士头戴白毡帽，民间遂以此呼之。蒙正发出于政治偏见，诬蔑为杀人白骨蔽野致有"白毛毡"之名。王夫之在永历朝廷中仅任行人司行人，地位极低，当其处境困难时，郧国公高一功曾伸出援助之手，但他同瞿式耜之流一样心存畛域，拒绝与忠贞营将士往来，因此，尽管他在所著《永历实录》中为高必正、李赤心、李来亨等人做了传记，却往往根据传闻，人名和情节常有错误[3]。

1650年（顺治七年、永历四年）十二月，忠贞营的主力开始由南宁北上，主要原因是他们同原大西军领导人孙可望之间存在隔阂。当孙

---

[1] 王夫之《永历实录》卷十三《高李列传》。
[2] 蒙正发《三湘从事录》。
[3] 由于永历朝廷许多人歧视原大顺军，尽管忠贞营退入广西后同永历朝廷共处一地，但留下的记载却很少，忠贞营的将领情况就是一个难以弄清的问题。王夫之把刘国昌、刘世俊记载为刘希尧、刘芳亮，可能有误。

可望请求永历朝廷加封秦王的时候，忠贞营将领表示不满，高一功、党守素曾经亲自出面训斥孙可望的使者，大意是原大顺军和原大西军地位相类似，大顺军余部联明抗清后，将领最高只封公爵，孙可望却坚持要朝廷封他为一字王，有欠公允，甚至说出了"两家兵马，彼此所知，鞭弭櫜鞬，足以相当也"的威胁性语言[1]。就当时情况来说，大顺军余部兵力既远不如大西军余部强盛，又不像孙可望、李定国、刘文秀等拥有云南全省这样一块后方基地，高一功、党守素卷入永历朝廷同大西军联合的纠葛中是不明智的。自然，孙可望借用陈邦傅和造假敕要求节制天下文武，高一功等人不愿接受孙可望的指挥也是一个重要因素。高一功等人的行动得到永历朝臣中反对封秦的顽固派的赞许，在某种程度上还成了这些人拒绝封秦的武力后盾。然而，原大西军联明抗清毕竟是大势所趋，孙可望凭借实力也足以封王。双方的关系在李自成、张献忠生前已经因为争夺四川兵戎相见，封秦之争又加深了裂痕。到孙可望出兵贵州、四川，清军侵入广西时，高一功等忠贞营将士既打不过清定南王孔有德部，又不愿依附于孙可望，剩下的道路就是领兵北上夔东，同刘体纯、袁宗第、郝摇旗等大顺军旧部靠拢。

忠贞营由广西南宁一带北上的时间在各种史籍中记载不一致。《南宁府全志》记，顺治七年"十二月，高、李二家走古坭"[2]。《柳州府志》记，顺治七年"三月，高必正、李来亨由庆远至大榕江过水，从（江）、怀（远）民避兵无宁日"。据顺治八年七月清广西巡抚王一品的报告，这年五月高、李等部仍在怀远、大榕江一带，《柳州府志》可能误记提前了一年。

---

[1] 钱秉镫《所知录》卷下《永历纪年下》。
[2] 康熙抄本《南宁府全志·祥异志·附寇变》。

忠贞营的北上是一次艰难的军事转移。高一功、李来亨等人为了把士卒家属、辎重安全地护送到夔东，不得不取道小路，跋山涉水，经过明清统治力量较弱的少数民族聚居区。1651年（永历五年、顺治八年）忠贞营途经湖南西部保靖时，遭到已经投降清朝的当地土司彭朝柱组织的袭击，高一功不幸中毒箭身死[1]。在李来亨等率领下，忠贞营终于突破了重重险阻，到达了夔东。康熙《巫山县志》在顺治八年下记载："是冬，袁宗第、刘体纯、马重禧、塔天宝、李来亨、董守泰（党守素之误）、郝永忠等营由南渡江，分据兴山、巴东、巫山、大昌等处。"[2]沈佳《存信编》卷三记，永历四年（顺治七年）十二月，"加大学士文安之太子太保、吏、兵两部尚书、督师经略川秦楚豫，赐尚方剑，便宜行事。封王光兴荆国公、郝永忠益国公、刘体纯皖国公、袁宗第靖国公、李来亨临国公、王友进宁国公、

---

[1] 关于高一功之死，各种常见的南明史籍都说是被孙可望攻杀，如王夫之《永历实录》卷十三《高李列传》记："时忠贞营诸部存者惟必正、守素及贺锦、李来亨四将屯浔南，日益弱。是年冬，两粤陷，清兵寇浔南，必正自庆远走黔。孙可望薄险要击之，转战旬日，所部多为可望劫降，必正、守素、锦皆殁。余军推李来亨为帅，由黔走施州卫，遂至巴东之西山屯焉。"这段记载很靠不住。贺锦早在1644年大顺政权时期牺牲于青海西宁，王夫之可能把贺珍、贺锦混为一人，但贺珍又非忠贞营将，从未入粤。党守素至康熙初降清，也不是在顺治八年被孙可望攻杀。乾隆二十八年《永顺府志》卷十二《杂记》和同治十年《保靖县志》卷十二《杂记》都记载高一功、李来亨带领忠贞营途经该地时，彭朝柱令其子彭鼎"调苗兵万余，从菁林开路攻杀数千人，高必正亦被药箭死，余皆奔溃"。但这两种方志把时间定在顺治"十一年九月"，《保靖县志》又把"高、李"改为"高必正、李赤心"；李过（赤心）病卒于广西，早在忠贞营北上之前，当为李来亨之误。《府志》引《永顺司宗图》云："辛卯之冬，又遭高、李之乱。"辛卯为顺治八年，参考其他各书，有关高一功的事迹正是在顺治八年秋天以后再也没有出现，通过这些史籍的混乱记载，大致可以确定高一功是在顺治八年九月间在湖南保靖山区被永顺土司兵用毒箭射死。
[2] 康熙五十四年抄本《巫山县志·僭据》。

塔天宝宜都侯、马翔云阳城侯、郝珍（贺珍之误）岐侯、李复荣渭源侯、谭弘新津侯、谭诣仁寿侯、谭文涪侯、党守素兴平侯，从文安之之请也"。同书同卷又记，永历五年（顺治八年）夏四月，"文安之奉命督师至都匀，孙可望邀止之，迫夺王光兴等敕印，拘留数月，乃听安之回楚，各勋镇敕印俱匿留不发"。从上面叙述的忠贞营诸将李来亨、党守素、塔天宝、马重禧等到达夔东在顺治八年，《存信编》写的封爵时间可能有误，记早了一年。

忠贞营诸将到达夔东后，原大顺军系统的各支队伍基本上会合了。他们同集结在这里的其他拥明抗清武装如在郧、襄反清的王光兴，在陕西反清的贺珍，忠县以谭文、谭弘、谭诣为首的地方武装，摇黄的部分武装互相呼应，被称为夔东十三家，忠贞营的名字不再使用了。在谈到"夔东十三家"这个名词的时候，有两点应当注意：一是明末以来称各部义军常用"十三家"以形容其多，如崇祯年间的所谓"十三家七十二营"，明末清初的"摇黄十三家"，都是一种习惯说法，没有必要也不可能确指十三家的具体领导人和所辖部队。真正值得重视的倒是所谓"夔东十三家"是以原大顺军为主体，他们在作战时互相支持、配合行动比较多。王光兴（某些史籍中沿用"王二、王三"，即王光兴、王昌，似乎是兄弟二营，实际王昌病死后所部均归王光兴领导，何况顺治四年起兵反清时王氏兄弟并未分营）、贺珍、三谭和摇黄余部则带有较多的地方割据色彩。另一点是聚集于夔东的各支抗清武装就实力而言是相当强盛的，不仅兵马不少，而且多数是身经百战，有的擅长陆战，有的擅长水战，战斗力非常可观。然而，他们的弱点是各自为政，没有形成强有力的领导核心，各部首领互不相下固然是原因之一，但永历朝廷故意在封爵上一视同仁，封了一大批地位相当的公侯，更加强了分立倾向。文安之和他的继任大臣注意联络夔东抗清武装是正确的，但他们总希望维持诸将的"平等"地位，便于自己节制。考虑到永历朝廷大臣几乎没有真正懂得军事的人才，派设的督师阁部也不过虚有其名为永历朝廷象征而已。换句话说，夔东地区的明军既然控制着长江三峡两岸易守难攻的高山大川地区，若推举或任命一位才德兼备的主帅，只需留下少数兵力维持地方，集中主力攻下物产丰盈、人口较多的地区，必将在抗清复明事业中发挥重大作用。正是由于上述原因，加上孙可望掌握了永历朝廷实权后也未能消除双方的隔阂，夔东明军兵力虽强，所据地理位置又是腹心之处，却始终株守穷山僻隅，打不开局面。

第五节　永历帝的进入安龙

1650年（永历四年、顺治七年）正当孙可望部署原大西军由云南入贵州，开赴四川、湖南抗清前线时，清军向永历朝廷管辖下的两广地区展开了大规模的进攻。十一月初四日，清朝平、靖二藩尚可喜、耿继茂部攻占广州；次日，清定南王孔有德部占领桂林，两广地盘土崩瓦解。永历朝廷的文官武将除了少数慷慨就义以外，叛变投降的比比皆是；稍有民族气节的如方以智、钱秉镫等人或是避入深山少数民族居住区，或是披缁为僧，演出了一幕大散场的悲剧。

驻于梧州的永历帝一天之内接到东西两省省会失陷的消息，惊恐万状[1]。在大学士文安之、严起恒等拥簇下于十一月初十日逃往浔

---

[1] 参看瞿昌文《粤行纪事》卷二（此书长恩阁丛书抄本作《粤行小纪》三卷，当为初本，后来改"小纪"为"纪事"，用词亦由尊明改为尊清）。

州。浔州守将庆国公陈邦傅眼看大厦将倾，决意降清，阴谋劫持永历帝献给清方做贽见礼。朱由榔得到密报，不顾倾盆大雨，仓皇奔往南宁，皇帝的卤簿和随驾官员都被陈邦傅叛军搜劫一空。陈邦傅没有抓到永历帝，竟把宣国公焦琏杀害，向孔有德投降。

十二月初三日，朱由榔在南宁见情况紧急，无兵无将，辖地全失，已经走投无路了，才不得不把希望寄托于原大西军和原大顺军。这月二十一日首席大学士文安之自请往四川督师，以太子太保兼吏、兵二部尚书，赐尚方剑节制以原大顺军为主体的川中诸将。同时派编修刘菭为使者封孙可望为冀王，让他派兵入卫。按明朝制度，一字王为亲王，二字王为郡王，永历帝到危难关头决定破格封孙可望为一字王，却不同意真封秦王，原因是明初朱元璋的次子朱樉受封秦王，位居诸藩之首[1]，传世二百多年，需要避免重复，也有恩自上出的意思。孙可望却因为用秦王名义发号施令已久，不愿拆穿早已誊黄公布的"伪敕"，拒不接受。杨畏知劝他接受冀王封号，说"假王何如真王"，孙可望置之不理[2]。

1651年（永历五年、顺治八年）二月，清军由柳州南下，南宁岌岌可危，永历朝廷覆亡在即。孙可望急忙派遣贺九义（也作贺九仪）、张明志领劲兵五千赶赴南宁护卫永历皇帝，同时也借此机会逼迫朝廷承认伪敕封秦的合法性。贺九义、张明志到达南宁后，杀兵部尚书杨鼎和，逼死阻挠封秦的首席大学士严起恒。许多南明史籍都说

---

[1] 直到明朝末年，封在西安的秦王仍然被视为"首藩"，参见《明熹宗实录》卷二十二、二十三、二十四相关条。

[2] 金钟《皇明末造录》卷上记："先是，以未允秦封，可望不悦，曰：'古来遇乱世称帝称王者不知凡几，王莽、曹操、司马炎难道不是做得来？'杨畏知从容向可望曰：'但是假终不若真是以服人心耳。'可望终不悦。"

严起恒是被孙可望部将击毙或推入水中淹死,实际上是他负气自杀。据钱秉镫记载:"庚寅冬,车驾南幸,明年至南宁。其护卫张明志领铁骑五千迎驾,径登公舟,问封滇是秦邪,非秦邪?公正色曰:'汝以迎驾来功甚大,朝廷自有重酬,固不惜大国封。今为此语,是挟封也。岂有天朝封爵而可挟者乎?'明志语不逊。公出舟大骂,跃水而死。可望兵大哗。从官后至者,土人言公死状如此。"[1]三月,朱由榔被迫正式承认了陈邦傅、胡执恭矫封孙可望为秦王的敕书和金印。孙可望也上疏谢恩说:

> 秦王臣朝宗望阙奏谢。臣自入滇以来,纪年而不纪号,称帅而不称王,正欲留此大宝以待陛下之中兴。此耿耿孤忠,矢之天日者也[2]。

封秦的争议总算是解决了,但双方的矛盾并没有因此缓和。就孙可望来说,他既需要朱明皇帝这面旗帜,把永历帝掌握在自己手中,借以挟天子以令诸侯;又明知朱由榔和忠于明室的朝臣是在山穷水尽的情况下才违心地同意真封秦王。于是,他采取敬鬼神而远之的策略,名义上尊奉永历年号,正式自称秦国"国主"[3],在贵阳建立

---

[1] 钱秉镫《藏山阁文存》卷五《闽粤死难偶记》;参见《所知录》卷四。按,钱秉镫自桂林失守后即在梧州脱离永历朝廷,他记载永历后期事乃根据随永历入贵州、云南的同官好友汪蛟口述及汪撰《日记》,较他书更为翔实。

[2] 李天根《爝火录》卷二十一;又见《残明纪事》。

[3] 康熙五十四年《新兴州志》卷二《沿革》记:"七年庚寅,孙可望伪称秦王,置百官,取黔中地。八年辛卯二月,孙可望自称国主。"康熙四十四年《平彝县志》卷二《沿革》记载相同。康熙五十八年《澂江府志》卷三《沿革》记:"七年称秦王,旋称国主。"

行营六部,以范鑛、马兆羲、任僎、万年策等为吏、户、礼、兵部尚书[1],从而实际上接管了永历朝廷的权力。永历帝及其为数不多的廷臣仍想威福自操,对于孙可望的目无朝廷、任意格杀、逼死大臣,难免心怀疑惧。接着,又在杨畏知的问题上进一步激化了双方的矛盾。杨畏知是忠于明室的,他是陕西宝鸡人,和孙可望、李定国、刘文秀等同乡,又较早和原大西军合作共事,如果安排得当本可以从中斡旋,减少双方隔阂。当杨畏知奉孙可望之命来到南宁时,认为贺九义等逼死首席大学士严起恒有伤大体,上疏劾奏二将。永历帝决定破格授予杨畏知礼部侍郎兼东阁大学士的官衔入朝辅政。这一措施本来是为了加强朝廷同原大西军将领之间联络的纽带。不料,孙可望得知后大为不满,命令贺九义把杨畏知押回贵阳,责问他为什么擅自接受永历朝廷大学士职务。杨畏知回答道,既然你已经接受朝廷的秦王封爵,我为什么不可以接受朝廷的大学士职务。孙可望认定他心向永历帝,不忠于己,下令把他拖出斩首。这件事在《滇缅录》内记载得比较详细:

> 八年(辛未,永历五年)从朱天锡(朱天麟)请改封可望为冀王,以编修刘菈为封使。未至,可望遣其将贺九仪及总兵张胜、张明志、杨威等率兵万人,由广宁驰南宁护跸,且胁改秦封。内阁严启(起)恒、杨鼎和,科臣刘尧珍、吴

---

[1] 见李天根《爝火录》卷二十一。按,该书因字形相似将马兆羲误书作马兆义,其他史籍又常因音同把马兆羲写作马兆熙。康熙五十五年《楚雄府志》卷六《选举志》记马兆羲天启丁卯科举人,崇祯戊辰科进士;卷七《人物志》有马兆羲小传。郭影秋《李定国纪年》第一百页及第一〇一页未察史料之讹,一作马兆熙,一作马兆义,遂歧为二人。

霖、张载述抗论不允。九仪盗杀鼎和于昆仑关，又击杀起恒水中……，并杀尧珍等。数日，胡执恭自泗城至，泣对曰：曩日之事，诸臣死之，臣膏斧余生，何敢再置一喙。但自封议诮张以来，可望愤然用兵，外并诸镇，内杀重臣，其心已不可问，然我地日蹙，兵日益散，万一势迫长驱，舍西南一块土更无捉足之地，不得不仍申封秦之典，开一线滇黔以备缓急。三月，可望上疏言，臣秦人也，不愿封冀。永历乃缮玺书命执恭往黔慰谕可望，更封秦王。畏知再至，深自恨，痛哭入见。永历留之入阁办事。畏知抗疏劾贺九仪贼杀大臣之罪，九仪报可望。可望怒，使指挥郑国执畏知至黔。畏知入见，即大骂逆贼，终不可与有为，取头上帻击其面。可望怒，杀之。此辛卯五月六日事也。定国、文秀皆与畏知善，益恨可望。[1]

杨畏知之死，充分暴露了孙可望的野心，他要的只是永历朝廷这块招牌，一切生杀荣辱的大权都揽归自己。这不仅加深了永历君臣的畏惧，也引起原大西军主将李定国、刘文秀等人的不满。这年十一月，清军逼近南宁，永历帝召集廷臣会议何去何从。有的人建议逃往

---

[1]《滇缅录》，见《长恩阁丛书》。按，杨畏知被杀事诸书记载不一致。《爝火录》卷二十一两段记载在情节上就互有出入。遇害地点，《滇缅录》《爝火录》等书说在贵阳；屈大均《安龙逸史》卷上则说押回云南被害。康熙三十年《云南通志》卷三《沿革大事考》记，顺治八年（永历五年）五月，"孙可望遣杨畏知诣永历，留为内阁。畏知上疏自劾，又语忤贺九仪，九仪谮于可望，执畏知回黔，畏知大骂可望，求速死，遂遇害。"康熙五十五年《楚雄府志》卷十《艺文志》收马天选《吊副使杨公畏知》诗注云："公先藁葬楚雄。"参考诸书，孙可望在顺治七年八月到达贵阳后，长期驻于该地，杨畏知当死于贵阳，葬于云南。

两广海滨依靠李元胤的残兵败卒；有的主张迁入安南避难；也有的提议航海往福建投奔郑成功；掌锦衣卫事文安侯马吉翔和太监庞天寿极力主张前往云南依赖原大西军，首辅吴贞毓由于自己曾经反对封孙可望为秦王，这时顾虑重重，不敢决策。特别是永历帝本身就"不欲就可望"[1]。孙可望派来的护卫将领贺九义见朝廷议论纷纷，多不愿依靠近在咫尺的原大西军，他愤愤不平地入朝对廷臣说："昔秦王为请移跸滇黔，特命我扈驾。今诸臣既各疑贰，我岂能担此重任乎？"[2]随即拔营而去。十二月初十日，清军缐国安部占领南宁[3]。永历君臣经新宁州（今广西扶绥）乘船溯左江逃至濑湍（在今广西崇左县东），由于上游水浅，"尽焚龙舟重器"，派禁兵抬辇由陆路逃难，经龙英（今广西大新西）、归顺（今广西靖西）、镇安（今广西德保）窜至桂滇交界处，遇上原大西军狄三品、高文贵、黑邦俊部才转危为安。南宁失守后，永历朝廷基本上已经没有自己的管辖区了，从此一直驻于原大西军接管的地区内。

1652年（永历六年、顺治九年）正月初一，永历帝和他手下为数不多的臣子、眷属在云南省最东边一个名叫䂽朝的村子里度过了传统的节日。半个月后移到了广南府（今云南省广南）。孙可望接到报告后，经过再三斟酌决定把朱由榔及其随行人员迎往贵州安隆千户所城居住，派副总兵王爱秀带兵护送，呈上的奏疏中写道：

---

[1] 《爝火录》卷二十一。
[2] 《爝火录》卷二十一。胡钦华《天南纪事》云：永历五年"六月，可望复请移于滇。帝优诏拒之。可望遂大怒，九月撤兵还"。可见，贺九义撤兵是奉孙可望之命。
[3] 沈佳《存信编》卷三记，十二月初七日清军占领南宁。

臣以行在孤处僻粤，再次迎请，未奉允行。今正月初三日接外后营总兵狄三品等塘报，云皇上驾抵皈朝，欲移幸广南，臣不胜欣喜。臣前预虑圣驾必有移幸之日，所以先遣各营兵马肃清夷氛，道路无碍。广南虽云内地，界邻交趾，尚恐敌情叵测。臣再思维，惟安隆所乃滇黔粤三省会区，城廓完坚，行宫修葺，巩固无虞。且以皇上屡历艰危，当思长策，岂可再触惊忧。今若竟抵安隆，暂劳永逸，一切御用粮储朝发夕至，较广南逼近交夷，安危又大不同矣。特遣副总臣王爱秀前来奉迎。若异日中原大拓，东南移都，亦无艰难纡折之苦。临奏不胜激切。[1]

永历朝廷在走投无路的情况下，勉强接受孙可望的安排，在王爱秀护送下搬到了安隆千户所，为了使名字好听一些，改为安龙府。据江之春记载，"壬辰（1652，永历六年、顺治九年）二月初六日，上自广西南宁府移跸贵州安龙府，……时廷臣扈随者，文武止五十余人"[2]，加上少数兵丁、随从人员和家属眷口也不过两千九百余人[3]。《残明纪事》中说："王自入黔，无尺土一民。"其实，更正确的说法应当是：帝无尺土一民，方始入黔。永历帝和他寥寥可数的廷臣迁入原大西军余部的控制区，标志着这位南明皇帝被迫把自己和

---

[1] 沈佳《存信编》卷三。《爝火录》卷二十二所载文字较简。按，安隆所或写作安笼所。

[2] 江之春《安龙纪事》，收入神州国光社编《虎口余生记》；又见计六奇《明季南略》卷十四，沈佳《存信编》卷四按干支推算也是二月初六日。

[3] 金钟《皇明末造录》卷上。

小朝廷的命运完全托付给原大西军。

这种新情况的出现，如果能够有效地利用本来是可以把全国的抗清斗争推上一个新阶段。因为，自从清兵南下之后，满洲贵族加紧推行民族征服和民族压迫政策，激起了汉族士民的激烈反抗，导致民族矛盾上升为全国的主要矛盾。然而，尽管各地的抗清斗争风起云涌，却大多以失败告终。失败的根本原因在于南明朝廷自身的腐败，内部纷争离析，名义上从属朝廷的各种抗清力量之间，以至于某一个抗清团体的内部，总是矛盾重重，相当大一部分可以用于抗清的力量在内部冲突中被消耗了。改变这种局面，需要两个条件：一是利用汉族绅民长期存在的正统思想，以朱明皇帝作为号召和团结各种抗清势力的旗帜；一是要有一支拥有相当实力又忠于抗清事业的力量作为核心。具体来说，永历皇帝就是当时唯一适合的旗帜，而孙可望为首的原大西军经过改编和养精蓄锐之后，正是支撑、团结各种抗清势力的核心。道理很明显，只有以永历朝廷为正统，以复明为号召，孙可望等的西南抗清力量才能同东南沿海的郑成功抗清义师团结起来；各地汉族官绅士民的反清派是以恢复明朝为宗旨的，他们中间的许多人对原属农民军的孙可望、李定国、高一功、李来亨等怀有很深的偏见，在这种情况下，抛开永历朝廷就不可能达到号召远近的目的；甚至为了使原属大西、大顺这两支农民军的武装（还有曾属农民军的混十万马进忠等人）在抗清斗争中实现有效的联盟，也必须借重永历朝廷。从另一方面说，永历朝廷毕竟是腐朽没落的明王朝的延续，对人民的敌视、内部的腐败和钩心斗角已经成为深入骨髓的痼疾。当它还拥有直属自己的地盘和兵力的时候，无论是对大顺军还是对大西军都采取暗中防范、明加排斥的方针，双方的关系往往陷入僵局，导致丧师失地。在清军追击下，永历朝廷有限的实力和地盘丧失一空，被迫投奔原大西军，实际上是来了一次大换血。这样，推进抗清斗争所必要的两大要素才有可能真正结合起来。

然而，可能性并不一定能够成为现实。当永历帝已经被安置于笼中以后，孙可望作为主角登场了，事实证明他没有演好，他不懂舞台上的主角并不一定是剧情中地位最高的人。对于孙可望的秉政，我们应该有个全面的认识。一方面，他在明清之际的政治风云中确实是出类拔萃的人物，治理军国大政表现了非凡的才能；另一方面，他对权力和地位的欲壑难填使他利令智昏，无法做到高瞻远瞩，正确地驾驭全局。就治军治国的才能而言，他在顺治三年冬（1647年1月）张献忠遇难后接过元气大损的大西军领导权，开疆辟土，把久历战乱的云南治理得相当不错。在接管贵州后，也在短期内就把这个贫瘠的省份治理得井井有条，生产迅速恢复。自然，治理云贵地区不能全部归功于孙可望一个人，但他作为最高决策人所起的作用则不容低估；同样，李定国在顺治九年以后取得的辉煌战果同在云南的休整和后勤支援也是分不开的。

孙可望决策联明抗清是完全正确的，在联络永历朝廷的初期备受朱由榔及其廷臣的欺骗与刁难也是事实。从他不失时机地派兵救出永历皇帝，安置于自己的管辖区来看，表明他对永历皇帝的号召作用是有所认识的。然而，在如何正确利用永历这面旗帜上，孙可望却犯了极大的错误。他光知道暂时需要利用永历朝廷，却不能安置得当，注意维护朝廷的表面尊严。

当时，原大西军管辖区内有两个政治中心，一个是云南省会昆明，另一个是贵州省会贵阳。前者是原大西军四将军长期活动的中心[1]，后者是孙可望以"国主"身份发号施令的场所，这里建立了属于孙可望的六部等中央机构，相当于封建时代皇帝的行在。永历帝迁入原大西军管辖区后，本来应该驻跸于昆明或贵阳，以原大西军建立的政权为基础逐步改造南明朝廷。孙可望却没有这样做，他完全从个人的利害出发，唯恐把永历帝迎至昆明后可能受李定国和刘文秀等的影响，自己不便操纵；如果迎来贵阳，不仅自己得定期朝见称臣，而且重大军国事务总应在形式上取得皇帝的认可。这对于野心勃勃的孙可望都是难以容忍的。因此，他把永历帝及其为数不多的廷臣、随从迁往自己的嫡系军队控制下的安隆，这里原先只是明代的一个千户所城，地方僻小，居民不过百家[2]。永历皇帝居住的千户所公署虽称行宫，其简陋程度可想而知。而王应龙在昆明为孙可望"营造王府，用黄瓦，拆呈贡县城砖石为墙，脚宽六尺。大门外设通政司，立下马牌，制天子仪仗，殿悬五龙，设螭陛，选有声音者为鸿胪寺赞礼。显然有僭称天子之形"[3]。在贵阳也"大兴土木，建立宫殿、楼观甚美伟。又作行宫十余所于滇、黔孔道，以备巡幸"[4]。清朝初年在湖

---

[1] 1655年孙可望致信李定国、刘文秀说："滇南乃公众之地，宜作根本之区。"见《明末滇南纪略》卷五《再图西蜀》。所谓"公众之地"即指云南为孙、李、刘等共有。

[2] 安龙，原名安笼，为安笼守御千户所（明制：守御千户所直隶都司，不属卫管），在贵州普安州城南三百二十里。"洪武二十一年建为宁远堡，寻改为所。所城围一里二百七十步。"见弘治《贵州图经新志》卷十，普安州。乾隆二十九年抄本《南笼府志》卷四《城池》记："南笼府旧城原为安笼所城，隶安顺府。明永乐二年建，周围二百八十七丈一尺，高一丈四尺。"按，明朝制度卫、所属军事系统，行政系统的府州无权管辖。

[3] 《明末滇南纪略》卷四《悔罪归明》。

[4] 《爝火录》卷二十五。《存信编》卷四记："可望自居贵州省城，大造宫殿，设立文武。川黔大臣皆挟以威，令刻期朝见，授以职衔，有不从者即杀之。"

南、贵州任职的彭而述依据亲身经历写道，自宝庆（今湖南邵阳）城外三十里的长烟司直至贵州、云南，每一舍设孙可望行宫一所，如清平卫宫邸"熳烂魁杰，台八九层，榴花亭子布置俨雅，与靖州署同"[1]。这些行宫虽不一定都是新建的，至少也经过维修铺设。国难当头，民力凋敝，孙可望的追求享受，讲究排场，实在令人吃惊。这同他拨给永历帝居住的安龙相比，形成鲜明的对照[2]。

宸居既是如此简陋[3]，供应也极为菲薄。孙可望任命亲信范应旭为安隆府知府，张应科为总理提塘官。每年给银八千两、米六百石供永历君臣、随从支用[4]，"帝以不足用为言，不答"[5]。范应旭、张应科"造册，开皇帝一员、皇后一口，月支银米若干"[6]。他们还奉命对永历朝廷的动静严密监视，随时飞报可望。永历皇帝实际上处于软禁之中。连原大西军领导人物李定国、刘文秀未经孙可望许可都不得直接同永历帝往来。例如，朱由榔刚迁到安龙的时候，"李定国、刘文秀自称孙可望之弟，恭候万安，并进银币，食物值可万计。可望闻而益恶之"[7]。又如，李定国攻克桂林，"报捷于安龙行在。帝

---

[1] 彭而述《读史亭文集》卷十，记下《宝庆至沅州日记》《自沅抵贵日记》。
[2] 民国《贵州通志》前事志十七引《桂王本末》云："由榔在安隆涂茸薄以自敝，日食脱粟，穷困备至。"略有夸张。
[3] 屈大均《安龙逸史》卷下记，顺治九年四月，孙可望"补任之聪为安龙知府、朱用九为通判、谭江藩为推官，动库银为各处建公署焉"。可见，永历朝廷迁入安龙以后，孙可望曾经命人动工兴建"行在"和衙门办公处所，但是安龙地僻城小，兴建的行在公署肯定不大壮观。
[4] 《残明纪事》云：可望令"张应科每年进银二千两、食米六百石"。诸书记载供应永历君臣的银米数不一致，为数不多当系事实。
[5] 《天南纪事》。
[6] 《爝火录》卷二十二。
[7] 胡钦华《天南纪事》。

以玺书劳慰，极其称奖。孙可望知之，以为捷不报己而报帝，深恨之"[1]。定国桂林之捷不仅向孙可望做了报告，献俘也是解往贵阳，不能说是"不报己而报帝"，但定国派使者赴安龙向永历帝奏捷大概确有其事。孙可望却认为所有军国重事都应由自己一手握定，视永历帝与大将之间文书往来为大忌，足见其心胸偏窄。

---

[1] 《明末滇南纪略》卷六《进取粤西》。

第二十二章
1651—1653年浙闽赣抗清势力的消长

第一节 舟山之役和鲁监国退位

鲁监国进驻舟山以后,摆脱了郑彩的控制,战略上也由恢复福建改为经营浙江。当时,张名振、阮进、王朝先等部驻于舟山;闽安伯周瑞、平房伯周鹤芝屯于温州的三盘;宁波府四明山寨的王翊、王江、冯京第等义师同舟山相呼应。以鲁监国为首的兵力还相当强盛,特别是舟山群岛地理位置十分重要,对清廷在江浙地区的统治构成重大威胁。

清摄政王多尔衮眼见在江西、广东、山西、陕西等地的大规模反清复明运动之后,满洲八旗兵被拖得疲惫已极,加上清军不熟悉海上作战,因而对鲁监国政权采取了政治上招降瓦解、军事上利用汉军进攻的对策。1649年(顺治六年、鲁监国四年)正月,江南江西河南总督马国柱报告:"舟山伪金都严我公率知府许珑等投诚,并献进剿机宜，愿充向导。"[1]多尔衮如获至宝，立即让马国柱把严我公送到北京，亲自两次召见，授予都察院右副都御史招抚沙埕舟山等处招抚使，携带敕书前往浙江招降明方文武官员。严我公即以清朝钦差大臣的身份派遣使者进入四明山寨和舟山群岛到处游说。在他的策动下，这年三月鲁监国所封开远侯吴凯降清[2]，九月清廷封吴凯为沙埕侯，总统沙埕、舟山、大岚、东白海岛军务总兵官[3]。接着，鲁监国下义安伯顾奇勋降清，被封为舟山伯、舟山总兵[4]。随同降清的明开平将军姜君献被任为归义将军，安远将军王用升为怀义将军，翼义将军陈龙为慕义将军，总兵陈德芝为招抚（即严我公）标下右营总兵，雷虎彪为后营总兵，杨子龙为前营总兵，明副使吕一成为沙埕监军副使，高树勋为舟山监军副使，"俱赐敕印并貂帽蟒袍等物"[5]。次

[1]　《清世祖实录》卷四十二。黄宗羲《海外恸哭记》中说严我公是个骗子，并没有在鲁监国政权中任职，他自己"伪为告身银印，曰：吾行朝之都御史也。因客以见国柱，因国柱以见房主。我公大言憾房主曰：'……曩者臣在海上，诸营将故臣之属吏，臣苟得奉明诏，开以丹青之信，则江南之患，可刻日定也。'房王大悦，以我公为招抚都御史，诏山海之师解甲者复其位，视严我公。然我公故未尝为山海之帅所识……"

[2]　顺治六年三月《绍兴府诸暨县草莽臣吴凯奏本》，见《明清史料》丁编，第一本，第二十九页。据佚名《监国纪年》，鲁监国初立时，"拜新河总兵吴凯为将军，是年（1645）底加封吴凯为开远伯"。

[3]　《明清史料》丁编，第一本，第三十五页。按，吴凯降清不久即死，见顺治七年三月十八日招抚使严我公揭帖，《明清史料》己编，第一本，第七十四页。

[4]　顺治七年三月十六日舟山总兵官顾奇勋揭帖，见《明清史料》丁编，第一本，第三十八页。黄宗羲《海外恸哭记》作"会稽顾虎臣"。

[5]　《清世祖实录》卷四十六。

年（1650）正月和四月，严我公又疏报招得定远侯石仲芳[1]、昭武将军田得坤、忠勇将军沈乘龙、虎贲将军胡茂芳、定一将军陆鸣时等多人。顺治六年二月初三日，清"皇父摄政王"多尔衮还发出了"与大兰山吴大将军谕旨"，其中说："将军果投诚归顺，予必使将军富贵无极，子子孙孙世世不绝，山河带砺，与国同休。"[2]这些事实都表明清廷因自身兵力不足，不得不采取高悬爵禄的方式，连鲁监国滥发敕印授予的官爵只要来降就保留其原官原爵。清廷通过严我公的活动，仅发出一批空头敕印就招来了鲁监国下一批不稳定分子，对于掌握浙东抗清势力的虚实、动摇人心起了不小作用。但光靠这一手解决不了问题。一是鲁监国的主要将领张名振、阮进等人坚贞不移，四明山寨的主帅王翊也把严我公派来的使者付之汤火[3]，严我公对多尔衮夸下的海口无从兑现。另一方面，招来的一批"高官显爵"既没有多大实力又没有粮饷，引起了清朝地方当局的不满，他们心怀妒意，又难于安插。顺治七年四月，清浙闽总督陈锦上疏说："我公等见行事宜，不便有八。"兵部称赞为"诚为确论"[4]。甚至严我公也承认"天恩过厚"，"缘系招抚镇臣太多"[5]。这场招抚闹剧才草率收场。

---

[1] 顺治七年正月初五日沙埕舟山招抚使严我公揭帖，见《明清史料》丁编，第一本，第三十六页；同书第三十九页严我公揭帖内提到上缴"定原伯石仲芳"敕书，黄宗羲《海外恸哭记》有鲁监国四年七月授萧山石仲芳为挂印将军。
[2] 《明清史料》甲编，第六本，第五一七页。
[3] 黄宗羲《海外恸哭记》。
[4] 顺治七年四月十五日到兵部残揭帖，见《明清史料》己编，第一本，第七十五页。
[5] 沙埕舟山等处招抚使严我公揭帖，见《明清史料》己编，第一本，第七十四页。

除了清方进行的策反活动以外，鲁监国政权内部还存在一些不稳定因素。1650年（顺治七年、鲁监国五年），周瑞和周鹤芝在三盘闹矛盾，鲁监国派巡按吴明中去调解。不料，吴明中"原为清官，为贼所获"，是个潜伏在义师内部的奸细[1]。他到达三盘后，乘机火上加油，大肆挑拨，二将互不相容，周瑞引兵南下福建投靠郑彩，后来成为郑成功的部将；周鹤芝则带领所部兵船北依阮进。

不久，在舟山又爆发了张名振同王朝先的冲突。王朝先原来在舟山受到肃虏侯黄斌卿的压制，内心深为不满，才同张名振、阮进策划了刺杀黄斌卿的行动。鲁监国对张名振非常信任，委以节制诸军大权，王朝先又感到不公平，声称要公开宣传袭杀黄斌卿的主谋是张名振。由于在舟山黄斌卿的旧部尚多，张名振唯恐导致内变，就同阮进密商，先发制人，在1651年二月乙卯日早晨由阮进派健卒冲入王朝先帐中。"朝先未衣，奋夺刀，杀进数人，势不敌，走阁部张肯堂邸，肯堂请避入内室。朝先顾身裸不肯入，反与进对仗庭中"[2]，结果被追卒杀害。事后，张名振即将谋害黄斌卿的责任推到王朝先身上，说他"擅杀斌卿，忘谊不赦"[3]。但是，事情并未因此了结，王朝先的部将张济明、吕廷纪愤恨不平，逾墙缒城，夺得船只驶往宁波向清总兵张杰投降，告以舟山虚实，愿意充当向导。

鲁监国扼守舟山联络内地复明武装开展抗清运动，既对江浙清朝统治构成威胁，又牵制了清军主力不得进入福建，为郑成功的扩充

---

[1] 顺治五年二月福建福宁义师首领王公哲派吴明中携带鲁监国诏书入城招降清分巡道潘映娄、总兵涂登华时，由于他告密，把随同进城监视的三百余名明军诱杀。见《明清史料》已编，第一本，第九十页。

[2] 查继佐《罪惟录》列传三十三《黄斌卿传》；黄宗羲《海外恸哭记》。

[3] 查继佐《罪惟录》列传三十三《黄斌卿传》。

力量创造了条件。清朝当局对此甚感头痛，经过一番策划以后，决定在进攻舟山之前，先对四明山寨抗清义师展开大规模的扫荡，以免大军出海，内地蜂拥而起。1650年（顺治七年、永历四年、鲁监国五年）九月，清将固山额真金砺、提督田雄等调集兵马分别由奉化、余姚进入四明山区搜剿，鲁监国委任的兵部右侍郎冯京第被擒遇难。经略直、浙兵部左侍郎兼左副都御史王翊见清军势大难敌，航海往舟山，准备趁清军主力聚集于大兰山之机，会合王朝先率舟师攻杭州。他到达舟山时，王朝先已被张名振、阮进击杀。1651年，王翊回到四明山中，这时山中诸义师有的被清军剿灭，有的被严我公招降。七月二十四日，王翊被清政府团练兵俘获，八月十二日在定海就义[1]。

清军在大体上平定了四明山区的抗清武装以后，就着手部署大举进攻舟山，摧毁鲁监国政权。1651年（顺治八年、永历五年）清浙闽总督陈锦、平南将军固山额真金砺、固山额真刘之源、提督田雄、浙江巡抚萧起元会商进攻舟山机宜。经清廷核准后，公议由提督田雄先于六月十二日从杭州带领兵马前往定关，同定海总兵张杰会合，一面继续搜剿大岚（即四明大兰山区）的抗清义师，一面料理船只，做好渡海准备。七月十三日，固山额真金砺、刘之源统师由杭州经绍兴、宁波往定关；同月十九日总督陈锦率军由衢州出发，经台州、宁波至定关。除了上述军队担任进攻舟山的主力以外，陈锦等还命金华总兵马进宝为总统，带领水陆兵由台州乘船北上；并经清廷批准檄调吴淞水师总兵王燝率部南下，预定八月二十日三路会攻舟山，

---

[1] 黄宗羲《海外恸哭记》。翁洲老民《海东逸史》卷九《王翊传》记庚寅（1650）八月，进本部尚书，次年八月十四日被杀。朱之瑜为其知友，先后作祭文三篇，书其官衔甚详，然对其就义之日"终不得其真"，拟于八月十三日。见《朱舜水集》卷二十一。

企图一举歼灭明鲁监国全军[1]。八月中旬，清军云集定关，舟山战役即将开始。

在这"山雨欲来风满楼"之际，鲁监国召集文武群臣会议，商讨堵御对策。决定留荡胡侯阮进带领水师扼守定关海域[2]，安洋将军刘世勋、都督张名扬、中镇总兵马泰等领兵三营防守舟山城；鲁监国和兵部侍郎张煌言、定西侯张名振分别率领军队乘船南北出击，企图使清军陷于顾此失彼的困境。具体部署是："张名振督张晋爵、叶有成、马龙、阮美、阮骥、方简等遏南师；张煌言、阮骏率顾忠、罗蕴章、鲍国祥、阮骅、郑麟、李英杰、符文焕等断北洋。"[3]

朱以海和他的高级将领做出这种部署，显然是出于以下考虑：他们估计清军水上作战能力很差，大将阮进精于海战，可以在海面击败来犯之清军，确保舟山无虞；而乘江苏、浙江清军主力齐集定海，进军长江口，将使清军陷入进退两难的处境。这正如《海东逸史》所记："王以蛟关未能猝渡，亲帅舟师捣吴淞，以牵其势，荡胡

---

[1] 顺治八年九月浙江福建总督陈锦"为飞报攻克舟山，荡剿海寇大捷事"揭帖，见《明清史料》甲编，第三本，第二八四至二八六页。

[2] 阮进的官爵在《海东逸史》《行朝录》《鲁之春秋》《南疆逸史》等书中都记为荡胡伯；张岱《石匮书后集》卷五十一记鲁监国驻舟山后"封进为荡胡侯"，但该传前后文均误写为阮俊。据清浙江巡抚萧起元顺治八年八月二十八日揭帖报是月二十一日"擒伪荡胡侯阮进并伪敕伪印"，见《明清史料》丁编，第一本，第四十五页。又上引同年九月浙江福建总督陈锦的揭帖里也报说"当阵擒获伪荡湖侯阮进及伪敕伪印"，"荡湖侯"即荡胡侯的讹称。由此可证阮进在这以前确已由荡胡伯晋封荡胡侯。

[3] 任光复《航海纪闻》，见《荆驼逸史》。

伯阮进居守。"[1]现收入《张苍水集》内的鲁监国《祭海神文》（张煌言代草）正是朱以海亲自率军北攻吴淞时的一篇重要文献，文中说："予起义于浙东，与薪胆俱者七载，而两载泊于此。……今义旅如林，中原响应，且当率文武将吏，誓师扬帆，共图大事。洁诚备物，致告行期。启行之后，日月朗曜，星辰烂陈，风雨靡薄，水波不惊。黄龙蜿蜒，紫气氤氲，棹楫协力，左右同心，功成事定，崇封表灵。……"[2]张煌言后来写的《瀛洲行》里也详细描述了当年舟山失守的情况，其中几句是："斯时帝子在行间，吴淞渡口凯歌还。谁知胜败无常势，明朝闻已破岩关。又闻巷战戈旋倒，阖城草草涂肝脑。忠臣尽瘗伯夷山，义士悉到田横岛。"[3]很明显，鲁监国和张名振等率师亲征吴淞是针对清军齐集定海而采取的围魏救赵之计。黄宗羲在记载这一战役时含糊其词地说："虏会浙、直之兵寇行朝……行朝闻之，定西侯张名振、英义将军阮骏扈上出舟山，登舟泊道头（道头即在舟山群岛）。"[4]给读者以避战先逃的印象。据当时正在行间的太常寺卿任廷贵记载："八月，戒严甚。二十日王携世子欲登舟，名振谏曰：臣母耄年，不敢轻去，恐寒将士心。主上督率六师，躬环甲胄，是为有辞，世子岂可遽去？将为民望耶？遂不果行。"[5]从鲁

---

[1] 翁洲老民《海东逸史》卷三《家人传》；参见同书卷十《张肯堂传》、卷十二《张名振传》。
[2] 张煌言《张苍水集》第一编《冰槎集》。按，朱以海1645年赴绍兴监国，至1651年正为七年，自监国四年移驻舟山亦恰为两载。可证《祭海神文》为鲁监国亲征吴淞时祈求海神庇护之文。
[3] 《张苍水集》第二编《奇零草》。
[4] 黄宗羲《海外恸哭记》。在《行朝录·鲁监国·纪年下》内记载相同，只是把"虏……寇行朝"改作"北师会攻行朝"。
[5] 任光复《航海纪闻》。

监国出征时宫眷和大学士张肯堂以下的朝廷官员都留驻舟山、张名振的亲属五十余口也留在舟山，可以判断黄宗羲的说法带有很大的偏见。

八月二十日，陈锦、金砺、刘之源、田雄和定海总兵张杰率军登上战船。次日晨大雾弥漫，清军乘潮蜂拥渡海。舟山群岛明军立即于各山头传烽告警，集合战船，由荡胡侯阮进统领迎敌。双方相遇于横水洋（指舟山岛与岑港即册子山、沥港即金塘山二岛之间的海峡），炮火交加，战况极为激烈。阮进身先士卒，指挥所乘战船直攻清军统帅金砺的座船。他把火球扔向金船，不料火球撞在金船的桅杆上反弹回来落入自己的战船上，顿时引起大火。阮进被火烧伤，弃船跳入海中，被清军擒获，第二天，因伤重而死[1]。海战既以明军失利告终，清军就在当天下午进抵舟山，分一半兵员登陆攻城，一半兵员留在战船上做拦截回援明军和机动之用[2]。在强弱异形的情况下，舟山城中的明军将领如安洋将军刘世勋、都督张名扬仍然奋不顾身，率领营兵五百名、义勇数千人背城力战，给予清军很大杀伤。当时，明、清双方主帅都认识到舟山城的得失是至关重要的。从八月二十二日激战至九月初一日，明总兵金允彦（张名振麾下中军）见城中火药已尽，缒城出降；巡城主事邱元吉也接着降

---

[1] 顺治八年八月二十八日浙江巡抚萧起元"为塘报大兵出洋擒获巨魁并攻剿情形事"揭帖，见《明清档案》第十三册，A13—82号；同件又见《明清史料》丁编，第一本，第四十五页。《明清史料》丁编，第一本，第五十八至五十九页，顺治九年正月十九日到浙江福建总督陈锦揭帖残件中，报告擒获阮进的有功人员是"固山额真金砺船上"的兵将，可以同南明方面记载相印证。按，任光复《航海纪闻》记阮进兵败在八月二十二日，较清方记载晚一天。

[2] 参见上引顺治八年八月二十八日萧起元揭帖，顺治八年九月浙闽总督陈锦揭帖。

清。城中守军在危急关头志不稍减，把邱元吉的儿子斩首传示四门，激励众心。鲁监国和张名振、张煌言统率的主力虽然取得了在海上阻击浙江台州清军和江苏吴淞清朝水师的胜利，"南北应敌师皆幸胜"[1]，忽然接到阮进阵亡、舟山危急的报告，火速回援，但在舟山海域遭到清方留船军队的顽强阻击。清浙江福建总督陈锦在一份奏疏里描述了当时的战况：清军抵舟山道头后，"其城下水寨贼船见我兵奋勇，即出外洋守口；城中贼党闭门抗拒，叠次招抚，怙恶不从。职会同固山额真金砺、刘之源等随发兵一半登岸围城，一半存船御敌。逆魁张名振等拥护伪鲁在船，终日乘潮救应。存船官兵竭力堵御，旬

---

[1] 任光复《航海纪闻》。前引顺治八年八月二十八日浙江巡抚萧起元揭帖中也说进攻舟山时，"台区官兵料因沿途被贼截住打杖（仗），尚未即到。……苏松水师迄今违期五日尚无影响，且连日俱值便风，而犹然不至，不知何故？"浙闽总督陈锦奏疏中也一再抱怨苏松水师不见踪影，这年十月十一日题本中说："惟是苏松水师准江宁抚臣土国宝回咨，内开已如期于八月二十日同时出洋，共发大小战舰一百五十余只，各标官兵五千一百有余。乃臣等自抵舟山之后日夜悬望，直至九月十四、五等日方陆续前来，其咨开所发船只仅到一半，则官兵不问可知。苏松兵到之时，正值张名振等遁逃之后，即令苏州总兵王燝亲统战舰五十只，同梅勒章京吴汝砺追剿至南田而返。在该镇之乘风破浪颇有辛劳，但咨开所发之船仍留一半，而又稽迟逾期，鲜得一臂之助，不知何故？"见《明清史料》丁编，第一本，第四十八页。其实，苏松水师出洋后即同鲁监国舟师相遇，交战中损失可能相当大，明军回救舟山，王燝部才跟踪而至。陈锦在王燝到达之后不可能不了解其中缘由，他故意含糊其词，显然是为了争功，贬低苏松"客兵"的作用。

日之内，昼夜不懈。……"[1]九月初二日，围城清军采取挖城竖梯战术，从舟山城西面突破明军防御，蜂拥入城。刘世勋、张名扬、马泰率领部下将士英勇巷战，力尽阵亡，舟山城遂告失守。明鲁监国正妃陈氏等投井而死，西宫妃荣氏和世子留哥被清军俘获[2]；大学士张肯堂、礼部尚书吴钟峦、兵部尚书李向中、工部尚书朱永祐、通政使郑遵俭、兵科给事中董志宁、兵部职方司郎中朱养时等都自杀殉国，在南明史上写下了壮烈的一页。[3]此外，也有一些文官武将为形势所迫归顺了清朝。据陈锦向清廷报告，清军占领舟山以后明鲁监国下"伪总督部院李长祥、伪伯及伪将军章云飞、尹文举、蔡应选、涂登华等；伪总兵金允彦等，伪礼部丘元吉、伪户部孙延龄、倪三益等；伪

---

[1] 顺治八年九月浙江福建总督陈锦"为飞报攻克舟山荡剿海寇大捷事"揭帖，见《明清史料》甲编，第三本，第二八四至二八六页。后来（顺治十三年四月）清军再度进攻舟山时，曾总结顺治八年攻克舟山的经验是三路会师，主力由定关出发，"晨发夕至，台区与江南两枝战船俱逾旬继到，盖台州舟师从南田经□（过），有贼船邀截；江南之师亦有寇艘拦阻，且战且行，是以愆期。……因讨论昔年军事，知前任督臣陈锦调度满汉官兵，原分三路进剿，此时啸□止有张名振、阮进，船不满千，察其分布洋面要隘，欲遏我师。前督臣议调江南总兵王燝统领舟师自北而南，与贼战于洋山等处，又督发□（金）华总兵马进宝统驾水艚六十号自南而北，与贼战于林门等处。两路官兵虽皆失期后至，然南北贼船之势实为二镇牵制，使贼不能顾援巢穴，故前督臣同固山、梅勒、提督诸臣统领满汉官兵坐□□（一百）十五号之船，得以从容攻克舟山，此当日胜算之明验也。"见《明清史料》甲编，第四本，第三八一页，顺治十三年四月十三日浙江巡抚秦世祯揭帖。

[2] 《明清史料》丁编，第一本，第七十四页有《刑部尚书图海等残题本》，内述鲁监国西宫妃荣氏及子留哥在舟山城破时被清军虏获，荣氏被配给金砺女婿之家人丁守才为妻，后来为鲁监国探知，派人暗中持银来赎，被他人揭发。

[3] 翁洲老民《海东逸史》卷二。顺治八年九月浙江福建总督陈锦"为飞报攻克舟山荡剿海寇大捷事"揭帖，见《明清史料》甲编，第三本，第二八四至二八六页。按，此揭帖中李向中写作"李尚忠"。

太仆寺李师密,伪兵部中军周士礼,伪副、参、都、守周名臣、郑国化、王培元等"先后降清,"俱分发内地善行安插矣"[1]。

鲁监国、张名振、张煌言、阮美、阮骏等人痛惜舟山失守,但已无可奈何,被迫移舟南下温州海域的三盘,这里原是周鹤芝部的驻地,"有房可居,有险可恃"[2]。由于缺乏粮食,张名振等派兵船到温州府属的黄华、龙湾一带搜括。陈锦乘机命金衢总兵马进宝统兵攻克三盘,焚毁岛上的房屋棚厂。朱以海、张名振等又南下沙埕;"沙埕而南即是闽洋海道,非浙中水师所能熟识",清浙闽总督陈锦命令福建兵将在闽安一带堵剿,同浙江金衢总兵马进宝合击。鲁监国和他的部将在舟山失守后,士气大为低落,尽管他们的兵力还相当可观,但是基地的丧失带来了粮饷、住房的困难;亲属的被俘杀又在心理上造成难以言喻的隐痛。在海上漂泊无定的生活导致了部分将领对前途失望,都督静洋将军张英,都督挂印总兵阮述、阮玉,新袭荡胡侯阮美(即阮进之弟)[3],都督总兵阮捷、魏宾等先后赴福建闽安向清方

---

[1] 顺治八年十月十一日浙江福建总督陈锦"为续陈追剿逋寇情形及招抚流亡安插舟山善后机宜仰祈圣鉴事"题本,见《明清档案》第十三册,A13—135号;同件又见《明清史料》丁编,第一本,第四十七至四十八页。

[2] 顺治八年十二月浙江福建总督陈锦揭帖,见《明清档案》第十四册,A14—8号。

[3] 任光复《航海遗闻》记,在舟山时晋"阮进太子少傅,进住英义将军阮美、阮骍、阮骥俱左都督"。据《明清史料》丁编,第三本,第二六七页《抄录伪帅阮美手书》,阮美自称是阮进之弟,舟山时任阮进部右镇,官衔为"前军左都督总兵官挂靖海将军印"。阮进阵亡后,鲁监国命他袭荡胡侯爵。英义将军(后加封英义伯)阮骏为阮进之子,阮美信中称之为胞侄。南下金、厦后,鲁监国"各镇争衡,兼并蜂炽,则咸附国藩(指郑成功),听令节制,而胞侄英义伯骏拜入世职,任前镇事矣"。阮美失去了兵权,大为不满,投降清朝。

投降[1]。张名振带领其他兵将保护鲁监国乘船来到海坛岛，这里已属于郑成功据守的范围。郑成功原是尊奉隆武帝，后来遥奉永历帝，一直不承认鲁监国的正统地位。朱以海和拥戴他的定西侯张名振、平夷侯周鹤芝、英义伯阮骏等在浙江沿海站不住脚、没有自己的地盘的情况下，进入郑成功的势力范围是迫不得已的。

1652年（顺治九年、鲁监国七年、永历六年）正月，郑成功同意鲁监国朱以海和部众进驻厦门，随行的有定西侯张名振、大学士沈宸荃、"兵部右侍郎张煌言、曹从龙、太常寺卿任廷贵、太仆卿沈光文、副使马星、俞图南、少司马兼大理寺卿蔡应昌、任颖眉，兵部主事傅启芳、钱肃遴、陈苌卿、张斌卿、叶时茂、林泌，侍读崔相，中书丘子章、赐蟒玉侍郎张冲符，行人张吉生、张伯玉，总兵张之先等，锦衣卫杨灿，内官陈进忠、刘玉、张晋、李国辅、刘文俊数人而已"[2]。由于郑成功不承认鲁监国政权，见面礼节成了问题。郑成功同幕僚人士冯澄世、潘庚钟等商议后，决定自己以隆武帝曾授予的宗人府宗正的身份出面接待。这意味着把朱以海当作明朝宗藩，只保护他的人身安全和在生活上给予优遇，不让他作为恢复明朝

---

[1] 顺治八年十二月浙江福建总督陈锦"为遹寇远遁闽洋，浙兵尾追深入，谨将剿抚兼用机宜、逆魁投诚情节备述奏闻以慰圣怀事"揭帖，见《明清档案》第十四册，A14—8号；同件又见《明清史料》丁编，第一本，第五十二页。
[2] 任光复《航海纪闻》。按，李肃求《鲁之春秋》卷二记：顺治九年"东阁大学士沈宸荃，兵部侍郎张煌言、任颖眉、曹从龙、蔡登昌、张中符（当即任光复所记之张冲符），太常卿陈九征、任廷贵（即任光复），太仆卿沈光文，监军副使马星、俞图南，侍读崔相，郎中范可师、万时格，主事林泌、钱肃遴、傅启芳、陈苌卿、张斌卿、叶时茂，中书舍人丘子章、行人张吉生、张伯玉，监纪推官陈豸，钦天监丞杨玑，定西侯张名振，总兵张子先等，锦衣卫指挥杨灿，内监陈进忠、刘玉、张晋、李国辅、刘文俊扈监国次中左所，寻居金门。"参见同书卷十一《徐孚远传》。

的正统象征[1]。不久，朱以海被移往金门居住。

鲁监国和他的文武官员、随从军队南下福建厦门、金门地区之后，同郑成功的关系是南明史上一个比较复杂而微妙的问题。文献的记载由于有的出自亲郑文人笔下，有的出自拥鲁官员的描写，在口径上往往出现很大的差异。就实际情况而言，鲁监国和郑成功都是自成系统的抗清复明势力，谈不上谁管辖谁。舟山失守后，鲁监国为首的官员和军队没有立足之地，借居于郑成功的控制区，本是一种渡过难关的权宜之计。张名振在这年年底给朱之瑜的信中说："别后狡虏窥关（指定关，即定海），三路并至，不意荡胡以轻敌阵亡，虏骑遂得飞渡。不佞直指吴淞，幸获全捷，而孤城（指舟山城）援绝，死守十日，竟为所破。不佞阖门自焚，而全城被僇矣！奈败军之余，尚思卷土，但虑势力单弱，遂扬帆南下。正月已抵厦门，国姓公眷顾殷殷。近在整顿军营，明春三、四月，必去舟山矣。"[2]张名振是鲁监国政权的主要将领，他的这封书信不仅对舟山失利做了准确的叙述，

---

[1] 翁洲老民《海东逸史》卷二；黄宗羲《行朝录》卷四记朱以海等在1652年（顺治九年、永历六年、鲁监国七年）正月初一日到达厦门。杨英《先王实录》、阮旻锡《海上见闻录》（定本）卷一记于1651年十二月。据《朱舜水集》卷四收定西侯张名振这年致朱之瑜书云：舟山破后，"遂扬帆南下。正月已抵厦门"。张煌言后来在《答闽南缙绅公书》（写于壬寅年，1662）中也说："犹忆壬辰（1652）之春，不肖同定西侯张公（名振）扈从南下，蒙延平殿下（指郑成功，后封延平王）谊笃瓜葛，慨然安置。"证明朱以海和他的部众到达厦门确为1652年正月，所谓"谊笃瓜葛"即指以宗人府宗正身份接待；《海东逸史》等书记鲁监国到厦门时，"延平王郑成功朝见，行四拜礼"，恐不可靠。江日升《台湾外纪》卷三误记于1653年十月，但细节颇详，可资参考。

[2] 《朱舜水集》卷四，书简一，附《张定西侯来书》，见中华书局1981年8月排印本第四十一页。按，整理者注："'荡湖'水户本作'荡阴'，马浮本作'荡胡'，均误。'荡湖'乃指荡湖伯阮进也。"荡胡指阮进，甚是，但阮进已晋封侯爵，清方文书中讳胡为湖，不应据以指荡胡为误。

更重要的是表达了借居金、厦以后,他和同事们正在"整顿军营",准备卷土重来,将于次年三四月间收复舟山群岛。但是,郑成功另有考虑,他采取的措施是把鲁监国及其文臣变成自己的"寓公""宾客",对鲁监国的军队则采取容纳和逐步改编的方针。张煌言和曹从龙都是鲁监国政权的兵部侍郎,后来煌言在《曹云霖中丞从龙诗集序》中回忆道:"岁在壬辰(1652年,顺治九年),予避地鹭左(即厦门),云霖俨然在焉,欢然道故。予时栾栾棘人耳,不敢轻有赠答;而云霖囊中草多感时悲逝,亦不肯轻以示人。"[1]这恍如复明志士在清统治区内的境遇,国姓爷对鲁监国诸臣监视之严可想而知。对于鲁监国的将领,郑成功一方面保留他们原来的爵位,另一方面又把他们纳入自己的军事编制,如派张名振管水师前军,周鹤芝管水师后军,阮骏任水师前镇。亲郑史籍如阮旻锡《海上见闻录》根本不提鲁监国,在永历五年(1651)十二月下直书:"定西侯张名振、平夷侯周鹤芝、英毅伯阮骏等自舟山来归,俱授水师镇。"不少史学论著受这种影响,误以为鲁监国的兵将南下金、厦之后,都变成了郑成功的部下。实际情况并非如此。应当说有一部分兵将转入了郑成功藩下,而以张名振为首的大多数鲁监国兵将仍然保持自己的系统。在大敌当前的形势下,双方都承认偏处西南的永历皇帝为正统,大体上维持着相互依存的同盟关系。

1652年(顺治九年、永历六年、鲁监国七年)三月,朱以海决

---

[1] 《张苍水集》,上海古籍出版社,1985年10月版,第四页。

定放弃监国名义，派使者上表给永历朝廷[1]。这就是张煌言所说："适滇黔之拥戴，是用归藩。"[2]在共戴永历的旗帜下，唐、鲁之争基本上化解了，代之而起的是郑成功同永历朝廷的若即若离。鲁监国政权留下的文官武将如张名振、张煌言、徐孚远等人在内心里比郑成功更效忠于永历帝，只是由于关山阻隔，自身力量又比较单薄，处境相当困难。这表现在一方面他们希望同郑成功保持良好关系，共赴国难；另一方面又得防止郑成功把自己有限的兵力悉数吞并，甚至撇开永历朝廷同清朝媾和。总之，鲁监国朱以海和忠于他的文官武将在南下金、厦之后，同郑成功维系着一种带有依附色彩的同盟关系，他们从来不承认自己是郑成功的部属。1658年（顺治十五年、永历十二年）徐孚远偕永历朝廷兵部职方司黄事忠、都督张自新航海取道安南赴昆明朝见，途中为安南国所阻，徐孚远给安南国王的信中就说："同赐姓藩大集勋爵，结盟连义于闽岛，与赐姓藩为寮友。"[1]这种同盟关系在张煌言诗文集中也可以得到许多印证。

---

[1] 黄宗羲《行朝录》卷四记，鲁监国八年"三月，王自去监国号"。《海东逸史》卷二记："三月，王自去监国号，奉表滇中。"按，当时永历帝尚未入滇，所记有误。又，朱之瑜《朱舜水集》卷二内收《监国鲁王敕》，尾署"监国鲁九年三月日"，敕文中有"且今陕、蜀、黔、楚悉入版图，西粤尊正朔，即闽、粤、江、浙亦正在纷纭举动间。……兹特专敕召尔，可即言旋，前来佐予，恢兴事业，当资尔节义、文章。……"某些史籍记载永历帝曾命朱以海仍以监国名义联络东南，但若奉永历命监国似应用永历纪年，此事尚待研究。

[2] 《张苍水集》第一编《冰槎集》，《祭监国鲁王表文》。

[1] 徐孚远《交行摘稿》附林霍所作小传。

第二节 1652年郑成功围攻漳州之役

　　1652年（顺治九年、永历六年）正月初三日，郑成功率领船舰两千余号，直航漳州府海澄港口。清守城参将赫文兴[1]、署海澄县知县甘体垣开城投降，郑成功授赫文兴为前锋镇。初十日，分兵切断由泉州通往漳州的要道江东桥，清漳州总兵王邦俊据守漳州府城（今漳州市）。十二日，郑军占领平和县，漳州"乡民树旗响应，四面皆敌，孤城单危，势在急迫，万难支吾"[2]。二月初二日，郑军奋勇攻城，清军负隅顽抗，游兵营吴世珍中炮牺牲，强攻未能得手。郑成功下令火器营何明带领士兵挖掘坑道，准备掘进至城墙底下时填塞火药，用放崩法轰塌城墙，乘势突进府城。三月初七日，点燃引线，火药爆发，才发现因测量距离不准，坑道尚未挖到城墙底下，爆破计划失败。郑成功志在必克，改而采取围困战术，"聚集二十七万之悍贼，砌筑八十七座之木寨，环树二层栅木，外挖两重沟濠，棋布星列，浑如铁桶"[3]。

　　清浙闽总督陈锦见漳州危急，火速抽调两省兵力来援。三月初十日进至马蹄山，与郑军相距五里；十三日两军合战，陈锦部大败，兵员器械损失很多。陈锦退到同安城外扎营。五月，他派浙江金华总兵马进宝统兵援救漳州；郑成功知道城内粮食不多，清援军入城势必增加困难，于是下令对马进宝军不加阻击，任其长驱直入城中，随即

---

[1] 阮旻锡《海上见闻录》（定本）等书误书为郝文兴，时间记于正月初二日。
[2] 顺治九年韩代等为"海寇继陷海澄、平和二邑，阻绝要路，据实奏报事"题本，见《明清史料》己编，第二本，第——八至——九页。
[3] 《明清史料》丁编，第一本，第七十五页《查明漳州解围功次残件》。

发兵切断其后路，继续围困[1]。马进宝军入城后，曾同漳州总兵王邦俊一道开东门出战，被郑军击败，从此闭门固守。

陈锦和福建提督杨名高、右路总兵马得功扎营于同安城外，在马进宝直抵漳州城下时以为已经解围，高兴了一阵子，不久就发现中了郑成功"粮尽自降"的计谋[2]，王、马二部被围在漳州城内，自己手上的兵力又不足以进战解围。陈锦除了向朝廷告急，请派援兵外，弄得一筹莫展。他担心清廷所遣援兵到达之前，漳州可能失守，而漳州一旦失守，郑军乘胜进攻闽浙各地，自己将无力招架。由于心中烦闷，陈锦经常暴躁如雷，对身边服侍人员稍不如意便发怒打骂。他的家奴李进忠、李忠、卢丕昌、陈恩等怀恨在心，暗中商议把陈锦杀了，带上总督印信逃往郑成功处献功，求个一官半职。七月初七日晚上，由李忠下手把陈锦刺杀于同安灌口帐篷中，慌乱当中除李进忠逃至郑军请赏外，李忠等人都被擒获[3]。清廷得报漳州形势危急，总督又遇刺身亡，决定派固山额真金砺为平南将军统兵火速入闽。

这年八月，漳州被围已达半年，城中粮食极为紧缺，守军挨家挨户搜括民间粮食，一碗稀粥索价白银四两，接着完全断粜。居民以老鼠、麻雀、树根、树叶、水萍、纸张和皮革等物为食，饿死者不计

---

[1] 郑成功有意放马进宝入漳州城事，《台湾外纪》卷三记载颇详。

[2] 参见阮旻锡《海上见闻录》（定本）。

[3] 顺治十二年四月十五日刑部尚书刘昌等为审拟"总督遇害"事题本，见《郑成功满文档案史料选译》第九十六至一百一十一页。按，阮旻锡《海上见闻录》定本记：三月间陈锦"为其家丁库成栋所刺，来归，赐姓赏其功，以其杀主，阴令杀之。"时间和人名都有误。《台湾外纪》卷三也记于三月，并注云"有记锦于七月，误也。"此事自当以清方审讯奏报为准。

其数,最后是"城中人自相食,百姓十死其八,兵马尽皆枵腹"[1]。福建巡按王应元后来在题本中说:

> 八年五月发难之初,属县无恙,军需能应。自十二月后,漳浦、海澄破而东南去矣。至扼江东之桥,断朝天之岭,长泰、南靖失而东北咽喉俱塞矣。城堡村寨尽为贼掠,一城孤注,四顾无援,迁延七月犹搜括仓储,派借绅民以支吾。迨浙闽援兵继进,兵马盈万,刍粮倍前,储蓄告匮,民力罄竭。八、九两月,每石米价贵至五百五十两,草根木叶鼠雀牛马搜索食尽,继之人肉。父子相食,爨不烟火者月余,病死、饿死、投水投缳而死,兵丁威取强夺棰楚而死,日以千百计。尸骨山积,秽闻数里。嗟此残民靡有孑遗矣。虎狼士卒晓夜鼎沸,金帛珠玉,腰缠索满,犹有醉酒酣歌以娱其主将者。前无战气,后无守心,使大兵稍迟数日,则城社不为丘墟,文官不为斋粉者鲜矣。[2]

就在漳州清军已经陷入绝境的时候,平南将军固山额真金砺率领的援兵于九月十九日赶到泉州,二十一日会同福建提督杨名高的军队向漳州推进,由长泰县扎篾过河,九月二十八日进至漳州城外。郑成功被迫解围,把兵力部署在城南东山凤巢山。十月初三

---

[1] 《明清史料》丁编,第一本,第七十五页《查明漳州解围功次残件》。
[2] 《明清史料》丁编,第一本,第七十八页,顺治十年二月二十八日福建巡按王应元题本。《明清档案》第二十一册,A21—12号。《吏部残题本》中也说:"围困郡城八有余月,城内士民掘草根树皮以延残喘,男妇老幼饿毙者四隅,日以千计。"

日，金砺派骑兵向郑军发起猛攻，郑军以铳炮还击。当时正值西北风，炮火烟尘弥漫于郑军阵地，能见度很低，清军骑兵趁势冲入，郑军大乱，后提督黄山、礼武镇陈俸、右先锋镇廖敬、亲丁镇郭廷、护卫右镇洪承宠都在激战中阵亡。郑成功见败局已定，带领余众退守海澄县。清军趁胜收复南靖、漳浦、平和、诏安四县[1]。

第三节 海澄战役

围攻漳州失利后，郑成功命部将镇守海澄，自己在1653年（顺治十年、永历七年）回到厦门[2]。定西侯张名振建议，乘金砺所统南下清军主力集中于福建，浙江、江苏兵力单薄的机会，由他带领原鲁监国舟师北上直入长江，"捣其心腹"，使清方处于进退失据的困境。郑成功同意了这一建议，可能提供了一些船只、粮食和装备，这年秋天张名振、张煌言等带领水师北上江浙。

四月，金砺调集水陆官兵，准备进攻海澄县和中左所（厦门）。郑成功为了保卫漳州府沿海基地海澄，先派左军辅明侯林

---

[1] 顺治十年《为查报漳州解围功次事残件》，见《明清史料》丁编，第一本，第七十五至七十七页；阮旻锡《海上见闻录》（定本）卷一。顺治九年十月福建巡按王应元揭帖中说，金砺"于九月初十日由省城（福州）进发，闻二十六日已直抵漳境矣"。见《明清史料》丁编，第一本，第七十二页。福建巡抚佟国器在顺治十年十二月初二日"为恭报大兵抵漳，解围获捷，仰慰圣怀事"题本中说："夫漳围之解在于顺治九年十月初三日也。先该各大人率兵临泉，与杨提督商度进发。遂于九月二十八日兵马抵漳。初二日进剿，初三日贼窜，围解。"见佟国器《三抚捷功奏疏》。

[2] 阮旻锡《海上见闻录》（定本）记郑成功于三月返回厦门，杨英《先王实录》载于二月。

察、左军闽安侯周瑞、后军周鹤芝、前镇阮骏、援剿前镇黄大振等统率官兵乘船阻截清方水师。途中遇上飓风，林察的座船漂入兴化港，被清军擒获。二十八日，金砺指挥的清军扎营于祖山头，摆开了进攻海澄的阵势。五月初一日，郑成功亲统大军到达海澄。他派正中军张英负责组织守城的民夫和器械，北镇陈六御领义武营、仁武营、智武营[1]防守海澄县城；援剿左镇林胜守南门外桥头，左先锋守东门外岳庙，护卫左镇沈明守中权关，正兵镇、奇兵镇守土城、九都城；前锋镇赫文兴、戎旗镇王秀奇、护卫前镇陈尧策守镇远寨，前冲镇万礼守镇远寨外；前提督黄廷、中提督甘辉守关帝庙前木栅，和镇远寨阵地相接。他自己驻于天妃宫督战。初四日，金砺调集铳炮数百号集中火力轰击郑军阵地，郑军据守的篱篨、木栅多被击坏。第二天，后劲镇陈魁、后冲镇叶章见被动挨打不是办法，要求主动出击；郑成功同意了他们的意见，从各镇抽选了精壮勇士数百名由陈、叶二将率领冲锋。清军见郑兵出营，立即以密集铳炮迎击。叶章当即阵亡，陈魁右腿负伤，被迫退回。成功命收兵固守。清军继续用铳炮轰击，镇远寨边新筑的篱篨等防御工事被夷为平地；郑军将士失去了屏障，官兵惊惶不安。郑成功下令挖掘地窝藏身，同时为鼓舞士气，派传宣官持"招讨大将军印"遍谕军中，说："朝廷以此畀我，我惟有效死勿去而已。诸将中有能率众得功者，愿以此题让。"诸将纷纷来到成功大营中请战。中提督甘辉慷慨陈词："人生自古谁无死，留此丹心照汗青。此番竭力以守，倘有不测，亦死得其所！"

---

[1] 见《先王实录》第五十三页，但该书上文说智武营蓝衍随张名振北征，这里又说派智武营守城，疑记载有误。看来张名振北征时率领的是鲁监国兵将，郑系将领没有参加。

王秀奇等齐声赞同。成功为了进一步增强将士的决心,亲自冒着密集的铳炮登上高耸的敌台观察敌军阵势[1]。他判断清军在持续两日施放铳炮之后,即将发起全面进攻。当天夜里,他派神器镇何明、洪善等把大量火药埋在两军相持的河沟边,准备好引线,待机而发。入夜以后,清军铳炮不绝。初七日五鼓,金砺下令以空炮掩护,派绿营兵打头阵,随后是满洲兵,填河攀栅蜂拥而来,直抵城下,箭如雨下,企图一举登城。城上的郑军手持大斧奋勇砍杀,后续清军踩着被砍杀的尸体继续攀城,战况极为激烈。天亮以后,郑成功望见满兵大半过河,当即下令何明等点燃引线,沿河埋设的火药同时爆发,烟焰蔽天,刚过河的清兵大部烧死。甘辉乘机挥军扫荡,残存清军狼狈而窜。金砺见败局已定,急忙督令士兵强迫民夫抬运火炮连夜逃回漳州。郑成功海澄战役的胜利,沉重地打击了金砺部清军,恢复了因漳州失利造成的士气不振。这次战役,双方都是以铳炮火药作为主战武器,在军事史上也是值得注意的。

　　海澄战役以后,金砺被清廷召回京师。清、郑双方再次处于相持局面。郑成功回到厦门论功行赏,并且利用清军无力发动新的攻势的机会,决心把海澄建设成为大陆上的前进基地。他委任中提督甘辉镇守,派工官冯澄世担任监工,征发民夫重修和加固海澄城防,把原来的土城用石灰、砖石建成两丈多高的城墙,上面再沿外侧筑短墙一道,安置大小铳三千余号;城外挖浚深阔的河港,形成"巨浸茫茫,外通舟楫"的要塞。城中囤积大量米谷、军械,使扼据漳州府出海咽喉的海澄县同厦门、金门相为表里,形成一个进可以攻、退可以守、固若金汤的军事体系。

---

[1]《海上见闻录》(定本)卷一;参见《先王实录》。

第四节　江西义师的抗清活动

早在1645年金声桓、王得仁等部清军入据江西的时候，江西许多地方就掀起了抗清斗争。其中比较著名的有永宁王朱由德会合阎罗总义兵收复建昌、抚州；临川（抚州）乡绅揭重熙、傅鼎铨也召募乡兵起而响应。王得仁等率军前来扫荡，永宁王败灭，抚州失守。揭重熙、傅鼎铨到福建朝见隆武帝。1646年五月明江西巡抚刘广胤在援救赣州的战役中被俘，隆武朝廷任命揭重熙接任巡抚[1]。他曾经组织义勇进攻抚州，被清军击败，退入山区坚持了下来。

吉水人王宠，排行第八，人称王来八，自1645年起义兵，"出入吉、赣、临、抚间，骤发倏散，踪若风云，数百里地，敌骑阻绝，士民得安定，服明服者，皆来八力也"[2]。1646年他兵败被俘，设计伪降，盛筵款待清军，用酒灌醉，夜间召集旧部全歼看守之敌，随即换上清军器械旗帜乘船进抵新淦、峡江，清朝知县出迎，都被擒杀，连克二城。清军主力来攻，王宠兵力不敌，战败后随机应变，在旗帜上大书"追剿王来八"，在乱军中大呼"杀贼"，乘清军错愕之际溜之大吉。1647年十月，清江西巡按董学成檄调各府县兵围剿，王来八战败，死于乱军之中[3]。

1648年金声桓、王得仁反正后，又有张自盛、潘永禧、潘自

---

[1] 温睿临《南疆逸史》卷十六《揭重熙传》。按，"逸史"原文说："刘广胤督兵援赣州，殁于阵"，略误。刘广胤被俘后不久逃出，改名刘远生，任职于永历朝廷。

[2] 《南疆逸史》卷三十七《王宠传》。

[3] 王来八在1647年十月二十四日于江西乐安县高坚地方被金声桓部下副将刘一鹏部擒杀，见顺治四年十一月十六日江西巡抚章于天揭帖，《明清史料》丙编，第七本，第六四一页。

友、洪国玉、杨起龙、魏汝庆、王三岩等人纷纷举兵反清。揭重熙以明朝旧抚的身份联络各部并同阎罗总四营头、九龙营、福建省的宁文龙、陈德容等互通声气。金声桓建议他们向福建方面发展,借以扩大声势,牵制清军。这年春夏之交,揭重熙率领各部义师进攻福建邵武,城内拥明势力已准备开门接应。清方奏报:"今岁四月内,揭(重熙)、洪(国玉)、张(自盛)、曹(大镐)等贼纠合五六万突入邵武界内,列营数十里,其锋甚炽。"[1]由于揭重熙的军队组织松散,纪律不严,清福建左路总兵王之纲带领的援兵一到竟不战而溃,城中起而响应的绅民惨遭屠戮。时人钱秉镫作《哀邵武》诗云:"豫章兵亦锐,主将亦有名(原注:领兵者为揭中丞万年)。今春大出师,曾一近郡城。是时义声震,志在开门迎。城外忽奔北,势溃无枝撑。可怜内附者,锋刃骈首婴。攻城既失利,攻野肆榜掠。居积既以尽,搜括罄瓶罂。此岂主将过,或未纪律明,嗟哉乌合众,约法安能行。"[2]

邵武之役既以失败告终,清军谭泰、何洛会部又包围了省会南昌,江西的形势迅速逆转。揭重熙亲赴广东肇庆请求永历帝速派救兵。他痛哭陈情道:"臣足万里不蹶,愿驰内地乱清,而李将军(指李成栋)以正兵东徂,吾蠡虫或补万一,愿得尺一之诏,奋诸敝惰。"永历朝廷接受他的建议,授予兵部尚书、太子太保的官衔组织义师回赣,配合李成栋挽救江西危局[3]。可是,李成栋却把恢复江西视为禁脔,不允许他人插手,他得知揭重熙率义师入赣时,竟派出部将截杀,揭重熙在阎罗总兵保护下冲破拦截到达建昌、抚州一带。

---

[1] 顺治七年十一月浙江福建总督陈锦"为飞报荡剿莠出境大获全胜"事揭帖,见《郑成功档案史料选辑》第二十四页。
[2] 钱秉镫《藏山阁诗存》卷八《生还集》戊子上。揭重熙字万年。
[3] 张岱《石匮书后集》卷四十六《揭重熙传》。

不久，金声桓、李成栋先后兵败身死，揭重熙同张自盛、曹大镐、洪国玉等聚集的义兵，活动于赣东、闽西地区。邵武之役后，义军屯于福建建宁县的楚上、楚下地方。清福建提督杨名高会同左路总兵王之纲进剿，义军退回江西所城地方（见顺治七年十一月陈锦揭帖）。到1650年（顺治七年、永历四年）已是"连营百里，动曰数十万"[1]。这年八月，清南赣总兵胡有升向清廷报告："如渠逆张自盛、洪国玉、揭重熙、金简臣等结连罗、宋、阎、黄、郭诸逆，拥众十余万，出掠于广昌、新城、南丰一带，以及抚（州）属之宜黄、崇（仁）、乐（安）等处。石城、宁都虽经恢复，而诸逆尚在，眈眈虎视，此又心腹之患。"[2]揭重熙、曹大镐、张自盛、洪国玉被清政府称之为"四大寇"[3]。江西、福建两省清朝驻防官军顾此失彼，应接不暇，清廷遂下令江西、福建、南赣三地抽调精兵会剿。拥明义师声势虽盛，但多数是激于民族义愤起来反抗的绅衿百姓，缺乏作战经验和严密的组织，难以同大股正规清军作战。1650年（顺治七年）十月初二日，洪国玉率部与福建清兵交战于江西省新城县（今黎川县）老山岭，兵败后在南丰县境被俘[4]；张自盛、傅鼎铨等带领败众转入江西

[1] 顺治八年六月江南江西总督马国柱揭帖，见《明清档案》第十三册，A13—36号。

[2] 胡有升《镇虔奏疏》，卷下，顺治七年八月十七日题本。

[3] 顺治九年六月十二日福建左路总兵王之纲"为塘报擒渠大捷以结钦案事"揭帖，见《明清档案》第十四册，A14—128号；同件又见《明清史料》丁编，第一本，第六十一至六十二页。按，王之纲揭帖中称揭重熙为阁部、曹大镐为总督、张自盛为平江伯、洪国玉为宁洪伯。

[4] 顺治七年十一月浙江福建总督陈锦"为飞报荡剿流孽出境大获全胜"事揭帖，见《郑成功档案史料选辑》第二十三页；参见顺治十年十二月浙江福建总督刘清泰揭帖，《明清史料》甲编，第四本，第三二二页。洪国玉原为王得仁部下参将，见顺治四年十一月初一日江西巡抚章于天揭帖，《清代农民战争史资料选编》第一册下，第二七七至二七八页。

广信府境江浒山镇，同揭重熙、曹大镐会合，据险设垒，安营扎寨，备带耕牛、种子进行屯田，作持久之计。而阎罗总的四营头、九龙营宁文龙等则活动于福建建宁、泰宁，江西广昌、南丰一带[1]。1651年（顺治八年）五月在优势清军追击下，揭重熙在黄柏村被福建清军活捉[2]，曹大镐[3]也在江西铅山县北都积被江西清军俘获[4]。1651年（顺治八年）二月，阎罗总四营头部在清南赣总兵胡有升所遣副将杨遇明、刘伯禄、贾熊兵马的追击下，转战于大庾县云山，后在广东保昌县境林溪被击败，提调总统四营头的明五军都督罗荣被俘，闰二月在

---

[1] 顺治八年六月江南江西总督马国柱揭帖，见《明清档案》第十三册，A13—36号。

[2] 见上引顺治九年六月十二日福建左路总兵王之纲揭帖。《南疆逸史》卷十六《揭重熙传》记其遇害时间在同年十一月。

[3] 曹大镐，贵池县人，原为方国安部将，1647年（顺治四年、永历元年）七月，参加王祁领导的建宁战役，鼓勇先登，克城后善守，清兵"攻围数月辄不利去"；不久，同王祁不和，率部入建宁山区。1648年揭重熙入闽，大镐率师来会，"声颇振"，见查继佐《鲁春秋》，该书记揭、曹会师在己丑（1649）二月，有误。

[4] 曹大镐《化碧录》载永历五年（顺治八年）七月二十八日狱中《上父日赞公书》谈到自己被俘情况云："岂知数厄，浅视胡氛，单骑出闽，薄庆生辰，狡胡叵测，潜匿山林。四月念一，被执黄村。……三十之日，解至章门。"可知他被俘在顺治八年四月二十一日，是月底解至南昌。至于曹大镐的官爵，上引清档称之伪总督；温睿临《南疆逸史》卷十六《揭重熙传》云曹大镐为"威武侯"；同书卷三十七《陈赟典传》又写作"武威侯"；实际上是定南侯。曹大镐被俘后写的《初请死书》署官衔为"钦命恢剿浙直江闽总督节制三十六营文武、稽核将吏功过、联络各路官义兵马、赐蟒玉尚方剑兼理粮饷便宜行事兼兵部尚书，挂平海大将军印总兵官中军都督府、少保兼太子太保、定南侯曹大镐"，其他遗书都写作"定南侯"。上述官爵显然是永历朝廷所封。此外，《南疆逸史·揭重熙传》中说张自盛是"平西伯"，恐为"平江伯"之误。

赣州遇害。清政府兴奋不已，宣称"得此渠魁，胜杀数十万名"[1]。1652年（顺治九年）正月，张自盛率众万余人屯驻于江西大觉岩（地近福建光泽县）。五月十八日，江西清军攻破该寨；张自盛率领残部一千多人逃往十三都小源，二十九日清军追至小源，张自盛战败被俘[2]。揭重熙、曹大镐、洪国玉、张自盛先后为清政府杀害。

清军的三省会剿，到处烧杀抢掠，给江西百姓造成了极大的灾难。时人张岱以亲身见闻记载道："癸巳（1653，顺治十年）八月，余上三衢，入广信，所过州县，一城之中，但茅屋数间，余皆蓬蒿荆棘，见之堕泪。讯问遗老，具言兵燹之后，反复再三。江西士大夫，响应金、王，株连殆尽，言之可悯。及至信州，见立寨死守者尚有数十余处，而乡村百姓强半戴发，缙绅先生间有存者，皆隐匿山林，不见当道，文士有知名者不出应试。鼎革已十载，雒邑顽民，犹有故主之思，舍此以往，天下所无也。总之，千古节义，多出江西庐陵、广信。"[3]温睿临也说：金声桓遗党张自盛、洪国玉、曹大镐、李安民"四营既破，所俘献者多有文秀严毅，顾盼伟然，至死不自言姓氏者"[4]。

---

[1] 胡有升《镇虔奏疏》卷下，顺治八年四月初八日"题报三路搗擒灭党大捷疏"。
[2] 顺治十年三月二十二日福建巡抚张学圣"为遵旨会剿擒获巨憨"等事揭帖，见《明清档案》第十六册，A16—145号。又见顺治九年六月十二日福建左路总兵王之纲塘报，《明清史料》丁编第一本，第六十一至六十二页。按，《南疆逸史》卷十六《揭重熙传》云"庚寅（1650）冬，自盛战邵武，兵败死之"，时间有误。据上引顺治十年三月二十二日福建巡抚张学圣揭帖张自盛与"伪道蔡之麟、陈英南、陈杞、伪军师龚继荣"等七人在顺治九年十二月初七日于邵武府被处斩。
[3] 张岱《石匮书后集》卷四十六。
[4] 温睿临《南疆逸史》卷三十九《画网巾先生传》。

第二十三章
孙可望部署的湘、桂、川全面反攻

第一节 孙可望、李定国收复湖南战役

从顺治七年底到顺治八年初,孙可望基本上完成了对永历朝廷残存武装的收编工作。南明政权及其军队实际上已经形成以原大西军为主的抗清实体。在这以后,永历皇帝只是作为用以号召远近的一面抗清旗帜,复明恢汉运动的领导权却掌握在孙可望等原大西军领导人手中。由于孙可望等人已经遵用永历正朔,在他们指挥下的军队又包括了一些原南明参与"会盟"的各种武装,在下面的叙述中不再使用"大西军"一词,一律改称明军。但是,必须指出,正是由于原大西军的联明抗清,才使业已日薄西山、气息奄奄的永历朝廷增添了活力,汉族和西南少数民族在反对满洲贵族推行的民族征服、压迫政策的斗争中大展雄风,南明历史开始了一个新的阶段。

孙可望在接管了贵州全省后,军事部署是由他自己和李定国东

攻湖广，刘文秀等进军四川。

1651年（顺治八年、永历五年）四月，孙可望派冯双礼等率领马兵一万余名、步兵数万、战象十余只，大举由黔入湘：一路由铜仁、麻阳，一路由平溪、便水，一路由大小梭罗，合攻沅州（今湖南芷江）。清沅州守军三营合计只有三千士卒，退入城中，被"围如铁桶"[1]。四月十五日，冯双礼命令明军奋勇攻城，当天就占领了沅州，活捉清将郑一统、知州柴宫桂[2]。冯双礼等攻克沅州后，移兵上攻辰州（府治在沅陵），因清朝辰常总兵徐勇防守甚严，未能得手。清廷委任的挂剿抚湖南将军印续顺公沈永忠领兵二万，竭力支撑，双方在一段时间里呈僵持状态。到1652年（顺治九年、永历六年）四月，李定国率部由贵州进入湖南，会合冯双礼部于五月中旬进攻靖州。清续顺公沈永忠派总兵张国柱领兵八千名往援，在靖州陷入明军重围。经过短暂的交战，清军大败，损失官兵五千一百六十三名（其中满洲兵一百零三名）、战马八百零九匹，几乎全军覆没，张国柱率残部于二十二日"踉跄奔回"[3]。明军趁胜攻克靖州、武冈州[4]。

---

[1] 清湖广总督祖泽远"为飞报紧急贼情事"揭帖，见《明清档案》第十七册，A17—148号。

[2] 顺治八年五月清偏沅巡抚金廷献"为飞报贼情事"揭帖，见《明清档案》第十三册，A13—26号；同书A13—28号金廷献揭帖中说攻克沅州的明军是"伪秦王下洪将军（当为冯将军之讹）、陈将军等贼，从贵州抄铜仁小路由细米溪、五朗溪一路而来"；又见清续顺公沈永忠题本，收入《清代档案史料丛编》第六辑，第一七〇至一七一页。

[3] 《明清史料》丙编，第九本，第八二八页，吏部尚书朱马喇等题本。

[4] 顺治十一年十一月二十一日兵部尚书噶达洪等题本中说：冯双礼"探知辰州有备，即合伪西府于五月内连破靖、武二州。"见《明清档案》第二十一册，A21—60号。据顺治十年五月湖广四川总督祖泽远揭帖，"查得靖州之失，顺治九年五月十八日事也"。其中并说到清靖州知州沈一恒被明军处死。见《明清史料》甲编，第四本，第三〇六页。

沈永忠在李定国、冯双礼等部明军的凌厉攻势下，难以招架，派使者前往广西桂林请求定南王孔有德火速派兵来援。孔有德因部下兵马分驻广西各地，又同沈永忠有嫌隙，接到告急信后说"我旧年借支衡、永钱粮，沈公出疏参我。今日地方有事，向我告援，我三镇分驻各府，如何借发？设警逼我境，自有区处"[1]，拒绝出兵相救。

沈永忠求援无望，被迫带着麾下清军自宝庆北遁[2]，六月初二日退至省会长沙，仍然立脚不住，在湘潭接到清廷"不可浪战，移师保守"的密旨，就在八月初六日放弃长沙，一直逃到岳州[3]。清朝在湖南设置的许多道、府、州、县官也随军狼狈北窜，其中有分巡上湖南道张兆黑、分巡下湖南道郭万象、宝庆知府冯桓、永州知府李策鼎、衡州府署印同知赵廷标、长沙知府张弘猷、郴州知州杨士英、道州知州张学仁、茶陵知州萧汉英、署武冈州事赵继登，以及新化、城步、新宁、零陵、祁阳、东安、宁远、永明、江华、衡阳、衡山、常宁、安仁、宜章、桂阳、攸县、长沙、善化、宁乡、益阳、湘乡、桃源、邵阳、浏阳、酃县知县和署印官共三十五名。这样，除岳州、常德尚在清军控制下以外，只剩下徐勇一镇孤零零地据守辰州（府治在沅陵）负隅顽抗[4]。后来，清兵科都给事中魏裔介劾奏"续顺公沈永忠身为大帅，手握重兵，当孙逆攻围辰、永

---

[1] 瞿昌文《粤行纪事》卷三。
[2] 康熙二十四年《宝庆府志》卷二十一《武备志·兵纪》云：顺治九年"六月，府城复陷，续顺公还"。
[3] 《明清档案》第二十五册，A25—15号，经略大学士洪承畴"为王师已入湖南，城池指日恢复，仰祈早定功罪以肃法纪，以励后效事"奏疏。
[4] 前引《明清档案》第二十一册，A21—60号，兵部尚书噶达洪等题本说：李定国、冯双礼"六月内复下衡（州）、永（州）、宝（庆）、长（沙）四府，湖南一带仅存辰（州）、常（德）二郡而已"。

诸郡,一筹莫展,望风宵遁。乞亟赐罢斥,免误封疆"[1]。由此可见,原大西军联明抗清后,初试锋芒就旗开得胜,收复了湖南大部分州县。

第二节　李定国桂林大捷

李定国挥军入湘,收复大批州县的时候,清湖南文武官员已在续顺公沈永忠率领下逃往岳州。清定南王孔有德部与湖广清军相距甚远,后方已形成严重的威胁。然而,孔有德自视甚高,除了在五月二十七日派部将孙龙、李养性防守全州以外,并没有把分镇南宁、柳州、梧州等地的驻军抽回,继续分兵把口,一心做他的广西王。当时奉使广西的著名文人施闰章描写他在桂林拜谒定南王的情况:孔有德"具言其生平及粤西用兵曲折","王顾盼叱咤自豪,言出皆诺,无能后"[2],骄横之状,跃然纸上。

六月间,李定国率领精锐兵马由武冈、新宁直攻全州,二十八日歼灭全州清军,守将孙龙、李养性被击毙[3]。孔有德闻报大惊,第二天亲自带领桂林留守军队前往兴安县严关,企图扼险拒守,被定

---

[1]　《清世祖实录》卷八十二。
[2]　施闰章《使广西记》,见《施愚山文集》。
[3]　顺治十年七月广西巡抚陈维新"为详查失陷缘由以凭具题事"揭帖,见《明清档案》第十七册,A17—123号;同件又见《明清史料》甲编,第三本,第三〇〇页。时在桂林的瞿昌文于《粤行纪事》中记二十七日李养性在双桥战殁,误记一日,但《虞山集》卷十下所收文中又说"六月二十八日,王师入粤境,尽歼李养性之众,只蹄片甲不返",与清方奏报相符。

国军击败，"浮尸蔽江下"[1]；当日傍晚狼狈奔回桂林，下令紧闭城门。六月三十日午后，明军进抵桂林城郊。孔有德见定国军威甚壮，知道仅凭身边有限兵力难以守住桂林，于七月初二日飞檄镇守南宁的提督线国安、镇守梧州一带的左翼总兵马雄、镇守柳州一带的右翼总兵全节放弃地方，领兵回援省会。同一天，李定国大军即将桂林包围得水泄不通。明朝降将王允成当时正在孔有德藩下，他过去同马进忠关系良好，人称"王、马"。马进忠随李定国参加桂林战役，在城下喊话要王允成反正。王允成不敢答应，报告了孔有德。有德自知城中兵力单薄，必破无疑，考虑再三，对王允成说："汝姑出应之，观彼何所云以报我。"王允成即登上城头，同马进忠接洽归顺事宜。据王允成后来说，孔有德实际上有投降的企图，因受部将挟制错过了时机[2]。初四日中午，明军攻破武胜门，一拥而进，清军抵敌不住，孔有德怅然失色，悲叹道："已矣！"在王府（即明靖江王府）内自杀，死前命随从将其所居后殿以及掠得的珍宝付之一炬[3]。其妻白氏自缢前把儿子孔庭训托付给侍卫白云龙，嘱咐道："苟得免，度为沙弥。勿效乃父做贼一生，下场有今日耳。"[4]孔庭训被明军查获，几

---

[1] 前引施闰章《使广西记》。

[2] 王夫之《永历实录》卷九《王允成传》。《明清史料》丙编，第九本，第八七四至八七五页《定南王下死难各官情由》揭帖中也说王允成于"围城之日射箭传书于贼，登陴示路。城破，拔贼保护其家"。

[3] 顺治九年七月清广东巡抚李栖凤"为飞报紧急贼情恳启发兵救援事"揭帖，见《明清档案》第十五册，A15—35号。前引顺治十年七月广西巡抚陈维新揭帖云："至初四日辰时，贼从山上攀附络绎入城，定南王见城已不能守，回王府手刃宫眷数十人，亲率住室发火，自刎被焚，骸骨化为灰烬。"

[4] 南沙三余氏《南明野史》卷下《永历皇帝纪》。彭而述顺治七年前曾在孔有德麾下，一度被委任为贵州巡抚，三年后他写了《闻定南战死》诗，其中描写孔有德兵败自杀的情况稍有不同，见《读史亭诗集》卷四。

年后由李定国下令处斩[1];他的妹妹孔四贞乘乱逃出。桂林城里的明朝降臣原庆国公陈邦傅、其子文水伯陈曾禹、清广西巡按王荃可、署布政使张星光都被活捉[2]。接着,明军南下平乐,杀清府江道周令绪,擒平乐知府尹明廷等[3];收复柳州,俘清右江道金汉蕙[4]。在一段时间里,李定国亲自坐镇桂林,派出军队收复广西各府县,他委任总兵徐天佑为广西巡抚[5],并且设置了"布、按、有司"各官[6]。

八月初二日,李定国派人把"伪庆国公陈邦傅父子二人"和清广西巡按王荃可、署布政使张星光解赴贵阳。九月初二日,秦王孙可望下令把陈邦傅父子押赴市曹剥皮,王荃可、张星光处斩[7]。然后将剥皮揎草的陈邦傅尸体送往安龙等地示众,"大书于牌曰:逆犯陈邦傅先经肆劫皇杠,摽掠宫人,罪已漏网。不思建功赎罪,辄行背主反叛。今已拿获,解赴军前,立将邦傅父子剥皮,传示滇、黔,云云"[8]。这种处理方式在安龙的永历朝廷内引发了一件流传颇广的逸

---

[1]《清世祖实录》卷一二五载,清廷后来得到报告孔庭训在顺治十五年十二月十六日被李定国处死。参见《明清史料》甲编,第五本,第四八一页,顺治十六年十二月十八日定南王女孔四贞揭帖。按,孔庭训在诸书中常写作"孔廷训""孔定训",当以其妹孔四贞奏疏为准。

[2] 顺治十年七月广西巡抚陈维新"为查明大巡殉难根因以凭具题事"揭帖,见《明清档案》第十七册,A17—122号;同件又见《明清史料》甲编,第四本,第三〇一页。按,清广西巡抚王一品在三月间告归,得免。

[3] 嘉庆十年《平乐府志》卷十八《宦绩》。

[4] 谈迁《北游录》纪闻下《金汉蕙》条。该书又云,金汉蕙在十一月二十四日被杀于衡州城外。

[5] 雷亮功《桂林田海记》。顺治九年七月广西左翼总兵马雄禀帖中也说"贼已定徐总兵提兵坐镇"。

[6]《虞山集》卷十下。

[7] 前引顺治十年七月广西巡抚陈维新揭帖。

[8] 南沙三余氏《南明野史》卷下。

事：御史李如月上疏劾奏秦王"擅杀勋爵，僭窃之奸同于莽、操，请除国患；兼敕邦傅罪状，加以恶谥，用惩奸凶"[1]。永历帝既畏惧孙可望的专横，也觉得李如月的奏疏是非不明，便以小臣妄言为名廷杖四十，奏疏留中不发，用意是加以保全。不料李如月性格倔强，偏要太岁头上动土，自己把奏疏另抄一份，封面上写"大明山东道御史揭帖"，递交孙可望派驻安龙的总提塘张应科。孙可望得报后，立即派人到安龙请命将李如月按处置陈邦傅例剥皮揎草。李如月临刑时大骂不屈。这件事后来被一些封建文人大加渲染，把李如月吹捧为忠臣义士。就事情本身而言，陈邦傅在南明时位居庆国公，跋扈殃民；降清时劫驾未成，又诱杀宣国公焦琏，是个典型的乱臣贼子，人人得而诛之。孙可望将他处死，无可非议。李如月把早已降清的陈邦傅仍称为"勋臣"，这不仅是昏庸，而是同他以及南明许多官僚一直把原大顺、大西军视之为"贼"，而对降清的明朝旧官藕断丝连的阶级偏见一脉相承。不过，孙可望命人把这样一个迂腐冥顽小官处以极刑，手段又如此残酷，难免授人以口实。

李定国占领桂林以后，清定南王藩下提督线国安、总兵马雄、全节带领府、州、县官先后窜往同广东接境的梧州。其中以右翼总兵全节最为狼狈，他本人于七月十六日逃到梧州，"其兵马尽行哗散"[2]，左营副将何九成在途中受伤而毙；右营副将郑元勋和中军游

---

[1] 这件事在南明史籍中记载甚多，但据当时正在安龙永历朝廷中任职的汪蛟所述有出入。汪氏言，李如月请"加恶谥，可望不察，以请谥为恤典，与已忤。请以诛邦傅法诛之"。未言及李如月劾奏孙可望事，见钱秉镫《藏山阁文存》卷三《汪辰初文集序》。
[2] 《明清史科》丙编，第九本，第八一三页，广西左翼总兵马雄禀帖。

击蔡斌带领兵马往桂林投诚；后营副将沈邦清被击毙[1]。八月，李定国乘胜挥军进攻梧州，缐国安、马雄、全节不敢迎战，逃入广东乞怜于平南王尚可喜。这月十五日，明军收复梧州，广西全省均告平定[2]。清朝镇守广东的平南、靖南二藩得到孔有德城陷自尽的消息，极为恐慌，急忙命令同广西接境的"州县文武官员如贼果薄城，即便相机护印入肇（庆），以固根本"。广东德庆州属开建县（在今封开县东北）协守副将谢继元当即率领部下弃城逃到肇庆[3]。这说明广东清朝当局已成惊弓之鸟，有意放弃肇庆以西的州县。由于李定国很快率领主力北上湖南，不仅未能乘胜进军广东，连广西的局势也远没有稳固。这年九月间，清军重新占领梧州；十月，派官进驻开建。

李定国收复广西全省，功绩巨大，在南明史上堪称空前。它同1648年江西、广东反正来归大不一样，是力歼强敌大获全胜的辉煌战果。以前广西虽曾处于永历朝廷管辖之下，瞿式耜、陈邦傅以及忠贞营等却各自为政，不可能把广西经营成坚固的抗清基地。李定国军以雷霆万钧之势，一举攻克桂林，使广西、广东清军闻风丧胆，本来可以先行稳定广西，相机收取广东部分地方，扩大南明控制区。可是，孙可望得知清敬谨亲王尼堪军即将进入湖南，竟下令调李定国部由桂

---

[1] 《明清史料》丙编，第九本，第八七四页，"定南王下死难各官情由残揭帖"。

[2] 同治十一年《苍梧县志》卷十八《外传纪事下·本朝》记："九年秋八月，明兵过陷梧州，知府沈纶不屈死，文武官东下。九月乃回。"又云："李定国兵陷梧州，大掠数日而去。时提镇马雄出兵堵御，屡败。文武官议以桂（林）、平（乐）皆陷，恐梧州孤城难守，乃具舟敛老营避江中。十五日，贼奄至，我兵御之，又败，乃联舟东下，至九月杪始回。"

[3] 两广总督李率泰揭帖残件（顺治十一年九月到），见《明清史料》甲编，第四本，第三四四页。

入湘迎战。这一决策固然成就了李定国衡阳大捷，但从战略上看，孙可望本应留下一部分军队牵制辰州守敌徐勇，自己同白文选、冯双礼等大将率领主力入湘迎战尼堪。即使需要李定国出兵会战，梧州重镇也应留下足够的兵力防守。联系到下文所述清廷诫谕尚可喜、耿继茂等切勿轻易出兵广西，可以看出孙可望在军事部署上的失算。

十月三十日，李定国亲自统领兵马进抵衡阳[1]。定国主力北上后，留在广西的兵力非常单薄，清平南王尚可喜趁机令缐国安、马雄、全节挑选甲兵会同广东水师副将强世爵等从广东封川出发，水、陆并进，于九月初五日重占梧州[2]，由马雄镇守该地。十一月二十八日，徐天佑率部撤往柳州[3]，桂林仅有明朝宗室安西将军朱喜三留守。清军乘虚而进，十二月二十三日在平乐击败明义宁伯龙韬、总兵廖凤部，占领该城[4]。次年（1653）正月十五日清军占领阳朔，朱喜三部下只有一千多杂牌军队，抵挡不住清朝正规军。十九日，清军重占桂林[5]，缐国安、全节和新任广西巡抚陈维新盘踞该地。四月间，明将胡一青曾率军来攻桂林，被缐国安等击退[6]。七月二十一

---

[1] 陶汝鼐《自订年谱》云："十月晦日，李定国出粤西，复衡阳。"见邓显鹤《沅湘耆旧集》卷三十。

[2] 顺治九年十月初四日平南王尚可喜"为飞报大捷事"揭帖，见《清代档案史料丛编》第六辑，第一八四页。

[3] 顺治十年正月十九日平、靖二王"为解报桂林情形事"揭帖，见《清代档案史料丛编》第六辑，第一八七页。雷亮功《桂林田海记》说，徐天佑是奉李定国之命暂守柳州，腾空城池，诱使退入广东的清军进来，再行歼灭。徐天佑即将桂林焚毁，撤往柳州。

[4] 顺治十年正月十九日平、靖南王"为飞报大捷事"揭帖，见《清代档案史料丛编》第六辑，第一八八至一八九页。

[5] 《明清史料》丙编，第九本，第八三五页《平南王残揭帖》，原件无年月，参考其他文件可定为顺治十年正月事。

[6] 光绪三十年《临桂县志》卷十八《前事志》引旧志。

日,李定国虽曾再次进攻桂林,却未能奏捷[1]。

第三节　李定国衡阳大捷

李定国等部明军连续攻克湖南大批州县的消息传到北京,顺治皇帝大为震惊。七月十八日他派敬谨亲王尼堪为定远大将军,统八旗精兵南下[2],二十日离开北京,原定计划是经湖南进入贵州,同吴三桂、李国翰所统四川清军合攻贵阳[3]。孔有德兵败身死的噩耗传来,清廷于八月初五日急令尼堪改变进军方向,先占湖南宝庆府(府治在今湖南邵阳市),然后进军广西[4]。清定南、平南、靖南三藩中孔有德兵力最强,桂林失守后,定藩兵马逃入广东,顺治帝唯恐广东有失,特发专敕告诫平南王尚可喜、靖南王耿继茂:"切毋愤恨,轻赴广西;倘贼犯广东,尔等宜图万全为上计。"等候定远大将军尼堪军至广西后,两藩兵力听从尼堪指挥[5]。

---

[1] 《明清史料》丙编,第九本,第八五五页《兵部尚书噶达洪等题本残件》。光绪《临桂县志》记李定国再攻桂林在是年八月,当以档案为准。
[2] 《敕谕敬谨亲王稿》,见《明清档案》第十四册,A14—177号、A14—178号。177号(又见《明清史料》甲编,第三本,第二九四页)上有"顺治九年七月十八日用宝"字样。尼堪所统兵马数不详,但顺治帝敕谕中说他所统为"精锐兵将",见《清世祖实录》卷六十五。
[3] 顺治九年七月十八日清帝给平西王吴三桂敕谕中说:"今敬谨亲王充定远大将军统大兵于本年七月二十日出都。"《明清史料》甲编,第三本,第二九三页;又见《清世祖实录》卷六十六。
[4] 《清世祖实录》卷六十七。
[5] 顺治九年十月初四日平、靖二王"为钦奉圣谕恭陈谢悃事"揭帖,见《明清档案》第十五册,A15—117号,参见《清世祖实录》卷六十七。

十一月十九日，尼堪军至湘潭县；明将马进忠引部众退往宝庆。二十一日，尼堪自湘潭启程，次日进至距离衡州府（今衡阳市）三十余里处。李定国派出部将领兵一千八百名佯抵一阵，随即后撤。尼堪骄心自用，以为明军不堪一击，即于二十二日夜"兼程前进"，次日天色未明到达衡州府，与李定国大军相遇[1]。定国见尼堪轻进寡谋，决定以计取胜，事先埋伏重兵，命令前线将士对阵时稍一接触即装出兵力不敌的样子，主动后撤。尼堪"乘胜"追击二十余里，陷入埋伏。定国一声令下，全军出击，杀声震天，势如潮涌；清军仓皇失措，迅速被明军击败，主帅尼堪也在混战中当场毙命[2]。同时被明军击杀的还有一等伯程尼和尼堪随身护卫多人[3]。定国军士割取尼堪首级献功，"东珠璀璨嵌兜鍪，千金竟购大王头"[4]，全军欢声雷动。清军不敢再战，在多罗贝勒屯齐（或译作吞齐）的率领下垂头丧气退往长沙。

李定国在不到半年的时间里，指挥攻城、野战都取得了辉煌的战绩。他用兵机动灵活，英勇果断，显示出卓越的军事才华。时人

---

[1] 以上日期均据顺治九年十一月二十三日"定远大将军敬谨亲王尼堪等谨题为塘报事"，原件藏第一档案馆。

[2] 乾隆二十六年《衡阳县志》记载，顺治九年敬谨亲王尼堪"督满、汉兵至，与定国接战于城北香水巷、草场，转战于演武亭"，尼堪战败被杀。见该书卷六《忠节》，卷十《祥异·兵燹》。县志云："时为十一月二十四日也。"据《清世祖实录》卷七十应为二十三日。尼堪阵亡的具体情况诸书记载互歧，《滇缅录》云为明军交枪击毙。

[3] 《清世祖实录》仅记程尼阵亡，未明说在何次战役中，此据《八旗通志》卷一六三《程尼传》。其他阵亡者参见同书卷二二二、二二五、二二六有关部分。

[4] 彭而述《读史亭诗集》卷八《四战歌·草场》。按，彭而述曾任清上湖南分守道，后来又多次往来湖南，对战役经过了解甚详，其题为《草场》，当即尼堪阵亡地名。

张怡根据李定国委任的桂林知县李楚章的话说，"公用兵如神，有小诸葛之称。纪律严明，秋毫无犯，所至人争归之。军中室家老弱各为一营，皆有职事，凡士伍破衣敝絮，皆送入后营，纫织为衬甲、快鞋之用，无弃遗者"[1]。陈聂恒也记载，"定国智勇冠其曹，且严纪律，民皆安之。或传定国兵当以夜至，比晓则已过尽矣。故所至有功"[2]。清军统帅定南王孔有德、敬谨亲王尼堪的相继败亡，对于明清双方都是震动朝野的大事。就其影响而言，桂林、衡阳大捷远远超过了战役本身。攻克桂林之后，李定国趁势收复广西全省，清朝官员"号天大恸；自国家开创以来，未有如今日之挫辱者也"[3]。尼堪贵为亲王，统率满洲八旗精锐出征，竟然兵败身死，更是出乎清廷意料，连顺治皇帝也悲叹："我朝用兵，从无此失。"[4]跟随尼堪出征的贝勒吞齐（即屯齐）、巴思汉、贝子扎喀纳、穆尔佑，固山额真韩岱、伊尔德、阿喇善等高级将领后来都受到革爵、革职等严厉处分[5]。

自从明朝末年以来，文官武将一提到清军无不谈虎色变，依附清廷的汉族官僚每遇军情紧急往往请求朝廷派遣"真正满洲"参战，如顺治六年湖广辰常总兵徐勇在题本中说："总之，逆贼畏满兵，而不怯南兵，南兵如云，何如满旗一旅也。"[6]满洲贵族也自视为天之

---

[1] 张怡《謏闻续笔》卷二。
[2] 陈聂恒《边州闻见录》卷十《李定国》条。
[3] 顺治九年十一月十六日吏部尚书固山额真朱马喇等题本，见《明清史料》丙编，第九本，第八二五页。
[4] 《清世祖实录》卷七十九。
[5] 《清世祖实录》卷八十六。
[6] 见《明清史料》丙编，第八本，第七六五页。

骄子，所向无敌。李定国挥军转战千里，连杀清朝二王，特别是击毙了贵为亲王的满洲劲旅主帅尼堪，打破了清军不可战胜的神话。其心理上的作用不可低估。就清方而言，兵力上的损失可能还在其次，更重要的是神情沮丧。清广西巡抚王一品因患病回京，幸免于桂林之厄。顺治十一年他已痊愈，吏部仍推荐他复任广西巡抚，王一品如临深渊，规避不前，行贿托人题免，发觉之后被清廷处以绞刑[1]。谈迁也记载，顺治十年有三个人赴吏部谒选，探筹（即抽签决定补用何地何官缺）得广西，"悸惧却不能手"[2]。另一方面，忠于明室的官绅百姓却为之精神振奋，重新燃烧起复兴的希望。人们常常引用黄宗羲的一段话："逮夫李定国桂林、衡州之捷，两蹶名王，天下震动，此万历以来全盛之天下所不能有，功垂成而物败之，可望之肉其足食乎！屈原所以呵笔而问天也！"[3]他写这段话是在事过境迁之后发出的无限感慨，但我们不难想象他和一大批志同道合的人在听到桂林、衡州大捷时那种欣喜欲狂、奔走相告的情景。当时在长江下游从事秘密复明事业的顾炎武闻讯之后赋诗云："廿载吴桥贼（崇祯四年孔有德等在吴桥县叛变，故称吴桥贼），于今伏斧砧。国威方一震，兵势已遥临。张楚三军令，尊周四海心。书生筹往略，不觉泪痕深。"又云："传闻西极马，新已下湘东。……不有真王礼，谁收一战功。"[4]顾炎武不仅为原大西军联明抗清取得辉煌胜利感动得泣下满襟，还明确地批判了永历朝廷部分官员反对封孙可望为秦王。张怡

---

[1] 《清世祖实录》卷八十七。
[2] 谈迁《北游录·纪邮上》。
[3] 黄宗羲《永历纪年》，见《行朝录》卷五。
[4] 《顾亭林诗集汇注》卷二《传闻》。

则对孙、李矛盾激化，导致大局逆转，深表惋惜，写道："使无此内衅，大功成矣。"[1]

1652年李定国在湘、桂战场上的胜利，对当地和附近具有复明情绪的绅民是一个极大的鼓舞。许多退入山区的明朝残兵败将和隐居乡间的官绅都闻风云集，共襄盛举。如安定伯马宝顺治八年仍在广东坚持抗清，李定国大军收复广西后，他立即出兵配合，攻克阳山、连州、连山等州县，活捉清连阳副将茅生蕙、游击马泗汗、守备白守富。后奉李定国之命率部入湖南，茅生蕙等人均于九年十月二十二日在衡州处斩，"首级悬挂南门"[2]。此外，如胡一青、赵印选、陈邦傅旧部彰武将军袁来朝、曹志建部总兵欧正福等都曾"依附李定国、恃险狂逞"[3]。当时在桂林的瞿昌文记载，广西"八郡中节义大臣，避腥膻于深箐穷谷间，转徙困顿，全发以待时，始终不改其守者，皆府君（指瞿式耜）素所荐拔之士，至是咸幸更生，而山薮野泽之哀鸿，亦莫不相庆复见汉官威仪也"[4]。永历朝廷兵部尚书刘远生、中书舍人管嗣裘、兵部主事朱昌时等人都从瑶族山区出来参见李定国，共商机务，协守桂林[5]。原广西巡按吴德操也应定国之命出任于梧州，"坐门楼，稽出入"[6]，广西全省都安官设吏。湖南的明朝乡绅也纷纷出见，就连自弘光时期已经杜门不出的大臣周堪赓（崇祯时

---

[1]　张怡《謏闻续笔》卷二。
[2]　顺治十一年四月广东巡抚李栖凤揭帖，见《明清史料》甲编，第四本，第三三八至三四〇页。
[3]　顺治十三年六月广西巡抚于时跃揭帖、经略洪承畴揭帖，见《明清史料》甲编，第四本，第三九五页，第三九六至三九八页。
[4]　《虞山集》卷十下。
[5]　王夫之《永历实录》卷十四、卷十七。
[6]　钱秉镫《吴廷尉鉴在传》，见《藏山阁文存》卷五。

任工部侍郎，弘光初立授以户部尚书，未到任）、郭都贤（崇祯时任江西巡抚，永历帝授以兵部尚书，未就职）等一大批官绅都认为中兴有望，应邀到衡山谒见李定国[1]。郭都贤在《自叙》中写道："壬辰（顺治九年）恢复湖南，微有赞襄之力。"[2]只是由于不久形势逆转，参与反清复明的官绅为了保全身家性命，不仅销毁有关文书，在自己后来的著作中也竭力加以掩盖，给后人研究这段时期的绅民动向造成了困难。

李定国在衡州大捷前后，活动于湘、赣边境罗霄山脉一带以刘京、李文斌为首的抗清武装备受鼓舞，他们一面高举复明的旗帜号召当地百姓收复失地；一面同李定国联系，请求派兵支援。定国当时正同清军主力周旋于湖南，只派了为数不多的军队配合刘京等部进攻江西吉安府属州县。据《衡州府志》记载，"定国旋自粤入永，次衡，驻兵四月余。遣其将张胜攻湘阴，高必贵掠江西之永新"[3]。十一月初一日，高文贵部攻克永新[4]，接着在刘京等地方义师引导下收复安福[5]、永宁（今江西井冈山市）、龙泉（今江西遂川县）三县。清驻

---

[1] 邓显鹤《沅湘耆旧集》卷三十《密庵先生陶汝鼐》记，顺治九年李定国大军至衡阳时，"湘潭石见五（名开云）衔命敦促，不得已与周司农（即周堪赓）、郭司马（即郭都贤）并出见，至南岳谒庙而还"。陶汝鼐后来身陷清朝囹圄，为了保命，竭力把自己参加复明活动说成是被迫的。

[2] 陶汝鼐《密庵先生遗集》附《年谱》引《益阳县志》文。

[3] 乾隆二十八年《衡州府志》卷二十九《兵燹》。按，此处高必贵疑为高文贵。

[4] 江西巡抚郎廷佐"为查明失守情形"等事题本残件说，"顺治九年十一月初一日，有象寇数万骤至永新山邑"，永新营兵仅二百余名，"寡不敌众，是以被贼围陷"。见《清代档案史料丛编》第六辑，第二七八至二八〇页。按，"象寇数万"当为夸张之词。

[5] 康熙五十二年《安福县志》卷一《疆域志·祥异》记："九年壬辰，刘京、倪端倚山作乱，引滇兵入城，劫杀无算。"

防安福游击张曾显"全军被围,尽为贼执去",张曾显被押解到衡州,李定国下令将其斩首[1]。清江西巡抚蔡士英在题本中说:"该臣看得,逆贼乘犯湖南之势,驱其象马,大股而来,其志意颇为不小。又兼土寇刘京历年为江省巨害,潜相勾引,习熟路径。……是以狡贼先设疑兵于袁州插岭关,势欲进窥;而阴以大队突犯吉安,以致永新、安福、永宁、龙泉等处相继沦陷,县令、防将两被执去,更眈眈于吉安府城,思图并力极攻。"[2]正当刘京等围攻吉安府城(今吉安市)时,清江西巡抚蔡士英向江南总督马国柱告急,抽调援兵入赣会同江西提督刘光弼、南赣总兵胡有升所部兵马火速赶赴吉安。由于李定国部主力未能入赣,刘京等部抵敌不住清朝优势兵力,十一月初一日李文斌兵败被擒[3]。定国为集中兵力迎战尼堪,无暇东顾,永新等县驻军"起营退转湖南",十一月二十三日最后一批精兵撤离永新开往湖南[4]。清军于二十五日进入永新,安福、永宁、龙泉也先后被清

---

[1] 《明清史料》丙编,第九本,第八八一至八八二页江西永新等县失陷案残件。

[2] 蔡士英《抚江集》卷一,顺治九年十二月初四日"为恭报连恢二邑仰慰圣怀事"题本。按,《吉安府志》所载与清方当局奏疏略异,其文云:"八年辛卯(当为九年壬辰),明刘文煌复永新、安福。吉安守将某攻之,拔其城,并获文煌。"注文中说刘文煌是江西泰和人,原随郭维经起兵抗清。李定国派偏师由湖南入江西时,他乘势收复永新、安福二县,正想向吉安进军,恰逢定国的军队撤退,清"吉安守将罗某合各府兵围之,粮尽被俘,死难南昌会城"。罗某指清吉安营参将罗映垓。

[3] 《抚江集》卷一,顺治九年十一月初七日"题为报擒贼首洗巢大捷事"。

[4] 顺治九年十二月二十日江西巡按张嘉题本,见《明清史料》丙编,第九本,第八三〇页。

军夺回[1]。到1653年（顺治十年）七月二十七日，刘京在同清军交战中被俘[2]，赣西的抗清运动被镇压下去。

第四节　刘文秀进攻保宁之战

到1651年（顺治八年、永历五年），孙可望部署的南明军队已经控制了贵州全省，前锋进入湖南西部和四川南部。针对这一形势，清廷除了加强湖广的防务外，派遣平西王吴三桂、定西将军固山额真李国翰带领所部兵马由陕西汉中入川。1652年二月初七日吴、李二部到达保宁（今四川阆中）[3]。十二日南下，二十二日推进到成都。奉孙可望之命守卫成都的总兵林时泰不战而降。由于林时泰曾经投降过清朝，后来又在潼川反清归明，吴三桂认为他是反复无常、奉有明旨缉捕的"钦犯"，下令把他斩首示众。占领成都以后，吴三桂坐镇该城，由李国翰统兵于二十四日收取眉州，二十五日占领嘉定（今四川乐山市），活捉明总兵龙名扬（倮㑩族，原为云南临安府石屏州宣慰司土官）[4]。三月，吴三桂、李国翰调集梅勒章京葛朝忠、白含真、

---

[1] 胡有升《镇虔奏疏》卷下，顺治十年正月二十八日"恭报援剿吉安并恢复龙泉凯捷疏"云：清军十一月二十日收复安福县，二十五日收复永新县，十二月初六日收复龙泉县。蔡士英《抚江集》卷一，顺治九年十二月初四日"为恭报连恢二邑仰慰圣鉴事"题本中说：十一月二十八日江西提督刘光弼报恢复安福，十二月初一日又报收复永新。日期的差异原因是蔡士英根据的是刘光弼塘报时间。

[2] 蔡士英《抚江集》卷五。

[3] 李国英《李勤襄公抚督秦蜀奏议》卷八，顺治九年三月初七日题本；同年二月初八日题本。又见《清代农民战争史资料选编》第一册（上）。

[4] 同上。按，龙名扬在《选编》中误排为龙名杨。

佟师圣、夔州总兵卢光祖、左路总兵陈德、永宁总兵柏永馥等往攻重庆，初五日占领合州，分水陆二路进逼重庆。明军守将卢明臣因兵力单薄，于十四日放弃重庆。四月下旬，吴三桂等派遣另一支由甲喇章京杨正泰、郭云龙、右路总兵南一魁、叙州总兵马化豹带领的清军进攻叙州，明守将王复臣、白文选主动撤退到永宁（今叙永）[1]。至此，清军除了原先控制的保宁地区外，已夺得成都、重庆、叙州、马湖、邛州、雅州、嘉定、眉州等府县，清政府认为"全蜀渐次底定"，应当讲求"善后"之策了[2]。

正在这时，孙可望从全局着眼，唯恐清军在四川站稳脚跟后，南犯贵州，遂派抚南王刘文秀统领援兵四五万人三路入川，由建昌、叙永、彭水展开全面反攻[3]。八月初九日，明军攻克叙府，据守该城的清兵"全军覆没，南总兵（南一魁）不知下落，马总兵（马化豹）只身逃回，甲喇、牛录死难者数十余人"[4]。与此同时，明军大将白文选也率部反攻重庆。吴三桂、李国翰见明军势大，于八月十九日在夹江县同四川巡抚李国英紧急会商，决定全师"北撤，以保万

---

[1] 顺治九年八月十五日四川巡抚李国英"为再报东南大捷，仰慰圣怀事"题本，见《李勤襄公抚督秦蜀奏议》卷八；又见《明清史料》甲编，第二本，第二九五页；《清代农民战争史资料选编》第一册（上），第二三五至二三六页。按，此件最准确者为影印揭帖，见《明清档案》第十五册，A15—59号。《奏议》本在文字上已做删改，《选编》所收并非档案原件，而是从《奏议》转录。
[2] 顺治九年八月十五日四川巡抚李国英"为全蜀渐次底定事"题本，见前引《奏议》卷八。
[3] 《清史列传》卷七十八《卢光祖传》。
[4] 郝浴《中山奏议》卷一《再报封疆大计疏》。按，李国英奏疏中说马化豹身带枪伤逃回。

全"[1]。驻守重庆的清军将领梅勒章京葛朝忠、佟师圣、白含真、镶红旗章京尹得才，总兵柏永馥、陈德、卢光祖于八月二十四日接到吴三桂的撤退命令，二十五日渡江北还。同一天，明军收复重庆，随即派兵尾追清军，在距离重庆一百二十里的停溪将清军包围，用火器四面围攻。二十八日，清军大败，梅勒章京白含真被活捉[2]，永宁总兵柏永馥带着残兵败卒逃到保宁时，部下"兵支离削弱，才得百人"[3]。

九月十一日，吴三桂等退至绵州，接着又退到广元。清朝在四川的临时省会保宁只有巡按御史郝浴和总兵严自明部下一百多名士卒[4]。吴三桂、李国翰和随军南下的四川巡抚李国英在兵败如山倒的形势下，已有放弃四川，退入陕西汉中的打算。由于郝浴的坚持，李国英、吴三桂、李国翰终于决定回守保宁，在十九日统兵进入该城[5]。清军在撤退过程中，遭到抚南王刘文秀、讨虏将军王复臣的追击，损失颇大。史载："刘文秀之入蜀也，善抚恤军士。蜀人闻大军至，多响应。于是，重庆、叙州诸府县次第皆复。吴三桂迎战辄败，敛军以奔，趋保保宁。"[6]

---

[1] 顺治九年八月二十七日李国英"为塘报滇贼入犯事"密奏本，见《李勤襄公抚督秦蜀奏议》卷八。
[2] 李国英《李勤襄公抚督秦蜀奏议》卷八；郝浴《中山奏议》卷一《再报封疆大计疏》。
[3] 《中山奏议》卷一《按蜀疏》。
[4] 《中山奏议》卷一《飞报封疆大计疏》。
[5] 顺治九年九月二十六日四川巡抚李国英"为紧急贼情事"密奏本，见《李勤襄公抚督秦蜀奏议》卷八，参见《清代农民战争史资料选编》第一册（上），第二三七至二三八页。
[6] 黄宗羲《永历纪年》。

保宁战役关系到清廷能否在整个西南地区保留一个立足点，战役过后，清朝三方面的负责人都竞相争功。不少史籍都归因于四川巡按郝浴，如《清史稿·郝浴传》记："九年，平西王吴三桂与固山额真李国翰分兵复成都、嘉定、叙州、重庆。已而，两路兵俱败，三桂退驻绵州。浴在保宁监临乡试，可望将数万人薄城，浴飞檄邀三桂，激以大义，谓'不死于贼，必死于法'。逾月，三桂乃赴援，可望等引去。"[1]刘献廷也说："平西同墨勒根虾取四川，兵至叙州府。蜀王刘文秀兵多而锐不可当。平西兵不战而走。至保宁，墨勒根虾已决意去蜀矣。时郝雪海巡按四川，驻陕西境，上疏劾平西不能取蜀，更引敌兵入秦境。平西计无所出，固山杨珅力持进兵议，曰：'王威名震天下，今退走，则一旦扫地矣。今日之计，有进无退。'墨勒根虾惧敌众难之。珅曰：'固山若却，请自退。吾王独进，与敌不两立矣。'遂进兵。……大捷，平西即上疏曰：'臣之退走，所以引敌出险以歼之也。兵家之计，不可先传。按臣书生，不知兵事，妄言摇惑众心，几败大计。'上谴谪雪海于辽东"[2]。郝浴自己在奏疏中说："九月十九日，平西王、固山额真墨勒根虾、抚臣李国英一昼夜接臣七次移会，迫之以'不死于贼，必死于法'之言，已统大兵回札保宁。"[3]又说："臣在保监临，两路利失，方望我兵从中路回保，乃竟舍川北，历险西行梓、剑矣。重庆北来又有从通、巴入汉一路在。

---

[1] 《清史稿》卷二百七十《郝浴传》。按：吴三桂等统率的军队九月十一日至绵州，同月十九日至保宁，传中所谓"逾月，三桂乃赴援"，不确。此战役为刘文秀指挥，孙可望并未亲至四川，传云可望"蒲城""引去"，亦误。

[2] 刘献廷《广阳杂记》卷一。按，是时刘文秀尚未封蜀王。

[3] 郝浴《中山奏议》卷一《再报封疆大计疏》。

土寇逃卒阗然城外,以为两路兵各自便道归秦;在两路兵颇亦疑保宁府已早为贼吞矣。"为了请求吴三桂等回师扼守保宁,他和总兵严自明派人前往梓(潼)、剑(州)地区邀请,联名启文中说:"川北为汉中门户,有川北后得有汉中;无川北不第无汉中矣。至保宁一隅屯聚朝廷粮饷,又兼设文武,原倚以为全川、收云贵之大镇。王受西南重寄,岂得弃而不顾,等情。臣复独移抚臣,内有朝廷一块土是贵部院一重责任。今秦兵四散,蜀寇蜂拥,贵部院向来所提调之兵马、所管辖之将官不见一人,并贵部院亦竟不知在于何所,则保宁一片封疆将来作何销缴,等情。时虑寇深路阻,以上两项文书自未至丑历七时,照样七次踵发,务要其必归。坐是两路兵俱知各司、道、府死守保宁,因翻然云集。"[1]

李国英的儿子李雯则持另一种说法:

雯闻是年叙府失陷,重庆不守,吴三桂遁还。未至保宁三十里地名圆山子,有路通秦。三桂欲拉先公从此路径还汉中。先公曰:"王乃客兵,可以还汉;巡抚乃守土之臣,当与保宁共存亡。王自回汉,巡抚当星夜回保料理守具。"遂辞三桂及固山额真拔营回保。奈固山额真语三桂曰:"我等统领大兵恢川不得,若弃了保宁,丢了巡抚,我朝法度王所素知,复将何辞以对朝廷耶?"三桂乃悟,飞使追回先公,语之曰:"我欲去守保宁,巡抚可有粮么?"先公曰:"保宁粮虽无多,尚够兵马五个月支用。"三桂乃率师同

---

[1] 郝浴《中山奏议》卷一《敬辞钦赏兼叙守城各官功绩疏》。

先公于九月十九日至保宁。……[1]

> 吴三桂初欲遁还汉中，继乃不得已而守保宁。虽一鼓灭贼，所谓置之死地人自为战者，真乃朝廷洪福。其实三桂中情畏怯之甚也。……至按臣郝浴身经围城，目睹战阵，书生从未见兵，痛定尤复思痛，遂谓保宁兵单难守，请今文武各官尽同王师回汉，此则明明弃蜀矣。不知蜀虽荒残，若贼得之，守其要隘，耕其旷土，济以奸诈，招致群丑，不惟数万之师难以进克，即秦中、汉南恐亦岁无宁日矣。[2]

这些记载在某些具体情节上存在分歧，但郝浴上疏的时候，吴三桂贵为藩王，李国翰是清廷亲信重臣，李国英是现任四川巡抚，他疏中说曾经七次行文请求三人领兵回守保宁，当属事实。不过，郝浴"不死于贼，必死于法"一语显然是给李国英信中的话，李国英作为巡抚有守土之责，而吴三桂、李国翰是"客兵"，可进可退，他们原来的意图是带着李国英部一道退入汉中。郝浴既以封疆之责要求李国英回兵保守，自然也请求吴三桂、李国翰统率大军协守。李国英既迫于郝浴的责难拒绝随吴三桂、李国翰撤入汉中，吴、李受道义上的牵制（三桂、国翰部若撤回陕西，保宁必破无疑，即如李国翰所说"弃了保宁，丢了巡抚"，在清廷面前不好交代），才勉强决定回守保宁。《清史稿·郝浴传》把"不死于贼，必死于法"一语直接挂到吴

---

[1] 《李勤襄公抚督秦蜀奏议》卷八，顺治九年十月十八日李国英"为飞报大捷仰慰圣怀事"题本后附李雯按语。
[2] 郝浴《中山奏议》卷一《三报封疆大计疏》；参见李国英《李勤襄公抚督秦蜀奏议》。

三桂头上，同吴三桂后来发动三藩之乱，成为清朝的逆臣有关。事实上当时清廷以保存实力为原则，有意让吴三桂、李国翰退守汉中。1652年（顺治九年）十月，清廷先派固山额真库鲁克达尔汉阿赖率官属兵丁驻防西安，又调原定往征广东的护军统领阿尔津为安西将军，同固山额真马喇希镇守汉中，敕谕中写道："今逆贼侵犯四川，黎元惶忧，深厪朕怀，用以尔阿尔津为安西将军，同马喇希总统将士，前赴平西王吴三桂、定西将军墨尔根侍卫李国翰处，驻札汉中，保固地方，整顿兵马。贼若入犯，会同平西王、墨尔根侍卫相机剿除。其进征四川事宜，着候明旨。"[1]可见，清廷已经以确保陕西为目标，四川被置之度外了。

刘文秀在攻克叙州，追败清重庆守敌之后，一路上所向无敌，产生了骄傲轻敌思想。他只看到吴三桂等望风逃窜这一动向，却没有看到入川清军主力基本完整，仍有相当的战斗力。进抵保宁城郊后，刘文秀缺乏大将应有的持重态度，在没有充分把握的情况下，决定强行全面攻城，这在策略上是犯了重大错误的。因为清军所占只是保宁一座孤城，四川全境已大抵收复。保宁城三面环水，西、南二面临嘉陵江，东面为东河，江河对岸是连绵不断的山脉。明军占领了城外各山头，凭借"长技在鸟铳，铳之胜势在高山，延山放铳，据险凭城，不谓不张"[2]。刘文秀本应利用地利派重兵扼守保宁东、南、西三面，随时提防清军出城渡河反击；另派少数兵力渡河进至保宁城北骚扰该城与陕西汉中的交通供应线。在完成这一军事部署的同时，把经营四川提上议事日程。为了说明问题，先谈一下四川各地的情况。自

---

[1] 《清世祖实录》卷六十九，十月戊申日及辛酉日。
[2] 郝浴《中山奏议》卷一《三报封疆大计疏》。

从明末战乱以来，四川大部分地区凋敝荒凉，特别是自然条件最好的成都平原几乎没有人烟，只要经营得法，完全可以建设成南明重要的复兴基地。郝浴在这年给清廷的奏疏中就说过："成都地大且要，灌口（指都江堰）一泻，襟带三十州县，开耕一年定抵秦运三年。锦城之外，竹木成林，结茅为庐，千百间可立就。锦江之鱼，岸上求之，蕃于鸡豚，收川资本卷在此中矣。"[1]"嘉定（今乐山）据叙（今宜宾）、重（庆）上游，民较三川差多，见饶盐茶。"这些地方都已由刘文秀所统大军收复。清军据守的保宁，人口和耕地却很少。郝浴自顺治八年十一月到任经过调查，次年奏报说：保（宁）、顺（庆）、潼（川）、龙（安）四府州"所垦熟田止二百三十五顷，不及别省中县十分之一"；"三府一州二十九县，共得九千三百五十余口，数不及别省半县，而满、汉官兵数倍之。"驻于保宁的清四川"司、道、府、州等官员"连薪俸也拿不到，"惟各令丁奴垦荒自赡"[2]。清军退守保宁时，顺庆、潼川、绵州等地均为明军所收复，清方控制的耕地、人口更是少得可怜。保宁城中储积的一些军粮几乎全是由陕西汉中历尽艰辛转运来的，势必不能持久。顺治十二年五月清朝一件奏疏中还说："夫沃野千里原指成都而言，其东南俱财赋所出。今归我版图者止山多田瘠、出产寡薄之川北一隅，而东南有食可以养兵之地皆为贼所盘踞"[3]，颇能说明当时四川的经济情况有利于明，不利于清。

刘文秀既然已经把清军堵扼于保宁一隅之地，收复了四川绝大

---

[1] 《中山奏议》卷一《缓策西南一议》。
[2] 《中山奏议》卷一《备述蜀省情形疏》。
[3] 《明清史料》甲编，第四本，第三五六页，原件"上缺"，不详作者，但疏中有"臣在蜀言蜀"一语，必为四川官员。

部分地区，军声大振；心怀去志的吴三桂等能守住保宁即已自庆，发动反攻的可能性极小。在这种情形下，刘文秀完全可以暂缓直攻保宁，而在加强对该城清军戒备的同时，采取有力措施经营四川，设官安民，招集流亡，联络土司，加紧屯田，渐兴文教，使自己立于不败之地。就军事而言，收复重庆之后刘文秀同夔东十三家抗清武装已经连成一片，可以动用的兵力大大增加，在适当时机会同作战，不仅收复保宁易如反掌，继续北上陕西汉中或东下湖北，前景必甚可观。总之，刘文秀并没有认识到他的主力直逼保宁城郊之时，恢复四川的战役已经取得辉煌战果，因为稳定了四川局势，经营得法，社会生产逐渐恢复，就可以大大加强南明政权人力、物力和战略上的有利地位，贵州、云南已远离前线，长期局促于川东鄂西贫瘠山区的夔东抗清武装只要刘文秀以大局为重，加意联络，也必将大有作为[1]。

然而，刘文秀计不出此。他的意图不仅要乘胜收复保宁，而且要把四川境内的清军杀得片甲不留。十月初二日他率领大将王复臣、王自奇、李本高、祁三升、关友才、张光璧等[2]五万余兵马迫近保宁。刘文秀下令搭造浮桥济师，主力部署在保宁城北面。攻城以前，他甚至抽调一部分军队"北塞葭萌关，东塞梁山关"[3]，防止攻克保宁后清军突围窜入陕西。时人韩国相记载："是时有南府刘文秀者统

---

[1] 顺治九年刘文秀统兵入川时并没有会合夔东十三家明军共同作战，几年后他病重上遗表建议永历朝廷移驻四川，重要的理由就是借重十三家之兵力扭转战局，这很可能是总结了自己两度入川未能重用十三家兵力的教训。

[2] 《李勤襄公抚督秦蜀奏议》卷八《为飞报大捷事题本》，原文王自奇作王志奇、祁三升作祁三省、关友才作官有才，均因音同致误。

[3] 《李勤襄公抚督秦蜀奏议》卷八，顺治九年十月十八日李国英"为飞报大捷仰慰圣怀事"题本后附其子李雯按语。据乾隆《广元县志》卷三《关隘》记，"葭萌关在县南十里"。郝浴疏中说梁山关在保宁城北。

兵四万余，追清兵来屯保宁梁山关，声势大振。自以为战必胜，攻必克关。而清兵心胆堕地，主走剑阁出七盘，而已置四川于不问。"[1] 这就是说，刘文秀志在全歼吴三桂、李国翰、李国英所部清军，改变了三面据险、俯扼清军的态势，使自己的主力置于保宁城北敌守重镇，东、西背水的危境，在兵法上违背了"围师必缺"的原则。吴三桂等眼看已经没有退路，唯有困兽犹斗、背城一战才可绝处逢生。灭虏将军王复臣对这种部署深为忧虑，向刘文秀建议集中兵力攻打保宁城的薄弱部，破城以后吴三桂等部清军虽不能全歼，但必然逃往陕西，四川全省可以平定；而包围全城，分兵把口势必暴露出己方弱点，给清军以可乘之机。这一正确意见遭到刘文秀断然拒绝，从而导致了保宁战役的惨败。

保宁战役的经过是：十月初八日明军主力齐集保宁城北，刘文秀登上东北山头指挥攻城。吴三桂通过侦察得知攻城明军中张先璧部战斗力最弱，决定集中兵力先打张军[2]。李国英为迷惑明军，命部下绿营兵改打八旗正兵旗[3]。十月十一日黎明，刘文秀麾军攻城，兵马"蔽山而下，炮声震天"，"南自江岸，北至沙沟子，横列十五里，前列战象，次用火炮、鸟铳、挨牌、扁刀、弓箭、长枪，层叠里许，蜂拥攻城"[4]。辰时，吴三桂率部开门出城，直攻张先璧军。张部抵敌不住，纷纷逃窜，败兵把王复臣等部的军队冲得乱成一团。清军趁势鼓勇奋击，明军阵势已乱，立脚不住，这天中午即已全面崩溃。撤

---

[1] 韩国相《流离外传》，收入民国十八年《南充县志》卷十六《流离传》。
[2] 张先璧部原为南明官军，后由孙可望接管。
[3] 《李勤襄公抚督秦蜀奏议》卷八，顺治九年十月十八日题本后附李雯按语。
[4] 同前李国英题本；参见郝浴《中山奏议》卷一《三报封疆大计疏》。

退时由于浮桥被砍断，致使大批将士无法过江，被清军追杀或落水而死[1]。明灭虏将军王复臣、总兵姚之贞、张先轸、王继业、杨春普等被清军擒杀，损失士卒大半、战象三只、马骡两千三百余匹，刘文秀的抚南王金印也被清军缴获[2]。

吴三桂于险胜之余，叹息道："生平未尝见如此劲敌，特欠一着耳。"[3]这年十一月，清廷收到吴三桂、李国翰等人的捷报，才松了一口气，除下诏颁赏外，于十二月将阿尔津由定西将军改为定南将军，同固山额真马喇希统率将士"往征湖广"[4]。

刘文秀率领残兵败卒返回贵州，孙可望深为不满，下令解除他的兵权，发回昆明闲住；张先璧被乱棍打死。

第五节　孙可望逼走李定国和宝庆之败

当李定国驻军衡阳的时候，孙可望在1652年（顺治九年、永历六年）十一月初一日亲自由贵州来到湖南沅州（今芷江）。他派大将白文选统领马、步兵五万余名进攻辰州。二十一日，明军分水、陆二

---

[1] 史籍中关于明军砍断浮桥的原因有两种说法，一种说刘文秀战败渡过嘉陵江后，为了防止清军追击，下令砍断浮桥。另一种说法是刘文秀进攻保宁时令张先璧断后，军队渡江完毕，张先璧之弟张先轸"患其兵之退怯，斩筏桥而不以告"，用意是背水一战，结果撤退时造成重大损失。见王夫之《永历实录》卷十《张先璧传》。

[2] 前引李国英十月十八日题本。按，李国英题本中说刘文秀等"逃遁不满千人"，肯定为夸张之词。南明领兵大将除王复臣被俘外，其余都安全脱险，所部当不致过少。

[3] 黄宗羲《永历纪年》。

[4] 《清世祖实录》卷七十。

路进抵辰州城下,把该城四面包围。清辰常总兵徐勇命副将张鹏星领兵出战,被明军炮火击毙。徐勇仍然妄图据城顽抗。次日,白文选以大象为前驱,突破东门,大队兵马冲入城内,徐勇在混战中被乱刀砍死[1],清分守辰常道刘升祚、辰州知府王任杞[2]等文武官员也被俘处斩。孙可望决定"改沅州为黔兴府,以州治兴沅县附郭,领一州九县:曰靖州、曰兴沅、曰黔阳、曰麻阳、曰通道、曰平溪"[3],并把该府改隶贵州省[4]。

就当时明、清双方在湖南的态势而言,十一月二十二日孙可望亲自指挥的军队攻克了辰州,次日李定国军在衡阳击毙清军统帅尼堪,应当是孙、李会师全歼入湘清八旗兵进而扩大战果的大好时机。时人丁大任说:

> 壬辰(1652,顺治九年),可望略湖南,自晏衡州府城楼观兵。清朝损兵以万计,王公、文、武无不奔窜,而敬谨王不免焉。而辰州府,武冈、沅、靖三州并十县尚为所据。其行兵有五要:一不杀人,二不放火,三不奸淫,四不宰耕牛,五不抢财货。有一于此,军法无赦。有象阵,马见

---

[1] 《明清档案》第二十一册,A21—60号,顺治十一年十一月二十一日兵部尚书噶达洪等题本;同件见《明清史料》甲编,第四本,第三四七至三四八页。参见《清世祖实录》卷八十五。彭而述《读史亭诗集》卷二《悲辰阳》题下注:"将军徐勇以壬辰十一月二十二日城陷死之。"

[2] 康熙四十四年《沅陵县志》卷八《灾祥》记:九年"冬,黔兵攻城,镇、道、府、县皆殉难。"按,王任杞于顺治九年十月由辰州知府升任广东巡海道,尚未离任,见《清世祖实录》卷六十九。

[3] 同治十三年《黔阳县志》卷五十六《载记下·流寇》。

[4] 同治十二年《沅州府志》卷三十二《记兵》。

之惊逸。用罗罗，能跳战，不畏矢，执标枪大刀，常以少胜众。……楚人曰：孙、李二将有五伯之假仁假义、王莽之谦恭下士。而永历之为君，远过乎刘禅，近胜于弘光，奄有云、贵并广西、四川、湖广各半省，五府六部三衙门，春秋两榜，隐成一小朝廷。[1]

在清军接连遭受重大挫折，主帅阵亡，士气沮丧之际，孙可望作为南明的最高实权人物不仅没有抓住战机，部署决战，反而嫉贤妒能，导致内部矛盾激化。探讨南明的历史，有一个基本论点是可以通过大量事实证明的，这就是在力量对比上，南明的兵力和潜在力量（包括清统治区内的复明势力）并不逊于清方。其所以屡战屡败，丧师失地，根本原因在于各种抗清势力之间矛盾重重，互相拆台，甚至自相火并，使兵力相当有限的满洲贵族坐收渔翁之利。1650年到1651年，孙可望凭借在云南休整之后建立起来的精锐之师为核心，通过"会盟"等形式把南明割据自雄的残存兵力加以改编，同时在实际上掌握了永历朝廷的大权，这对于消除内部腐败纷争，建立一支足以同清方抗衡的军事力量和后方基地是一个重大贡献。然而，孙可望器小易盈，缺乏统筹全局、妥善处理内部关系的胸襟。1651年（永历五年、顺治八年）二月，他自称"国主"[2]，不仅在实际上，而且在名义上把军国大权集中于一身。在他

---

[1] 丁大任《永历纪事》，见《荆驼逸史》。按：文中说孙可望在衡州城楼观兵当为李定国驻军衡阳之误。丁大任记载的"行兵五要"是指孙可望、李定国、刘文秀等部的军纪严明，有的史学著作因为孙可望后来降清，把"行兵五要"专归于李定国，有欠公允。
[2] 康熙四十四年《平彝县志》卷二《沿革》；又见康熙五十四年《新兴州志》卷二《沿革》。

看来，可能危及自己"国主"权威的人有三个，即永历帝朱由榔和原在大西军中地位相仿的安西王李定国、抚南王刘文秀。而他最忌讳的就是手握重兵并在原大西军中享有崇高威望的李定国、刘文秀同仍保有皇帝虚名的朱由榔之间建立比较密切的关系。据史书记载，李定国攻克桂林以后，尽管在献俘等事宜上都尊重他这位身居贵阳的"国主"，但孙可望仅因李定国对在安龙的永历朝廷送去了一份报捷奏疏，就大为不满。保宁战役之后，孙可望乘机解除了刘文秀的兵权，发往云南闲住。这一举措已经表现了孙可望的私心自用，正确的做法本应抽调兵将补充刘文秀部，让他继续经营四川。刘文秀被撤职，不仅他本人心灰意懒，在原大西军部分将领中也引起愤慨不平。

更严重的是，在李定国连歼清朝二王，复地千里，军威大振之时，孙可望嫉妒之心有增无减。李定国攻克桂林之后送到贵阳的缴获物品只有清廷赐给孔有德的定南王金印、金册和人参数捆，没有多少金银财宝。孙可望听信小人之言认定李定国不是私自藏匿就是分赏将士示恩于下。到李定国军在衡阳战役击毙尼堪的消息传来，竟有功高震主之嫌，孙可望已经容不下他了。不少南明史籍记载，当李定国部署衡阳战役的时候，原议由马进忠、冯双礼移军白杲市，定国主力驻于衡州，等待尼堪大军过衡山县，马、冯二部抄至敌后，同定国部南北合击，一举全歼尼堪所统清军。孙可望得知这一部署，唯恐定国大功告成，密令冯双礼退师宝庆，马进忠也随之而走。由于孙可望的拆台，李定国虽击毙了清军主帅尼堪，却因兵单势孤，在十二月间放弃了衡州[1]。衡州战役以后，孙可望又密谋定计以召开军事会议为名，

---

[1] 顺治十一年正月二十八日经略洪承畴揭帖中报告分巡上湖南道张兆黑于"九年十二月内随大兵复衡城"，见《明清史料》丙编，第二本，第一四〇页。

只待定国到来即行拘捕,至于定国所统军队则转交冯双礼指挥。如果说孙可望解除刘文秀的兵权还多少体现了赏功罚败的原则,谋害战功卓越的李定国肯定极不得人心。因此,一些知道内幕的人赶往定国军中告密,劝他绝勿前来赴会。由于这件事在原大西军中属于领导层的核心机密,史籍中关于开会地点和具体情节难免有出入。王夫之记载:

> 可望驰召定国返武冈会议,三昼夜书七至。定国不得已西行,将见可望。至紫阳渡,刘文秀之子密遣人走报定国,言可望俟其至即收杀之。定国大惊,遽引兵东走,缚筏为桥,渡湘水,渡已,桥绝。可望追兵趋永州,遂自永明走平乐……[1]

计六奇记载:

> 可望封定国为西宁王,冯双礼兴国侯,差杨惺先往封。至衡州,李定国曰:"封赏出自天子,今以王封王,可乎?"遂不受封。可望虑定国功大权重难制,楚粤人心归之,因为书召之。不至。十月,可望出兵至沅江,命张虎督兵复辰州,连书催定国至靖州相会,意欲图之。定国心腹人龚彝至沅州,见可望,探知其意,密书报定国,令勿来,来必不免。癸巳(1653)正月,定国行至武冈州,见书,叹曰:"本欲共图恢复,今忌刻如此,安能成大功

---

[1] 王夫之《永历实录》卷十四《李定国传》。

乎?"因率所部走广西。[1]

李定国本希望孙可望率部由辰州东进,同己部合击湖南清军(尼堪被击毙后,入湘八旗兵由贝勒屯齐统领),若能全歼该军,势必使满洲八旗实力大损,远近闻风丧胆;然后会合夔东十三家兵力北取湖北,东攻江西,很可能形成势如破竹的局面。当他得知孙可望置大局于不顾,蓄意谋害自己的时候,不胜愤慨,对部下将领说:"不幸少陷军中,备尝险艰,思立尺寸功,匡扶王室,垂名不朽。今甫得斩名王、奏大捷,而猜忌四起。且我与抚南弟(指刘文秀)同起云南,一旦生误,辄遭废弃。忌我,当必尤甚。我妻子俱在云南,我岂得已而奔哉!"[2]1653年(永历七年、顺治十年)二月下旬,李定国率领所部四五万兵马放弃永州,经永明越龙虎关撤入广西[3],从此避免同孙可望见面。二十年左右情同手足的兄弟情谊被孙可望一笔勾销了,原大西军领导集团之间的裂痕使联明抗清以来前所未有的复兴良

---

[1] 计六奇《明季南略》卷十七《孙李构隙本末》。

[2] 徐鼒《小腆纪年附考》卷十八。

[3] 《清世祖实录》卷七十六记:"定远大将军多罗贝勒吞齐(即屯齐)等奏报:逆贼伪安西王李定国、伪国公马进忠率马步贼兵四万余至永州。臣等以西安府兵暨提督总兵官柯永盛兵驻衡州,大军于二月十三日向永州进发,二十八日抵永州,李定国已遁度龙虎关而去。"康熙六年《永明县志》卷九《兵寇志·兵变》记:"顺治九年壬辰,安西王李定国破粤西,旋破湖南,知县尹足法遁去。定国命张昌胤理县事。已而,我师复湖南,定国帅所部五万众走永明,屯三日,旋遁广西。四月,原任知县尹足法复任。"可见,李定国之由湘入桂纯因避开孙可望,主动转移。郭影秋先生作《李定国纪年》时误信清末民初人士伪托明遗民刘彬(云南人)所作《晋王李定国列传》,在该书第一一九至一二〇页写道:"清兵知孙、李内讧,遣贝勒屯齐再入湖南,连败定国部张霖于岳州、马进忠于益阳、冯双礼于衡州。于是衡、永、武、靖、辰、沅、黎平诸州郡,复陷于清,民死者百万人。定国精锐亦锉伤殆半。"所述与事实不符。

机变成昙花一现。

古语说：师克在和。孙可望逼走李定国很快就自食恶果。当时孙可望正亲统大军由靖州经武冈进至宝庆（今湖南邵阳），部下有大将白文选、冯双礼等，总兵力据清方记载为十万。三月初六日，清定远大将军屯齐带领满汉主力由永州北上宝庆，十五日驻于岔路口，距明军白文选、冯双礼、马进忠营地周家铺三十里。次日，清军进至周家铺，由于明军营于山顶，地势险要，又遇上天雨，双方列阵相峙。这天晚上孙可望率亲军由宝庆府来增援。十七日，明军下山向清军发起全面进攻，清军分路迎击，双方展开激战。结果孙可望所统明军战败，伤亡颇众，被清军缴获马七百余匹，象一头，清军乘胜占领宝庆府[1]。但是，清军在这次战役中也付出了很大代价，正黄旗两名蒙古梅勒章京韦征、武京都在激战中阵亡[2]。

1652—1653年（顺治九年至十年）春，以原大西军为主力的抗清运动很值得总结，正如吴三桂、李国翰在保宁击败刘文秀后没有力量

---

[1] 这次战役在许多史籍中称之为岔路口之役，其实，岔路口是清军临战前的驻地，双方交战地点在周家铺。康熙二十四年《宝庆府志》卷二十一《武备志·兵纪》云："十年四月（当为三月），贝勒率师大败孙可望于周家铺，横尸遍野。可望单骑走武冈。我师乘胜逐之，遂复宝庆府。"《清世祖实录》卷七十六载吞齐奏报战役经过也可资参考，其中周家铺写作"周家坡"，又述及马进忠部，看来李定国撤入广西时马进忠仍留在湖南境内。

[2] 鄂尔泰《八旗通志》卷一百七十《韦征传》《武京传》。《清世祖实录》卷八十七载，顺治十一年十二月"戊午，发帑银十一万八千八百八十两，分恤湖南衡州岔路口阵亡及被伤将士。"又，同书卷九十二载，顺治十二年六月壬申日，"赠湖广衡州府岔路口及福建海澄县阵亡各官"，内有护军统领喀尔他喇，署梅勒章京崇古巴图鲁、伊穆图、齐克讷、恳哲，护军参领鄂克绅特巴、额塞、达海哈尔霸，侍读学士索尔孙，学士马禄等，原文虽未分别说明阵亡地点，但多数是在岔路口战死则可以肯定。这两条材料都证明，屯齐部清军虽取得了战役的胜利，兵员伤亡还是相当大的。

乘胜南下一样，屯齐部清军在宝庆战役获胜后也未能占领整个湖南，而是同明军长期相持于靖州、武冈一线。这就证明：一、满洲八旗和它的附庸军并不占绝对优势，战争的胜负同双方的内部团结和组织指挥有密切关系；二、以孙可望为首的原大西军首领人物通过治理云、贵，接管永历朝廷的实际权力，避免了这个朝廷内部无休止的纷争，创造了一致对清的局面，是战役前期取得重大成果的主要原因；三、战局的恶化部分同刘文秀指挥失误有关，保宁战役受挫固然造成较大损失，还不致影响全局。真正断送复明运动良机的是孙可望个人野心恶性膨胀，举动乖张，先误于调令李定国全军入湘，以致退入广东的清军乘虚而入，重占梧州、桂林，使刚刚收复的广西未能稳定；接着又逼走李定国，导致复湘之举功败垂成。

第二十四章
清廷加强推行以汉制汉政策

第一节　满洲八旗兵实力下降

在历史上，每一个新兴王朝在军事上都有一个由盛转衰的过程，清朝也不例外。只是被清廷统治者视为争夺天下和巩固天下的嫡系军队的由盛转衰过程来得特别迅速。1644年到1647年（顺治元年至四年）满洲八旗兵所向无敌的场面就像昙花一现似的再也没有出现过。由于清朝最后统一了全国，它的统治集团从来忌讳谈自身的弱点，后来的史家也很少注意到这一重要转变，没有看出入关初期清廷的不可一世和后来的色厉内荏，因此，也没有认真探讨清廷在初期以满洲八旗兵为主逐渐转化为以汉制汉的政策变化。

满洲八旗兵实力下降，难以继续担任征服全国的主力是出于以下因素：第一，满洲八旗兵来源于满族成年男子，而满族在当时是一个人口相当少的民族，入关初期清军总兵力十万，其中已包括了汉军和蒙古兵，真正可以披甲出征的满族军士不过几万人。进入中原以后屡经战阵，战死和病死的人数很可能超过人口自然繁殖数；进入汉人居住区后，享受着程度不等的胜利者的优待，逐渐滋长起追求生活安逸的风气，远不像入关前后那样淳朴、勇于用命。概括一句话就是兵员少了，士气低了。第二，清朝入关初期叱咤风云的领兵大将由于染上天花[1]、迷恋女色[2]和内部倾轧，凋谢殆尽。如：豫亲王多铎病死于顺治六年，摄政睿亲王多尔衮病死于顺治七年，肃亲王豪格在顺治五年死于狱中，英亲王阿济格于顺治八年被赐死，巽亲王满达海顺治九年二月病死，衍禧郡王罗洛浑顺治三年病死于军中，顺承郡王勒克德浑病死于顺治九年三月，饶余郡王阿巴泰顺治三年病死，其子端重亲王博洛顺治九年三月病死，多罗谦郡王瓦克达顺治九年八月病死，敬谨亲王尼堪于同年十一月阵亡于衡阳。仅存的郑亲王济尔哈朗自顺治五年最后一次统兵出征湖广以后，到顺治八年就因年高处于半退休状态，至顺治十二年病死。看一下上面列举的名字，清楚地表明到顺治九年，清朝赖以开国的久经战阵、功勋卓著的大将都已不复存在。这些亲、郡王死时的年龄一般都比较年轻，济尔哈朗算是最长寿的，

---

[1]　《清史稿》卷二百四十四《赵开心传》记："满洲兵初入关，畏痘，有染辄死。"类似避痘事实见于许多史籍。清顺治帝和豫亲王多铎等均系染上天花而病死。

[2]　顺治二年十一月十五日，豫亲王多铎由南京凯旋京师，不仅掠得了白银一百八十多万两和其他大批财物，还抢得"才貌超群汉女人一百零三"，送顺治帝十名，摄政王多尔衮三名，辅政郑亲王济尔哈朗三名，肃亲王豪格等各二名，英郡王阿济格等各一名。见《清初内国史院满文档案译编》中册，第一九七页。《清史稿》卷二百四十四《季开生传》记：顺治十二年"民间讹言往扬州买女子，开生上疏极谏。得旨；太祖、太宗制度，宫中从无汉女。朕奉皇太后慈训，岂敢妄行，即太平后尚且不为，何况今日？"说宫中没有汉族女子完全是文过饰非。

也只活到五十七岁。他们的子弟即便承袭爵位，却少不更事，缺乏战斗经验，无法替代父辈驰骋疆场的角色。亲、郡王以下的贵族、将领虽然还留下了一批，但他们也无复当年英锐气概。明清易代之际的著名诗人方文顺治十五年在北游京师时写了《都下竹枝词》，其中二首是："自昔旃裘与酪浆，而今啜茗又焚香。雄心尽向蛾眉老，争肯捐躯入战场。""东戍榆关西渡河，今人不及古人多。风吹草底牛羊见，更有谁能敕勒歌。"[1]说明到1658年满洲将领已经普遍沉浸于温柔乡中，雄心的逐渐消磨自然还要早一些。这种严酷的事实，清廷统治集团内非常清楚，尽管他们讳莫如深，闭口不言，但从对南明各派抗清势力的战略部署和战术安排上都明显地看出他们越来越多地采取以汉制汉的方针。战略上表现在更多地依赖汉族拥清派进行招抚；战术上不到关键时间不动用满洲兵，即使在关键战役中也大抵是让绿营兵和汉军打前阵，满洲兵将处于二线，这样既可减少伤亡，又可起到监视汉军和在最后关头夺取胜利首功的作用。

清廷以汉制汉的策略变化，突出地表现在下面几件事情上：一、顺治十年（1653）起用洪承畴经略西南；二、利用软禁中的郑芝龙招抚东南沿海的郑成功（这两位福建泉州府人的起用，就清廷而言是迫不得已的，在驾驭上颇费心机）；三、顺治十年（1653）八月十九日清廷主持皇室同平西王吴三桂联姻，把公主嫁给三桂之长子吴应熊[2]；四、顺治十一年（1654）二月二十日一度决定把镇守广东的两位汉族藩王之一靖南王耿继茂移镇广西，让他不仅统率原部兵马还

---

[1] 方文《涂山续集·北游草》。按："争肯"即"怎肯"之义。
[2] 《清初内国史院满文档案译编》下册，第二六八页。

兼管原定南王麾下的军队[1]。

第二节　清廷命洪承畴出任五省经略

顺治九年孔有德在桂林兵败自杀，同年十一月尼堪在衡阳阵亡，打破了清军不可战胜的神话。清廷满洲贵族集团经过一番秘密商议，决定派遣内翰林国史院大学士洪承畴以兼兵部尚书、都察院右副都御史的名义总督军务，经略五省。档案材料表明，决定任命洪承畴为五省经略是在顺治十年五月[2]。开初经略的范围是指湖广（今湖北、湖南二省）、广东、广西、云南、贵州等处地方。顺治十年六月洪承畴就以"钦命经略湖广、广东、广西、云南、贵州等处地方总督军务兼理粮饷、太保兼太子太师、内翰林国史院大学士、兵部尚书兼都察院右副都御史"的官衔题本请"选调堪战将兵以期剿抚奏效"[3]。洪承畴建议抽调的兵将分别由京师、直隶、宣大、陕西（包括固原、宁夏）、山东、河南、江南、江西、浙江、福建各处驻军内挑选。陕西、山西、辽东、河南籍的精锐兵将，"其北直、山东、江浙腹里弱兵不得混入"。"通计边镇、内地选调将兵共一万一千有零"，将领有虾（侍卫）张大元、马豹子（即王辅臣），正黄旗

---

[1] 《清初内国史院满文档案译编》下册，第三〇四、三〇五页。
[2] 《清初内国史院满文档案译编》下册，第二七〇页记："户部尚书车克等谨奏为钦遵圣旨事……顺治十年五月二十五日午刻圣谕内三院（特命洪承畴为经略湖广等五省军务）。"
[3] 原密疏稿及揭帖均见《明清档案》第十七册，A17—76号、A17—77号；另见《明清史料》甲编，第四本，第三〇七至三〇九页。

下李本深、刘忠，各饶营总兵刘芳名、高第、胡茂祯，副将王平、高谦、高万里、张鹏程、李荣、张洪德、张国勋、刘应杰、范绍祖等，"镶黄旗下替职闲官白广恩老病，不能领兵，止随臣军前为招抚榜样"[1]。不久，清廷考虑到在广东的尚可喜、耿继茂位居王爵，不便交洪承畴节制，在同年七月二十七日由内三院传旨："广东贼势溃散，地方渐平，且去湖南辽远，应专任两王（指平南王尚可喜、靖南王耿继茂）及该督抚料理。江西切近湖南，一应用官调兵事宜时有关涉，袁州、吉安一带余贼未清，应抚辑剿御，着经略辅臣洪承畴兼理，敕印即与换给。尔内院传谕该部遵行。"[2]洪承畴在八月十四日行至山东武城县郑家口接到新颁敕谕一道、银方印一颗，即将闰六月初八日原任经略湖广、广东、广西、云南、贵州的敕谕、银印交使者缴回[3]。敕谕中说："兹以湖南江户地方底定已久，滇黔阻远，声教罕通，不逞之徒，未喻朕心，时复煽惑蠢动，渐及湖南，以致大兵屡出，百姓未获宁息。朕承天爱民，不忍勤兵黩武，困苦赤子，将以文德绥怀，归我乐宇。必得夙望重臣晓畅民情，练达治理者假以便宜，相机抚剿，方可奏宁，遍察廷臣，惟尔克当斯任。前招抚江南，奏有成效，必能肃将朕命，绥靖南方。兹特命卿经略湖广、江西、广西、云南、贵州等处地方，总督军务，兼理粮饷。"敕谕中授予洪承畴相当大的权力："巡抚、提督、总兵以下悉听节制，兵马粮饷悉听调发，文官五品以下、武官副将以下有违命者听以军法从事。一应抚剿

---

[1] 均见前二件。
[2] 《明清档案》第十七册，A17—107号《上传》。
[3] 《明清档案》第十七册，A17—134号，洪承畴八月十五日揭帖。按，同书中A17—81号有尾书顺治十年闰六月初日之敕谕稿一件，其中已将"广东"圈去，旁改江西；"事关藩王及公者"圈改为"事关续顺公者"。

事宜，不从中制，事后具疏报闻。……务使滇黔望风来归，官民怀德恐后，庶称朕诞敷文教至意。功成之日，优加爵赏。候地方既定善后有人，即命还朝，慰朕眷想。"[1]很明显，清廷的再次起用洪承畴是在满洲和亲信辽东将领遭到严重挫折的情况下，为了征服南明而采取的重大措施。这次抽调的兵将大体上是清军入关以后投降的明朝和大顺军旧部，如李本深是高杰的部将，刘忠在大顺政权中曾被封为平南伯。洪承畴在调兵遣将准备就绪后，又以识途老马的姿态上路了。

第三节　清廷对郑成功的招抚活动

1651—1652年（顺治八至九年、永历五至六年），郑成功在福建沿海地区多次击败清军，成了一股不可忽视的力量。原大西军出滇抗清，占领贵州全省，在广西、湖南、四川战场上大显声威。清廷统治者自进关以来从未受到这样重大的挫折，他们在军事上的弱点暴露得越来越明显。于是，为了继续推行其民族征服政策，不得不把以汉制汉作为主要手段。招抚郑成功就是为实现这一谋略的重大步骤。在清廷统治者看来，郑氏家族的首脑郑芝龙是自己手里的一张王牌，利用他出面招降其子郑成功可以不费一兵一卒达到平定东南海域的目的。

早在1652年（顺治九年）清廷一件密奏稿内就提出了招抚郑成

---

[1]　《明清档案》第十七册，A17—81号；又见A17—133号洪承畴八月十五日揭帖。

功的建议。其中写道:"成功等做贼既久,狼子野心,臣等非敢保其不叛,亦难必其就抚。但今湖南、川、广处处用兵,力不暇及。且湖南之贼,或由江西,或由广东,皆可通闽,万一勾连狂逞,为祸愈大。故姑以招抚一策,先将此贼牢笼,息兵养民,察其动静;苟有反侧,仍即剪除。若责令赴京归旗,料彼不能从命,不必起其疑惧。至于颁敕往谕,未宜轻率。应赐督臣密敕一道,内开招抚成功等语,先遣才干官同郑芝龙家人到彼宣布德意。彼果真心投顺,欲得朝廷敕书,即以督臣密敕宣示,颇为妥便。若执迷不顺,亦不至损威伤重也。"[1]可见,"力不暇及"是清廷采取招抚政策的主要动机。

顺治皇帝显然很欣赏这项建议。为了使招抚工作得以进行,首先给处于软禁状态的郑芝龙恢复名誉,肯定了他在1646年降清的功绩,把郑芝龙被骗到北京后遭到监视的过失推到多尔衮身上,承认了清廷处置失当,对郑芝龙予以安抚。七月间,顺治帝派内大臣遏必隆、鳌拜、哈世屯、大学士范文程等传谕郑芝龙:"朕闻尔子弟在福建为乱。尔投诚有功,毋轻出城行走,恐人借端诬陷。即往坟茔祭扫,亦必奏明乃去。朕嘉尔功,故以此告谕。尔子在京有成立者可送一人入侍。"[2]八月初一日,应郑芝龙请求,将其由正黄旗拨入镶黄旗,授予郑芝龙在京的第二个儿子郑世忠为二等侍卫,同时命兵部给

---

[1] 《明清史料》丁编,第一本,第六十六页。从语气推测这份奏稿似出于兵部。原件无年月,但稿中有"宜敕督臣刘清泰星驰赴任,察彼情形,量我兵力,能剿则剿,当抚则抚"。刘清泰接任浙江福建总督在顺治九年,此件当作于刘清泰尚未赴任之时。
[2] 《清世祖实录》卷六十六。

勘合将郑芝龙的部分亲属从福建护送来京团聚[1]。

这年十月,清廷给浙闽总督刘清泰发出一件敕谕,对招抚郑成功做了明确指示:"近日海寇郑成功等屡次骚扰沿海郡县,本应剪除。朕但思昔年大兵下闽,伊父郑芝龙首先归顺,其子弟何忍背弃父兄,独造叛逆?此必地方官不体朕意,行事乖张,成功等虽有心向化,无路上达。又见伊父归顺之后,墨勒根王(即多尔衮)令人看守防范,又不计在籍亲人做何恩养安插,以致成功等疑惧反侧。朕又思郑芝龙既久经归顺,其子弟即我赤子,何必征剿?若成功等来归,即可用之海上,何必赴京?今已令郑芝龙作书,宣布朕之诚意,遣人往谕成功及伊弟郑鸿逵等知悉。如执迷不悟,尔即进剿。如芝龙家人回信到闽,成功、鸿逵等果发良心悔过,尔即一面奏报,一面遣才干官一二员到彼审察归顺之实,许以赦罪授官,仍听驻扎原住地方,不必赴京。凡浙、闽、广东海寇,俱责成防剿。其往来洋船,俱着管理,稽察奸宄,输纳税课。若能擒献海中伪藩逆渠,不吝爵赏。此朕厚待归诚大臣至意,尔当开诚推心,令彼悦服,仍详筹熟(察),勿堕狡谋。"[2]

为了体现招抚的诚意,清廷还下令追查1651年福建当局攻入中左所(今厦门)掠夺郑成功等人家产一事。1653年(顺治十年)三月把肇事人福建巡抚张学圣、总兵马得功、兴泉道黄澍、巡按王应元革

---

[1] 《清世祖实录》卷六十七。《明清史料》丁编,第一本,第八十八页,"厢黄旗下正钦尼哈番郑芝龙揭帖"云:"职初入京时,蒙朝廷宏恩,拨入正白旗下,赐屋齐化门小街居住。"郑芝龙入京后曾先后隶属正白、正黄、镶黄旗。

[2] 《明清史料》丁编,第一本,第六十七页,顺治九年十月初九日,下注:"本日用宝即发与亲领讫。"参见《清世祖实录》卷六十九。

职，押解回京交三法司审讯。这一案件的另一幕后原因是清朝统治集团的内部矛盾，张学圣、马得功、黄澍把从厦门掠得的大批金银财宝隐匿私分，引起了朝廷和有关官员的忌恨。即如新任浙闽总督刘清泰秘封入告所云："盖厦门一窟，素称逆寇郑成功之老巢，商贾泊洋贩卖货物之薮也。想诸臣之垂涎已非一日。乃不能振旅以犁其庭，而乘成功他出之便，借抚臣巡历之名，道臣黄澍摇尾而进谋，镇臣马得功螳臂而先往，抚臣张学圣继率全军轻身径入。此时一番饱获，自谓无患无争矣。更可异者，马镇搜括数日，竟为所困后恳成功祖母家书，始得释归，丧师辱命。何诸臣智昏于海中之金穴，而竟不顾有朝廷之疆土耶？及成功回，而悉数家珍，非以实抚臣之装者，则已入道、镇之囊。以致借口索偿，弄兵修怨。"[1]刑部、都察院、大理寺三法司会审时，张学圣、马得功、黄澍一口咬定"城内没有财物"，抵赖得干干净净。大概是在暗中用赃物买通了一些官员，三法司在定罪意见（看语）上游移其词，三四其说，最后不了了之[2]。但逮捕巡抚、总兵、道员一举，实际上是对郑成功表示一种和解的政治姿态。

这样，清廷让郑芝龙出面写信，动以父子之情；由浙闽总督刘清泰派人向郑成功转达朝廷招抚密旨，中心意思是只要他剃发归顺，即可保持自己的军队，仍旧镇守福建沿海，不必进京，借以解除郑成功担心重蹈父亲覆辙的疑虑。清廷所做的让步实际上是在兵力不敷分

---

[1] 顺治十年刑部等衙门为审拟张学圣等事题本，见《明清史料》丁编，第一本，第七十九至八十二页；又见《郑成功满文档案史料选译》第十三至二十九页所载，顺治十年九月十七日刑部等衙门尚书觉罗巴哈纳"为劣抚轻贪启衅致地方沦陷"事题本。后面一件更完整。

[2] 同上。

配的情况下企图先稳住东南沿海的郑成功部，集中力量摧毁西南的永历朝廷，然后再迫使郑成功完全就范。郑成功从自身利益出发，既要考虑父亲的安全，又想趁机扩展兵力和势力范围。因此对郑芝龙派家人李德送来的劝降书信迅速做了回答，双方各自怀着自己的打算，开始了"清、郑和谈"。

1653年（顺治十年）四月，清浙闽总督刘清泰依据朝廷密敕精神，写了一封文书派人送到郑成功的祖母黄氏处，托她转给郑成功。文书中强调了两点，一是"宣扬皇上覆载深恩"，二是"陈述父子不应绝情"，以忠孝两全引诱郑成功背明归清。五月初十日，清廷正式颁发敕书，封郑成功为海澄公，郑芝龙为同安侯，郑鸿逵为奉化伯，郑芝豹授左都督[1]，给泉州一府地方供郑成功安插和供养军队。敕谕中首先肯定了郑芝龙"当大兵南下未抵闽中即遣人来顺，移檄撤兵，父子兄弟归心本朝，厥功懋矣"。接着指责"墨勒根王（多尔衮）不体朕心，仅从薄叙，猜疑不释，防范过严；在闽眷属又不行安插恩养，以致阖门惶惧，不能自安。……加以地方抚、镇、道官不能宣扬德意，曲示怀柔，反贪利冒功，妄行启衅，厦门之事，咎在马得功"，并说明"已将有罪官将提解究拟"。然后说清廷遣人赍敕传谕，开导归诚，郑成功、郑鸿逵"果令李德持家书来，并传口语"，"书词虽涉矜诞，口语具见本怀"，"尔等保众自全，亦非悖逆"，故意不提郑成功以反清复明为旗帜，给以下台之阶。除封爵授官之外，特遣芝龙表弟黄征明为使者专程赴闽传达谕旨，以解疑畏。为了表达诚意，敕谕中宣布"满洲大军即行撤回；闽海地方保障事宜，悉

---

[1] 清廷封郑芝龙、郑成功、郑鸿逵、郑芝豹爵职敕谕稿四件，见《明清史料》丁编，第一本，第八十四、八十五、八十六、八十七页。

以委托"[1]。郑芝龙也派家人李德、周继武等持亲笔信要成功接受清朝招抚。郑成功阅信后说:"清朝亦欲给我乎?将计就计,权借粮饷,以裕兵食也。"他给郑芝龙写了一封模棱两可的回信,摘要如下:

> 违侍膝下,八年于兹矣。但吾父既不以儿为子,儿亦不敢以子自居。坐是问候阔绝,即一字亦不相通。总由时势殊异,以致骨肉悬隔。盖自古大义灭亲,从治命不从乱命。儿初识字,辄佩服《春秋》之义,自丙戌(1646,顺治三年)冬父驾入京时,儿既筹之熟,而行之决矣。忽承严谕,欲儿移忠作孝;仍传清朝面谕,有原系侯伯,即与加衔等话。夫既失信于吾父,儿又安敢以父言为信耶?当贝勒(指博洛)入关之时,父早已退避在家。彼乃卑辞巧语,迎请之使,车马不啻十往还,甚至啖父以三省王爵。始谓一到省便可还家,既又谓一入京便可出镇。今已数年矣,王爵且勿论,出镇且勿论,即欲一过故里亦不可得。彼言岂可信乎?父在本朝,岂非堂堂一平国公哉!即为清朝,岂在人后哉!夫归之最早者且然,而况于最后者?……虽然,儿于己丑岁(1649,顺治六年)亦

---

[1] 顺治十年五月初十日敕同安侯郑芝龙等稿,见《明清史料》第一本,第八十四页。《清世祖实录》卷七十五收入了这件敕谕,"移檄撤兵"误写为"移檄彻兵","墨勒根王"改译"睿王"。按,李德系郑氏家丁,为芝龙、成功父子之亲信,在清、郑和谈中北往南来,传递消息。敕谕中没有明说把泉州府作为郑成功屯兵之地,但给郑成功的敕谕中所授爵衔为"镇守泉州等处地方充总兵官海澄公",实际含义是封以海澄公虚衔,充任泉州总兵。

已扬帆入粤屯田数载矣。不意乘儿远出，妄启干戈，袭破我中左，踩躏我疆土，虔刘我士民，掳辱我妇女，掠我黄金九十余万、珠宝数百镒、米粟数十万斛；其余将士之财帛，百姓之钱谷，何可胜计？……夫沿海地方，我所固有者也；东西洋饷，我所自生自殖者也。进战退守，绰绰余裕。其肯以坐享者反而受制于人乎？且以闽粤论之，利害明甚，何清朝莫有识者？盖闽粤海边也，离京师数千里，道途阻远，人马疲敝，兼之水土不谙，死亡殆尽。兵寡必难守，兵多则势必召集，召集则粮食必至于难支，兵食不支则地方必不可守。虚耗钱粮而争必不可守之土，此有害而无利者也。如父在本朝时坐镇闽粤，山海宁宁（谧？），朝廷不费一矢之劳，饷兵之外，尚有解京。朝廷享其利，而百姓受其福，此有利而无害者也。清朝不能效本朝之妙算，而劳师远图，年年空费无益之赀，将何以善其后乎？其或者将以三省之虚名，前啖父者，今转而啖儿；儿非不信父言，而实其难信父言者。刘清泰果能承当，实以三省地方相畀，则山海无窃发之虞，清朝无南顾之忧，彼诚厚幸。至于饷兵而外，亦当使清朝享其利。不亦愈于劳师远图，空费帑金万万者乎？况时下我兵数十万，势亦难散。散之则各自啸聚，地方不宁；聚之则师旅繁多，日费巨万。若无省会地方钱粮，是真如前者啖父故智也。父既误于前，儿岂复再误于后乎？儿在本朝，亦既赐姓矣，称藩矣，人臣之位已极，岂复有加者乎？况儿功名之念素淡，若复作冯妇，更非本心。此可为智者道耳。不然，悬乌有之空名，蒙已然之实祸，而人心思奋，江南亦难久安也。专禀。[1]

郑成功给父亲的信实际上是对清廷的答复。信中反复表示他不相信清廷的诚意，因为有郑芝龙前车之鉴。但是，他又不愿把和谈的大门关死，暗示清朝若能将1646年勾引郑芝龙时许下的三省（浙江、福建、广东）交给自己管辖，还是可以谈判的。然而，1653年的形势已不同于1646年，福建、浙江两省除某些濒海地区外都已在清朝管辖之下，广东是平南、靖南两藩的驻地，郑成功自己也知道开出这样的价码，无论是清廷还是闽、浙、粤地方当局都无法接受。所以，他对负有清廷联络使命的郑氏家族私人李德谈话的口气要和缓得多，诉说"兵多地少，难于安插；倘若裁减兵戈，一旦出征，何以制胜？"[2]要求再给"三府屯兵，并辖三省沿海地方"；还提出清廷既封自己为海澄公，"公为五等上爵，充总兵官，尚在提督之下"；另外指责清廷一面招抚，一面派固山额真金砺统兵入闽，似为骗局。最后表示清廷应该"用人莫疑，疑人莫用"，只要将"海上之事""全权托付"，那么"父亲致力于内，儿尽力于外，付托得人，地方安静"[3]。

清廷研究了李德带回的信息，判断郑成功有归降之意，决定做出让步，引诱郑成功入彀。于是，给郑成功颁发敕谕说：一、"朕念尔兵卒众多，一府难以安插，钱粮委难支给，仍益以漳州、潮州、惠

---

[1] 杨英《先王实录》，排印本，第六十二至六十四页。
[2] 顺治十一年六月初八日"黄征明为郑成功已领敕印事题本"，见《郑成功满文档案史料选译》第三十九页。
[3] 顺治十一年三月初四日广东巡抚李栖凤题本所引顺治帝敕谕，见《郑成功档案史料选辑》第七十四至七十五页。

州并泉州四府驻扎,即将四府水陆寨游营兵饷拨给尔部下官兵,不足不另补。正课钱粮仍行解部。管民文官俱听部选,尔原辖武官听尔遴选委用,仍将姓名职衔具题造册送部。开洋船只,尔得稽察,收纳税课,送布政司解部"。二、为解决爵、职不相应,特命郑成功"挂靖海将军印"。三、解释派金砺统兵入闽在前,命刘清泰招抚在后,并非骗局;而且告知成功在李德到京反映情况后,清廷当即下令撤回金砺之军[1]。事实上,清廷统治者急于招降郑成功,以便集中力量对付孙可望、李定国等西南抗清势力,表现出相当热心,在郑成功尚未正式受抚以前,就下诏金砺撤兵,"原以示信"。金砺奉旨后六月从泉州起程,八月内撤入浙江境内[2]。

郑成功并不打算投降清朝,他趁和谈的机会,派兵前往福建、广东沿海地区招兵买马、征取粮饷。从这年八月起,郑成功派出的部将官员领兵往福建漳州、泉州、龙岩、惠安、仙游等府、县征粮征饷,"大县十万,小县五万"[3],使清朝地方当局处于被动状态。据阮旻锡记载,到1654年(顺治十一年、永历八年)二月,郑军在福州、兴化、漳州、泉州四府措饷,"派富户追纳,诸差官俱至各府、县城外屯扎,但不入城耳。计所追凡四百余万"[4]。

1654年正月十三日,清内院侍读学士郑库纳、扎齐讷等赍捧封郑成功为海澄公的敕印到达福州。福建巡抚佟国器依据闽浙总督刘清

---

[1] 顺治十一年三月初四日广东巡抚李栖凤题本所引顺治帝敕谕,见《郑成功档案史料选辑》第七十四至七十五页。
[2] 佟国器《三抚密奏疏稿·抚闽密奏》,顺治十年十月初六日奏本。
[3] 福建巡抚佟国器顺治十一年十月初九日奏本中说:"自去年至今,成功派银索饷,大县不下十万,中县不下五万……"见《三抚密奏疏稿·抚闽密奏》。
[4] 阮旻锡《海上见闻录》(定本)卷一。

泰的咨文，派李德往郑军中通知成功。二月初三日，郑成功差中军常寿宁同李德等到福州迎接诏使。十六日清使郑库纳等到达泉州，十九日至安海公馆驻扎。二十日，郑成功设香案拜受敕印，清使坚持要他先剃发然后开读诏书；郑成功则以"具疏自行奏请"[1]为托词拒绝剃头。双方相持不下，无法开读诏书。二十五日，郑库纳等离开安海回福州。和谈陷于僵局，清朝福建地方官既无权宣布招抚决裂，对郑军的征粮征饷又穷于应付。佟国器在奏疏中诉苦道："今各属郡县详称，诏到之后，群贼索饷愈炽，兴（化府）、泉一带在在告急……有司莫知攸措，剿抚两无适从，将来事不可知。"[2]

大约在顺治十一年（1654）三月间，郑成功给清廷写了一封回信。由于信件内容重要，又比较罕见，全文引述如下：

> 去岁（顺治十年，1653）又六月（即闰六月）内章京邵斯、户部黄征明差员李德、周继武等赍到敕谕并海澄公印；本年正月十四日内院郑库纳、兵部贾勒纳复赍敕谕并挂靖海将军印，且益以漳、泉、潮、惠四府驻札。宠命再至，敢不祗承，遂设香案于二月二十日行礼祗承敕命，以遵简命之隆；尚未敢开印着实行事者，其情其势，敬祗诚直陈之朝廷。计安山海是以信用豪杰，豪杰卓有表见总在安攘山海。故用人必视其才，小才而大用之，则不胜任；大才而小用之，则不展舒。信人必本其心。心相猜，近在同堂而能为

---

[1] 佟国器《三抚密奏疏稿·抚闽密奏》，下文所引郑成功致清廷信很可能就是他所具的疏。
[2] 佟国器《三抚密奏疏稿·抚闽密奏》，顺治十一年三月二十八日奏本。

难；心相许，远在万里而益相亲。自古交孚相得之世，未有用人而不竟其用，亦未有不外度其情，内度其能，而苟且为人用者也。敕谕四府寨游营兵饷不过二十万，计算散给足养万人，而现在精兵数十万，相随多年，诸皆狼野猛戾，无妻子以羁其心，无田宅以果其肠，一旦瓦解，啸聚千万，祸不可测，此地方之忧也。且此全闽地方寇贼充斥，而镇守北兵，地险不平，甲马徒劳，寇至则登陴自守，寂不闻声；寇去则掩袭干戈，赤地千里，朝廷之抚有全闽也可谓有其名而无其实矣。故自入闽以来，马步无眼日，钱粮无粒解，地方无宁刻。若以全闽委畀镇守，就此现在精兵分布周密，给其饷以用其长，既溪洞薮窟之周知，又什伍保甲之列定，人地相宜，将士效命，则镇闽马步可别调，而兵有实用矣。闽省正供可解京，而饷有实济矣。此所谓名实两全者也。朝廷果推诚置腹，无分彼此，无较新旧，又岂有受人委托而反复不信，无借则敛戢，有借则飞扬也哉。此所以矢志誓肌，下解苍生侧悬之苦，上抒朝廷南顾之忧，自惠、潮以至全闽，则野无弄兵者矣。至于海上防剿，成于宁谧，尤未易言，盖大江以南莫非海也。寇东下则在交广，南上则在吴越，而舟山等处尤盗贼之咽喉，窃以为不扼舟山，海不可得而靖也。今在舟山镇将非兵不利、甲不善也，而北人多不谙水战，以致鲸鲵鼓浪，莫之如何，异日酝酿势成，乘风南北，不惟闽粤之害，实江南之忧。故将平靖海氛，必用闽兵屯扎舟山，然后可以弹压海寇；而屯兵尤先议饷，不得不就近支给温、台、宁、绍等处钱粮，以养扎舟山之兵。夫舟山乃海中一孤岛耳，其地不过弹丸，而闽浙隔绝，水汛不常，倘两浙之海有警欲调闽兵,既有鞭长不及之患,欲挽闽饷更苦神鬼转运之劳。旧例镇守福建总兵兼管全温地方,齿牙相错,良有深意。倘以温、台、宁、绍、处五府委任屯扎,调度接应舟山,使寇无窃处,地方宁静,此又可以解苍生倒悬之苦,而抒朝廷南顾之忧也。自两浙以至闽、粤则海无扬波者矣。诚如是也,克奏肤功,计日而得,海内咸知朝廷委任得人,岂不休哉!然则今日非不祗承,慎其事乃所以委其任也。而其宜慎者有三:敕书四府驻扎,而府(指泉州府)镇守尚皆北来兵将,未奉明旨撤回,不独粤平、靖二王未敢擅命,便则泉、漳镇将谁敢交代,一也;前敕旨云镇守泉州等处,今只挂靖海空衔,不言镇守事,则欲行事而文移不便,尤恐行事而画饼竟成,二也;又敕印再加文听部选、武听遴选委用,今泉州总镇刘仲金见在刻日赴任,即一府尚属虚悬,而三府安能取信,三也。是以俯拜对扬之际,实尔挈瓶负薪之恩,除将敕印祗委,奉安平公署,专委官斋盥看守以须后命,隆重付予而后即安焉。总之粮少则兵必散,则地方必危,朝廷欲安地方,当勿吝地方。今日之请非是利地,乃欲靖地方。见今数十万之众嗷嗷待给,区处经画,安插繁杂,伏惟英明决断而施行焉。[1]

郑成功对清廷的招抚正如他自己所说不过是"将计就计,权借

---

[1] 见《明季稗史》第三种,原题《朱承晃报书》,抄本用朱笔注"疑似郑成功",墨笔改为"即郑成功"。参考其他文献,这是郑成功给清廷的一封重要书信。

粮饷"，虚与委蛇而已。他表面上盛接来使，郑重其事地"三跪九叩头"领受清朝所封海澄公敕印，却拒绝剃发，仍然使用明朝永历年号；同时又借口已受清廷封爵，堂而皇之地派人到闽、粤沿海地区征收粮饷，甚至在清廷允许驻兵的四府以外又提出新的土地要求。从上面引述的郑成功信中可以看出他要求把福建全省，广东惠州、潮州二府，浙江温州、台州、宁波、绍兴、处州五府都交给他屯兵筹粮，只有这样才算是"朝廷委用得人"，实现"海无扬波""地方宁静"；否则就是"大才小用"，"海寇"四起，"祸不可测"。清政府的许多官员都看出郑成功并无归顺诚意，福建巡抚佟国器、两广总督李率泰先后上疏朝廷希望不要为郑成功所愚弄。连原来主张招抚并充当"保人"的浙闽总督刘清泰也在密奏中说"抚局之变，不可不防，则剿局之备，不可不早"，要求清廷派"固山额真一人统领满洲大兵移镇闽浙之间"[1]。都察院左都御史王永吉在疏中直截了当地说："郑成功如果实心就抚，但当解甲投戈，遵守国法，上报圣恩。其地方兵马机宜，悉听督抚调度。何得妄以闽、粤为己任？又何得冀望朝廷委以保全浙海？气傲志高，心雄胆大，明明要挟。虽然归顺，实怀二心。以职愚见断之，将来为东南大患者，必郑成功也。从前漂泊海岛，脚根不定。今得盘踞于漳、泉、惠、潮之间，用我土地，养彼人民；用我钱粮，练彼精锐，养成气候，越显神通。"因此，他力主应当"厉兵秣马以应变"[2]。

在一片讨伐声中，身居虎穴的郑芝龙慌了神，他深知自己的生

---

[1] 顺治十一年七月浙闽总督刘清泰"为密报赍到清字咨文事"，此疏虽为七月所上，其中已说"前疏所以秘切入告也"。
[2] 《明清史料》丁编，第一本，第九十七页，顺治十一年四月左都御史王永吉揭帖。

死荣辱取决于能否招抚郑成功。六月间,他上疏清廷一面斥责郑成功"索求不止,致使诏使往来频繁,其罪并非不深",一面又婉转代为解释,列举成功对清使如何恭敬,有"亲亲敬主之心,则终非叛臣逆子"。谈到郑成功拒绝剃头这一关键问题时,他先引述"差官黄征明、李德、周继武等言,当劝郑成功剃头时,郑成功言,凡为臣者,以礼事君,不在些微细事"等语,借此证明郑成功是"不懂我朝法令,且其五六名亲信下官,不愿剃头,从中梗阻挑唆,以致稽迟"。接着表示自己鞭长莫及,"恨不能亲揪郑成功之头剃发",一显老爸尊严。最后说他经过昼夜苦思,终于想出了一个妙策,建议清廷准许派他的儿子郑世忠同钦使一道赴闽,"臣次子郑世忠,现为侍卫,每日侍从皇上……伊与郑成功情如手足,朝夕相处。若上传皇恩,下述父言,婉言开导,则郑成功势必心悦诚服。倘若众官内有一二人阻挠归顺,郑世忠则以君父之命,将其立斩,以遏恣意妄为者。如此,郑世忠全可速报奉命剃头一事"[1]。郑芝龙的建议经王、大臣会议后,清廷同意做最后一次努力。顺治十一年(1654)六月二十八日,清帝再次颁发敕谕给郑成功,其中除重申封海澄公、挂靖海将军印,给泉、漳、惠、湖四府驻扎军队外,对郑成功的其他要求断然拒绝,"今据尔奏疏,虽受敕印,尚未剃头,冀望委畀全闽,又谬称用兵屯扎舟山,就近支给温(州)、台(州)、宁(波)、绍(兴)等处钱粮。词语多乖,要求无厌。……尔若怀疑犹豫,原无归顺之心,当明白陈说。顺逆两端,一言可决。今如遵照所颁敕印剃头归顺则已;如

---

[1] 顺治十一年六月二十五日郑亲王济尔哈朗题本,见《郑成功满文档案史料选译》第四十四至四十五页。

不归顺，尔其熟思审图，毋贻后悔"[1]。

八月十三日，清廷派遣的内院学士叶成格、理事官阿山（或译作刑部郎中阿尔善）同郑成功二弟郑世忠以及郑氏家族亲旧黄征明、李德、周继武等携带敕书到达福州，先命李德、周继武去厦门向郑成功讲述清廷和郑芝龙的意图。二十四日叶成格、阿山在福建清军护送下进抵泉州，又派郑世忠、黄征明（成功表叔）往厦门晓以利害。郑成功不为所动，依然以敷衍拖延为上策。他让郑世忠回泉州约请叶成格、阿山于九月十七日到安平镇见面。届期，郑成功调集甘辉、王秀奇、陈尧策、万礼、黄廷等二十余名部将统领水陆各镇"列营数十里，旗帜飞扬，盔甲鲜明"，把安平镇布置得"好似铁桶"，自己才同众参军一道前往安平准备同清使会面[2]。叶成格、阿山在清军步骑护卫下来到安平，一看郑军摆下的阵势已感到气氛不对，连郑方安排的迎宾馆舍报恩寺也不敢住，宁可住在清军临时搭盖的帐篷里，双方都处于高度戒备状态。尽管郑成功大设供帐，馈送厚礼，竭力向清使表示友好，在原则上却坚持"一云先要四府地方，前诏只有水路游寨，未言陆路；二则不奉东西调遣；三则不受部、抚节制；恐如姜襄（瓖）、金声桓等俱以剃发后激变，且未与张明振（张名振）议妥，又比高丽不剃发等语"[3]。叶成格、阿山只奉有监视其剃发受敕的严旨，并无谈判的权力，面对郑成功提出的条件知道使命难以完成，于是以"不接诏，不剃发"[4]为理由拒绝成功的隆重礼遇，于二十日返

---

[1] 《明清史料》丁编，第二本，第一〇一页。
[2] 江日升《台湾外纪》卷四。
[3] 佟国器《三抚密奏疏稿·抚闽密奏》，顺治十一年九月初九日奏本。按，这里也可看出张名振并不是郑成功的部将。
[4] 杨英《先王实录》第八十六至八十七页载叶成格、阿山复郑成功信。

回泉州。二十一日，郑成功遣人致书备礼挽留清使，二使臣回信表示"即使相晤间，不过宣传皇上浩荡德意，与公剃发后上谢恩本，将贵部官做何安插，及四府设防数目修入而已。他复何言哉！似公又不宜以旁语及也。弟以一介微躯而膺朝命，钦限在十月内回京，何敢稽迟，以身试法？伏祈早决一言，俾得星驰复命"。退还所赠礼物，并限二十五日为最后答复时间。二十四日晚上，郑世忠、周继武、李德、黄征明等往见成功，声泪俱下地哀告："二使此番失意而回，大事难矣。我等复命，必无生理，并太师老爷（指郑芝龙）亦难！"[1]郑世忠说："若剃发归顺，可全老父阖家。"成功答道："吾不剃发即可保全父命，剃发则父命休矣。"世忠"复哭劝其回心转意。成功于李德身旁手执银盅，高声恫喝：剃发乃身份大事，本藩自会定夺，谁人敢劝，哪个敢言！世忠未敢再开口"。周继武说他也同郑世忠一起"哭劝成功剃发归顺。成功起誓，先撤官兵，再议剃发之事。佐官沈全期曰：藩主剃发为令尊大人，我等剃头又为谁人。况且同在海上数年矣"[2]。二十六日，郑成功又派旗鼓史谠、郑奇逢往泉州请清使来安平再议。叶成格、阿山认为没有什么好谈的，把二人赶回。二十九日，叶、阿派人催促郑世忠、李德、周继武、黄征明回京复命。当天，清廷使臣和随行人员离开泉州，"从间道回延平"[3]，和局至此完全破裂。离别之际，黄征明要求郑成功写一回信给郑芝龙，成功依言写了一封长信说明整个事件经过并表明自己的态度。主要内容是，"和议非本心也"，"不意海澄公之命突至，儿不得

---

[1] 《先王实录》第八十七页。
[2] 顺治十二年正月初十日同安侯郑芝龙密题本，见《郑成功满文档案史料选译》第八十二至八十三页。
[3] 佟国器顺治十一年十月初九日奏本，见《三抚密奏疏稿·抚闽密奏》。

已,按兵以示信。继而四府之命又至,儿不得已接诏以示信。至于请益地方,原为安插数十万兵将,固图善后至计;何以曰'词语多乖,征求无厌'?又不意地方无加增,而四府竟为画饼,欲效前赚吾父故智,不出儿平日所料。遽然剃发,三军为之冲冠!……在清朝总以剃发为是,在儿总以不削发为是。……大丈夫做事,磊磊落落,毫无暧昧。清朝若能信儿言,则为清人,屈于吾父为孝;若不能信儿言,则为明臣,尽于吾君为忠"。二使"在泉月余,目睹脱巾情形,未曾与儿商榷,徒以剃发二字相逼挟。儿一剃发,即令诸将剃发乎?即令数十万兵皆剃发乎?即令千百万百姓俱剃发乎?一旦突然尽落其形,能保其不激变乎?叶、阿二位不为始终之图,代国家虚心相商,而徒躁气相加。……使臣如此行动,朝廷可知也,能令人无危乎?能令人无惧乎?况儿名闻四海,若使苟且做事,不特不见重于清朝,亦贻笑于天下后世矣。大抵清朝外以礼貌待吾父,内实以奇货居吾父。此番之敕书与叶、阿之举动,明明欲借父以挟子。一挟则无所不挟,儿岂可挟之人乎?且吾父往见贝勒之时,已入彀中。其得全至今者,大幸也。万一父一不幸,天也!命也!儿只有缟素复仇,以结忠孝之局耳!"[1]在给二弟郑世忠的信中他把自己的志向说得更清楚:"兄弟隔别数载,聚首几日,忽然被挟而去,天也!命也!弟之多方劝谏,继以痛哭,可谓无所不至矣。而兄之坚贞自持,不特利害不能以动其心,即斧刃加吾颈,亦不能移吾志。何则?决之已早而筹之已熟矣。今兄之心绪,尽在父亲复禀中,弟闻之亦可以了然矣。大抵清朝若信兄言,则为清人;若不信兄言,则为明臣而已。他何言哉!……夫虎

---

[1] 郑成功复父书见《台湾外纪》卷四;《郑成功满文档案史料选译》收顺治十一年十一月十八日郑亲王济尔哈朗题本也引述了书信全文,字句略有不同。

豹生于深山，百物惧焉；一入槛阱之中，摇尾而乞怜者，自知其不足以制之也。夫凤凰翱翔于千仞之上，悠悠乎宇宙之间，任其纵横而所之者，超超然脱乎世俗之外者也。兄名闻华夷久矣，用兵老矣，岂有舍凤凰而就虎豹者哉？惟吾弟善事父母，厥尽孝道，从此之后，勿以兄为念。噫，汉有子瑜而有孔明，楚有伍尚而有子胥，兄弟之间，各行其志，各尽其职焉。"[1]

郑成功在和谈中表现的态度似乎是诡异的，在致父书中引用了清帝敕谕指责他"词语多乖，征求无厌"的话，证明尽管未正式开读，他已完全清楚清廷的底牌。既然没有谈判的余地，郑成功为什么又一再挽留清使，做出种种无益的举动呢？这只能说按郑成功的本意是不愿归降清朝，对于父亲的安全虽说置之度外，毕竟不能不有所顾忌，反映在行动上就未免进退失据，措辞更难得体。例如清两广总督李率泰给郑成功的信中就批评说："所云'不知有父久矣'，此言一出，不但伤天性之恩，且贻后世之刺。尊公身为明季重臣，国亡而择主，非背国而事仇也。足下前无顾命，今无共主，何得灭不可易之亲，而从必然之议也？古之求忠臣于孝子者，几无据矣！至今犹屡执此'三省相畀'之说，胡为乎来哉！今天下中外，帖然十载。而足下身羁海甸，犹欲招徕之，以大一统之势。谁敢取臣服之版图、惟正之资赋而轻议畀乎？且从来无此庙算，无此边筹也。即如足下所云，亦可笑矣。无三省，则舍我而忠于彼；将有三省，即弃彼而忠于我。此皆拂情影借之言，知非足下之心也。"[2]从忠于一姓王朝而言，李率泰的批评是一针见血的，问题是郑成功从来就不是朱明王朝的"纯

---

[1] 《先王实录》第八十八至八十九页。
[2] 《台湾外纪》卷四。

臣"，也不是郑芝龙的孝子，由于他首先着眼的是维护以自己为首的郑氏家族和东南沿海部分汉族绅、民的利益，当清朝的"大一统"危及这一集团利益时，他只有站在比较软弱的明朝一边，借明朝的名义展开反清斗争。

　　清廷的招抚郑成功因双方各自坚持自己的条件终告失败。然而，实际上是各有所得。郑成功利用和谈使清方释放了1653年四月遭飓风漂入兴化港的辅明侯林察；在福建、广东某些地区扩军征饷，增强了实力。清廷通过招降也牵制了郑成功在顺治十年、十一年两次的可能出兵广东配合李定国作战。固然，郑成功本不积极于同李定国会师，这点下文还要谈到；但清廷凭借郑芝龙这张王牌进行招抚，无疑助长了郑成功对永历朝廷的离心力，即他给父亲信中所说"按兵以示信"。所以，就全局而言清廷所得远大于所失。

　　和谈既已失败，清廷改而用兵。1654年（顺治十一年）十一月，"议政王、贝勒、大臣会议，郑成功屡经宽宥，遣官招抚，并无剃发投诚之意。且寄伊父芝龙家书语词悖妄，肆无忌惮，不降之心已决。请敕该督、抚、镇整顿军营，固守汛界，勿令逆众登岸，骚扰生民，遇有乘间上岸者，即时发兵扑剿。从之"[1]。十二月十六日，清廷任命郑亲王（济尔哈朗）世子济度为定远大将军，同多罗贝勒巴尔处浑（二十天后，巴尔处浑即于次年正月初五日病死，肯定未随军入闽）、固山贝子吴达海、固山额真噶达浑等领兵由北京赴福建征剿郑成功[2]。郑芝龙失去了利用价值，清廷官员一再上疏要求严加惩办，

---

[1] 《清世祖实录》卷八十七。
[2] 《清世祖实录》卷八十七。《明清史料》丁编，第二本，第一〇八页载"敕谕世子吉都稿"，稿内济度译作吉都、巴尔处浑作巴尔出红、吴达海作吴达亥、噶达浑作噶达洪。

他们指出郑芝龙和郑成功利用和谈的机会派出使者多方联络，郑芝龙不仅在给郑氏集团亲属旧部的信中流露了不满情绪，而且必然以口信方式泄露清方军事部署等秘密。从清方截获的几次郑芝龙的私人信件里，确实可以看出他内心的彷徨。在给林忠的谕帖中说："本爵美景日近，定不忘尔旧人。"给林瑞骥谕帖中说："本爵得意日近，定不忘尔。"[1]这里所说的"美景日近""得意日近"究竟是指什么颇难揣度，他这批信件是在顺治十一年十一月间带出北京的，次年正月在清廷任职的福建人杨国永疏中说："郑芝龙或欲亲往（福建），或欲讹封为王以合其意。"[2]这种推测有一定根据，因为郑芝龙在十一月间一面把郑成功寄来的部分书信上交清廷，指斥"逆子""请地益饷，抗不剃发，寄臣书信语多违悖，妄诞无忌"[3]；一面派家人回原籍收取田租，还表示打算具题本请求清廷同意让他的第三个儿子郑世恩离开京师回泉州管理田产等事务[4]。如果郑芝龙做的是这种乐观估计，他肯定是失算了。另一种解释则是郑芝龙预感到噩运降临，用的是反语。尽管人们可以做种种解释，郑芝龙的处境显然恶

---

[1] 顺治十二年二月二十五日福建巡抚佟国器"为报明缉获书札并投验告示恭候睿裁事"奏本；同年三月十五日佟国器"为再报续获书札仰祈睿鉴事"奏本，均见《三抚密奏疏稿·抚闽密奏》。按，《郑成功满文档案史料选译》第一一七至一一九页收有兵部尚书李际期顺治十二年六月初五日题本，这件题本就是根据佟国器的奏本奉旨详议具奏的，由于从满文译出，所用汉字与佟国器所引郑芝龙原信有出入，如"本爵美景日近"译作"本爵好事日近"，"本爵得意日近"译作"本爵佳音在途"。语意虽近，仍应以郑芝龙原文为准。又，该书第一一九页第十四至十五行"顺治十二年三月十五日奉旨"有误，三月十五日为佟国器上奏日期，奉旨日期当在这以后。
[2] 《郑成功满文档案史料选译》第九十一页。
[3] 《清世祖实录》卷八十七。
[4] 顺治十二年二月二十五日福建巡抚佟国器"为报明缉获书札并投验告示恭候睿裁事"奏本，见《三抚密奏疏稿·抚闽密奏》。

化了。1655年（顺治十二年）正月二十八日吏部员外郎彭长庚疏请"先废郑芝龙以除内奸"；同月三十日正白旗下云骑尉杨国永在题本中说："灭郑成功易，除郑芝龙难。郑芝龙一日不除，郑成功一日难灭。……伏乞皇上速灭郑芝龙家族。"同日，兵部尚书张秉贞等密题"请将郑芝龙本人及其妻孥一同迁居，另行禁锢。将其家人及财物一并监管原处，视其郑成功系降系拒，再行酌处"[1]。清帝批示："郑芝龙之案事关重大，着议政王、贝勒、大臣等核实密议具奏。"大约可以判定，郑芝龙及其在京家属于顺治十二年二月间被囚禁[2]。

第四节　1655—1656年郑成功的活动

清、郑和谈由于双方坚持自己的条件，终归破裂。郑成功为加强实力，做好迎战准备，采取了一系列措施。

1654年（顺治十一年、永历八年）冬，清漳州府城守门千总刘国轩、守备魏标派人来同郑军接洽，表示愿意充当内应，献城投降。郑成功派忠振伯洪旭、中提督甘辉等带领军队于十二月初一日夜间进抵城下；刘国轩在城头接应，一举夺得漳州。清新任漳州总兵张

---

[1] 上引诸件均见《郑成功满文档案史料选译》，其中吏部员外郎彭长庚原译作"吏科员外郎彭常庚"。
[2] 清实录不载囚禁郑芝龙事。上引正月三十日兵部尚书张秉贞密题本中谈到"其胞弟郑芝豹来京，已乘船抵浙江兰溪等语。今若囚禁郑芝龙，恐其途中闻知而惊逃。故此派本部章京吴克新前往伊处迎之，并与该处官员会同商议，沿途派官兵护送至京"。二月二十一日张秉贞等题报，浙闽总督佟代赴任途中在嘉兴遇"候补左都督总兵官郑芝豹"，兵部请旨将郑芝豹"速解来京"。此件批红："依议，作速密行。"同年六月初五日兵部尚书李际期疏中则明言："现今已将郑芝龙囚禁，正待议处之时。"

世耀、知府房星烨见大势已去，只好跟着投降[1]。郑成功在初四日亲自来到漳州，对刘国轩反正来归，深表嘉许，提升他为护卫后镇。接着在同月内派甘辉、前锋镇赫文兴、援剿左镇林胜、北镇陈六御等先后攻克同安、南安、惠安、安溪、永春、德化各县。随即移师，于1655年（顺治十二年）正月初五日攻克仙游县[2]。至此，泉州府城已经处于郑军四面包围之中。郑成功出兵收复漳、泉两府之地，本来意味着和谈完全破裂，然而他似乎出于策略考虑写信给清福建巡抚佟国器和泉州守将韩尚亮、知府申伟抱，以和谈时清廷曾许给漳、泉、潮、惠四府作为自己用兵的理由。这种立论难免游移其词，连他自己也说不清楚是主和还是主战，是为清还是为明。如给泉州官员的信中几乎是说你们先投降我，我再带你们投降清朝。这种信件当然起不了任何作用，难怪佟国器回信中斥之为"侈口而谈，骄蹇满纸，殊堪喷饭"[3]。

1655年（顺治十二年、永历九年）二月，郑成功借口"和议不就，必东征西讨，事务繁多，议设六官并司务，及察言、承宣、审理等宜，分隶庶事，令各官会举而行"[4]。这种做法同孙可望相当类似，实际上是另立以自己为核心的小朝廷，只是他的兵力和地盘远不如孙可望，把所设官职名分上定得低一点罢了。原鲁监国重臣张名振"条陈不宜僭设司务"，郑成功"遂改司务为都事"，表面敷衍

---

[1] 顺治十三年闰五月原同安水师参将杨其志启本，见《郑成功档案史料选辑》第一六一页。杨英《先王实录》第九十七页载于十一月初一日，乃历法不同之故。

[2] 杨英《先王实录》第九十八页。

[3] 《先王实录》第一〇二页，参见《台湾外纪》卷四。

[4] 《先王实录》第一一一页。

一下，实则我行我素。三月，又设置六察官，"俾其敷陈庶事，讥察利弊"。同月，"六察官周素、叶茂时等条陈：中左兴王之地，不宜因循旧址，顾名思义，请改中左（中左所即厦门）为思明州，亦如新丰故事也。藩从而改之"[1]。亲郑文人著作中常说郑成功六官等职是"承制"，即取得永历皇帝的授权。其实，永历朝廷自处艰难，鞭长莫及，装聋作哑容或有之。温睿临《南疆逸史》中说："先是，隆武之以总统命成功也，许立武职至一品，文职至六品。至是地大兵众，乃设六官，分理庶事。"[2]夏琳《闽海纪要》则云："永历九年二月，延平王成功承制设六官。初，成功以明主行在遥隔，军前所委文武职衔，一时不及奏闻；明主许其便宜委用，武职许至一品，文衔许设六部主事。成功复疏请，以六部主事衔卑，难以弹压。明主乃赐诏，许其军前所设六部主事秩比行在侍郎，都事秩比郎中，都吏秩比员外。"[3]这类记载未必可信。承制便宜设官本意为在军前收复地方等情况下，来不及请示暂行委任武将和地方文官，以统辖兵丁或料理地方，这和设立与朝廷相仿的衙门官员大相径庭。所谓许设六品以下官盖指委任地方知县及军中监纪之类官员，而不是朝廷官员。从目前所见有限的永历朝廷文书和与郑成功同处东南滨海的原鲁监国旧臣的文献中几乎见不到郑成功自用官员职务。张煌言《北征录》内讲到南

---

[1] 《先王实录》第一一二至一一三页。
[2] 《南疆逸史》卷五十四《郑成功传》。
[3] 夏琳的这种说法不仅未能从其他材料中得到印证，而且难以自圆其说。一代有一代的典章制度，南明自唐、鲁继立起滥发敕、札固为常事，但永历帝未必会下诏规定郑成功自行任命的"主事秩比行在侍郎"。何况这里的"衔"、"秩"又说不明白，明制主事为六品官，侍郎为正三品官；前者为部内清吏司属官，后者为六部堂上官。个中奥妙大概只有郑成功和他自己设立的官员才说得清楚。

京战役时曾致书郑成功自设的"五军中军"张英,特地加上一句"即所号为五军者",其不承认成功私署官职,微意存焉。本书指出郑成功的仿设朝官,并非"承制",毫无站在永历朝廷立场上斥责其僭妄之意,而是着眼于分析明清之际战局的整个走向;郑成功的另搞一套和他在战略上坚决避免同李定国、孙可望会师都是他割据自雄思想的表现。

清廷在抚局完全破裂后,决定再次动武,派郑亲王世子济度统满、汉军南下福建。面对清方主力的迫近,郑成功采取的对策是扬长避短,主动放弃业已恢复的漳州、泉州两府属县,把兵力集中到海上。为了避免清军凭城固守和加强己方防务,郑成功下令诸将于征饷后拆毁漳、泉二府属邑的城墙和房屋,所得砖石木料用于建造和加固金门、厦门、泂洲诸岛和滨海的海澄县城垣及营房[1]。郑军收复漳、泉二府属县不到一年,漳州府属派饷银多达一百零八万两,泉州属县也达七十五万两[2],撤退时又夷为平地,这在军事上有其紧迫性,但后果势必失去民心,使自己立足之地越来越小。

郑成功放弃漳州、泉州大部分地区并不是单纯防御,而是在加强金、厦等岛屿防务的同时,分别派遣部将带领舟师北上浙江、南下广东,使入闽清军主力陷入进战无能、后顾有忧的困境。六月,他派前提督黄廷、后提督万礼统领十三镇兵员南下广

---

[1] 杨英《先王实录》记是年"九月,藩驾驻思明州,漳、泉各属邑并漳城俱报拆完平地"。朱希祖先生据夏琳《闽海纪要》、沈云《台湾郑氏始末》二书评云"所堕不过一府二县一镇城耳",杨英所记"颇有失实"。陈碧笙先生引两府所属县志及清档,断定杨英所载确为实录,极有见地。

[2] 《先王实录》。

东潮州府攻城征饷；七月，又派中提督甘辉、右提督王秀奇等率领陆战兵乘船北上会同定西侯张名振、忠靖伯陈辉部伺机进攻浙江、江苏。

北征的战役取得了相当大的成果。1655年（顺治十二年、永历九年）十月二十二日，甘辉、王秀奇部郑军进抵舟山，次日围城；张名振部也从崇明一带沙洲南下参加会攻舟山战役[1]。清浙江巡抚秦世祯向朝廷报告："自王师（指济度所统清兵）大进，兵力全注于闽中，而郑逆豕奔，贼众亦全注于海上。""闽、浙逆众联合（指北上的甘辉部和南下的张名振部），有排山倒海之势"，"南北贼艘逾千，贼兵数万，围困舟山，声息不通"。[2]二十六日，据守舟山城的清军副将把成功（按，把成功是蒙古族人，姓氏译音，《海上见闻录》写作巴成功，亦可）反正来归。明军收复了舟山群岛这一战略要地[3]。清定关守将张洪德也率部归明[4]。十一月，郑成功考虑到留守金、厦的兵力不足，左提督祥符伯赫文兴又病死，决定调甘辉等率主力回守根本，由总制陈六御"督定西侯张名振、英义伯阮骏等镇守舟山"[5]。

---

[1] 《明清史料》丁编，第二本，第一二三页《舟山将官投贼残揭帖》。
[2] 顺治十二年十一月初三日浙江巡抚秦世祯揭帖，见《郑成功档案史料选辑》第一三四至一三六页。
[3] 顺治十二年十一月浙江巡按叶舟揭帖，见同上书第一三八至一三九页；参见《明清史料》甲编，第四本，第三八九页，浙江巡按叶舟揭帖。
[4] 杨英《先王实录》等书写作张鸿德，据清方档案及任光复《航海记闻》当为张洪德。又《荆驼逸史》收入《航海记闻》一书误将作者写作汪光复，实为任光复，即任廷贵，谢国桢先生《晚明史籍考》早已纠正。
[5] 阮旻锡《海上见闻录》（定本）卷一。

不久，张名振去世，死因众说不一[1]。张名振在临终前把自己的旧部托付给监军兵部右侍郎张煌言，郑成功却下令由陈六御接管。次年清军再度占领舟山，陈六御阵亡，张煌言成了原鲁监国系统军队的主要领导人，继续同郑成功联合作战。

十二月十三日，甘辉、王秀奇等率部回到厦门。郑成功对把成功起义来归非常欣赏，改其名为把臣兴，授骁骑将军印管镇事。清台州副将马信在郑军北上时曾经派使者李国宝至军中接洽反正事宜。到1656年（顺治十三年）正月十二日，郑成功派忠振伯洪旭率战船三百余艘进至台州港，是日夜间马信借口"海贼临城，请议堵剿"，待文武官员到齐后，马信喝令把兵巡道傅梦吁、知府刘应科、通判李一盛、临海知县徐钰等逮捕。次日，开狱政囚，除将尚未建成的战舰烧毁外，带领部下兵马四百余名、家眷和府、县库存钱粮、兵器弃城乘船来归[2]。郑成功大喜，授予马信挂征虏将军印管中权镇事[4]。郑成功对把成功、马信和后来李必、王戎的来附特别优遇，原因是这些北方将领带来一批擅长骑射、惯于陆战的军队，正可弥补自身军队的不足。这和清廷的致力争取擅长海战的施琅、黄梧、苏利、许龙等人是

---

[1] 亲郑史籍说张名振病死；其他史籍则说是郑成功命人毒死；清江南总督马鸣珮揭帖中据来降兵丁报告说因攻崇明失利，郑成功要捉张名振去杀，名振惊愤得病而死，见《明清档案》第二十九册，A29—88号。张名振去世的时间在顺治十二年十二月间。沈光文有挽定西侯诗（见《沈光文斯庵先生专集》），"陈汉光注：定西侯，即张名振，系隆武元年（顺治三年）鲁王所封，死于永历十年（顺治十三年）。此诗应系是时所作"。按，陈注有误，隆武元年即顺治二年（1645）七月至年底。封定西侯时间已见本书。名振卒年在永历九年（顺治十二年）。

[2] 《明清史料》已编，第四本，第三六二至三六三页，户部尚书车克等题本。

[4] 《先王实录》第一三一页；《海上见闻录》（定本）第二十五页。按，彭孙贻《靖海志》实即《海上见闻录》，彭氏不过篡改原书，改明朔为清朔，故"征虏将军"亦避嫌改作"定北将军"。

同一个道理。

南下广东的郑军却不那么顺利。1655年（顺治十二年）八月初五日，黄廷、万礼统领苏茂、林胜等二十余镇将、兵丁六七万包围广东潮州府属揭阳县城，"黄廷围东门，万礼围北门，苏茂围西门，皆树栅开堑为久驻计"，林胜札营于人家头乡阻击潮州府来援清军[1]。同时，分遣兵将到各乡寨去征米征银。这月十三日，郑军击败由广州来援的清将郭登贤、张祥部，歼敌三百余人；二十五日又在狮抛球击败清饶平镇总兵吴六奇部，杀敌八百余名[2]，清军伤亡逾千，狼狈而窜。到九月初七日，揭阳被围已一个多月，守将游击杨伦、知县段有皦等见内无粮草、外无救兵，请求郑军网开一面，以交出揭阳为条件，放他们逃出该县。经黄廷等同意后，清方官兵撤出揭阳，郑军入城委派了知县等官员，"设糜粥以济饥民"[3]。明军乘胜于初九日克普宁县，十三日克澄海县。清广东当局大为震惊，他们探得李定国当时正在广西横州，其部下"靳、雷、高、李、吴、王"六将都已进至与广东接境的容县[4]，平南王尚可喜、靖南王耿继茂、两广总督李率泰会商后，唯恐郑成功军趁势直下潮、惠，李定国军再入罗定、肇庆，就将陷入两面受敌，前途不堪设想。于是，他们决定趁李定国军尚在广西，首先出兵迎战郑军，抽调平藩下左翼总兵许尔显、靖

---

[1] 乾隆四十四年《揭阳县志》卷七《事纪》附《兵燹》。
[2] 顺治十一年三月二十五日清平南王尚可喜、靖南王耿继茂、两广总督李率泰、广东巡抚李栖凤联名上疏朝廷，建议授吴六奇协镇潮州总兵，驻镇饶平，额定兵员为一千名，见《明清史料》甲编，第四本，第三三六页。狮抛球战役中吴六奇部所受重创可想而知。
[3] 乾隆四十四年《揭阳县志》卷七《事记》附《兵燹》。
[4] 顺治十三年闰五月两广总督李率泰揭帖，见《明清史料》丁编，第二本，第一五二至一五三页。

藩下左翼总兵徐成功部与总督标下兵马共一万余名，会合潮州总兵刘伯禄、饶平总兵吴六奇等部七千余人，大举来援。十二月二十四日，清军在揭阳附近的琅山筑四大营盘，待机而动。清潮州知府"黄廷献令乡寨供粮草，当夫役，百里内竹木祠宇俱毁伐无存；老幼被拘者索取财贿取赎，使令稍不如意，即殴扑至死。又造事诬扳惨毒，无异闽寇"[1]。

双方相持到1656年（顺治十三年）二月，黄廷召集诸将商议作战机宜，左先锋苏茂积极主张进兵决战，自告奋勇打前阵。金武营将郭遂第（即华栋）提出进攻时大军须过钓鳌桥，桥面狭窄，如果作战不利被迫后撤时将会遇到很大困难，因此他主张持重。经过一番争议，黄廷决定采纳苏茂建议，出城决战，由苏茂任前锋，前冲镇黄梧、护卫左镇杜辉继进，殿兵镇林文灿、援剿右镇黄胜为后援；黄廷亲自率领后劲镇杨正等抄出敌后夹击。不料，清方早有部署，先派出小股游骑佯抵一阵，等待郑军大部过桥后突然前后合击，把郑军截为两段。混战当中，苏茂身中两矢一铳，带伤突围而出，郑军阵势大乱，后撤时因桥面过窄，黄胜、林文灿二将和许多士兵被挤入河中淹死，兵员损失多达四五千人[2]。二月二十五日，郑军再次同清军交战于东村渡，又被击败。郑成功接到揭阳战败的消息后，下令放弃该地，命黄廷率师登舟在广东海域探听永历朝廷消息后返航。三月十三

---

[1] 乾隆《揭阳县志》卷七《兵燹》。
[2] 前引《揭阳县志》云郑军战死者四千余人，《海上见闻录》（定本）卷一记"兵死者五千余人"，《先王实录》等书云"折兵大半"。按，《明清史料》丁编，第二本，第一六九页，《会剿揭阳闽寇残件》记双方交战于揭阳万里桥，郑军失利，黄廷下营镇副将何猛阵亡，年月及情节均与郑方记载不符。

日，黄廷领南征将士放弃揭阳、普宁、澄海三县，于揭阳港登舟出海。回到厦门后向郑成功报告舟师航行到大星所（约为今广东省惠东县南地名港口），探得"行在驻跸高、琼（今广东湛江地区和海南省），声援难通"[1]，当时高州、琼州都在清方控制之下，黄廷连基本情况都没有弄清楚就扬帆东返，带回在潮州地区征得的饷银十万两、米十万石[2]。

南征舟师回到厦门，郑成功立即召集文武官员会议处理揭阳丧师之罪[3]。他提出苏茂轻敌致败，黄梧、杜辉不及时应援反而临阵退却都应该处斩，由于众将跪告求情，才仅斩苏茂一人，杜辉捆打六十棍，黄梧寄责，各戴罪图赎[4]。郑成功御将之道以严著称，这在明末军纪涣散的情况下确有必要，但他的性格过于刚强，往往失之偏激。苏茂在揭阳战役中虽轻敌寡谋，但勇于进战，负伤突围，本应薄责示警，以观后效。郑成功把他处斩，首级传示军中，显然过于苛刻。据江日升记载，郑成功是因为获悉苏茂曾经掩护施琅，使他得以叛逃清方，怀恨于心，必欲杀之，这次借揭阳战败为由将其处斩。诸将不明底细，"咸有微言，曰：论茂揭阳之败，无非天意，

---

[1]　《先王实录》；参见顺治十三年五月初一日广东巡抚李栖凤题本，《明清史料》丁编，第二本，第一三八至一四一页。
[2]　《先王实录》。
[3]　《海上见闻录》《台湾外纪》等书均记甘辉等返回厦门在六月，郑成功诛杀苏茂后，同月内，黄梧、黄明即以海澄县城降清。杨英《先王实录》记二月间郑成功闻败讯，先调回苏茂、黄梧、杜辉等，三月间斩获茂徇军中，甘辉至六月间方返回厦门。看来杨英所记更合情理。
[4]　见《先王实录》《海上见闻录》（定本）。《台湾外纪》作罚黄梧赔偿盔甲五百副。苏茂被杀的具体日期在五月，其弟苏明降清后揭帖中说："顺治十三年五月内，兄茂以疑被戮。"（见《明清史料》丁编，第二本，第一八二页。）

岂战之罪？虽不从郭遂第之言，其气可以吞敌，何至于死？况茂战功难以枚举，非他人所可比，藩主如此施行，岂不令人寒心！郑成功见诸将不服，乃厚加殓葬，养其妻孥，自作祭文：'马谡非无功于蜀，然违三军之令，虽武侯不能为之改'云云"[1]。这显然是在玩弄权术。然而，郑成功更大的错误是在处死苏茂之后立即派黄梧和苏明（苏茂族弟）镇守海澄县。这里"阻山临海，两城对峙，夙称天险"，郑成功动员大量人力修建了坚固的城墙，囤积大量军械、粮食，使之成为进可以战、退可以守的大陆前进基地，同金门、厦门组成掎角之势。黄梧既牵连受责，心怀二意，就同"痛兄苏茂被戮"的后冲镇副将苏明密谋降清[2]。1656年（顺治十三年）六月二十四日夜间，黄梧、苏明带领部下官八十余员，兵丁一千七百余名叛变，把海澄县献给清方[3]。驻守海澄县五都土城的副将林明火速报告郑成功，成功大惊，派大将甘辉统诸将驾快哨船连夜开赴海澄，天亮时清兵已入城据守，甘辉等无可奈何，只能掩护林明部把土城内军械粮食搬运下船，返回厦门。海澄之失，对郑成功是一个重大打击，他叹息道："吾意海澄城为关中、河内，故诸凡尽积之。岂料黄梧、王元士（知县）如此悖负，后将何如用人也！"[4]清廷得报黄梧、苏明以海澄县来归，欣喜不已，于八月十七日决定封黄梧为海澄公（这本是清郑

---

[1] 祭文全文见《台湾外纪》卷四。
[2] 见《明清史料》甲编，第五本，第四一四页。
[3] 顺治十三年七月初六日福建巡抚宜永贵揭帖，见《明清档案》第二十八册，A28—24号，同件又见《明清史料》甲编，第四本，第四〇〇页。
[4] 杨英《先王实录》第一三六页。

和谈时准备授予郑成功的爵位）[1]，授苏明为都督佥事，不久加衔为右都督[2]。黄梧叛明投清，受封公爵，大有平步青云之感。可是好景不长，他不久就发现这是清廷玩弄的政治权术。1657年（顺治十四年），黄梧部下的兵丁被清朝浙江福建总督李率泰调走[3]，无权倒也罢了，可气的是位高而金不多。1659年（顺治十六年）他不得不向清廷诉苦，说自己投顺"已逾两载，而常禄未沾。前岁蒙大将军世子王月命有司暂给爵俸银三十两，而禄米概未有及"，他全家二百余口，不够吃饭，遑论其他[4]。

---

[1] 顺治十三年九月初四日兵部揭帖，见《明清史料》丁编，第二本，第一五九页。按，此件中云黄梧"杀其同守伪官华东"，华东当指华栋（即郭遂第），但查有关诸书，华栋虽曾奉命同黄梧守海澄，此后仍在郑军中。又，此件提及与黄梧大致同时降清的还有总兵林兴洙，林兴洙即林兴珠，此人在康熙前期平定三藩之乱和雅克萨战役中击败沙俄侵略军起过重要作用。清廷"封黄梧为海澄公敕谕稿"见同书，第一六〇页。

[2] 顺治十四年四月初四日都督佥事苏明揭帖，见《明清史料》甲编，第五本，第四一四页。

[3] 阮旻锡《海上见闻录》（定本）记：1657年九月，"永春义师林忠袭破永福县。清部院李率泰发兵救援，檄海澄公黄梧，未至，疑之，尽拨其辖下官兵分入八旗。黄梧大悔"。杨英《先王实录》亦载此事，并云："黄梧只剩随从数人，始悔叛之误也。有思来归，藩弗纳之。"据顺治十八年十一月清廷兵部揭帖，升同安副将施琅为同安总兵官时云，"此副将所管兵丁一千原系海澄公标下之兵"，其部"仍作海澄公所属"。实际上黄梧并没有兵权。见《明清史料》丁编，第三本，第二五六页。按，据《明清史料》甲编，第五本，第四三二页，顺治十四年八月浙闽总督李率泰揭帖，"伪伯"林忠与"胞弟伪左都督林暹""伪中镇左都督郑世雄"率领总兵以下官兵七千人降清，即在上引二书所记之前一月已降清，陈碧笙先生曾指出时间有误。佟国器《三抚密奏疏稿·抚闽密奏》内收顺治十二年二月十五日奏本，称林忠为郑芝龙旧部，"系逆贼郑成功所封伪伯，现今拥贼万余，侵犯永福、闽清二邑"。林忠部一直在德化、永春、永福（今永泰县）一带活动，即如李率泰揭帖中所云"梗化十年"。

[4] 顺治十六年十月初六日海澄公黄梧揭帖，见《明清史料》甲编，第五本，第四二九页。

这年（1656）八月二十二日，清宁海大将军宜尔德、提督田雄指挥满汉兵再次进攻舟山。明将阮骏等率领舟师迎战。到二十六日，清军全力来攻；阮骏伤重而死，总制陈六御、总兵张洪德、张晋爵、李廷选、阮凯、姜英等阵亡，残余明军乘船逃往外洋。次日，清军在舟山登陆，占领了这个群岛[1]。由于当时清朝水战兵力和经验都还不足，为了避免1651年攻占舟山留军戍守结果被郑成功大批海师包围，守将孤立无援、被迫投降的情况再度发生，又为了防止明军重来以舟山为基地，清方文武官员商议后决定把该岛城郭房屋全部拆毁，居民统统赶回大陆。时任浙江巡按的王元曦在奏疏中说："查舟山经岁之入钱粮不过四千四百余两，粮米不过七百九十余石，悉其所供仅亦锱铢，量其所费，当得巨万。……更有虑者，舟山民物渐集之后，贼以釜底游魂保无窥伺？是有舟山而有居有食，反起贼垂涎之心；无舟山而无居无食，反制贼必死之命。臣区区之愚，窃以舟山原系海外之地，或应暂置海外，无烦议兵增守，以示朝廷不勤远略之意。至于百姓，料亦无多，或于班师之日听其择便，愿为兵者编入卒伍，使之随行报效；愿归业者安插宁波一带，使之耕凿得所。"[2]这一建议得到清廷批准，后来浙江巡抚佟国器在奏疏中谈道："顺治十三年十一月间议弃舟山，业经奉文遵行讫。……惟是弃舟山之时，毁城迁民，焚毁房屋，当日虑为贼资，是以唯恐不尽。职查舟山旧城周围五里，仅

---

[1] 浙江巡抚陈应泰揭帖残件（顺治十三年九月二十八日到），见《明清史料》丁编，第二本，第一六一页。按，此件中既说击杀贼首阮骏，又云"伪英义伯阮四"受伤身死。参考各种文献，英义伯即阮骏，"阮四"大概是他的小名。

[2] 顺治十三年十月初三日浙江巡按王元曦"为海外孤城已复，封疆善后宜图"事题本，见《明清史料》丁编，第二本，第一六五页。

存泥基,砖石抛弃海中。"[1]顺治十五年（1658）郑成功、张煌言领军北伐,再次来到舟山,建造草棚作为屯军临时处所。直到顺治十六年十二月,郑成功因为厦门吃紧,三次发出令箭调回舟山驻军,马信、陈辉部明军才在顺治十七年正月初八日放火烧毁草棚,乘坐大小船只三百余艘南下金、厦[2]。从这时起到康熙二十二年（1683）,舟山群岛基本上成了一片废墟。

自从海澄县易手以后,郑成功的兵力虽然还相当强盛,但控制的地盘差不多仅限于金门、厦门、南澳等沿海岛屿。为了解决兵饷来源和扩大影响,郑成功除了通过各种渠道开展海外贸易,还亲自统率军队进攻福建省会福州。1656年（顺治十三年）七月,郑军攻克闽安镇[3],沿鼓山一线进军福州,被守城清军击败;郑军固守闽安镇长达一年之久,至次年（1657）九月才为清军收复[4]。郑成功在九月间亲自视察了闽安镇一带的地形,认为这里是福州的门户,令工官冯澄调集民夫增筑土堡城寨,为长久之计,在罗星塔、萧家渡也拨兵戍守,由后提督万礼坐镇闽安,总督水陆防守。这一部署是在福州外围设置

---

[1] 顺治十六年十一月十五日浙江巡抚佟国器揭帖,见《明清史料》甲编,第五本,第四六四页。道光二十六年《宁波府志》卷十五《海防》云:"国朝顺治初舟山为明季遗顽所据,八年始讨平之。旋陷于海寇。十二年再攻克之,遂徙其民,弃舟山为界外。"十二年当作十三年。

[2] 顺治十七年二月初四日浙江巡抚佟国器"为汇报舟山海逆南遁情形"事揭帖,见《明清史料》丁编,第三本,第二四三页。张煌言诗文也提到他再到舟山时所见荒凉情景和张名振墓被清军所毁等情况,见《张苍水集》。

[3] 海外散人《榕城纪闻》记:顺治十三年"七月十八日,海兵破闽安镇,陆路由古岭,水路由大江。十九日掠鼓山下各村及东北一带,乡村俱焚。二十一日掠南台至洪塘,皆焚烧无遗。……围城之中（指被围之福州）,百姓皆分垛守御,灯火器械,各令自备。至二十七日始退,据闽安镇……"

[4] 顺治十四年九月浙江福建总督李率泰"为闽安攻克大捷"事揭帖,见《郑成功档案史料选辑》第二二三至二三五页。

重兵，牵制福建清军主力。十二月，郑成功统舟师在福州以北的梅溪登陆，经飞鸾、白鹤岭攻罗源、宁德。清郑亲王世子济度派梅勒章京阿克善等将率军来援。郑成功采取诱敌深入的战术，大败来援的清军，阿克善也被击毙[1]。罗源、宁德二县守城清军闭门不出，郑成功的作战意图本不在于占领该地，他分遣官兵到二县乡村搜括粮食，大约积足三个月之用后就主动撤退了。此后，他还曾多次派出军队到浙江、福建沿海地方筹集粮食。

1657年（顺治十四年）九月，清浙江福建总督李率泰利用郑成功主力进攻浙江台州，福州闽安镇守御力量单薄的机会，决定乘机攻克该镇，以解除福建省会的威胁。他同固山额真图赖、郎赛商议后，抽调满汉大批军队水陆三路进攻闽安镇。九月初七日先派水师出闽江口切断海上来援的郑军，初八日开始陆路分兵二支，一支由鼓山出发，一支由南台西路出发，大举进攻。参加进攻的军队除图赖、郎赛两固山额真统率的满军外，还有总督李率泰标下、巡抚刘汉祚标下军队，精奇尼哈番沈永忠部与提督马得功，总兵王之刚、苏明等部，兵力相当强大。而郑成功北上进攻浙江省台州时，抽调了后提督万礼部主力随行，在闽安镇只留下了五军戎政王秀奇节制护卫前镇陈斌、神器镇卢谦、前提督下右镇余程留守闽安镇，兵员不过数千人。双方自初八日开始激战，清军用红衣大炮猛轰闽安寨城，郑军兵单势薄，难以招架，十四日清军攻克闽安镇，驻守顶寨的右镇余程和部下战士全

---

[1] 觉罗阿克善在郑方文献中写作阿克商。杨英《先王实录》第一四三页记为陈蟒所杀；江日升《台湾外纪》与阮旻锡《海上见闻录》说是甘辉所杀。《满汉名臣传》卷九、《清史稿》卷二四二本传中都说他在顺治十四年福建罗源战役中阵亡；鄂尔泰编《八旗通志》卷一五〇本传中却说阿克善在此战役中击败郑成功，"斩获甚众"，顺治十七年还跟随定西将军爱星阿进军云南，入缅甸阿娃（阿瓦）城，"获伪桂王（永历帝）以归"，恐误。

部阵亡。清军转攻罗星塔寨，据守该处的陈斌、卢谦兵力不敌，向郑成功紧急请援。因双方距离过远，救援不及。十五日，陈斌、卢谦在施琅的招徕下带领官兵一千三百人向清方投降，罗星塔要塞失守。清总督李率泰借口事先招降未顺，直至"已断粮饷，又无援兵"的困境下才被迫投降，决定以"犒赏"为名把陈斌、卢谦及部下官兵全部处斩[1]。此外来降的尚有官弁一百二十一名、兵丁二千六百四十八人。闽安战役以清军获胜告终，不仅解除了省会福州的威胁，而且歼灭郑军五六千人。

关于郑成功的封爵，是南明史上比较费解的问题之一。导致后来史学家困惑的原因来自两个方面，其一是郑成功的幕僚人物在追记郑成功事迹时往往用后来更高的爵位叙述他早期的活动（这种情况现代也屡见不鲜）；另一原因是永历朝廷偏处云贵，郑成功等局促于东南沿海地区，中间为清统治区，朝廷决定加封官爵、铸造印章、撰写诰敕需要一段时间，而使者转辗于道，迂回陆路海上，动辄数月，殊非易事。因此从朝廷决定加封到使者开读诏书、颁发敕印，在时间上必有一个相当长的间隔，部分史籍记载上的差异即由此而来。

---

[1] 《清初内国史院满文档案译编》下册，第三七〇页。按，该书云："逆贼伪镇南将军陈斌率沈奇镇伪总兵陆钱及其属下来降……均杀之。" "沈奇镇伪总兵陆钱"系"神器镇卢谦"之误译。杨英《先王实录》记："守罗星塔护卫前镇陈斌、神器镇卢谦俱被获逮去，不屈，杀之。"（见福建人民出版社1981年陈碧笙校注本第一六〇页）江日升《台湾外纪》卷四记："陈斌等死守罗星塔待援。总兵施琅遣人招斌。斌率卢谦等剃发投诚，全师至福州。泰（指李率泰）令大厅按册内花名领赏，五人一队，从东辕门入，由西辕门出，即收其器械，枭首千有余人，斩讫，方收斌与谦等并杀之。"（见福建人民出版社1983年版第一三七至一三八页）阮旻锡《海上见闻录》（定本）（福建人民出版社1982年版第三十一页）记施琅招降陈斌等后有小注云："后说李率泰尽杀之南台桥，凡五百余人。"被杀降兵数当以满文档案为准。

郑成功在隆武时期已封忠孝伯，但他自己极少用这一爵位发布文告，原因是隆武朝廷和鲁监国封了一批公、侯、伯爵，郑成功看不上眼，他宁可用赐姓、招讨大将军名义显示自己的独特地位。《小腆纪年》记永历二年（1648）十月永历朝廷加封郑成功为威远侯，永历三年（1649）七月封广平公[1]。威远侯事不大清楚，封广平公的记载肯定是错误的。因为同书记载永历七年（1653）六月，封郑成功为漳国公[2]。自1648年到1653年，郑成功的势力有很大发展，连李定国第一次进攻广东（1653）时也对郑氏寄予厚望，永历朝廷不可能仅仅在同等爵位上改封。永历七年晋封漳国公有可靠文献证实，在陈乃乾、陈洙纂《明徐闇公先生孚远年谱》内收有永历八年颁发给徐孚远的诏书，其中就明确称郑成功为"漳国勋臣"，证实了在这以前永历朝廷曾封郑成功为漳国公。郑成功大约由于上述原因，似乎从未用过这个头衔。直到永历十一年九月，朱由榔已迁入云南昆明之后，才决定进封郑成功为延平王，制作印敕完备后，派漳平伯周金汤等为使者取道广西、广东，航海至厦门，行册封礼。周金汤等到达厦门已经是永历十二年（1658，戊戌，顺治十五年）。现将《敕封延平王诰》转录于下：

> 克叙彝伦，首重君臣之义。有功世道，在严夷夏之防。盖天地之常经，实邦家之良翰。尔漳国公赐姓忠猷恺挚，壮略沉雄。方闽浙之飞尘，痛长汀之鸣镝，登舟洒

---

[1] 徐鼒《小腆纪年附考》卷十五及卷十六，中华书局排印本，第五九六页及第六一八页。
[2] 同上书，卷十八，见排印本第六九二页。

泣，联袍泽以同仇，啮臂盟心，谢辰（晨）昏于异域。而乃戈船浪泊，转战十年，蜡表兴元，间行万里，绝燕山之伪款，覆虎穴之名酋，作砥柱于东南，繁遗民以弁冕，弘勋有奕，苦节弥贞，惟移忠以作孝，斯为大孝，盖忘家而许国，乃克承家铭。具金石之诚，式重河山之誓。是用锡以册封为延平王，其矢志股肱，砥修茅戟，丕建犁庭之业，永承胙土之麻。尚敬之哉！[1]

在这以后，郑成功和他的儿子郑经、孙子郑克塽一直以延平王的身份，奉明朝永历正朔，在东南沿海独树一帜。

---

[1] 引自许浩基编《郑延平年谱》。读者可参考杨彦杰撰《郑成功封爵新考》，收入厦门大学台湾研究所历史研究室编《郑成功研究国际学术会议论文集》第三一八至三三四页，此论文集由江西人民出版社1989年8月出版。

第二十五章
李定国的两次进军广东

第一节 1653年李定国广东肇庆之役

在广西桂林、湖南衡州大捷之后，孙可望出于嫉妒心理，竭力限制李定国部的发展，甚至设计加以谋害。在这种情况下，李定国被迫改变战略方向，决定由广西向广东进军。这样，既可以避免同驻守在贵州和湖南西部的孙可望发生摩擦，又可以指望与福建厦门一带的郑成功部和广东抗清义师配合。我们已经指出，就总体而言南明的军事力量并不像历来史家想象的那么弱，只是由于无穷无尽的内讧削弱、抵消了自身的实力，大批将领倒戈投降，为清廷征服自己的同胞效力；即便矢志抗清，又往往各自为战，从来没有建立一个有权威的统一指挥中心，不能相互支援，给清军提供了各个击破的机会。孙可望一度改变了这种局面，抗清运动就取得了一系列重大胜利。可惜好景不长，孙可望的跋扈自雄导致以原大西军为主

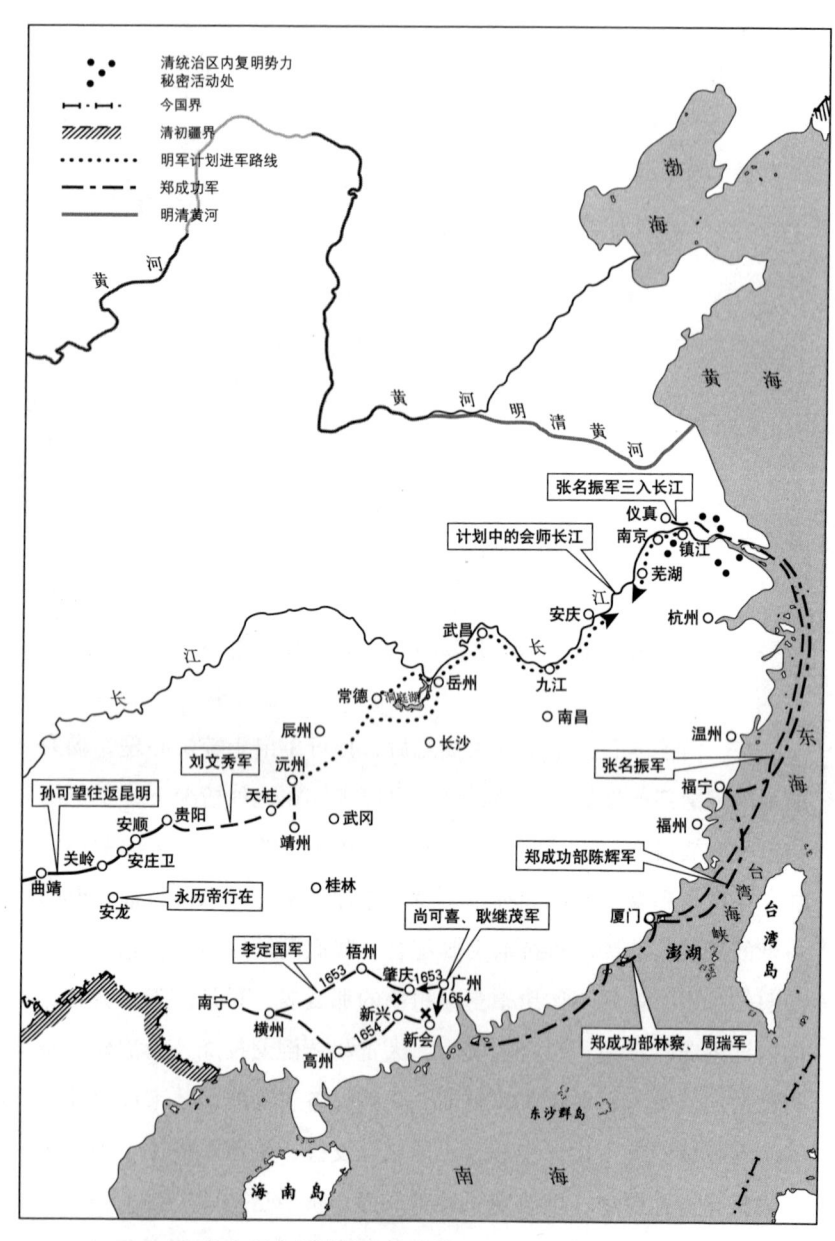

1653—1654年南明会师计划及行动图

体的西南抗清力量分裂。李定国不愧是南明最杰出的军事家，他不仅始终以反清复明为己任，还用卓越的战略眼光分析全局。同孙可望并力恢复湖广然后东进的计划既不可能实现，就转而另辟蹊径，联络郑成功共图复兴大业。他的战略意图是，同郑成功会师，首先收复广东，进而夺取福建、江西、浙江、江苏等省。如果这一计划实现，拥戴南明的各支抗清武装就将控制整个江南，然后分路向北推进，全国形势将大为改观。然而，这一战略目标能否实现很大程度上要看郑成功的态度。

关于李定国同郑成功的关系，已有许多研究成果，由于仁者见仁，智者见智，加上史料的缺乏和混乱，似难取得一致意见。参考各种史籍，也许可以说李定国更多地从抗清大局出发，而郑成功却往往把自己经营的闽海利益置于首位。事实上李定国在衡阳战役后，完全可以凭借本部兵力控制广西全境，威福自操，犯不上苦口婆心地乞援于郑氏。他在率部退入广西以后，一面委曲求全地防止同孙可望完全决裂，一面积极部署东征，希望得到郑成功的全力支持，完全是以大局为重。《台湾外纪》记载，1652年（顺治九年）正月郑成功在海澄县接见周全斌时问以恢复进兵之策。周全斌回答道："若以大势论之，藩主志在勤王，必当先通广西，达行在，会孙可望、李定国师，连鲸粤东，出江西，从洞庭直取江南，是为上策。奈金声桓、李成栋已没，广州新破，是粤西之路未得即通，徒自劳也。今且固守各岛，上距舟山，以分北来之势，下守南澳，以遏南边之侵。兴贩洋道，以足粮饷。然后举兵漳、泉，以为基业。陆由汀郡而进，水从福、兴而入，则八闽可得矣。"郑成功大加赞赏说："此诚妙论！"[1]周全斌

---

[1] 江日升《台湾外纪》卷三。

的意思是以勤王为宗旨，同孙可望、李定国会兵广东然后北进为上策，只是在李成栋败亡以后东西联络不易，才就闽海地区形势提出眼前的作战方案。郑成功欣赏的仅限于后一部分。就在这年年底，李定国决策东攻广东，对郑成功寄予厚望。然而，郑成功志不在此，一味迁延应付。他既不是看不到周全斌建议会合孙、李，连艨粤东是复兴南明的上策，更不是鉴于李成栋的败亡，不敢同广东清军作战，而是担心会师广东之后，他的割据自雄的局面将难以维持下去。杨英在《先王实录》中记载了许多次李定国和郑成功书信往来的事实，只是有的语焉不详，有的年月错乱，给研究者带来很大困难。其中一件写于1653年（顺治十年）的信件，是定国进攻肇庆尚未败退之时要求郑成功出兵相助的："公诚念君德孔厚，父恨深长，则五羊（指广州）赤海，伫睹扬帆，半壁长城，中心是贶。否则中兴告成，京观胜纪，而云台香字，千载传流，国姓不预，其何以仰副殊眷而慰此可为之时势乎？予日望之，匆言，幸照。"[1]信中有一句话很值得注意："知公畴昔之愆期，若有俟不榖今兹之少选，诚有待也。"表明定国在发动肇庆战役以前已经同郑成功约定了会师广东的作战计划。

　　1653年（顺治十年、永历七年）二月，李定国率部从广西贺县出发，占领战略要地梧州[2]，接着师出广东。三月十四日经封川县攻占开建和德庆州[3]，同月二十五日进抵肇庆城下。次日，定国亲临肇

---

[1]　《先王实录》第八十四页。按：杨英把这封信记载于永历八年（1654），更奇怪的是放在李定国另一封迎永历帝入滇后写的信件之后。杨英作为当事人恐不至于这样粗疏，可能是故意颠倒信件前后次序，借此掩盖"藩主"对永历朝廷的真实态度。
[2]　同治十一年《苍梧县志》卷十八《外传纪事下·本朝》。
[3]　刘武元《虔南奏议》卷六。

庆城外,指挥部队从东、西、北三面强攻,同时分兵占领四会、广宁[1]。李定国大军入粤,使两广地区的抗清力量受到鼓舞,纷纷起而响应,配合作战。如,广西岑溪的宋国相、韦应登部出攻广东罗定、东安、西宁;广东沿海的抗清义师派出战船二百余艘由新会、顺德境内河流直入九江口,"伪爵镇周金汤、叶标、施尚义、熊朝佐、王翰、邓耀等兵称数万"[2];韶州清远山中的抗清力量也派使者同李定国联系,准备由从化县南攻广州。特别是镇守广东东部与福建接境的潮州总兵郝尚久也再次树起反清复明的旗帜。郝尚久原为李成栋部将,1648年随成栋反正,1650年叛投清方。他自以为在广州杜永和等未下之时先行降清,又有击退郑成功军之功,会受到清政府的重视。可是,事与愿违,清朝当局对他的反复无常和桀骜不驯早已心怀戒意。1652年(顺治九年)八月,清政府决定派南赣副将刘伯禄接任潮州总兵[3],调郝尚久为广东水师副将,不仅剥夺了他的兵权和地盘,官职也降了一级。郝尚久拒不遵调,已有一触即发之势。二月间,郝尚久就开始了反清的准备工作,清分巡岭东道陆振芬密报,"近尚久深沟高垒,调集四面土官,勾引郑寇入潮阳、揭阳二县"[4]。李定国攻入广东的消息传来,郝尚久认为时机已到,立即起而响应。三月二十二日,他公开反清,"自称新泰侯,改元永历七年","勒令全城割辫裹网"。清巡道陆振芬、潮州知府薛信辰以及普宁、澄海、揭

---

[1] 《虔南奏议》卷六;《平南王元功垂范》卷上。
[2] 《明清史料》丙编,第九本,第八九三页,顺治十二年四月二十八日平南王、靖南王揭帖引雷州副将先启玉语。
[3] 《清世祖实录》卷六十七,顺治九年八月升南赣副将刘伯禄为广东潮州总兵官。
[4] 《明清史料》己编,第二本,第一五〇至一五四页《广东巡抚揭帖》残件。

阳、饶平等县的知县都被拘捕[1]。郝尚久任命李信为潮州知府，还委任了其他地方官员[2]，并且派使者同李定国取得联系。这样，广州地区的清平南王尚可喜、靖南王耿继茂等就处于东、西交困的被动地位。但郝尚久兵力有限，东面受到相邻的福建漳州清军牵制；西面惠州总兵黄应杰又效忠于清朝，隔断了郝军西进广州的去路；清总兵吴六奇驻兵于大埔、镇平（今广东蕉岭县）、程乡（今广东梅州市），从北面威胁着潮州。因此，郝尚久凭借本部兵力同李定国会师恢复广东的可能性不大，他同李定国一样事先派出密使请郑成功出兵，只要郑成功践约遣主力西上，广州清军势难两顾，东西合击收复全粤颇有把握。郑成功的按兵不动，使这一计划无从实现。

肇庆战役从三月二十六日开始。李定国亲自指挥部队架梯攻城。清肇庆总兵许尔显据城顽抗，抽调一批精兵用绳索缒下城外，反击攻城之兵，夺得攻城用的梯子一百多架。李定国见强攻无效，改用挖掘地道透入城中的战术，命令将士用布袋盛土堆积为墙，栽木成栅，辅以挨牌做掩护，利用鸟枪狙击清军，暗中组织人力开挖地道。许尔显察觉了明军的意图，就在城内挖掘一道同城墙平行的深沟，准备李部士卒开挖的地道一旦透入城内即可及时发觉，在深沟地道中展开肉搏战。由于李军势大，许尔显虽竭力防御，但难以持久，迫不及

---

[1] 同上。按，郝尚久随李成栋反清后，受封新泰伯；永历四年（1650）加封新泰侯，见鲁可藻《岭表纪年》卷四。戴笠《行在阳秋》下记郝尚久反清后自称"复明将军"，疑误。反清时间，徐鼒《小腆纪年附考》卷十八记于顺治十年四月；李天根《爝火录》卷二十三记于六月乙未朔，云"大清潮州守将郝尚久叛降郑成功"，均误。

[2] 刘武元《虔南奏议》卷六。《行在阳秋》卷下记：郝尚久"自称复明将军，挟诸乡绅入城，尽反清所署官属。愿从者仍与原衔，不愿者拘留之，惟教官以下听。下各邑追印，多挟印去，空城以待。惟龙溪知县焦某举城旧之"。

待地向广州呼吁急派援兵。

坐镇广州的清平南王尚可喜深知局势危险,他分析了四面之敌,说道:"余无足虑者,破李定国即自相解散耳!"于是,他亲自率领平南、靖南(耿继茂)两藩主力赶赴肇庆[1]。到达肇庆后,尚可喜登上城墙仔细观察了双方战守形势,对部下将领说:"吾所忧乃不在此。"意思是肇庆城墙坚固,易守难攻;他带领的广东清军主力到达之后,双方兵力对比悬殊的局面也已经改变,李定国军攻下该城的可能性不大。但是,广州清军主力既然调到了肇庆,万一李定国派人同潮州郝尚久联络,命郝部破釜沉舟乘虚西攻广州,那么,他就将在肇庆重蹈孔有德桂林之战的覆辙。因此,他通知留守广州的耿继茂派出铁骑扼守三水县西南面的木棉头渡口,切断李定国同郝尚久之间的联系通道。耿兵到达指定位置后,果然遇到李定国遣往潮州联络的一支小部队,清军乘这支李军渡河到一半的时候发起攻击,格杀数百人,挫败了李定国的战略意图。尚可喜解除了后顾之忧,即着手全力对付李定国军。四月初八日,他下令从东、西炮台各凿一侧门,出其不意地冲出城外夺取李军所挖地道。为了鼓舞士气,他高悬赏格:"有能出城夺贼地道者,人赏银五十两。"[2]重赏之下,必有勇夫,清军士卒拼死卖命,蜂拥向前。尽管李军"炮火如雨",清军以挨牌遮挡头部,持刀奋进,夺取了李军的地道口,随即放火熏燎地道内隐藏的李军,死者不知其数。李定国被迫离城五里下营。尚可喜初战得胜,趁明军立足未稳之际,派主力由西、南两门出攻李定国设在龙顶冈的营垒。鉴于李军作战时用长幅布缠头、棉被遮身,刀箭难以奏效,尚可喜

---

[1] 《平南王元功垂范》卷上,参见刘武元《虔南奏议》卷六。
[2] 《平南王元功垂范》卷上。

给士卒配备了一丈五尺长的挠钩长枪，终于突破了李军阵地。

李定国强攻肇庆既被击退，原寄希望的郑成功、郝尚久军又杳无消息，他审时度势决定主动撤回广西。第一次进攻广东的战役就此结束。按清方记载，李定国在肇庆战役中虽然未能得手，兵员损失并不多，每次战败捐躯者都只有几百人。值得注意的是，尚可喜、耿继茂在李定国开始进攻肇庆时胆战心惊，唯恐落到孔有德的下场，向清廷请派援兵。五月，清廷命驻防江宁昂邦章京喀喀木为靖南将军与梅勒章京噶来道噶率军往广东增援[1]。援军到达时，肇庆战役早已结束，遂转用于镇压潮州郝尚久部。

郝尚久获悉李定国兵败西撤后，自知力薄势单，急忙派使者请郑成功出兵相救。可是，郑成功的行动却颇为微妙。这年五月他在海澄、厦门地区击败清固山额真金砺的进攻，召集诸将议曰："金酋杀败班回，必有一番说话，虎不足虑矣。我欲兴问罪之师于潮、揭（阳），一则使郝尚久不敢据郡归清，二则鸥汀逆寨屡截粮□，应当扫平也。"六月，成功"督师南下，先攻鸥汀逆寨"，结果因鸥汀寨建筑在水田当中，"雨田泥深，攻打又难"，未能得手。"姑抽回入揭征助行粮，并移谕郝尚久令其固守城池，不可悖叛归清"。七月，郑成功所统主力驻于揭阳，"征输行粮，各寨乐输"。八月，他就返回厦门了。这段时间正是郝尚久生死存亡之际，郑成功亲统大军进入潮州府境，筹集了粮食之后就扬帆满载而归，给郝尚久的只是一纸带有命令口气的空文。八月十三日，清靖南王耿继茂、靖南将军喀喀木和奉调来援的南赣兵孔国治部一千七百名在收取了潮州府属各县后包

---

[1] 清廷敕稿见《明清档案》第十七册，A17—40号；参见《清世祖实录》卷七十五。

围了府城[1]。经过一个月的拼死搏战，清军终于在九月十四日夜攻陷潮州，郝尚久和他的儿子郝尧自杀[2]。清军"屠城，斩杀无算"[3]。有的史籍记载，郑成功曾派兵援郝，如阮旻锡云："八月，赐姓回厦门。九月，清兵攻潮州，郝尚久求援，遣陈六御率兵援之。尚久疑，不敢开城纳兵。未几，城破，尚久死，六御乃引还。"[4]江日升所记情节颇有出入，"陈六御舟师甫至南澳，闻潮已破，不敢进援而返"[5]，这很可能是为郑成功见死不救进行开脱。郑成功驻师揭阳时与潮州府城接壤，若有同郝尚久合力迎击广东清军之意，何必在关键时刻撤回福建。杨英虽未明言成功在八月间匆忙返回厦门的原因，但紧接着叙述李德、周继武持郑芝龙手书到，同月成功即"令李德星驰赴京回报"[6]。可见，郑成功的撤兵回厦主要原因是担心救"明新泰侯"将影响和谈。派陈六御援潮州不过是一种姿态，在成功麾下陈六御只是二等将领（北镇），兵力根本不足以挽救郝尚久的覆败。潮州一府是郑军粮食的主要补给基地，郑成功受制于和谈，只顾眼前捞一把，而缺乏长远之计，这多少反映了他动摇于明、清之间的困惑。

---

[1] 胡有升《镇虔奏疏》卷下《题陈标将随征恢潮功绩恳恩优叙疏》。

[2] 顺治十年九月二十四日靖南王耿继茂题本见《明清档案》第十七册，A17—160号。同件又见《明清史料》甲编，第四本，第三一五页。参见《明清史料》己编，第二本，第一五〇至一五四页《广东巡抚残揭帖》；《平南王元功垂范》卷上。

[3] 乾隆四十四年《揭阳县志》卷七《事纪·附兵燹》。按，该书记清军攻陷潮州在九月十三日夜。

[4] 《海上见闻录》（定本）卷一。

[5] 《台湾外纪》卷三。

[6] 《先王实录》排印本，第六十二页。

第二节　1654年李定国广东新会之战

李定国在肇庆战役失利后,并没有气馁。他正确地总结了第一次入粤作战的经验教训,肯定东、西夹攻,恢复广东是南明中兴的最佳战略。上年的受挫关键在于郑成功迎战金砺部清军,无暇西顾。因此,他在酝酿再度发动广东战役之时,多次派使者前往厦门同郑成功联络,详尽商讨了战役部署和出兵时间。

就当时形势而言,李定国的决策是完全正确的。首先,夺取广东将大大改变南明的地位,孙可望、李定国控制的云、贵、广西,以原大顺军刘体纯、李来亨等为主的夔东十三家控制的川鄂交界地区,郑成功、张煌言控制的闽、浙沿海岛屿,都是生产比较落后、财赋收入不多、人才较为缺乏的地方,在明朝末年广东一省的财赋大约相当于广西的十倍,文化发展水准也是云、贵、桂三省所不能比拟的,换句话说,收复广东对改善南明的物资、人才的匮乏状态将起重要作用。李、郑会师若能实现,西南和东南就将连成一片,不仅将改变呼应不灵、各自为战的被动局面,而且将为第二步收复福建、江西、湖南奠定基础。其次,李定国联合郑成功恢复广东就可能性而言几乎是稳操胜券的。1653年尚可喜、耿继茂等击败李定国、郝尚久后,靖南将军喀喀木所统满洲援军于十月十五日班师回京[1],广东驻防清军相当单薄。尚、耿担惊受怕,联名向清廷诉苦,说可喜部下兵卒仅二千五百名,继茂部下仅二千三百名,加上绿营兵也不过二万之众,"各处征战不无损伤,难以招募,顶补率皆南人,皆游荡之辈,俱非

---

[1] 顺治十年九月二十四日靖南王耿继茂题本,见《明清档案》第十七册,A17—160号。

经战之辈。连年西贼（指李定国军）鸱张，兼土寇四处窃发，兵力多不可恃"。他们请求清廷抽调蒙古兵员三千发来广东助战。清帝交议政王、内大臣会议，答复是"边外投顺蒙古各有部长，不便调发，应请敕兵部自今以后凡外省解到蒙古，不得仍送理藩院，但查照送到数目，平分咨送两王入伍效用"。这无异于一纸空文，经顺治帝核准后下达[1]。这一文献证明清朝两广总兵力（连同广西原孔有德藩下兵将）不超过三万人，何况"经战之辈"不多，心怀观望者不少。南明可以投入广东的军事力量要强大得多，李定国部约为四五万人，其中许多将士参加过桂林、衡州战役，既富作战经验，也无畏清若虎的心理压力，足以为入广作战的主力。郑成功自称兵员数十万，可能有所夸张，但在十万以上殆无可疑，拥有大小战舰船只上千艘，机动性很强，如果他肯派主力西征，李、郑联军对广东清军无论在兵员数量上，还是在军士素质、器械装备上都占压倒优势。此外，清政府在广东的统治并不稳固，尚可喜、耿继茂吸取了孔有德分兵镇守导致覆亡的教训，两藩兵力全部集中于广州，其他各府、州则由绿营兵驻守。因此，广东许多地方的拥明义师还相当活跃，他们凭借海岛、港湾、山区等有利地势坚持抗清。例如，在钦州、廉州（今属广西）有邓耀、朱统鑑、周腾凤、张孝起等部，邓耀自顺治七年正月起驻兵钦州的龙门岛，这里"东界合浦，西界交阯，为钦、廉门户，群山错落七十有二，钦江诸水随山而转，彼此相通，亦七十二径而注于海"[2]，形势异常险要。明宁藩镇国将军朱统鑑、海北道周腾凤和

---

[1] 顺治十一年七月二十三日叔和硕郑亲王济尔哈朗等"为请给蒙古兵以奠岩疆事"题本，见《明清档案》第二十册，A20—79号。
[2] 九龙真逸《胜朝粤东遗民录》卷一《邓耀传》。

高、雷、廉、琼四府巡抚张孝起也来到廉州地区同邓耀相呼应，永历帝因此授予邓耀靖氛将军封号。在广东高州府石城县（今广东廉江县）有永历朝廷所封漳平伯周金汤部驻守。在广东肇庆府阳江县南面海陵岛有李常荣部；恩平县一带有虎贲将军王兴部。在广州府台山县南海中的上川山、下川山两岛中有凌海将军陈奇策部。这些抗清武装实力虽不雄厚，地域比较分散，但一般都接受永历朝廷大学士郭之奇和两广总督连城璧的节制，他们熟悉当地情况，有的还拥有舟师，对于配合大军作战是一股不可忽视的力量。特别是由于他们兵力较弱，在强敌之下竭蹶图存，迫切希望南明大军入广，借以摆脱困境。第三，还必须注意到明、清双方争夺广东在后援兵力上的差异。明方除原在广东的义师不必说，定国和成功的大军都与广东接境，主力可以在短期内集结，后方支援也比较容易；清方正好相反，清兵赴援往返动辄数月，像1653年肇庆之役，尚、耿紧急呼救，三月明军已败，五月清廷才令江宁驻防满军赴援，抵粤时只赶上收拾残局。李定国致郑成功的信中谆谆劝告万勿"愆期"，原因正在于利用清方增援困难，以绝对优势兵力速战速决，一举拿下广东全省。

　　以上说明了李定国用兵广东的正确。南明复兴的希望在1652年（顺治九年、永历六年）取决于孙、李合作全歼湖南屯齐所统清军，由于可望嫉贤妒能坐失良机；这以后的可能性就是李、郑会师收复广东和东西会师长江收取江南（见下述）。此机一失，南明再无复兴之望。用兵如弈棋，关键一着失误，全盘皆输。李定国不愧是明清之际最杰出的军事家，他的高瞻远瞩，实在是同时诸雄根本无法比拟的。李定国为实现这一重大战略方针呕心沥血，做了极其周密的部署。早在1653年（顺治十年）九月，即李定国在广东肇庆受挫回师广西五个月之后，永历朝廷就派兵部职方司员外郎程邦俊携带诏敕前往广东，向两广总督连城璧宣谕"藩臣定国,勠力效忠,誓复旧疆",即将进军广东,命连城璧联络广东义师准备接应。1654年正月连城璧回奏他接到敕书后"亲诣镇臣王兴营,与之点算军实,收合勇壮;知会镇臣陈奇策、罗全斌等及各股官、义头目,面定要约,以三月初二水陆毕会,以待王师。众皆踊跃,又是一番朝气矣"[1]。这里最值得注意的是连城璧疏中提到的三月初二会师日期,后来定国大军入粤正是在三月初二日占领高州,证明至少在半年以前李定国就已经做出了第二次进军广东的具体计划。定国进兵广东主要寄希望于郑成功率领主力来会,以收东西夹击之效。既然把会师日期早在半年以前就通知了连城璧预做准备,绝不可能不通知郑成功。由于南明文书大量被销毁和杨英等郑系官员记载"藩主"事迹多有讳忌,导致李、郑信使往来的准确情况难以弄清。但是不应忘记广东义师多在海滨、岛屿,同郑成功一样拥有舟师,海上联络并不困难。定国在1654年致成功的一件书信中说"遣使帆海……拟阅月可得旋"[2],前此已多次通使,说明一个月左右使者即可往返,若仅以朝命调兵,仅需半月。定国信内摘引成功来书中语常不见《先王实录》等书,足知杨英等有难言之隐。总之,李定国广东战役方案可说是万事俱备,只欠东风。东风就是郑成功的主力,来与不来,大致决定广东战役的成败,更与南明能否复兴直接相关。

1654年(顺治十一年、永历八年)二月,李定国从广西柳州领兵数万(其中有罗罗兵数千),配备了大象和铳炮,南下横州(今广西横县),经广东灵山(今属广西)攻廉州府(今广西合浦),清总

---

[1] 连城璧《蹇愚录》卷一《甲午正月十三日疏》。
[2] 《先王实录》排印本,第八十一页。

兵郭虎逃走。定国军至高州（今广东茂名市），清高州守将张月和平南王藩下副将陈武、李之珍督兵至石城青头营扼守，被明军击败，李之珍逃往电白县，张月遣使者迎降，陈武被砍死，高州遂为明军占领[1]。接着，清雷州总兵先启玉也以城归降。高、雷既定，李定国在三月初三日亲至高州，广东各处义师群起响应；清平、靖二藩和督抚标兵不敢迎战，集中兵力防守广州地区，向清廷紧急呼救。李定国一面派使者前往厦门再次督促郑成功率主力来粤，他考虑到郑军在水上的优势，从海道来助可以不受潮州、惠州清军的阻击，因此确定两军会师地点为广州南面的新会。同时他派自己的军队会合广东义师王兴等部向新会进发。定国未能亲统大军东征，是因为他在四月间患病，直到八月间才治愈[2]。主帅没有亲临前线，缺乏坚强的指挥核心；郑成功又未能按期出兵，新会战役的前一阶段自然难以奏捷。据清方报告，定国部署的新会战役从六月二十九日开始，"老本贼（即定国所遣本部兵马）约有一千余，皆有盔甲，马约二百余匹，象二只。余

---

[1] 李定国到达高州的时间据嘉庆二十四年《茂名县志》卷十九《杂记》载："甲午三月初三日，定国率本部人马由柳州而来。"陈舜系《乱离见闻录》卷上云："三月二日到高。"光绪十四年《化州志》卷十二《前事略》记："十一年甲午春三月，伪安西王李定国破廉州，自石城至化州高州皆陷。"道光七年《高州府志》卷四《事纪》作"十一年春二月，西寇李定国入高州"。顺治十一年五月二十六日清靖南王、平南王揭帖中说："西贼（二月）二十九日至石城，郭总兵打仗败回。（三月）初一日一股至化州……初三日复差人打探得张月宰牛备办，差人迎贼入城。"又据逃出兵丁报告，"高州府衙门改造王殿，张月仍封博兴侯，后发敕印与他又是都督同知衔。张月说琼州（今海南省）一方在我，等语"。见《明清史料》甲编，第四本，第三四二页。
[2] 陈舜系《乱离见闻录》卷上。

贼皆系绣花针（王兴绰号）及各处土寇"[1]。定国在养病期间仍积极做大战准备，一方面在高州地区筹集粮饷和作战物资，《高州府志》云："定国入高州，改旧府署僭营王殿，重征叠派，每米一石纳扉、履及铅、铁等物，民甚苦之。"[2]定国以高州府署为住所当系事实，但说他"营"建王殿，似乎在大兴土木，则显为诬蔑之词，因为定国志在复广再图进取，不可能有久居高州之意。从征派的物资看，门扇为盾牌之用，鞋为军士所需，铅、铁乃制造兵器必备之物。另一方面，定国在四月间和大约八月间一再派使者赴厦门催促郑成功出兵，要求成功告知准确师期，以便发起决战。杨英书中收录的定国致成功信是一份极其重要的文件，书曰：

> 孟夏（四月）遣使帆海，诣铃阁，悉机务，并候兴居，拟阅月可得旋。不图至今尚栖迟贵壁。今差员李景至，始知前此籓使林祚者，固不知所下落也。不榖驻师高、凉，秣励养锐，惟候贵爵芳信，即会辔长驱，以成合击；盖不欲俾虏有只蹄□遁耳。乃七月中旬又接皇上敕书，切切以恢东为计。君命不俟驾，宁敢迟迟吾行哉！爰遣水陆二师，齐发新（兴）、肇（庆），托祉有初，两见成绩。盖殄虏于长洋，败李酋（指清两广总督李率泰）于

---

[1] 顺治十一年八月清广东巡抚李栖凤为塘报西逆情形事揭帖，见《清代档案史料丛编》第六辑，第二四五页。

[2] 道光七年《高州府志》卷四《事纪》。嘉庆二十四年《茂名县志》卷十九《杂记》云："高州一郡定国拱手得之，以所亲幸之人委理茂名县事，重征科派，每米一石纳兵鞋五双，及勔角铅铁等物以为战具。分遣兵厮下乡催纳，名为管庄。又督征工匠木料，改府署为王殿，设文武官员，俯伏朝请，俨然夜郎矣。"

端水（即肇庆）。而会城两房（指清平南王尚可喜、靖南王耿继茂）恃海嬰城，尚稽戎索。兹不穀已驻兴邑（指广东新兴县），刻日直捣五羊。然逆虏以新会为锁钥枢牖，储糗攸资，是用悉所精神，援饷不绝。不穀之意，欲就其地以芟除，庶省城可不劳而下，故亦合力于斯。在彼望风屏息，遵陆知难，遂恃长舸舰，堵我舟师。非借贵爵星言发夕，其谁收此一捷也。企慕甚殷，宜有关切。至于粤东水师官兵抗虏、降虏者，莫不密遣告劳。然详所举止，多伦观望。不思羊城底定后，虽频年抗节，而不千里勤王，亦何夙绩之足道哉！惟贵爵为宣此意，以怂恿各部，则五等上下，庶知国恩祇报在兹，而不谓不穀之功罪可混也。至援虏之来，向亦各闻其概，然通盘策虏，再无敬谨（指被李军击毙的清敬谨亲王尼堪）之强且精者，今安在哉！诚来，当尽缚以报知己。其楚、豫之间，侦使频繁，大略粤事谐而闽、浙、直争传一檄。所谓张侯爵（指明定西侯张名振）鼓楫而前，要知亦缓于今日发粤之举。时乘其所急，名高于易收，执事宁忍置之？差员称：贵爵从潮、惠脂车，则当以初冬为的，其水部必以速临新邑（指新会）为限。均希相要旦旦，足彻至诚，云台虚左，不穀实厚冀于公也。暂复，不备。[1]

这封信说明，李定国三月间挥师入粤，占领高州府属之后，没有得到郑成功出兵夹攻的消息，故在四月再派使者致书成功，商谈会

---

[1] 杨英《先王实录》。

兵"机务"，由于军事紧急，李定国原定一月之内回报。使者到达厦门时，由于郑成功正同清方"和议"，唯恐定国使者返回后泄露消息，将来使稽留于厦门，拖了一段时间才派李景携来书信复命。郑成功的回信未见，但从定国的信中可以推知其主要内容：一为声称已派部将随张名振北上江、浙；[1]二是应允遣水、陆师入广攻潮、惠，似乎连出师日期也未坦诚相告。[2]郑成功的态度模棱，说明他无意于同定国会师。李定国对此深表不满，正如他在信中所说，"惟候贵爵芳信，即会辔长驱，以成合击"，不啻望眼欲穿。从四月等到八月，郑成功的使者才姗姗来迟，带来的意见又含糊其词。所以，定国在信中透彻地分析了战局态势，指出攻克广东全局皆活，福建、浙江、南直隶（指江苏、安徽）可势如破竹，从此中兴有望，这是就战略而言。从战役而言，恢复广东关键在于攻克新会，即所说"逆虏以新会为锁钥枢膊"，"不毂之意，欲就其地以芟除，庶省城可不劳而下，故亦合力于斯"。但新会地区水道纵横，是广州南面重镇，定国虽有广东义师水军接应，却没有把握在该地击溃广东清军，乘势攻克广州，只要成功率主力相助，即可大功告成。定国信中有时婉转、有时直接地批评了郑成功，如说自己接永历帝敕书后，"君命不俟驾，宁敢迟迟吾行哉！"暗示成功不应虚戴永历名号，不以君命为意；说粤东义军水师"多伦观望"，并不是事实，而是隐喻成功。至于"所谓张侯爵鼓楫而前，要知亦缓于今日发粤之举"；"不思羊城底定后，虽频年

---

[1] 郑成功为掩盖自己按兵不动，常以原鲁监国将领张名振统师入长江作为借口，见前引定国信及下节。
[2] 定国信中云："差员称，贵爵从潮、惠脂车。则当以初冬为的，其水部必以速临新邑为限。"语气显然是定国的意思，以前释为成功所定水、陆进兵计划，不妥。

抗节而不千里勤王，亦何夙绩之足道哉！"直截了当地指责郑成功自诩之功绩对复明大业无足轻重。以当时二人的关系和习惯用语而言，定国的急于会师，解除成功的犹豫和借口，可说是情见于词了。在这封信发出后，定国仍不放心，又以极其恳切的言语写了一篇短笺："圣跸艰危，不可言喻。敕中怆怛之语，不縠读之痛心。五月至今，所待贵爵相应耳。倘确不能来，即示以的。不縠便另议舟师，以图进取。甚（慎）勿然诺浮沉，致贻耽阁。要知十月望后，恐无济于机宜矣。"[1]应该承认，李定国在信中把会师的战略意义、会师地点和日期都说得再清楚不过了。同时也可看出他对郑成功虽寄予厚望，但已经估计到对方缺乏诚意，准备孤注一掷了。

新会战役从六月开始一直打到十二月中旬，长达半年之久。清平南王尚可喜也看出新会的得失直接关系着省会广州的安全，在五月间先后派参将由云龙、右翼总兵吴进忠率部入城协助防守[2]。六月至九月的攻城，是李定国派部将吴子圣等会合广东义师进行的。八月间，陈奇策带领所部水师入西江，攻占江门（今江门市），击毙清广东水师总兵盖一鹏，不仅控制了广州地区的出海口，也切断了广州同新会之间的通道。尚可喜、耿继茂见形势危急，亲自带领官兵于九月十二日前往江门，加强广州南面和西面的防务，但仍不敢同李定国主力决战[3]。十月初三

---

[1] 杨英《先王实录》。
[2] 《平南王元功垂范》卷下；乾隆六年《新会县志》卷二《编年》。
[3] 顺治十五年正月初十日平南王揭帖云："顺治十一年九月内伪安西李定国遣贼将吴子圣攻围新会、高明之时，爵原同靖南王臣耿于九月十二日一齐亲统官兵起行，至十七日抵江门，爵等上岸解围，旋援高明，爵自亲身督阵，擒获贼帅武君禧等一十六员"，见《明清史料》甲编，第五本，第四一七页。

日起，李定国亲统大军号称二十万猛攻新会[1]。明军先后采取挖掘地道、大炮轰城、伐木填壕等战术进行强攻，都因守城清军负隅顽抗，未能得手。十一月初十日，清平南王尚可喜、靖南王耿继茂再次统兵从广州来援，却顿兵于三水，等待清廷所遣满洲军队。

新会被围困日久，粮食告罄，城中清军竟然屠杀居民为食。《新会县志》记载："而围城之内，自五月防兵一至，悉处民舍，官给月粮，为其私有；日用供需，责之居停。贫民日设酒馔饷兵，办刍豆饷马，少不丰赡，鞭挞随之，仍以粮粮不给为辞，搜粟民家，子女玉帛，恣其卷掠。自是民皆绝食，掘鼠罗雀，食及浮萍草履。至腊月初，兵又略人为馎腊，残骸委地，不啻万余。举人莫芝莲，贡生李龄昌，生员余浩、鲁鳌、李炅登等皆为砧上肉。知县黄之正莫敢谁何，抚膺大恸而已。十有四日，援兵解围，城中马有余粟，兵有遗粮，所遗民鸡骨不支。督院李率泰慰将士，存恤百姓，为之流涕曰：'诸将虽有全城之功，亦有肝人之罪。此诸将所以自损其功也。'而悍卒不顾，犹勒城中子女质取金帛；不能办者尽俘以去。李督院数为力言，始戁一二还民；至于靖藩所掠，概留不遣。盖自被围半载，饥死者半，杀食者半，子女被掠者半。天降丧乱，未有如是之惨者也。"[2]

十二月初十日，清廷委派的靖南将军朱马喇等率满、汉兵长途跋涉到达三洲时，新会已危在旦夕。朱马喇部休整三天后，即在十四日会同平、靖二藩军队在新会城外向明军发起总攻，经过四天激烈战

---

[1] 乾隆六年《新会县志》卷二《编年》作十月初四日，此处据《平南王元功垂范》。
[2] 乾隆六年《新会县志》卷二《编年》。

斗,到十八日定国的军队抵敌不住,全线溃败[1]。清军乘胜追击,李定国所统明军主力在二十四日退到高州,二十六日晨撤回广西[2];留部将靳统武领兵数千镇守罗定州(今广东省罗定县),阻滞清军,到次年正月也被迫撤回广西[3]。明军收复的广东州县和部分广西地方重新沦入清方之手。李定国精心筹划的恢复广东、进取江南战略完全失败,这以后他再也没有力量和机会进入广东了,南明复兴的希望从此化作泡影。

总结李定国两次入粤之战,战略方针是完全正确的。广东清军主力当时全部集中在广州,定国的用兵不是直攻该城,而是把广州南面近海的新会选择为主攻方向,证明他始终盼望郑成功海上之师能够在决战之前到达,东西会合,兵力和士气倍增,广东的局势必将大为改观,可以稳操胜券。无奈郑成功私心自用,一味拖延,空言应付,致使定国所云"许大机宜"功亏一篑。

第三节 郑成功与李定国关系之分析

史学界论述李定国与郑成功关系的文章不少,大多是从他俩都

---

[1] 以上时日均据《平南王元功垂范》。道光七年《高州府志》卷四《事纪》云:"冬十月,定国亲至督战。十八日,将军朱马喇统领满汉兵协同平、靖两藩与定国战于河头,用火箭破其象阵(原注:定国军中有象十二头),定国大败,遁去。结筏而渡,奔回广西。"顺治十二年五月两广总督李率泰报"去年十二月在于新会获象十三只",见《明清史料》甲编,第四本,第三六五页。
[2] 嘉庆二十四年《茂名县志》卷十九《杂记》。
[3] 顺治十二年二月两广总督李率泰揭帖,见《明清史料》甲编,第四本,第三五四页。

坚持抗清,战绩远非其他抗清武装所能比拟,而且又书信往返,缔结为姻,故赞扬之词充塞史著,仿佛二人都是忠贞于复明事业、共赴国难的佼佼者。但是,就历史事实而言,会师广东的计划是李定国制定的,在1653、1654年(顺治十年、十一年)他梦寐以求的就是同郑成功东西夹攻,迈出收复广东、重整山河的第一步。然而,这只是定国一厢情愿,郑成功并不想这样做。原因不是他看不到会师广东是南明中兴的关键一着,而是郑成功把以他为首的郑氏集团利益放在最重要的地位。研究郑成功起兵以后的整个经历,可以看出他是一位很有大志的人,在明、清对峙,国土分裂的情形下,他鉴于自身力量不够强大,在政治影响上也无法同明、清两个并存的政权争夺民心(包括官绅),因此,他的策略是明、清两方谁能让他独断专行,或者说割地自雄,他就奉谁"正朔"。用他自己的话来说,他的理想是做一个"纵横而所之"的"凤凰",不愿成为"槛阱之中"的"虎豹"。所以他会说出这样的话:"清朝若能信儿,则为清人;果不信儿言,则为明臣而已。"[1]总之,只能"遥奉",不能"受制于人"。这就是他和后来的郑经一贯提出的"比于高丽"的思想根源。清廷多次招抚(郑方称为"和议")之所以失败,正是因为只给他高爵厚禄,绝不答应给他以相对的独立性。在这种条件下,郑成功只能做一个"明臣"。同样的道理,他的"始终为明"并不意味着他愿意毫无保留地服从明朝廷的调遣,恪守臣节。在东南沿海,隆武帝遇难后,他"始终为唐"(张煌言语),对近在咫尺的鲁监国以客礼相待,而且极力设法使原属鲁监国的兵将听命于己。对永历朝廷,他的内心是矛盾的,一方面他希望奉永历正朔的原大西、大顺军和其他抗清势力能支

---

[1] 见前引杨英《先王实录》。

撑下去，拖住清朝的大部分兵员，借以减轻自己的压力。另一方面，他是很有政治头脑的，预见到如果应定国之约出动主力东西合击，必胜无疑，随之而来的是闽粤兵连一体、地成一片，遥相呼应的局面就要改观。郑成功不会不考虑到自己的相对独立性将受到很大限制，军政大事要禀承于朝廷，否则就难逃僭越之议。更重要的是，自己在兵力、爵位和声望上都略逊于李定国，加以李定国同永历朝廷的关系比他更密切，这些因素必然在郑成功的深谋远虑之中。所以，无论李定国制定的战略如何正确，也不管定国为了实现南明中兴对他怎样苦心相劝，郑成功总像一根插在闽海地区的弹性钢条一样，外力的大小只能造成他左右摇晃的程度，最后还是我岿然不动的南天一柱。明清之际最优秀的军事家李定国的悲剧在于：出滇抗清前期遭到孙可望的嫉恨，无法在湖广（今湖南、湖北）、江西战场上施展雄才大略；中期寄厚望于郑成功连兵粤、闽，会师北上，得到的回报是虚应故事，新会战败，丧师失地，南明中兴从此无望，他所能做的只是效法诸葛亮"鞠躬尽瘁，死而后已"。

郑成功对广东潮州地区一直非常重视，这是郑氏家族军粮的主要来源地。郑鸿逵和郑成功多次进兵潮州原因就在于此。但他的意图却是希望把潮、惠地区据为自己的粮饷、兵员补给地，而在郑军和永历朝廷之间最好是留下一片清方管辖区，打掉这座隔火墙对郑氏集团不利。于是，他在李定国心急如焚的情况下，一味采取拖延推宕的策略。上面已经说过，李定国部署二次入广战役在半年前就已经把预定的会师日期通知了广东义师，绝不可能不通知指望在全局战略中发挥关键作用的郑成功。四月间定国在高州派遣的使者到达厦门后，郑成功正同清方"和谈"，将使者软禁。八月才派李景为使者来到定国军中，定国的回信中说"兹不穀已驻兴邑（广东新兴县）"，据为定国治病的陈舜系记载,他在八月十六日随定国大营往广、肇(新兴属肇庆府),可以证明这封信写于八月十六日以后,信中所说"五月至今,所待贵爵相应耳",是说他四月派出使者预料五月可得回音,不料等到八月,成功使者才姗姗来迟,带来的消息又不明确。定国的回信除了明显地流露出不满情绪,仍抱有会师的极大希望,"慎勿然诺浮沉,致贻耽阁。要知十月望后,恐无济于机宜矣",真可谓语重心长。从《先王实录》中得知,李景和定国使者携带复信返抵厦门不迟于九月初三日,"藩得会师二书,即欲调兵南下勤王。以虏使在泉,令差暂住金门"[1]。然而,他偏要拖过定国信中指定的十月望前(十五日以前)师期,到十月十九日才"遣师南下,与晋王(是时李定国尚未封晋王)等会师勤王。委左军辅明侯林察为水陆总督,提调军中一切机宜;委右军闽安侯周瑞为水师统领",率兵数万、战舰百只,"克日南征",同时派官员林云琼赍勤王师表诣行在,并持书会晋王等(定国时为安西王),书云:"季秋幸接尊使,读翰教谅谅,修矛戟而奏肤功,大符夙愿。……兹叠承大教,宁忍濡滞以自失事机?奈尊使到敝营时,值南风盛发,利于北伐而未利于南征。……即欲遣师南下,与贵部共取五羊,缘风信非时,未便发师。……兹届孟冬,北风飙起,即令辅明侯林察、闽安侯周瑞等统领,扬帆东(?)指,虽愧非顺昌旗帜,然勉效一臂之力。水师攻其三面,陆师尽其一网,则粤酋可不战而擒矣。"[2]

郑成功这次出军有几点很值得注意。第一,郑成功自起兵以来凡遇重大战役都亲临指挥,这次入粤之战对南明和清方都关系重大,

---

[1] 《先王实录》。
[2] 《先王实录》。

西线是安西王李定国任主帅，给他的信中又反复强调了会师广东的战略意义，如说"粤事谐而闽、浙、直争传一檄"，那么，他为什么不肯亲自统军西上呢？唯一的解释是他已有卸责于下的准备。第二，郑成功在众多将领中选择林察出任水陆师正提督可谓独具慧眼，永历朝廷初立之时正是这位林察拥立绍武政权，大打内战，这时让他统军接应永历朝廷的主力在某种意义上确实是"最佳人选"。第三，郑成功是一位久历戎行的统帅，在给其弟世忠信中也说自己"用兵老矣"，何况郑军同清军作战时几次因救援不及时而失城丧师，他当然明白"胜负之际，间不容发"的道理，那么，他在九月初收到定国谆谆嘱咐的十月十五日为郑军到达指定位置的信后，为什么要拖到十九日才调集官兵"克日南征"呢？第四，郑成功自上年就已知道李定国东西夹攻、一举恢粤的计划，其间定国还再三遣使催促他领兵接应。在帆船时代里，海上航行受季候风影响较大，无疑是事实。但在这样长的时间里郑成功没有出兵绝不能用"风信非时"来解释，否则，郑、李使者又怎么能往来海上？何况，上年（1653年）六月至八月郑成功曾经率领舟师南下潮州、揭阳；下年（1655年）八月郑成功又曾派舟师南下广东，九月占领揭阳、普宁、澄海三县，证明秋季并不是不可能南征。退一步说，顺治十年（1653）李定国计划次年东西合攻广东之时，具有丰富海上经验的郑成功如有会师诚意，也应当把海上用兵的最佳时间通知李定国，以便定国确定东西会师打响的月日。明眼人不难看出郑成功的态度暧昧。第五，最引人注意的是，郑成功派出的援师行动极其缓慢，有大造声势之形，无实际作战之心。从清方档案来看，十月初一日郑成功发牌调集兵将，部署南征事宜；初四日他亲临铜山（今东山县）视察兵丁、船工，"授辅明侯林察为正提督，闽安侯（周瑞）为副提督，管辖一百艘大船，派往广东与西部贼兵会合"[1]。十月二十二日,清广东水师副将许龙报告,"上游有数百只船集结,闽安侯周瑞、辅明侯林察有率兵南下之势。盖于二十三、二十四日起程,有言去碣石,有言去广东"。十一月十九日,林察部泊于南澳扎营,"商议军务"。铜山距南澳不过百里,郑成功信中说"兹届孟冬,北风飘起",正值顺风,一天可到。郑成功十月初四日在铜山阅兵命将,一个半月之后才停泊南澳扎营商议什么军务。又过了一个星期即十一月二十五日至二十七日,林察等率领的舟师三百余艘进至广东海丰磡寨村(当即瞰下寨,在海丰县南海滨)。十二月初五日,林察领船只四百余号、士卒三万余众进抵平海所(今惠东县平海)。同月十四日林察派出一队白艚船驶抵大鹏所(与平海隔大亚湾)征输村寨粮米,在这里遇着了广东沿海义师李万荣、陈奇策的队伍,据清方侦察,李万荣曾以猪、酒犒劳郑军。十五日,林察等部乘船三百余艘驶至佛堂门外(在虎门南面二百余里处,距广州四百余里)[2]。上文已说过李定国在新会战败的日期是十二月十四日,也就是林察所遣部分船只到大鹏所同李万荣、陈奇策义师相遇的那一天。当时李万荣等只知新会正在激战,不可能知道定国败退,几乎可以肯定是由于他们的极力劝说,林察才在一天内即从平海进至佛门堂。大约几天之后,他们必定从广东义师处得到定国大军战败急速西撤的消息,在海面观望了很长时间(其中必有派人向郑成功请示之事),于顺治十二年(1655年)五月返回厦门。

---

[1] 顺治十一年十一月初四日两广总督李率泰为紧急塘报事题本,见《郑成功满文档案史料选译》第五十九至六十二页。
[2] 顺治十一年十二月二十日广东巡抚李栖凤"为闽贼水陆并举、惠潮情势孔亟,仰祈圣鉴事"题本见《郑成功满文档案史料选译》第七十三至七十六页。

明、清双方留下的档案和记载都表明，郑成功虽然派出了军队，却没有参战意图。清闽、粤两省高级官员非常注意郑军动向，向朝廷报告林察等南下的日期和活动颇为详细，却没有任何交战之事内容，也就是说林察、周瑞部绝不是遭到清军阻击不能早日到达定国指定位置；从十月初四日到十二月十四日磨蹭了两个月零十天才驶抵平海，派出部分兵船去大鹏所村寨征收粮食，而杨英记载林察、周瑞出兵时，他以户科身份同忠振伯洪旭"照议"计发行粮十个月，可见也不是由于粮饷不足。剩下的唯一解释就是郑成功在命将时即已亲授机宜：不可假戏真做。这一判断不仅可以从上述郑军处处拖延时日上看出，从清方档案和郑方记载中也找不到任何作战痕迹，给人印象似乎是郑成功组织了一次大规模南海旅游，对组织这次改变明、清战局的战役的李定国采取了虚与委蛇的手段，后果是十分严重的。

《台湾外纪》卷四记林察、周瑞返回厦门后报告"舟师次虎头门（即虎门），侦知李定国战败，梧州失守，不敢进兵，还师"。郑成功玩弄权术，责备林察、周瑞等"勤王入援，君命原无俟驾，逗遛观望而回，朝典何在？尔等合心畏避，当尽正罪"。随即下令将周瑞"削职夺爵，解其兵柄，永不叙用"；林察等人降级有差。在给李定国的信里写道："客岁蓬使遥来，同仇同袍之订，甚符夙心。用是敕干敕胄，大集楼船，方刻程期，而敝员李景复以台命至，展读再四，知殿下内急君父之忧，外切仇雠之痛；不佞恨不能征帆悠忽，直扫珠江，同挈故土以迎乘舆。讵意船师未到，而大师已先班回数日。有贵部官兵自粤来投者，细讯其故，盖以骄兵致挫。胜负兵家之常，不足深忧。但敝船逗遛，既不能先期会师，又不能奋图后援，实与有罪焉。已将水陆各将，审定功罪，乃知依违不前者，闽安侯周瑞，已重行捆责,革职闲住,乃念其有功,不然已正法矣……"[1]

郑成功对南征诸将的处理和复李定国书是大有讲究的。1654年能否实现东西合击,奏捷广东,直接关系着永历朝廷的前途,是非同小可的一次重大战略行动。郑成功作为一位杰出的政治家和军事统帅绝不至于看不到这一点。他的信中轻描淡写地说"胜负兵家之常,不足深忧",把关键性战略意图未能实现等同于一般战役的胜负,可说是官样文章。信中首先批评了李定国"骄兵致挫",然后才谈到自己的舟师"逗遛""依违不前",意在把战役失败的主要责任归咎于对方。我们不能说李定国没有犯过骄傲轻敌的错误,但是新会战役的失败却绝不能说成是定国"骄兵致挫"。在人员处理上,郑成功治军之严,在历史上很著名,唯独对这次对南明有决定命运意义的战役中逗留不进的将领却轻轻发落了事。林察是南征主将,郑成功却把"依违不前"的罪责加在副提督闽安侯周瑞头上,原因是林察为郑氏嫡系将领,周瑞原是鲁监国将领,亲疏之分显而易见。顺便说一下,郑成功的跋扈自雄在致定国信中也有充分的表现。按明、清制度大将专征时皇帝授予的最大权力仅限于副将以下违反节制可以不经请旨以尚方剑处斩。周瑞位居侯爵,成功信中说"念其有功,不然已正法矣",完全是一国之主的口气。总之,南征之役无功而返是按照郑成功自己的意志行事殆无疑义。

综上所述,1653—1654年李定国策划的广东之役,是南明中兴的最后一次机会。定国计划的重点是联络郑成功东西合击,配合广东各地义师首先全歼广东清军,再展宏图。在这三股抗清力量中,李定国军和广东义师都是全力以赴的,只是由于郑成功志不在此,终于功亏

---

[1] 夏琳《闽海纪要》。

一篑。广东义师为了实现定国的战略意图表现的积极性颇足称赞。在定国新会战役失败之后负责联络广东义师的明两广总督连城璧仍然为这一东西合击战略奔走呼号。他在1655年六月给永历朝廷的奏疏中呼吁:"所望西师迅发,闽帆再扬,而臣与辅臣郭之奇一鼓再鼓,乘敌之疲,用我之壮,粤东不足平也。"[1]次年(1656,顺治十三年、永历十年)七月,连城璧又在疏中说他联络的粤中义师"坚处海滨……枕戈以待王师重来,与闽师期会,收前此未济之功"[2]。由于李定国在新会战役中兵员器械损失较大,又急于赶赴安龙迎接永历帝入滇,顾不上粤东战场了。大好良机付之东流,曷胜浩叹。

---

[1] 连城璧《蹇愚录》卷一《乙未六月疏》。
[2] 连城璧《蹇愚录》卷一《丙申七月疏》。

第二十六章
1654年会师长江的战略设想

第一节 张名振、张煌言三入长江之役

舟山失守以后,鲁监国朱以海南下福建厦门。当时,部下的兵将还相当多。郑成功把鲁监国的兵败来会,看成是建立自己独霸东南沿海局面的良机。邵廷寀记载:"郑芝龙之北也,遗书戒成功曰:众不可散,城不可攻;南有许龙,北有名振,汝必图之。"[1]这件事可靠程度如何,姑不置论,但郑成功自从起兵以来基本上是按照郑芝龙的路子走的,即以闽海为根据地,对浙江以北、广东以西沿海武装不管是属明还是属清,一概视作异己力量,千方百计加以兼并。

鲁监国政权既然已经失去了自己的基地,漂泊无所,粮饷无

---

[1] 邵廷寀《东南纪事》卷十《张名振传》。

源，客观上形成投奔郑成功的势态。这样，在鲁监国的文官武将中就出现了分化，有的转入郑成功部下，如闽安侯周瑞等人；有的则以寓客自居；定西侯张名振和监军张煌言始终只愿同郑成功保持同盟关系。这在以永历为"共主"的大前提下，自然是说得过去的。实际上双方的隔阂以至疑惧在许多史籍中都有蛛丝马迹可寻。史载张名振"至厦门见延平王郑成功，成功大言曰：'汝为定西侯数年，所作何事？'名振曰：'中兴大业。'成功曰：'安在？'名振曰：'济则征之实绩，不济则在方寸间耳。'成功曰：'方寸何据？'名振曰：'在背上。'即解衣示之，有'赤心报国'四字，长径寸，深入肌肤。成功见之愕然，悔谢曰：'久仰老将军声望，奈多憎之口何！'因出历年谤书盈箧。名振立命火之。于是待名振以上宾，行交拜礼，总制诸军"[1]。这个记载只是反映了郑成功和他的部将对张名振的猜忌，以至于"谤书盈箧"，而说郑成功让张名振"总制诸军"则不符合事实。亲郑文人记载郑成功命张名振管水师前军[2]，意思是把张名振变成郑军部将。以恢复明朝为己任的张名振当然不愿屈从郑氏。正是在这种微妙的情况下，张名振、张煌言决定率军北上，凭借自己的实力

---

[1] 翁洲老民《海东逸史》卷十二《张名振传》。郑达编辑的《野史无文》卷十收《张名振传》记：乙酉年（1645）"六月初十日，名振刺'赤心报国'四字于背，自石浦带兵三千，合新募万人，十七日至萧山。"此文未注明作者，推测为张名振之监军金钟所撰。查继佐《罪惟录》卷十二之下《张名振传》云，辛卯（1651）"名振既间关监国，为之乞援国姓思明州。国姓责以无功，名振乃露背所刺'尽忠报国'字样，矢不二。成功心动……"沈光文《挽定西侯》诗中有"留将背字同埋土"句，注云"背上刺有'忠心报国'四字"，见侯中一编《沈光文斯庵先生专集》（台湾文海出版社出版沈云龙主编《近代中国史料丛刊续编》第七十四辑）。张名振效法岳飞刺字于背，确有其事，但前二字有三种不同记载。

[2] 杨英《先王实录》。

（即原鲁监国的军队）开辟抗清斗争的新局面。

1653年（顺治十年、永历七年）八月，张名振和监军兵部侍郎张煌言带领五六百艘战船向北进发，来到长江口的崇明一带的沙洲。崇明城中的清军兵力有限，不敢出战，被围长达八个月。张部明军以崇明和附近沙洲为基地，如清方一份档案中所说："筑圩耕种，近城十里之外，贼众充斥。百姓菜色相望，饥馑难支。为我用者恹恹待毙，为贼用者欣欣向荣。""崇明产米之乡皆在平洋山前东、西阜沙，今被贼踞。"[1]张名振部明军的进驻崇明沙洲只是为长江战役做准备，并不意味着已经进入长江。正如清朝兵部题本中所说："若夫苏属之有崇明，犹浙属之有舟山也，俱孤悬海外，弹丸独峙……"[2]次年（1654，顺治十一年、永历八年），张军三次进入长江作战，这就是有名的"三入长江"之役。

关于张名振等三入长江之役，在南明史籍中记载最为混乱，连年月也众说纷纭。近人许浩基在所撰《郑延平年谱》中"永历七年癸巳三月张名振、张煌言请师之长江"条下特别加上按语，说：

> 名振与煌言凡三入长江，而未知初入长江为何年？又不知题诗祭陵为何年？各书记载纷歧，莫知所据。《鲁春秋》《东南纪事》俱作壬辰（1652）；《海东逸史》作癸巳（1653）；《小腆纪年》作癸巳初入长江，而甲午（1654）题诗祭陵；《台湾外纪》《海上见闻录》亦作癸巳，而未言

---

[1] 顺治十一年四月二十七日兵部尚书噶达洪等题本残件，见《明清史料》丁编，第一本，第九十四页。
[2] 顺治十一年二月二十八日兵部尚书噶达洪等题本，见《郑成功档案史料选辑》第七十二页。

祭陵事；《南疆逸史》《明季南略》则俱作甲午。尤有不可解者，全氏（指全祖望）撰苍水碑云，癸巳冬入吴淞，明年军于吴淞，会名振之师入长江，遥祭孝陵。甲午再入长江。盖癸巳之明年即甲午也，既书明年，下复系甲午，误甚。谢山犹恍惚其词，后人更难推测矣。[1]

依据清朝档案，参之以张煌言诗文，再以当时亲身见闻者的记载补充，可以断定张名振、张煌言三入长江之役都在甲午年（顺治十一年，永历八年，公元1654年，但其第三次在十二月，按公历推算已至1655年）。经过情形如下：

1653年（顺治十年）秋，张名振、张煌言统军乘船由福建北上，九月到达长江口。这在清方档案中有准确记载，是年九月海上明师"联艅突入黄浦港口"，当地百姓纷纷响应。清总兵王燝致江宁巡抚周国佐手札中说："海邑人民听其愚惑，上海之衙役挟持县令竟欲开门揖盗。胥役人等公然包网。民心若是，内变堪虞。"又引上海知县阎绍庆的告急禀文说："上海皆乐贼来，全无一人守城，终日持刀向知县项下逼之通贼，知县死在须臾，皂快为甚，等语。……"周国佐不得不亲自带领军队赶赴上海[2]。张名振等统率的明军屯驻于崇明

---

[1] 吴兴许杏霞堂刊《郑延平年谱》。许浩基的说法颇有代表性。他把初入长江列在癸巳年（顺治十年，1653）三月，并云张名振于此时至金山"题寺绝壁"；次年甲午（顺治十一年，1654）"正月，张名振再入长江"，至于第三次入长江则避而不谈。直到目前各种史著对"三入长江"的时间仍然说不清楚。

[2] 顺治十年九月江宁巡抚周国佐"为洋寇乘势鸱张，海邑人心煽惑，微臣谨率旅亲临，以寝邪谋，以巩地方事"揭帖，影印件见《明清档案》第十七册，A17—161号。

岛一带的三尖沙、秤沙、平洋等处，安营扎寨，积极联络内地的复明势力，并没有立即发动长江战役[1]。

1654年（顺治十一年）正月十七日起，张名振、刘孔昭、张煌言等部明军乘船分批进入长江口，冲过狼山（今江苏南通市南面沿江重镇）、福山（与狼山隔江相对）、江阴、靖江、孟河、杨舍、三江、圌山（在今镇江市境）等清军江防汛地，二十一日到达瓜洲[2]。明军在金山上岸，缴获清军防江大炮十位和火药、钱粮等物。张名振、刘孔昭、张煌言等带领五百名军士登金山寺，朝东南方向遥祭明孝陵，题诗寄慨，泣下沾襟：

> 予以接济秦藩，师泊金山，遥拜孝陵，有感而赋。
> 十年横海一孤臣，佳气钟山望里真。
> 鹊首义旗方出楚，燕云羽檄已通闽。
> 王师抱鼓心肝噎，父老壶浆涕泪亲。
> 南望孝陵兵缟素，看会大纛祃龙津。

---

[1] 有的史著认为张名振部明军到达崇明沙洲就是"三入长江"的开始，这是不对的。崇明诸沙洲位于长江出海口，明清双方都把它们看成沿海屏障，而不当作内地。如顺治三年二月二十九日江南总督洪承畴揭帖中说："苏州府属八州县，惟崇明县设在海外。"见《明清史料》甲编，第六本，第五〇三页。

[2] 顺治十一年三月初七日兵部尚书噶达洪等"为塘报海寇突犯京口等事"题本，见《郑成功档案史料选辑》第七十六至七十九页；顺治十一年五月"江宁巡抚周国佐揭帖"，见《明清档案》第十九册，A19—181号，同件又见《明清史料》己编，第二本，第一八二页；顺治十二年三月江南总督马国柱"为沿海失事频仍等事"揭帖，见《郑成功档案史料选辑》第一一六至一二三页。

甲午年孟春月，定西侯张名振同诚意伯题并书。[1]

张名振部海师在镇江停留了两三天[2]。清江南总督马国柱同驻南京的满、汉官员会商后，紧急派提督管效忠领兵由浦口、六合增援仪真（今仪征）、瓜洲；阿思哈哈番尼堪领兵由龙潭救镇江。明军在清军到达之前，回舟东下。三月初六日，张部明军四五百号在扬州府属吕四场登岸，击败防守清军，缴获大河营守备印[3]。这就是初入长江之役。

三月二十九日，张名振等率水师六百余艘再入长江，四月"初五日已至圌山"，初七日乘顺风溯流而上，过京口（镇江境内），直抵仪真[4]，在仪真城外江中焚毁盐船数百艘。计六奇记："四月初五日，海艘千数复上镇江，焚小闸，至仪真，索盐商金，弗与，遂焚

---

[1] 登金山赋诗见计六奇《明季南略》《张名振题诗金山》条，商务印书馆版在卷十，中华书局版在卷十六，诗末句中华本作"会看大纛祃龙津"，应从中华本。张名振题诗时间在后记中明言"甲午孟春月"，即顺治十一年正月。同年清江南江西总督马国柱题本残件中说："臣于本年正月二十二日据镇江副将张诚塘报，海寇船只数百只乘风上犯，傍岸而来，到金山西马头，请发援兵策应等情。"见《明清史料》丁编，第二本，第一一九页。清工科给事中翁自涵在顺治十一年五月揭帖中也说："贼登金山顶横槊赋诗，假仁假义，煽我人心。"见《明清史料》己编，第二本，第一七九页。张煌言《张苍水集》第二编《和定西侯张侯服留题金山原韵六首》，当系同行时所作。
[2] 《明季南略》中华书局版卷十六《张明正题诗金山》（明正当作名振）条记，计六奇亲身见闻：正月"二十三日上午，予以候试江阴，因诣北门遥望，见旌旗蔽江而下，彼此炮声霹雳，人人有惧色"。显然，这是明军回舟东下。但他在这一条里记张军正月"十三日抵镇江，泊金山"，"二十日明正等白衣方巾登山"，次日复登山，遥祭孝陵，设醮三日，掠辎重东下，似乎明军在金山停留长达十天，与清方档案不符。
[3] 《漕运总督沈文奎残题本》，见《明清史料》己编，第二本，第一九四页。
[4] 顺治十一年五月十一日安徽巡抚李日芃揭帖，见《明清史料》甲编，第四本，第三三七页。

六百艘而去。"[1]顺治十一年七月山西道御史胡来相揭帖中说:"今春镇江盐艘被焚,岸市被掠,而财赋之区奚容致此,是防严未密,申饬不切耳。"[2]同年十一月初六日工科给事中张王治在题本中说:"即如四月间,海贼直犯仪真,未能先事绸缪,遂致焚烧盐艘数百号,折耗课赋商本数十万,迟延至今未见两淮运司设策画谋,作何补救。坐视商疲课绌,则悠忽概可见矣。"[3]清江南当局急忙调兵遣将,对深入长江的明朝海师进行袭击。张名振等人在仪真停留的时间很短,就返航东下,撤回崇明一带的沙屿稗沙、平洋等处[4],是为二入长江。

五月十八日,张名振因兵、饷不足,亲自南下浙江温州买米七船,又到福建厦门面见郑成功,要求提供兵员、火药、器械。这时他的部分兵将仍留驻于崇明一带沙屿[5]。郑成功答应派忠靖伯陈辉统水

---

[1] 计六奇《明季南略》卷十六。张名振入长江兵力据清方奏报为六百余艘,计六奇写作"千余",估计偏高。
[2] 《明清史料》己编,第二本,第一九三页。张名振军在仪真焚烧盐船事在四月初旬,胡来相大约是风闻入告,误写作"今春"。
[3] 张王治《工垣谏草》下册,"为盐法关系甚重,谨陈责成之法以垂永久事"题本。此书前有魏象枢、韩诗顺治十二年写的序,约为顺治年间刻本。
[4] 顺治十一年四月二十七日江宁巡抚周国佐"为贼艘入江窥漕等事"题本,见《郑成功档案史料选辑》第九十二至九十三页;顺治十一年六月二十四日兵部尚书噶达洪等题本,见《郑成功满文档案史料选译》第四十二至四十三页。
[5] 张名振五月间南下浙江、福建时,清江南总督马国柱、江宁巡抚周国佐上疏"铺叙夸张,居功自饰"。其实,清廷也知道张名振"忽尔开舻南下,明有狡谋"。"逆贼仍踞稗沙等处,应行令该督、抚、镇严加防守……勿得稍有懈弛,致堕狡谋"。见《明清史料》甲编,第四本,第三四五页,顺治十一年九月江宁巡抚周国佐揭帖。

兵五千、陆兵一万、大船近百艘北上支援[1]；张名振认为不虚此行，回舟北返。九月初六日，张名振部进抵上海县城下，清朝上海知县吓得瘫痪于地，城中百姓喧传张军乃"王者之师"，"有执梃而阻遏官府者，有包戴网巾者，有讹言惑众者，有恐喝官府者"[2]。清江宁巡抚周国佐火速领兵来援，以屠城相威胁，才稳定了上海局势。十二月，张名振等率军乘船四百余艘溯江而上，过圌山，十八日由三江营驶过焦山，直抵南京郊外的燕子矶。清朝官员惊呼"咫尺江宁，势甚披猖"，江南江西总督马国柱、提督管效忠指挥驻守南京的满、汉兵丁"奋勇截杀"，"乘胜追至三江口外，非此一举则大江南北岌岌乎殆矣"[3]，可见对东南半壁震动之大。大约在这年底至次年初，张名振的舟师才缓缓东下，退出长江[4]。顺治十二年（1655）五月清朝新任江南总督马鸣珮在奏疏中写道："上年十二月间，贼艅由海入江，十八日至朱家嘴，焚掳江西粮艘……惟是朱家嘴虽在江宁府上元县境内。……朱家嘴堂奥也，镇江、瓜洲门户也，今贼深入堂奥，岂能飞越而至。"又说："朱家嘴失事乃贼入犯京口第三次也。"[5]这就是

---

[1] 顺治十一年九月十一日江南总督马国柱题本，见《郑成功满文档案史料选译》第五十至五十四页。
[2] 姚廷遴《历年记》中，见《清代日记汇钞》。
[3] 《明清史料》已编，第三本，第二二一页缺名残揭帖；同书第二二二至二二三页江南江西总督残揭帖。按，这两个文件均无年月，但二二二残揭帖内有"十二□十八日辰时"，必为十二月十八日。
[4] 南明永历朝廷任命的"督抚浙江军务兼恢剿闽、直"右佥都御史陈璧当时正隐蔽于江苏常熟，在《甲午五十除夕》诗中云："未知天命将何似，莫问楼船海上军。"自注："是月闻海兵进京口。"甲午除夕日他只说海师进至京口，还没有得到退出长江的消息。见《陈璧诗文残稿笺注》，上海古籍出版社1984年排印本，第二十九页；参见鲁可藻《岭表纪年》卷四。
[5] 顺治十二年五月江南总督马鸣珮残揭帖，见《明清史料》已编，第三本，第二三五页。

三入长江之役。

在考定张名振、张煌言率领海师三次进入长江的年月以后,下面可以逐节展开讨论这次战役的战略意图和各方配合的情况。

第二节 钱谦益、姚志卓等人密谋策划会师长江

甲午年(顺治十一年、永历八年)张名振统率的南明鲁监国军队乘海舟三次进入长江,第一次进抵镇江、瓜洲,第二次进至仪真,第三次直逼南京,在一年多时间里积极活动于长江下游和入海口。以战绩而言,即如张煌言后来所述:明军"三入长江,登金山,掠瓜、仪,而徒单弱,卒鲜成功"[1],清方这时还没有建立一支像样的水师,长江下游驻防兵力又很少,只好沿江戒严,重点保卫江南重镇江宁(南京)。总督马国柱在奏疏中自称:"但能保全无恙,便为无罪。"[2]实际上双方没有大的战斗。如果仅仅从表面现象来观察,张名振等发动的三入长江战役颇难令人理解。明军旌旗炫耀,金鼓喧阗,几百艘战船浩浩荡荡直入长江清方要害之区,既不攻城略地,又不同清方派出的援军正面交锋。一年之内,三次进入内河,一次比一次深入,又三次主动撤退,而且始终不离开长江入海口,这里面大有隐情。清廷兵部在奏疏中说:"江南督抚各官每报贼船有数百号,每

---

[1] 张煌言《北征录》,见上海古籍出版社1985年版,第一九二页。郑达《野史无文》卷十三,此句作"此后三入长江,登金山,掠瓜、仪而归,因师旅单弱,讫鲜成绩"。

[2] 顺治十二年三月江南总督马国柱揭帖,见《郑成功档案史料选辑》第一二三页。

船有数百人,如是则足有数万矣。若以数万人之力,合而击之,何坚不摧?崇明系弹丸之地,然数月不破者,乃贼之狡谋矣。贼意如破崇明,恐江东郡邑皆以崇明为诫,披甲登城矣。且贼既至京口,何不攻镇江?既渡瓜、仪,何不进扬州?……今贼登上金山横持斧钺作赋,以假仁假义蛊惑人心。贼势全可拔崇明,犯镇江,劫扬州,然贼并不破城分封,与我死战。……贼自海入江,皆张扬虚名。上起湖南,下至闽广,贼必暗中串通。"[1]同年江南江西总督马国柱在破获了平一统(永历朝廷授讨虏前将军职)、阚名世(永历朝廷授威远将军职)等人潜伏内地的复明志士后向清廷报告:"该臣□(看)得,海□(寇)跳梁,逼入内地,若非内有奸徒暗通□(线)索,何敢狂逞至此?"[2]可见,清朝当局也多少察觉到复明势力有东西联络、同时并举的战略意图。

事实上,张名振等三入长江之役确是由内地反清复明人士联络东西、会师长江、恢复大江南北计划的一个组成部分。参与密谋的有原弘光朝礼部尚书钱谦益、鲁监国所封仁武伯姚志卓、鲁监国政权都察院左都御史加督师大学士衔李之椿、兵部侍郎张仲符、明宗室朱周錤、原兵部职方司主事贺王盛、生员眭本等一大批复明志士。这些人在清统治区内秘密从事复明活动,风险极大。事败之后他们首先销毁证据,有的不幸被捕在审讯时也竭力避免供出细节,牵连同志;迹象还表明仕清的部分汉族官员因各种关系而暗中加以包庇。在这种史料不足征的情况下,只能钩稽材料尽量说明事件的来龙去脉。首先应注

---

[1] 顺治十一年六月初四日兵部尚书噶达洪等题本,见《郑成功满文档案史料选译》第三十四至三十六页。
[2] 《明清史料》丁编,第二本,第一一九页,江南江西总督马国柱题本残件。

意，内地抗清人士的密谋活动由来已久，这里仅就同张名振、张煌言发动长江之役的关系做一点勾画。在西南永历朝廷和东南海上水师之间搭桥的主要策划人是钱谦益和姚志卓。钱谦益的生平事迹已有许多史家论述，姑不赘言。姚志卓，浙江钱塘人，曾组织义军在浙东参加鲁监国的抗清活动，先后转战于天目山区和江西广信府境，受封为仁武伯。他的父亲姚之朔也曾参加义举，兵败后由江西进入广西永历朝廷管辖区，同大学士方以智等人交往颇多，1649年（顺治六年）七月病卒于广西平乐[1]。姚志卓兵败后潜伏于清统治区，曾经不避艰险到过广西、贵州，同永历朝廷建立联系。1652年（顺治九年、永历六年）冬天，钱谦益"迎姚志卓、朱全古祀神于其家，定入黔请命之举"。次年七月，"姚志卓入贵筑（今贵州省贵阳市）行营（即孙可望行营），上疏安隆（即安龙，永历帝驻地）。召见，慰劳赐宴，遣志卓东还，招集义兵海上。冢宰范钅广以朱全古万里赴义，题授仪制司主事"[2]。同姚志卓一道赴黔的有原兵部职方司主事贺王盛派遣的生员睦本。贺王盛的座师雷跃龙当时正担任孙可望行营的大学士；睦本的父亲睦明永在顺治二年松江抗清斗争中被杀[3]，贺王盛凭借这种关系让睦本以"往云贵请讨伊父恤典"为名，建立同永历朝廷的直接联系。三月间上道，行至湖南湘潭，睦本患病不能前进，姚志卓唯恐耽误大事，自行前往贵州。十一月带回永历三年敕书、孙可望札付、

---

[1] 方以智《浮山文集》前编，卷八《岭外稿》卷中《姚吴二君墓志铭》《祭姚默先文》。

[2] 沈佳《存信编》卷四。

[3] 钱肃润《南忠纪·教谕睦公》条云："睦明永，号嵩年，丹阳人，补华亭学博。清兵至，书于明伦堂曰：'明命其永，嵩祝何年。生忝祖父，死依圣贤。'自缢未死，大骂清兵遇害。"

檄文、大学士雷跃龙五封回信和孙可望任命贺王盛为兵部侍郎的敕谕一道。姚志卓把上述文件交给贺王盛，贺王盛又"潜通海寇"，"有茅山道士张充甫系海贼张名振的总线索"[1]。这里说的"茅山道士张充甫"实际上是明鲁监国政权的兵部侍郎，他的名字除张充甫外文献中还有张冲甫[2]、张冲符、张仲符[3]、张中符[4]等不同写法，有关他的事迹还需要进一步查考[5]。姚志卓自己又同钱谦益商议出资募军。钱谦益和夫人柳如是慷慨解囊，这就是钱氏诗中注语所说："姚神武有先装五百罗汉之议，内子尽囊以资之，始成一军。"[6]史籍记载张名振、张煌言入长江时，"平原将军姚志倬、诚意伯刘孔昭偕其子永锡

---

[1] 《明清史料》己编，第二本，第一八四至一八八页《刑部残题本》《江南江西总督马国柱残题本》。按，残题本中说："与孙可望来的人姚志卓同去。"可证明姚志卓在这以前曾经去过贵州。

[2] 清江南江西总督马国柱顺治十一年奏报擒获"叛逆"残题本中提及"未获"人员有"张冲甫"，见《明清史料》丁编，第二本，第一〇九页。

[3] 彭士望《耻躬堂诗钞》（咸丰二年重镌本）自序中写作张仲符，卷十六《山居感逝》诗中写作张冲符。

[4] 任光复《航海纪闻》中记载鲁监国政权中有兵部侍郎张冲符；李聿求《鲁之春秋》卷二、卷十一作兵部侍郎张中符。

[5] 祁彪佳《祁忠敏公日记·乙酉日历》中记乙酉年（1645）五月初六日"茅山道士张充符过访，言大司监俱有引退者，而韩内监赞周且削发。时事可慨矣"。可见，在鲁王朱以海监国以前张充符确为"茅山道士"，但关心时事，同南明高层人士有来往。鲁监国时出任兵部侍郎，后仍以"茅山道士"身份潜伏清统治区进行复明活动。

[6] 钱谦益《牧斋全集·投笔集·后秋兴三之三》。姚志卓在鲁监国政权中原任平原将军，见林时对《荷牐丛谈》卷四，后加封仁武伯。钱谦益作诗时借明人典故讳"汉"字为兵士，"先装五百罗汉"即先募数百士卒隐语，仁武伯改称神武，也是一种遁词。按，明代有宗室名汉，自讳其名，其子读《汉书》，讳曰读"兵士书"；其妻供十八罗汉，讳曰"供十八罗兵士"。见谢肇淛《五杂组》。

以众来依，号召旧旅，破京口，截长江，驻营崇明"[1]。姚志卓率领来会的"众"当即钱氏夫妇出资募集的兵士。钱谦益同刘孔昭在弘光朝廷中共事，到长江战役时仍有联系。《有学集》卷五中所收《郁离公五十寿诗》，用韵和张煌言1654年入长江时作《寿诚意伯刘复阳》相近，钱谦益诗赠刘孔昭祝寿可证明他们之间必定有来往[2]。钱谦益《后秋兴三之三》诗尾句有自注云："夷陵文相国来书云云"，永历朝廷大学士文安之是夷陵人，当时在贵州、四川一带督师，也同钱谦益有书信往还。这些事实表明在幕后联络东南和西南复明势力高层人物的正是钱谦益。

介绍了上述情况，不难看出姚志卓在1653年十一月从贵州带回永历朝廷和实权人物孙可望的大批文书，一个多月以后，张名振、张煌言等人就率领海师大举入江，三次进至京口，迫近南京，时间之长，活动之频繁，都同等待上游明军主力沿江东下密切相关。初入长江时，定西侯张名振于甲午年（1654）正月二十二日在金山寺题诗明云"予以接济秦藩，师泊金山"。张煌言有题为《同定西侯登金山，以上游师未至，遂左次崇明》诗，其中有句云："一诏敷天并誓师……已呼苍兕临流早，未审玄骖下瀬迟。"[3]这两首诗从题目到内容都充分说明：溯流而上的张军实际上是应诏而来的偏师，战略意图是"接济秦藩（秦王孙可望）"由湖北、湖南东下的主力。只是由于"上游师未至"，张军徘徊终年，三度接应均无功而返。其间，参与密谋的贺王盛、眭本等人因叛徒出卖，被清政府逮捕，壮烈捐躯。

---

[1] 徐鼒《小腆纪年附考》卷十八。按，是书记载于顺治十年春，略误，上引档案证明十年十一月姚志卓才从贵州回到江苏。
[2] 参见《张苍水集》第一〇九页。
[3] 张煌言《张苍水集》。

以钱谦益为核心策划的联络东西会师江南的方案在顺治十一年是有可能实现的。钱谦益长期醉心于收复江南徐图北伐的计划,早在永历三年(顺治六年,1649)给门生瞿式耜(时任永历朝廷留守桂林大学士)的密信中就提出"中兴之基业"是顺江而下夺取江南。他把用兵比喻为弈棋,说:"人之当局如弈棋然,楸枰小技,可以喻大。在今日有全着,有要着,有急着,善弈者视势之所急而善救之。今之急着,即要着也;今之要着,即全着也。夫天下要害必争之地,不过数四,中原根本自在江南。长、淮、汴京,莫非都会,则宜移楚南诸勋重兵全力以恢荆、襄,上扼汉沔,下撼武昌,大江以南在吾指顾之间。江南既定,财赋渐充,根本已固,然后移荆、汴之锋扫清河朔。高皇帝定鼎金陵,大兵北指,庚申帝遁归漠北,此已事之成效也。"又说:"王师亟先北下洞庭,别无反顾支缀。但得一入长江,将处处必多响集……我得以完固根本,养精蓄锐,恢楚恢江,克复京阙,天心既转,人谋允臧。"瞿式耜向永历帝转报钱谦益密信疏中写道:"盖谦益身在房中,未尝须臾不念本朝,而规画形势,了如指掌,绰有成算。"[1]这个以收复长江中下游为重点的战略方针,钱谦益称之为"楸枰三局",直到顺治十六年(1659)南明败局已定时,他还在诗中写道"腐儒未谙楸枰谱,三局深惭麈帝思"[2],流露出无限的惆怅。发动长江战役,东南沿海水师同西南明军主力会师收复江南,取得这块财赋充盈、人才荟萃之地作为扭转明清战局的关键,确实是有相当战略眼光的。如果说在永历三年(1649)他提出这一计划还只是

---

[1] 《瞿式耜集》卷一,奏疏,永历三年九月《报中兴机会疏》,疏中转报了钱谦益手书。

[2] 钱谦益《投笔集·后秋兴六之一》。

一种设想,当时未必行得通;到1653年冬至1654年,钱谦益依据明清双方力量的消长,判断已经可以付诸实行了。让我们先看一下1653—1654年清方长江流域的兵力部署:三峡以上处于明军控制之下,湖广地区清军主力是1652年(顺治九年)清敬谨亲王尼堪由北京带领南下的满洲八旗精锐,同年尼堪在衡州同李定国军作战阵亡后,这支清军由贝勒屯齐统率,虽然在周家铺战役中击败了孙可望的军队,但清军伤亡也相当大,士气不高,急于回京休整。1653年(顺治十年)清廷委任洪承畴为五省经略大学士,次年他调集汉族官兵接替湖南防务时在奏疏中说,"四月初旬内官兵方到各县,正在安插间,即值贝勒大兵班师"[1],说明这年春夏之交屯齐带领满洲兵马北返。洪承畴调集的兵力全部不过一万余名,由于从北直隶、陕西、河南等地长途跋涉而来,"水土不宜,疾病大作,官兵十病六七",五月间在宝庆(今湖南邵阳市)甚至发生"夺门私逃"的兵变[2]。湖广以下清军江防兵力也非常单薄,清吏科右给事中郭一鹗的奏疏中说,他于顺治十一年"九月十三日自南昌登舟,溯江而下。每见南北江岸建设墩堡,派兵分守,以防盗贼,法甚善也。及舟泊各处,止见有兵丁一二名者,甚至空堡而无兵丁者,自安庆以下则更寥寥不可问矣。至江宁府(南京),又见演武场操点水师,兵丁不过二百余人,皆老弱不堪,如同儿戏;且战舡狭小,仅容数人,视大艘(指张名振等海师用船)如望高山。如此形状,安望其对垒破敌,决胜于江海之上?所以海寇狂逞屡犯,如入无人之境,汛防官兵未闻乘风波战,一挫其锋,是徒有防

---

[1] 顺治十一年六月二十六日《经略洪承畴揭帖》,见《明清史料》丙编,第二本,第一四六页。

[2] 见上引顺治十一年六月二十六日洪承畴揭帖;参见顺治十一年正月二十八日《经略洪承畴揭帖》,见《明清史料》丙编,第二本,第一四三页。

守兵将之名，虚糜朝廷金钱，而毫无江防之实效"[1]。

正是在这种情况下，钱谦益、姚志卓等人认为应当把握时机，提出了长江战役的计划。他们不仅主动担负起联络东西两方面的南明军队和内地反清义士的责任，还以出资、出力等方式亲自参加了这一重大的军事行动。值得注意的是，发动长江战役，夺取江南为基业，并不是钱谦益等内地少数复明志士一厢情愿的幻想；张名振、张煌言率部全力以赴，表明他们认为这个方案切实可行；西南的孙可望做出了相应的决策，证明他也欣赏和支持这个战略部署。清廷一些官员也看到了潜在的危机，如刑科右给事中张王治就在一件题本中大声疾呼："江南为皇上财赋之区。江南安，天下皆安；江南危，天下皆危。"[2]那么，这一关系全局的重大军事行动为什么半途而废了呢？

第三节　孙可望决策会师长江和计划被搁置的原因

这次由当事人精心策划的会师长江战役，结果却完全令人失望。原因是西南和福建的抗清主力都没有出动。就西南方面说，孙可望让姚志卓带回的信息肯定是许下了从长江中游东下的诺言。当时，

---

[1] 顺治十二年（原件无奏报日期，仅云"顺治十二年四月二十三日到"）吏科右给事中郭一鹗"为严责成以重江防事"揭帖，见《郑成功档案史料选辑》第一二八页。

[2]《明清史料》己编，第三本，第二六九页。此件为残本，无年月，考张王治在顺治十一年十一月仍任工科给事中，十二月初三日任刑科右给事中，顺治十二年九月解职出京，此件当为十一年十二月至十二年春之间所上。

他同李定国之间的嫌隙已经比较深,定国带领兵马向广东推进,另行开辟战场。孙可望直接指挥的军队驻于贵州和湖南西部的少数州县,他一方面想在抗清战场上取得辉煌战果,进一步提高自己的威望,另一方面他的政治野心日益膨胀,梦想取代永历皇帝,需要坐镇黔、滇,不愿亲自统兵东下。于是,孙可望决定起用因保宁战役失利废置昆明的抚南王刘文秀。史载1654年(永历八年、顺治十一年)正月,刘文秀被任命为"大招讨,都督诸军,出师东伐"。[1]几乎可以断定这正是孙可望为了配合张名振展开大规模长江战役而做出的部署。可是,事态的发展并不像孙可望想象的那么顺利。在安龙的永历朝廷和在贵阳的秦王"国主"行营之间的危机已经处于一触即发的阶段。永历帝为了保持自己象征性的地位和生命安全,不得不秘密求助于在广西的安西王李定国率兵"救驾"。就抗清大业而言,孙可望拍板定调决定采纳北线长江会师方案;李定国在顺治十年(1653)、十一年(1654)致力于南线同福建厦门一带的郑成功会师广东的计划。永历八年(1654)朝廷给左佥都御史徐孚远、兵部司臣张元畅的敕谕中说:"今胡氛渐靖,朕业分遣藩勋诸师先定楚粤,建瓴东下。漳国勋臣(指漳国公郑成功)亦遣侯臣张名振等统帅舟师扬帆北上。尔务遥檄三吴忠义,俾乘时响应,共奋同仇,仍一面与勋臣成功商酌机宜,先靖五羊(即广州),会师楚粤,俟稍有成绩,尔等即星驰陛

---

[1] 沈桂《存信编》卷四。黄宗羲《行朝录》卷五《永历纪年》载:"永历八年甲午正月壬辰朔,上在安龙府。……诏以刘文秀为大招讨,都督诸军,出师东伐。"《明末滇南纪略·慕义开科》记甲午岁(1654)"春末调蜀王刘文秀带滇中久练兵士齐赴贵州",下文即述刘文秀、卢明臣是年七月攻湖南常德。记载有误,攻常德是次年(1655)的事情,当时刘文秀也尚未封蜀王。

见……"[1]从表面上看，南北两线同时发动大规模的反攻，前景颇为乐观。然而，作为原大西军第三号人物的刘文秀清楚地意识到孙可望的骄横跋扈已经严重地威胁到西南政局的稳定。他立志抗清复明，却不愿意为孙可望打天下。于是，他"屡辞招讨，不获；从容治装者月余，乃上道。至黔（指贵阳）时四月矣"。[2]"行营诸文武郊迎，辄下车揖谢。既至，朔日大宴，可望祭旂纛，授爵授文秀（文字有误）。文秀言：'某仗皇上洪福，国主威略，诸公侯将士智勇，庶几一日克敌，恢复中原。某菲材，诚恐不胜。'诸人听之皆悦。越数日，乃自于营中请宴文武诸人，优觞半，起谓诸人曰：'皇上犹佛菩萨也，造金殿玉宇以安之，乃我辈大和尚事。'已启言：'营镇诸将领征，历经战已久，不患不威勇，当通以忠义谋略，如《百将传》请书宜各颁付，听礼延文儒讲论。'又言：'军士皆（当）推心爱惜如子，诸营镇不得虐使之，如鞭笞不合道者，我当参治。'"[3]显然，这是对孙可望的批评。他奉劝孙可望应该满足于当好庙中住持、方丈的角色，不要忘乎所以，推倒殿上供奉的佛菩萨，自己爬上宝座，弄得不伦不类，信徒星散。同时针对诸将有勇有谋，却只知"国主"不知皇帝，提出要加强忠贞教育。孙可望听不进去，一意孤行，在这年五六月间由贵阳返回昆明，企图举行禅位礼，黄袍加身。关于孙可望在1654年（顺治十一年、永历八年）五六月间，曾由贵阳赴云南昆明

---

[1] 陈乃乾、陈洙纂《徐闇公先生年谱》，在徐孚远《钓璜堂存稿》一书之首。
[2] 沈佳《存信篇》卷四。
[3] 沈佳《存信篇》卷四。

图谋称帝事,不仅在野史和地方志中有明确记载[1],孙可望本人在途经安庄卫(今贵州镇宁县)白水河大瀑布(即黄果树瀑布)时观赏风景,亲自撰写了一篇《望水亭记》,其中说:

> 甲午(1654)夏,驻跸旧亭,临观赞赏,俄而潭水且涌数丈(黄果树瀑布下有犀牛潭),势若钱塘怒潮,喷云散雾,左右惊视,良久乃平。或曰:此神犀之效灵征异也。爰命所司选胜为亭,以备临眺。亭成而胜益著,因记诸石,以纪厥异云。又题其石壁曰"雪映川霞"。[2]

这就为孙可望在1654年五六月间确实途经安顺、安庄卫往返云、贵提供了最有力的证据。

刘文秀眼见孙可望做事乖张,内部既酝酿着一场重大的危机,自应以稳定政局为首务,"出师东伐"的计划因此搁浅。五月初七日,刘文秀"以单骑出历沅、靖诸营,遍观诸险阻,劳恤军吏,十日而毕。又访求能知天文数术者,夏鸿胪言兴隆山中有隐士李石说星数

---

[1] 康熙三十五年《云南府志》卷五《沿革》记:"六月,孙可望谋僭号,不果,复如贵州。"《云南备征志》卷十七,倪蜕《云南事略》,屈大均《安龙逸史》卷下均有此记载。康熙五十八年《澂江府志》卷三《沿革》记:"十一年甲午六月,孙可望自贵州还云南,复入贵州。张胜率兵同往。"

[2] 孙可望《望水亭记》,民国三十五年《镇宁县志》卷四,艺文志引旧志稿。按,镇宁县在明代为安庄卫,从未修志;清朝道光至光绪年间修了一部《镇宁县志稿》,未刻版印刷。20世纪40年代地方当局访得该稿本,修成《镇宁县志》。明清之际著名人物孙可望留下了少量奏疏,但他写的文章极为罕见。他为黄果树瀑布题的"雪映川霞"四字在瀑布后水帘洞内,"款识已漫灭"。

有验,遣书往聘之。李石至,密言一日夜,赠之衣金而归;复以夏鸿胪荐贤谢之金"。[1]这意味着刘文秀担心内变,一面加强同清方接境地区的防务,一面针对孙可望周围那些谄媚之徒编造的"天命在秦"的"舆论"加以验证。六月,孙可望回到贵阳;七月初六日"大招讨刘文秀择日出师,由平越道,屯于天柱(今贵州天柱县,与湖南接境)[2]。在以后的半年里,刘文秀毫无挥军入楚之意,原因很可能是担心孙可望发动宫廷政变。孙可望同李定国、刘文秀之间的矛盾在永历朝廷内成了公开的秘密。《存信编》卷五记载,永历九年(顺治十二年,1655)二月,"抚南王刘文秀驻川南"。同月二十二日,"简讨朱全古兼兵科给事中视师海上。先是,甲午(1654)秋文安之密与全古曰:'刘、李之交必合,众志皆与孙离,但未知事机得失如何也。我当以冬还蜀,君可以春还吴楚上下流观察形势,各靖其志,无蹈危殆。'安之寻遁入郝(摇旗)、李(来亨)营中,可望追之不得。是年春,海上有警,行营吏部尚书范鑛请遣使宣谕姚志卓,遂命全古。全古还吴,转渡江,由海门至前山洲,志卓已卒。全古宣敕拜奠。丁酉入楚报命。"

概括起来说,1654年张名振、张煌言等的三入长江是复明势力东西会合战略的一个组成部分。这个战略是由内地隐蔽着的复明分子钱谦益、姚志卓、朱全古、贺王盛等人经过调查研究、秘密策划、东西联络后形成的,决策者是掌握永历朝廷实权的秦王孙可望,积极执行者是定西侯张名振等人。只有弄清整个事件的背景和经过,才不致像目前所见各种史籍那样把张名振、张煌言的三入长江之役看成是一

---

[1] 《存信编》卷四。
[2] 《存信编》卷四。

种没有实际意义的孤立行动，也不至于受亲郑文人的记载影响以为是郑成功决策发动了这场战役。

南明史籍中一种常见的偏向是以晚节定论，这并不完全正确，因为历史的殿堂不等于忠烈祠。清初反清志士王思任有一段话说："可以死，可以无死，英雄豪杰自知之也。英雄豪杰一死不足了其事，则可以无死；其事已了而死至，则可以死。……使必以一死为贵，则死而死矣，何济人世事。"[1]钱谦益、孙可望先后投降了清朝，大节有亏，自应遭到非议。然而这两个历史人物都是非常复杂的，尊重历史事实就不能简单对待。钱谦益在弘光朝廷覆亡的时候有苟且贪生之念固然是事实；但他内心里念念不忘恢复明朝，实际行动上多次冒杀身之祸从事反清复明活动，也不容抹杀。如果抓住钱谦益1645年投降过清朝，短期被迫出任清礼部侍郎作为定论，那么，王之仁、金声桓、王得仁、李成栋、姜瓖等人都可以一笔抹杀。孙可望的情况同钱谦益很不一样，他是实力派人物。在1657年反兵内向进攻昆明以前，他处理内部事务虽有不妥之处，总的说来功大于过。接管和改造南明永历朝廷，创造一个足以同清廷抗衡局面的是他，而且除他以外没有任何人做到过。孙可望的缺点在于个人野心太大，特别是在对待永历帝和原来平起平坐的李定国、刘文秀的关系上举措失当。迫使李定国率军由湖广南下两广，虽然在客观上开辟了抗清的新局面，但已经显示出孙可望"国主"的权威运转不灵。1654年他决策部署长江战役是颇具战略眼光的，如果能以大局为重，不论是由他亲自率领大军东下，还是委托刘文秀为前线总指挥，战役的进程必有可

---

[1] 王思任《王季重十种》，浙江古籍出版社1987年版，第三十五页《颂节录序》。

观,明、清双方的胜负尚难预料。可是,在这关键时刻孙可望利令智昏,妄图推倒毫无防范能力的永历朝廷,结果激起李定国、刘文秀等人的抵制,蹉跎岁月,事机全失。张名振、张煌言和钱谦益、姚志卓等人翘首以待的会合上游"秦藩"之师夺取江南的恢复大计就此化为泡影。

南明之不振,关键在于从来没有一个能够调动全部抗清力量的权威核心。清廷内部虽然也常有钩心斗角,但大体上能做到令行禁止,赏罚分明。清胜明败,根本原因不是强弱异形,而是内部凝聚力的差异。1654年南明发动的两场战役都是有可能取胜的。在南线的广东战场上是西打,东不动;北线的长江战役是东打,西不动。仗打成这个样子,还谈什么胜券。查继佐在《罪惟录》里记载南明几个朝廷的覆败都归之为"天",其实,完全是人为的。只要郑成功以主力配合李定国,广东必下无疑,尚可喜、耿继茂难逃孔有德的下场。李、郑联军如能收复广东全省,明清局势就将大不一样。长江战役中,明军在水师上占了绝对优势,又有清统治区内大批复明志士的准备接应,西面可以投入的兵力也相当多。除了孙可望指定由刘文秀统军攻常德或岳州顺江东下以外,夔东十三家军队所处的地理位置极为有利,战斗力也非常强。直到清军进占云南(1661年,顺治十八年)以后,张煌言还派职方司吴钜去郧阳同十三家联络力图扭转败局[1]。上文也提及1654年长江战役时钱谦益同文安之有书信往来,那么,为什么夔东十三家的军队没有采取行动的任何迹象呢?看来也是拥明势力内部由于某种原因不能同心合力,孙可望作为永历朝廷的实际行使最高权力的人物,没有做好协调工作当然要负主要责任。

---

[1] 《张苍水集》第一四八页《送吴佩远职方南访行在兼会师郧阳》。

第四节　郑成功与"三入长江"之役的关系

上文已经指出，1651年（顺治八年）清军攻破舟山后，鲁监国在张名振等统率的军队护航下借居于郑成功控制之下的金门、厦门一带。郑成功有意把鲁监国的兵将收编，遭到抵制后，双方保持一种联合大于摩擦的同盟关系。1653年，张名振等的统军北上既是为了重展雄风，开拓抗清的新局面，也是为了摆脱郑成功的控制。然而，郑成功却依然以上司自居，把张名振率军北上说成是自己所派。这在前引致李定国信里和永历朝廷给徐孚远等的诏敕里可以看得很清楚。郑成功藩下的文人按照这一口径记述长江之役毫不奇怪。如阮旻锡说：永历七年（顺治十年，1653）"赐姓驻厦门，遣前军定西侯张名振等率水师恢复浙直州县，并遣忠靖伯陈辉等一齐进入长江"[1]。杨英《先王实录》所记大抵相同。后来的史家受其影响，都采取了这种说法。温睿临《南疆逸史》卷五十四《郑成功传》云："张名振、陈辉之入长江也，焚粮艘，夺战舰，舟至金山，望祭孝陵，金陵闻之震动。"徐鼒《小腆纪年附考》卷十八记："是年（顺治十年）春，名振请兵北上，与之兵二万，粮三艘。"这类记载人们已经习以为常，但显然严重有悖史实。第一，张名振等鲁监国的军队基本上是保持独立系统的，并没有变成郑成功的部属，北上长江时肯定同郑成功商量过，但不能说是郑成功所派遣；第二，张名振北上时带领的是自己的旧部（即原鲁监国军队），说成是郑成功拨给士卒二万，毫不足信；第三，把三入长江的张名振与郑系将领陈辉并提，显然是误以为陈辉不仅进入了长江，而且参加了战役的全过程，实际情况完全

---

[1] 阮旻锡《海上见闻录》（定本）。

不是这么回事。

下面依据史实，对张名振等三入长江之役与郑成功的关系做必要的剖析。

首先要说明舟山失守后鲁监国的主力损失并不太大，张名振等统率南下金厦的兵员、船只还相当可观。顺治十一年五月清江宁巡抚周国佐揭帖中说："夫洋逆张名振以十余年之积寇，舡近千艘，众约二万余人，且日事舟楫，久狎波涛。"[1]同年十二月二十二日新任江宁巡抚张中元题本中说，"海寇张名振来犯崇明，联艈千余号"，而郑成功则"栖居闽省，串通海贼，资助钱粮戈兵，以牵制江南、浙江之兵，使江浙之兵难至闽省会剿"[2]。顺治十二年浙闽总督佟代残题本中也说："浙有张名振，闽有郑成功，恶比穷奇，势成犄角。"[3]他们依据自己的情报，把张、郑并提，并没有混为一谈。特别是顺治十年到十一年清方正同郑成功"和谈"，对郑成功军队的动向非常注意。郑成功为了避免给清方抓住破坏"和谈"的口实，在张名振领军北上时也确实没有派遣自己的军队去进攻福建以北的清统治区。何况，张名振麾下的将领和军队在史料中有不少详细记载，限于篇幅不能细说。某些史著把张名振描写成"光杆司令"，部下的两万余众得自郑成功拨给，未免疏于查考。

那么，郑成功派忠靖伯陈辉北上的情况如何呢？上文提及顺治十一年五月十八日即二入长江之后，张名振既未接应到上游东下之师，自感兵力不足，曾经南下福建厦门请求郑成功出兵相助。郑成功

---

[1] 《明清史料》甲编，第四本，第三四一页。
[2] 《郑成功满文档案史料选译》第七十七页。
[3] 《明清史料》己编，第三本，第二六九页。

因为同清廷谈判受挫,答应派忠靖伯陈辉带水陆兵一万五千名北上支援。陈辉等奉命北上不仅是在二入长江之后,而且行动极其迟缓。清方档案记载,"陈辉、陈奇、黄大进、黄兴、林锡、蓝芳、施举、沈奇等连艘八百余号,聚党数万余人,自顺治十一年八月十一日流突福宁三沙地方,劫掠攻堡,四民震恐,本府及左营将领、道标中军督率官兵与寇相持鏖战二十余日……各逆因而失利,于九月初三等日始扬帆败遁北指。本道复令本府提师尾追堵剿至秦屿店、下沙埕一带,诸寇方舍闯入浙海而去"[1]。顺治十二年"福建巡抚残题本"中说:"该道看得,海逆联艘北上,自顺治十一年八月起蹂躏福宁各汛,随处堵剿殆无虚日;至今年五月二十七日贼船三百余只,贼首陈辉等六镇鸠集万余,抛泊官澳内,分一百号进钓澳,截我去路。"[2]这两件档案证明陈辉的率舟师北上是在1654年八月间,而且在福建福宁地区进攻清方营堡,直到九月初才起航赴浙江、江苏海域。那么,陈辉部是否参加了这年十二月的三入长江之役呢?回答是也没有。顺治十二年三月初七日,清江南总督马国柱从来降的明游击罗西峰口中获悉:"张名振现有水艇、犁艚等舰八十余只、沙船四百余只。张名振曾向国姓夸口南下,故此国姓派陈辉领战船二百艘,并带有兵士;又阮四之大战船近百艘助伊。伊等于去年九月二十六日祭江,其声势浩大。船起航后,因张名振着陈辉降下旗纛,二人于濠头分裂。十月初五日抵达洋山,遇狂风,陈辉船顺风向温州黄华关以南之三都地方聚集。如此可断言其未来本地。阮四前曾行文国姓,请求招募南田之五六百

---

[1] 佟国器《三抚捷功奏疏·查覆疏稿》,顺治十二年十二月福建巡抚宜永贵为塘报事。
[2] 见《明清史料》已编,第三本,第二四五页。

户人家耕种官田，国姓准之，阮四乃屯驻于官田。是故虽经张名振屡次行文调兵，亦未能来。"[1]这场"旗纛"之争的详情不大清楚，但作为郑军嫡系大将陈辉同张名振在距长江口不远的地方会师不过十天左右就闹翻了，陈辉率部南下浙江温州海域。张名振、张煌言的失望可想而知。陈辉的不肯参加入江战役，自然不是他擅作主张，而是奉郑成功之命。次年（1655）正月，郑成功给清福建巡抚佟国器的信中说得很明白："自去岁议和之后，不佞遂按兵不动，即江淮截运之师，亦暂吊回；遣进浙西之旅，亦戒安辑；孙（可望）、李（定国）请援之兵，亦停未举。此示信于清朝，不可为不昭矣。"[2]总之，张名振等进行的长江战役，郑成功给予的帮助是微不足道的。

张名振等三入长江之役尽管没有取得多大实际战果，但他们深入虎穴的英勇献身精神极堪称道，且客观上的作用也不可低估。其意义在于：一是打击了长江下游清朝统治，暴露了清政府长江防务的脆弱。次年（1655）五月，清廷派固山额真石廷柱为镇海将军，领八旗兵驻防镇江京口[3]；同年八月又重新设立江南福山、杨舍、江阴、靖江、孟河、永生各营及沿江汛兵一千八百名[4]，并且把储藏在江宁库中的红衣大炮移至京口，算是亡羊补牢。二是以堂堂之阵、正正之旗，舳舻相接，金鼓齐鸣，直入长江数百里，对大江南北复明势力在心理上是一个不小的鼓舞。三是在战略上配合了李定国进军广东，迫使清政府不敢抽调江南附近的军队赴援广东。四是取得了入江作

---

[1] 顺治十二年六月十一日兵部尚书李际期题本，见《郑成功满文档案史料选译》第一二八至一三二页。按，南田为浙江象山县南与石浦相对的海岛。
[2] 《先王实录》。
[3] 《清世祖实录》卷九十一。
[4] 《清世祖实录》卷九十三。

战的经验，后来郑成功大举进攻南京，由张煌言担任前锋乃是意料中的事。

第五节　刘文秀进攻常德失利

从1653年（永历七年、顺治十年）春天开始，明清双方在湖南战场上长期处于相持局面。这是由于双方都吃了苦头，实力又大致相当的缘故。就南明方面来说，孙可望既同李定国闹摩擦，自己亲自指挥的宝庆周家铺战役又以败北告终，自然不敢轻举妄动，在相当一段时间里扼守着辰州（沅陵）、沅州、武冈一线，同清军对峙[1]。清朝方面也吸取了桂林、衡阳连遭重大挫折的教训，在湖南的满汉大员避免重蹈覆辙，力主持重，守着常德、长沙、宝庆地区，待衅而动。这年（1653）十一月，洪承畴以经略大学士的身份到达武昌。在摸清了双方兵力部署之后，深知自己面临的局势相当棘手，忧心忡忡地向清廷奏报：

> 湖广地方辽阔，襟江带湖，山川险阻，为从来形胜之地。今寇乱多年，用兵最久，人皆知逆贼孙可望等抗拒于湖南，而不知郝摇旗、姚黄、一只虎等肆害于湖北。兼以土寇附合，苗贼胁从，群聚抢攘，是湖广腹里转为冲边要害。臣今暂驻武昌，见闻最切。如辰、沅、靖州见为孙

---

[1] 顺治十一年七月初二日经略洪承畴揭帖中说："孙逆党众见占踞辰州、沅州、武冈各处。"见《明清史料》丙编，第二本，第一五〇页。

逆等贼盘踞，水陆不时侵犯。宝庆所属之新化、城步各县虽经归附，而孤悬窎远，屡报危急。永州府地界西粤，瑶贼出没无常。桂东、桂阳又与江西之袁州、吉安各山县接壤，有红头逆贼结聚，官兵见在会剿。至常德一府，前逼辰、沅，后通澧州，苗蛮杂处，时常蠢动。即衡州、长沙虽已收服，而逆党观望，实繁有徒。此湖南之情形也。以湖北论之，汉阳、黄州、安陆、德安四府粗安，而郧阳之房县、保康、竹山、竹溪四县有郝摇旗、刘体纯、袁宗第等诸寇，窟穴于羊角等寨，每营万余，虎踞县界，杀掳肆行。郧县、郧西、上津三县，前此尚恃一水可隔，今贼竟掳舟渡江，两岸蹂躏，逼郧阳仅数十里。近又自均州槐树关渡河者万计。襄阳之宜城、南漳、均州、谷城四州县有一只虎（李过，即李赤心）养子小李（即李来亨）、马蹶子（即马重禧）、党守素、李世威等诸贼，位于七连坪等处，将居民逼扶（挟？）供粮。光化县倚山滨江，残废无人。荆州府属之归州及巴东、兴山、长阳三县接连西蜀，虽升补官员，从来未入版图，无任可到，为姚黄、王二、王三等诸逆老营。而夔州之界，只有贼首谭诣、谭韬诸头目数营，俱窟穴于巫山县等处，游抢于彝陵、鄢都、远安、松滋、枝江五州县地方。郧阳治臣朱国治屡报贼情紧急，亟图会剿。此湖北之情形也。计今日官兵分布机宜，湖南见有满洲大兵、陕西满兵及提督各总兵等官兵，分驻武冈、衡州、宝庆、常德一带，可备防御。然各郡窎远，联络不及，实有首尾难顾之虑。若荆州属县，贼孽正炽，倘由澧州而犯常德，或截岳州以犯湘潭，不惟我兵腹背受敌，而大江以南，恐至骚动，此尤当急为筹划。臣与督臣祖泽远会商，长沙系湖南、北总会之区，衡、永、辰、常、宝庆必由之路，即（既）可以接云贵，又可以达广西，武昌藉以为屏藩，江右倚以为保障，臣必往来驻扎其间，始可回应调度，相机进取。……[1]

《清实录》在记载上引奏疏，底下接着说：洪承畴"又疏言：顷者桂林虽云恢复，其实附郭止临桂一县，外郡止灵川、兴安、全州三州县而已。逆贼李定国距省仅二百里，眈眈思逞，满洲援剿官兵岂能久留？将来恢复州县，何以分守，兵至则贼退，兵去则贼复合。彼逸我劳，甚犯兵家之忌。又若孙逆探我兵出援，因以靖、沅贼兵截粤西险道，则我首尾难顾，反置孤军于徼外，种种危形，显然易见。……"[2]

身膺经略五省重任的洪承畴这样连篇累牍地叫苦，有他不得已的隐衷。清廷委派他统率从各省抽调来的"精锐"汉兵经营五省，本意是推行以汉制汉政策，顺治九年跟随尼堪、屯齐等出征的大批满洲八旗兵被牵制在湖南，急需返京休息。所以，清廷在委任洪承畴之时，颇有言听计从的样子，实际上是让归附清朝的汉族官僚、兵将扮演征服西南未定地区的主角。然而，洪承畴指定调集的兵马只有一万

---

[1] 洪承畴的这件题本收入《清代农民战争史资料选编》第一册（上），第一一九至一二一页；但这部书的编者将此题本系时于"顺治九年十一月二十八日"，其实是顺治十年十一月二十八日，同一内容摘见《清世祖实录》卷七十九，顺治十年十一月庚申日，是月癸巳朔，庚申即二十八日。何况，顺治九年洪承畴还没有被任为五省经略。

[2] 《清世祖实录》卷七十九。

多人,加上原驻湖广、广西、四川的绿营兵也绝对难以同孙可望、李定国等指挥的南明军队相匹敌。跟随他进入湖广的一个幕僚写道:"时可望营头众盟八十余万,各省俱备,独秦人有万余。"[1]对明军兵员数估计过高,但南明兵力尚强当系事实。1654年(永历八年、顺治十一年)三月底到四月初,洪承畴带领调集的汉兵"精锐"到达湖南,驻防岳州、长沙、宝庆一带,贝勒屯齐立即班师回京,这支八旗兵的进军是清朝入关以来损兵折将、被拖住时间最长又最无战果的一次军事行动[2]。屯齐部八旗兵久成得代以后,洪承畴知道仅仅凭借自己麾下的兵力要对付孙可望直接指挥的湘西、贵州明军和夔东十三家军队不仅不能克敌制胜,连守住湖北彝陵、荆州,湖南常德、长沙、宝庆一线都毫无把握。至于他经略范围内的广西大部分地区仍为南明大将李定国所控制,就更是力不从心。何况,当时湖南久经战乱之后,地方残破,"大敌在前,小寇在野。满兵络绎,加送迎之烦。而招徕一二难民亦复鼠窜。百姓不来,有司欲去"。经略驻节的长沙"满城极目萧条"[3],宝庆"城内城外无民无房,并蔬菜买卖俱无"[4]。凭借这样一个烂摊子要同明军相周旋,确实不容易。在这种情况下,洪承畴一面竭蹶从事,努力组织绿营等汉兵固守地方,一面请求朝廷另遣满军助战,督促清廷命靖南王耿继茂迅速移镇广西梧州,实际意图是把攻取广西、牵制李定国部明军的责任推给广东

---

[1] 丁大任《入长沙记》,丁当时在偏沅巡抚袁廓宇幕中任职。
[2] 顺治十一年六月二十六日经略洪承畴揭帖中说:"四月初旬,官兵方到各县,正在安插间,即值贝勒大兵班师。"见《明清史料》丙编,第二本,第一四六至一四八页。
[3] 丁大任《入长沙记》。
[4] 顺治十一年六月二十六日经略洪承畴揭帖,见《明清史料》丙编,第二本,第一四八页。

当局。[1]

清廷收到洪承畴的奏疏以后,也知道单靠洪承畴节制的汉族兵马难以同明军一竞高低,就在1653年(顺治十年)十二月任命固山额真陈泰为宁南靖寇大将军,同固山额真蓝拜、济席哈、护军统领苏克萨哈等带领满洲八旗兵前往湖北、湖南镇守。敕谕中说:"尔等公同经略辅臣洪承畴悉心商确,择湖南、湖北扼要之处驻札,其用兵机宜,悉同经略议行。……"[2]这里有两点值得注意:一是陈泰被任命为宁南靖寇大将军虽在1653年底,他统兵南下却是相当晚的,大约是在屯齐部清军1654年回京之后方才起行,到1655年(顺治十二年)春夏之际陈泰派出的先遣八旗兵固山额真济席哈(季什哈)和蓝拜的军队才进入湖南,他本人带领的军队行至湖北监利县境因江水泛滥,河堤冲决,无法前进[3],直到病死军中也未能参加战斗。二是清廷给他的敕谕措辞上颇有讲究,只命他"镇守"和"驻札"湖北、湖南的扼要地方,而没有"进取""剿灭"字样,这充分反映了清廷统治者自知己兵有限,南明军势尚强,再也不敢孤注一掷了。清方在周家铺战役险胜之后,满、汉大员屯齐和洪承畴等人满足于株守湖南腹地,避免同近在咫尺的明军决战。明军方面也同样偃旗息鼓,毫无作为。孙可望在宝庆失利后自知斩将搴旗非己所长,决定重新起用抚南王刘文秀。可是,刘文秀自从保宁战败被剥夺兵权后,日趋消极。据史书

---

[1] 《明清史料》丙编,第二本,第一五〇页,经略洪承畴顺治十一年七月初二日揭帖。

[2] 《清世祖实录》卷七十九。

[3] 顺治十二年七月初六日经略洪承畴揭帖,见《清代档案史料丛编》第六辑,第二六九页。《清世祖实录》卷九十三记顺治十二年八月"革澧州道张国士职,以大军将往荆州,推诿路险难行,不加修葺,贻误军机也",可资旁证。

记载,他废居昆明时"益循循,谨训子(刘震)读书为儒者风,欲入鸡足山学道"[1]。1654年初在孙可望坚持下他出任"大招讨",由于上面已述的原因,他未能及时领兵出征。直到1655年(永历九年、顺治十二年)春,刘文秀才率领大将卢明臣、冯双礼等部马、步兵丁六万、象四十余只,踏上了东攻湖广的征途。四月,刘文秀部集结于湖南辰州(府治在沅陵),计划先攻占常德,切断洞庭湖西面湖北、湖南的通道,然后收复长沙、衡州、岳州,得手后再北攻武昌[2]。

按照刘文秀的部署,明军进攻常德采取水陆并进的方针。他派卢明臣率领一支军队乘船由沅江前进,自己率军由陆路进发。当时,正值涨水季节,卢明臣的军队乘坐一百多艘船只顺江而下,四月十七日即攻克桃源县,活捉清朝知县李瑢[3]可是,刘文秀亲自带领的主力却因为连日下雨,溪水猛涨,道路泥泞,行进非常困难,"马步兵滞留数十日",根本无法同卢明臣所统水路军队配合作战。

清朝五省经略洪承畴和宁南靖寇大将军陈泰得到刘文秀大军入湘的消息后,迅速做出对策,除了从衡州等地抽调军队回守省会长沙

---

[1] 沈佳《存信编》卷四。
[2] 康熙二十四年《桃源县志》卷一《兵燹》记:"乙未十二年,春二月,寇复东下,知县李瑢被执去。扎营邑之邹市、李家洲等处,寻旋兵。夏五月,寇大举,水陆俱下,步马十余万,象四十余只,列营燕子寨一带。连雨溪涨,马、步兵滞留数十日,以水师前锋败死,宵遁。"《清世祖实录》卷九十二,顺治十二年六月宁南靖寇大将军陈泰疏报,刘文秀、卢明臣、冯双礼所统兵马为六万,船千余艘。《清史列传》卷四《陈泰传》也说刘文秀、卢明臣、冯双礼"帅师六万、楼舻千余,分兵犯岳州、武昌,而文秀以精兵攻常德"。
[3] 顺治十二年七月初六日经略洪承畴"为察报桃源失事情形"揭帖,见《清代档案史料丛编》第六辑,第二五八至二六四页。

外，五月初十日，调遣荆州满洲八旗兵赶赴常德，加强防御力量[1]。五月二十三日夜，卢明臣部进至常德城下，遭到优势清军伏击，由于得不到陆路明军的支援，激战到次日，卢明臣中箭落水牺牲，水路明军几乎全军覆没。[2]清军乘胜加强了面对辰州的防务。刘文秀水、陆两路夹攻的计划既告失败，卢明臣的阵亡又严重影响了士气，他随即放弃了攻取常德的计划，带领军队退回贵州。孙可望对刘文秀的举措深表不满，又一次解除他的兵权，让他返回云南昆明闲住。

刘文秀出师失利的原因是多方面的。首先，他出任大招讨就很勉强，缺乏克敌致胜的信心，水师失利之后，他自己统率的主力并没有同清方对阵即自行撤返。上文说过，陈泰本人带领的清军因道路被洪水淹没受阻于湖北监利县境，此后不久陈泰就病死于军中。刘文秀

---

[1] 经略大学士洪承畴揭帖残件（顺治十二年七月十七日到）云："常德府于四月十七日果有贼警，二十三日报到衡州。五月初十日职闻荆州已发大兵赴常德援剿。"（《明清史料》甲编，第四本，第三六一页）《清史列传》卷六《苏克萨哈传》说："十二年，贼帅刘文秀遣伪将卢明臣、冯双礼等分兵犯岳州、武昌，苏克萨哈（时为镶白旗护军统领）伏兵邀击，大败贼众。明臣等复遣贼纵舰拒战，又击败之。文秀引兵寇常德，战舰千余蔽江而下，苏克萨哈指挥军士，奋勇截击，明臣等悉众抗御，我军协力扑剿，六战皆捷，纵火焚其船，斩获无算。明臣赴水死，双礼被创遁，降其伪副将四十余人，文秀走贵州。"

[2] 《清世祖实录》卷九十二记，大将军陈泰这年六月奏疏中说："明臣赴水死。"《清史列传》卷四《陈泰传》记常德战役清军先后在常德城下、沅江中、德山下击败明军，接着在龙阳（今湖南汉寿县）又败明军，卢明臣即在此地"赴水死，（冯）双礼被创遁"。龙阳靠洞庭湖西，参考清方奏报，刘文秀的战略意图很可能是遣卢明臣、冯双礼率舟师由沅江入洞庭湖，东攻岳州。沈佳《存信编》卷五记，永历九年五月二十三日丙午，"刘文秀、马进忠与武大定等攻常德，不克。……七月癸未朔，孙可望命刘文秀、冯双礼、杨国栋、莫宗文、卢明臣等领兵由辰州袭取常德，水陆并进。明臣战舡夜至常德城下，清将杨□（当为杨遇明）伏兵暗击之，明臣中箭堕水死，水师遂败，陆兵走回"。误将常德战役写成五月、七月两次。

在前锋失利、主力完整的情况下本来还可以寻找战机,他的不战而返,说明他无意于此。其次,在战术上刘文秀没有考虑到当时的天时、地利。水、陆并举的方针固然正确,但是在夏汛到来之际应该率陆路兵马提前行动,然后才出动水师,由于他安排不当,致使水师孤军深入,陷于呼应不灵的绝境。

  孙可望任命刘文秀为大招讨,本意是让他在1654年(顺治十一年、永历八年)率军由湘出长江,同张名振等会师,夺取江南。当时屯齐部清军北撤,陈泰部清军尚未南下,正是一举击破清经略洪承畴拼凑的汉军、进取江南的大好时机。由于孙可望的图谋篡位,刘文秀只好按兵不动,导致东、西会师的计划全盘搁浅。在几经拖延之后,刘文秀才在1655年五月部署了进攻常德之役。这是原大西军联明抗清以来,最后一次主动出击的军事行动。刘文秀无功而返,随之而来的是围绕拥戴和取代永历帝的内部倾轧,南明朝廷已经无力东顾了。清方在陈泰病死后,于1655年(顺治十二年)八月任命固山额真阿尔津接替宁南靖寇大将军职务[1]。阿尔津同洪承畴统率的满、汉官兵在军事上也没有取得什么进展,基本上仍是在湖南西部同明军相持。1656年(顺治十三年)三月十七日,洪承畴在奏疏中承认自己奉经略之命"将及三年,犬马之劳不辞,而尺寸之土未恢"[2]。这种局面直到南明内讧,孙可望叛变投降清朝才改观。

---

[1] 《清世祖实录》卷九十三。
[2] 见《明清史料》丙编,第二本,第一五六页。

第二十七章
李定国迎永历帝入云南和孙可望的降清

第一节 孙可望的跋扈自雄和阴谋篡位

孙可望自从把永历帝迁到安龙以后,朝廷大权已经完全被他掌握。所谓永历朝廷不过是个虚有其名的空架子,仅靠一小批扈从文武官员勉强支撑门面。军国大事都由孙可望在贵阳裁决,然后在形式上通知永历帝认可,日常事务则根本不关白朝廷。如史籍所记:"时可望假天子名号令中外,调兵催饷,皆不上闻。生杀与夺,任意恣肆。帝在安龙,一不与闻。"[1]南明管辖区内的相当一部分文官武将除了奉行永历年号外,心目中只有孙可望这位"国主",皇帝被置之度外。1655年(永历九年、顺治十二年),明恢讨左将军白某(大概就是白文选)给孙可望的四件启本被清军缴获,本中白

---

[1] 李天根《爝火录》卷二十二。

某自称臣,用了"启国主御前""封进御览,以慰圣怀"之类的措辞[1]。1654年固原侯王尚礼在云南鸡足山金顶寺铸造大铜香炉一座,炉上镌刻的铭文虽然用了永历八年的明朝正朔,却一字不提当今皇上朱由榔,一味地吹捧孙可望:"固原侯弟子王尚礼,率男广禄,原籍陕西西凉府固原卫群门所张城堡人氏。自丁亥岁躬随国主临滇,发心钦崇三宝,修严各山寺院。……仰赖佛光普照,上祈国主圣寿无疆,皇图巩固。……"[2]这类原始文件说明孙可望已经放任或指使亲信部将拥戴自己登上皇帝的宝座了。他身边的一批文职官员也巧加迎合,乘机劝进。如兵部尚书任僎借天命倡言"明运已终,事不可为矣",主张由永历帝禅位给孙可望[3];编修方于宣则为可望"定天子卤簿,定朝仪。言帝星明于井度,上书劝进"[4]。早在朱由榔被迎至安龙的时候,孙可望曾经一度准备去安龙陛见。任僎却说:"国主欲进安龙,二龙岂便相见?"[5]于是,孙可望连这个起码的礼节也没有举行[6]。

值得注意的是,连在安龙永历帝身边的权臣马吉翔也为自身富贵着想,暗中依附孙可望。他对太监庞天寿说:"今日大势,已归秦王,我辈须早与结纳,以为异日之地。"天寿颇以为然,两人同孙可望派驻安龙的提塘官张应科等结拜兄弟,推心置腹地说:"秦王功德

---

[1] 《明清史料》丙编,第九本,第八九四页。
[2] 赵藩、李根源辑《鸡足山志补》卷二,拓片存云南省博物馆。
[3] 《爝火录》卷二十二。
[4] 《旅滇闻见随笔》。
[5] 《残明纪事》。《明末滇南纪略》卷四云:"孙可望有迎驾心,屡为任僎所阻。"
[6] 《昆山王源鲁先生遗稿》《小腆纪叙》卷下说"已而可望至安隆,入见,将图不轨",云云。恐不可靠。

隆盛，天下钦仰。今日天命在秦，天之所命，人不能违。我辈意欲劝粤主禅位秦王，烦两公为我先达此意。"[1]马吉翔还派人叫永历朝廷的郎中古其品画一张"尧舜禅受图"准备送给可望。古其品忠于永历帝，拒绝作画。马吉翔怀恨在心，私自报告孙可望。可望竟命人把古其品锁解贵阳，毙之杖下。1652年"六月，秦王有札谕天寿、吉翔云：凡朝廷内外机务，惟执事力为任肩。若有不法臣工，一听戎政、勇卫两衙门参处，以息其纷嚣"[2]。当时在安龙永历朝廷中，马吉翔以文安侯掌戎政事，太监庞天寿提督勇卫营。永历君臣在孙可望派遣的提塘官、安龙知府和心怀异志的马吉翔、庞天寿的严密监视下，简直没有多少自由，完全变成了傀儡。孙可望的谕札在安龙宣读后，永历朝臣大为震惊，不少人感到愤慨。吏科给事中徐极、兵部武选司员外郎林青阳、主事胡士瑞、职方司主事张镌、工部营缮司员外郎蔡缜等上疏劾奏马吉翔、庞天寿"包藏祸心，称臣于秦"[3]。在朝廷自身的命运都操纵在孙可望手中的时候，忠于永历的官员劾奏马、庞二奸，不敢直指秦王，显然只是为朝廷稍存体面而已。

  一些史籍记载，1654年（永历八年、顺治十一年）五六月间孙可望曾经专程返回云南昆明，打算正式登基称帝。据说是由于选定

---

[1] 沈佳《存信编》卷三。
[2] 江之春《安龙纪事》；又见佚名《明亡述略》。《爝火录》卷二十二云：可望"以朝事尽诿吉翔及庞天寿"。
[3] 江之春《安龙纪事》，见计六奇《明季南略》中华书局排印本卷十四，第四四九页。

的吉日良辰大雨如注，无法举行即位大典[1]，实际上很可能是遇到内部阻力（如与孙可望地位相当又掌握兵权的李定国、刘文秀坚决反对）才未能如愿以偿。孙可望图谋篡位还表现在有时连朱明朝廷的正朔也弃置不用。例如，在湖南宝庆府紫阳河有一株很大的树，孙可望观赏后封之为"树王"，树干上刻"岁癸巳秦国主"[2]。癸巳为1653年（永历七年）。次年八月在昆明举行了乡试，"父老相传此《题名录》刻秦甲午科字样"[3]。孙可望在贵阳自设内阁、六部、科道等官，地方文官武将也一概自行任命，官印由明朝的九叠篆文改为八叠[4]。这些措施固然有扫除南明朝廷用人唯贿、整肃官箴的积极意义，但实质上却是帝制自为了。有的史料记载，孙可望在方于宣等人参与策划下，"定仪制，立太庙，庙享三主：太祖高皇帝主于中，张献忠主于左，而右则可望祖父主也。拟改国号曰后明，日夜谋禅

---

[1] 《明末滇南纪略》记载颇详："乃择期于五月十六日登殿，受百官朝。孙贼乃于四月兼程旋滇，命冯双礼守贵州，期以是日登殿，大事定矣。令各营马步兵是日俱顶盔贯甲，弓上弦，刀出鞘，自五华山摆至南门口。如是之威，自谓有不臣者即发兵擒之，密议号令如此。岂料天不从人，是日自四鼓以至午时，大雨倾盆不住，站队兵士衣甲尽湿，街上水深尺许，丹墀内水及膝，各官侍立，朝服尽湿。及晴，已过午时矣。自是可望不能出殿，不得受朝，由此兵民议论纷纷。"按，《明末滇南纪略》记载月日虽详，但系年不清楚，给人印象是永历七年事。据屈大均《安龙逸史》卷下，甲午（顺治十一年、永历八年）"六月，秦王孙可望僭号不果，复如贵州"。"可望自黔还滇，急谋僭号。及期，冕小不可冠，自辰至午，大雨倾盆，雷电交作。可望不悦而止，遂归贵州。"康熙三十五年《云南府志》卷五《沿革》记是年"六月，孙可望谋僭号，不果，复如贵州"。康熙五十八年《澂江府志》卷三《沿革》记："十一年甲午六月，孙可望自贵州还云南，复入贵州，张胜率兵同往。"倪蜕《云南事略》所记与《安龙逸史》相同。

[2] 彭而述《读史亭文集》卷十，记下，《宝庆至沅州日记》。
[3] 倪蜕《滇云历年传》卷十。
[4] 江之春《安龙纪事》。

受"[1]。孙可望取代朱由榔的图谋在紧锣密鼓中进行。

第二节　密诏李定国救驾和"十八先生案"

在当时的情况下，孙可望大权在握，要玩弄一场"禅让"的把戏是再容易不过的了。问题是，永历帝的宝座可以取代，永历朝廷所能发挥的号召作用却是孙可望取代不了的。孙可望处于进退维谷之中，一方面强烈的野心驱使他继续策划和筹备登极大典；另一方面他又不能不考虑一旦踢开永历朝廷，包括李定国、刘文秀等原大西军高级将领在内的各种抗清势力几乎可以肯定不会承认他这个草头天子。尽管孙可望仍有所顾忌始终没有演出黄袍加身的闹剧，永历帝却感到头顶上悬挂着一把锋利的宝剑，随时都有被废黜以致丧生的危险。为了求得自身和朝廷的安全，朱由榔和他的亲信把唯一的希望寄托于李定国。他们对李定国的战功、兵力、人品和同孙可望之间的矛盾早已有所了解。据史籍记载，大学士文安之是建议召李定国统兵入卫的主要策划者，他曾做出判断："刘（文秀）、李（定国）之交必合，众志皆与孙（可望）离，但未知事机得失如何也。"指出要观察形势，秘密行动，"无蹈危殆"[2]。亲身经历召李定国率部勤王的汪蛟也断言这一行动"本夷陵公（即文安之）指也"[3]。于是，为了摆脱孙可望的严密控制，永历朝廷着手秘密联络李定国。朱由榔在私下对内监张

---

[1] 江之春《安龙纪事》。
[2] 沈佳《存信编》卷五。
[3] 钱秉镫《藏山阁文存》卷三《汪辰初文集序》。

福禄、全为国说:"可望待朕无复有人臣礼。奸臣马吉翔、庞天寿为之耳目,朕寝食不安。近闻西藩李定国亲统大师,直捣楚、粤,俘叛逆陈邦傅父子,报国精忠,久播中外,军声丕振。将来出朕于险,必此人也。且定国与可望久有隙,朕欲密撰一敕,差官赍驰行营,召定国来护卫,汝等能为朕密图此事否?"[1]张福禄、全为国提出徐极、林青阳、胡士瑞、张镌、蔡缥曾劾奏马吉翔、庞天寿依附秦王,忠贞可靠,建议同他们密商此事。经永历帝同意后,七人共同商议,均表赞成,即往首席大学士吴贞毓处秘密讨论具体办法。吴贞毓说:"今日朝廷式微至此,正我辈致命之秋也。奈权奸刻刻窥伺,恐事机不密。诸公中谁能充此使者?"林青阳自告奋勇愿行。吴贞毓即命礼部祠祭司员外郎蒋乾昌拟敕稿,兵部职方司主事朱东旦缮写,由张福禄等持入宫内钤盖皇帝之宝。林青阳按照事先计划以请假葬亲为名,身藏密敕于1652年(永历六年、顺治九年)十一月启程前往定国军中。当时,定国正在湖南、广西一带与清军作战,不暇内顾。到1653年六月,永历帝见林青阳出使半年,杳无音耗,让吴贞毓再派使臣前往探听消息;吴贞毓推荐翰林院孔目周官。武安伯郑允元建议应该设法遣开孙可望亲信马吉翔,以免走漏消息。永历帝即以收复南宁后需派重臣留守为名,让马吉翔前往[2]。吉翔离开安龙赴任后,周官即秘密上道。朝廷密使到达李定国营中后,定国读了"词旨哀怆"的敕旨,深受感动,"叩头出血,曰:臣定国一日未死,宁令陛下久蒙幽辱,幸稍忍待之。臣兄事可望有年,宁负友必不负君"。在给大学士吴贞毓

---

[1] 江之春《安龙纪事》,收入计六奇《明季南略》卷十四。
[2] 诸书多记以代祭兴陵为名遣出马吉翔,兴陵在梧州,但又说马吉翔在南宁,显有抵牾。钱秉镫《汪辰初集序》据汪蛟亲述:"会南宁新复,因加吉翔重衔留守。"见《藏山阁文存》卷三。

的信中又说:"粤中未定,进退维艰,凡事须密,责在老先生。"[1]

不料,马吉翔到达广西后,遇到来自定国军中的永历朝臣刘议新。刘以为马吉翔长期受永历帝宠信,贵为侯爵,必然参与密召定国之事,见面之后竟毫无顾忌地把朝廷两次敕谕李定国领兵迎驾的情况和盘托出,并说:"定国得敕,感激流涕,不日且至安龙迎驾。"[2]马吉翔大吃一惊,立即派人飞报孙可望。可望得报后,深知一旦定国迎驾成功,自己独揽朝政的局面将完全改观。因此,他决心把这件事查个水落石出,派亲信将领郑国、王爱秀于1654年(永历八年)正月初六日进入安龙"皇宫",逼迫永历帝说清事件原委,"索首事之人"[3]。朱由榔推诿道:"密敕一事,朝中臣子必不敢做。数年以来,外面假敕、假宝亦多,尔等还要密访,岂皆是朝里事?"[4]郑国、王爱秀即与庞天寿合为一伙,于三月初六日逮捕吴贞毓等与密敕有关的官员约二十人,经过严刑拷打后,蔡縯等人为了避免牵涉永历皇帝,承认是部分朝臣勾结内监张福禄、全为国瞒着永历帝私自矫诏密敕李定国。郑国追问道:"皇上知否?"縯等一口咬定:"未经奏明。"郑国与永历朝廷中依附孙可望之人无法可想,只好以"盗宝矫诏,欺君误国"的罪名定案,向秦王孙可望报告。可望命令以永历朝廷名义组织审判,于三月二十日以张镌、张福禄、全为国为首犯,处以剐刑;蒋乾昌、徐极、杨

---

[1] 邵廷寀《西南纪事》卷十《李定国传》。杨英《先王实录》中收1654年李定国致郑成功信中说:"圣跸艰危,不可言喻。敕中怆怛之语,不觳读之痛心。"可以互相印证。
[2] 金钟《皇明末造录》卷上。
[3] 金钟《皇明末造录》卷上。
[4] 江之春《安龙纪事》。

钟、赵赓禹、蔡缜、郑允元、周允吉、李颀、胡士瑞、朱议㵸、李元开、朱东旦、任斗墟、易士佳为从犯，立即处斩；首席大学士吴贞毓为主谋之人，姑念为大臣，勒令自尽[1]。这就是南明史上有名的"十八先生案"。为了解当时情况，将以永历帝名义发布的诏书和孙可望奏疏转录如下：

诏曰：朕以藐躬，缵兹危绪，上承祖宗，下临臣庶，阅今八载。险阻备尝，朝夕焦劳，罔有攸济。自武、衡、肇、梧以至邕、新，播迁不定。兹冬濑湍，仓卒西巡，苗截于前，虏迫于后，赖秦王严兵迎扈，得以出险。定跸安隆，获有宁宇。数月间捷音叠至，西蜀三湘以及八桂，渐归版图。忆昔封拜者累累若若，类皆身图自便，任事竟无一人。惟秦王力任安攘，毗予一人。二年以来，渐有成绪，朕实赖之。乃有罪臣吴贞毓、张镌、张福禄、全为国、徐极、郑允元、蔡宿、赵赓禹、周允吉、易士佳、杨钟、任斗枢、朱东旦、李颀、蒋乾昌、朱仪昶、李元开、胡士端，包藏祸心，内外连结，盗宝矫敕，擅行封赏，贻祸封疆。赖祖宗之灵，奸谋发觉，随命朝廷审鞠。除赐辅臣吴贞毓死外，其张镌、张福禄等同谋不法，蒙蔽朝廷，无分首从，宜加伏诛。朕以频年

---

[1] 按，十八人姓名各书所记常有出入，如蔡缜作"蔡宿"、杨钟作"林钟"、徐极作"徐吉"之类。乾隆二十九年《南笼府志》卷之末附《外志》记，十八人遇难后，"时人哀之，收遗骸葬于城外之西山麓，题其墓曰：明十八先生成仁处"，然所列姓名杨钟作"杨忠"、徐极作"徐桂"。杨钟名见瞿式耜永历三年十二月初五日《言官直气宜伸疏》，可证他书之误。今贵州安龙县仍保存"明十八先生墓"，碑上大字镌"明十八先生成仁之处"。见《贵州发展中的城镇建设》画册照片，照片上两旁小字难以辨认。

患难,扈从无几,故取下之法,时从宽厚,以至奸回自用,盗出掖廷,朕德不明,深自刻责。此后凡大小臣工,各宜洗涤,廉法共守,以待升平。

孙可望的奏疏说:

为行在诸奸娇敕盗宝,擅行爵赏,大为骇异。随奉皇上赐书,将诸奸正法,仰见乾纲独揽,离照无私。首恶吴贞毓、张镌、张福禄也,为从者徐极、蔡宿等也。皇上立置重典,以彰国法矣。盖李定国[1]臣弟也,剿房失律,法自难宽,方责图功,以赎前罪。而敢盗宝行封,是臣议罚,诸奸反以为应赏矣。且臣所部诸将士,比年来艰难百战,应赏应罚,惟臣得以专之。故名器宜重,早已具疏付杨畏知奏明。即畏知之服上刑,亦以晋中枢旋晋内阁之故,原疏具在,可复阅也。因忆两粤并陷时,驾跸南陵(宁),国步既已穷蹙,加之叛爵焚劫于内,虏首弯弓于外,大势岌岌,幸令骁喙潜迹,晏然无恙,不谓非贺九义等遵王朝令星驰入卫之力也。又忆濑湍移跸时,危同累卵,诸奸恶力阻幸黔,坚请随元胤败死,使果幸防城,则误主之罪寸磔遂足赎乎?兹跸安隆三年矣,才获宁宇,又起风波,岂有一防城、一元胤可以再陷圣躬乎!臣累世力农,未叨一命之荣,升斗之禄,亦非原无位号不能自雄者也。沙定洲以

---

[1] 《行在阳秋》,本书原署名为刘湘客所著,前辈学者已指明非刘湘客作,但定为戴笠亦无确证。文中李定国写作"李颀",李颀为十八受难者之一,不知何故误将李定国写作李颀,徐鼒《小腆纪年》卷十八收录此疏已订正为"李定国臣弟也",但其他文字已稍作删改。

云南叛,臣灭定洲而有之,又非无屯兵难于进攻退守者也。总缘孤愤激烈,冀留芳名于万古耳!即秦王之宠命,初意岂能觊此哉!故杨畏知之贵奏疏中有云:今之奏请为联合恢剿之意,原非有意以求封爵也。臣关西布衣,据弹丸以供驻跸,愿皇上卧薪尝胆,毋忘瀍湍之危。如皇上以安隆僻隅,钱粮不敷,欲移幸外地,惟听睿断,自当备办夫马钱粮,护送驾行,断不敢阻,以蒙要挟之名。

据《爝火录》记载,早在1652年(永历六年)五月,孙可望就在一件奏疏中说:"人或谓臣欲挟天子令诸侯,不知彼时天子尚有诸侯,诸侯亦尚知有天子。今天子已不能自令,臣更挟天子之令,以令何地?以令何人?"[1]

孙可望的专横跋扈在他的言行中已表现得淋漓尽致。他只看到永历帝自南宁失守以后既没有兵,也没有地,不得不迁入他所指定的安龙。好比元末群雄纷争之际,朱元璋领兵把龙凤皇帝韩林儿迎至滁州安置一样,一切大政方针都由自己裁决,发布诏令时用"皇帝圣旨、吴王令旨",表面上挂个"大宋"国号,暂时保留龙凤年号罢了。孙可望发布的诏书常用"皇帝圣旨、秦王令旨",颇为相似。任僎之流的"天命在秦",同刘基的"天命自有在"也如出一辙。然而,孙可望和依附他的文臣武将都不明白元末和明末的形势有一个根本的区别,元末是蒙古贵族统治的瓦解时期,而清初则是满洲贵族勃兴的时期。在民族危机深重之际,孙可望竟然看不到要抗清就必须以复明为号召,复明就必须遵奉永历朝廷。孙可望说:"彼时天子尚有诸侯,

---

[1] 《爝火录》卷二十二。

诸侯亦尚知有天子，今天子已不能自令……"把永历帝贬得一钱不值，这完全不是事实。即以孙可望赖以威福自操的原大西军来说，李定国就宁愿站在永历帝一边，而不愿受孙可望的颐指气使；何况东南沿海的郑成功、张名振、张煌言等人，夔东以原大顺军为主的抗清武装以及内地各种或明或暗的抗清势力，都是以复明为宗旨，绝不可能接受孙可望为盟主。孙可望的一意孤行，不仅在忠于朱明王朝的汉族官绅中引起强烈不满，也加深了原大西军内部的分歧，最终导致了原大西军的分裂和内讧。

第三节　李定国奉迎永历帝入昆明

李定国，陕西绥德人[1]，生年不详[2]，崇祯年间投身农民起义，被张献忠收为养子，是大西军主要将领之一。大西军联明抗清后，李定国对复明事业忠贞不贰，战功卓越。1653—1654年他两次进攻广东的时候，永历帝在孙可望的逼胁下，处境非常困难，一再派使者携带密诏让李定国领兵迎驾。李定国深知永历朝廷的存亡直接关系到抗清事业的成败，他的意图是同郑成功会师收复广东，这样既可以扩大南明控制区，又可以借助郑成功、张名振等闽、浙沿海拥明实力派扼制孙

---

[1] 李定国的籍贯在各种史籍中记载互歧，乾隆五十年《绥德直隶州志》卷八《杂记》载李定国为该州"义让里人"，当以此为准。中华书局1986年版《清代人物传稿》上编，第三卷，第三六〇页。林毓辉撰《李定国传》依据王夫之《永历实录》不可靠的记载说他是"陕西榆林人"，显然失考。

[2] 李定国的生年尚未考出。郭影秋《李定国纪年》假定崇祯三年（1630）定国十岁参加张献忠部，林毓辉仅据郭氏"假定"断言李定国"生于明天启元年（1621）"，不妥。

可望。李定国给郑成功的信中说道:"圣跸艰危,不可言喻。敕中怆恻之语,不觳读之痛心。"[1]永历朝廷当时僻处安龙,所谓"艰危"显然不是来自清方,定国信中作如是语,正是指望联合郑成功等共扶永历。1654年冬,新会之战定国大败,撤至广西南宁休整士马。联合"东勋"共扶明室的希望落空了,他只有凭借本部兵力亲赴安龙从孙可望的控制下救出永历帝朱由榔。

孙可望得到情报,派部将刘镇国、关有才领兵驻扎于田州(今广西田阳)阻截李定国军北上[2],甚至下令"凡定国必过之地尽焚刍粮,以绝其归路"[3]。李定国为了突破可望的拦击,抽调精锐,"军中尽易皂旗"[4],昼夜兼程,三天就进至田州。刘镇国、关有才摸不清来军的底细,猝不及防,"乘空马驰去"[5]。定国以大局为重,下令不要追逐二将,只派前骑传呼:"西府驾来!"刘、关部下士卒都在道路两旁跪下迎接。定国传谕安抚道:"若等无恐,吾于秦王兄弟也,以细人之言相间,今已无他。若等归营,吾将劳汝。""于是两兵相遇欢欣如父子兄弟。明日,定国发二万银犒之,且令休息。诸军皆呼千岁。"[6]

---

[1] 杨英《先王实录》。
[2] 刘健《庭闻录》卷三说,可望"遣关有才等以精甲四万拒之田州。定国袭破有才,收其兵"。刘镇国、关有才部兵力肯定有所夸大。
[3] 康熙三十五年《云南府志》卷五《沿革》。这里所说的"归路"是指定国率军返回云贵。
[4] 康熙三十五年《云南府志》卷五《沿革》。
[5] 罗谦《残明纪事》。
[6] 罗谦《残明记事》。另见屈大均《安龙逸史》卷下。沈佳《存信编》卷五记,永历十年二月李定国命部将高文贵领兵从归朝小路抄过田州,径出关有才后。三月,一举击败关部,收其兵三千人。

孙可望得到李定国突破田州防线向安龙进发的消息，急忙派大将白文选于1655年（永历九年、顺治十二年）十月前往安龙，负责把永历君臣搬入贵阳，置于自己直接控制之下。白文选虽然是孙可望的旧部，但他内心里却并不赞成孙可望对永历帝肆无忌惮的傲慢态度。因此，在后来永历帝每次有可能遭到孙可望的谋害时，他总是或明或暗地加以保护。某些史籍说，文选"及至安龙入谒，见其丰仪，股栗汗下，不敢逼行"[1]。朱由榔长得相貌堂堂，见之许多史册，应属可信；但白文选不敢逼驾未必是因为永历帝一表人才，主要还是他心目中以永历朝廷为正统，不愿做孙可望犯上作乱的打手。十二月，孙可望见白文选还没有把永历君臣押来贵阳，又派亲信百户叶应祯去安龙催促[2]。自从密敕事件发生后，孙可望锋芒毕露，这时一再派兵马来安龙督促他移住贵阳，朱由榔知道此行凶多吉少，"宫中"大小哭泣不止；白文选即以安龙地方僻小，召募民夫不易为理由，拖延时日，等待李定国到来。

1656年（永历十年、顺治十三年）正月，李定国军距安龙已不远，先派传宣参将杨祥身藏密疏前往安龙，在离城五十里的板屯江（一作坂屯河）被刘镇国部兵擒获，解送到白文选处。文选询问其来意，回答道："我传宣参将杨祥也。国主令我来督催道府州县预备粮草，以候国主之至耳。"当即从衣甲内取出龙牌一纸，"为仰安龙道

---

[1] 康熙三十五年《云南府志》卷五《沿革》。
[2] 屈大均《安龙逸史》卷下写作"伪百户叶应祯"，昆明无名氏辑录《滇南外史》、罗谦《残明纪事》亦同；金钟《皇明末造录》作"叶应桢"；钱秉镫《汪辰初文集序》据当时㡾跸安龙的汪蛟《日记》说是可望"亲将叶粲"。《清世祖实录》卷一二一，顺治十五年十月清廷授予随孙可望投降官员名单中有叶应祯等授一等阿达哈哈番，当以此为准。

府备糗粮之具。无他也"。白文选明知杨祥不是"国主"孙可望的使者，假装糊涂，命以酒食款待后即任其自由行动。杨祥得以入城谒见永历帝，呈上衣甲后心所藏密疏，署云"藩臣李定国谨奏"："臣今统兵迎扈，不日至行畿，先遣奏万安，勿轻听奸逆辄行移跸"[1]，奏本上盖有永历密敕所赐"屏翰亲臣"印为信[2]。永历帝知道定国大军即将到达，才比较放心。杨祥完成任务后改换衣装由山路回报定国[3]。十六日，叶应祯听说李定国大军将至安龙，急忙带领士卒戎服贯甲入宫，逼迫永历帝、后立即骑马前赴贵阳。一时"宫中哭声彻内外"，白文选赶来，见叶应祯蛮横无状，把他叫过来说："国主恐安西归清，所以迎驾者，恐陷不测也。事须缓宽，若迫促至此，朝廷玉叶金枝，不同尔我性命。万一变生意外，若能任其责乎？今我往探，若安西果通清兵前来，移跸未晚。倘止是安西还兵，彼乃一家人，我等何得过为逼迫，自取罪戾！"[4]在白文选的干预下，叶应祯被迫退让。二十二日凌晨，大雾弥漫，忽然有几十名骑兵直抵城下，绕城喊道："西府大兵至矣！"城中欢声雷动，叶应祯所领劫驾兵仓促逃回贵阳[5]。接着炮声由远及近，定国亲统大军到达安龙。入城朝见时，永历帝说："久知卿忠义，恨相见之晚。"李定国激动得泪流满面，

---

[1] 屈大均《安龙逸史》卷下。

[2] 前引康熙《云南府志》卷五《沿革》。

[3] 《安龙逸史》卷下。按，书中记杨祥入安龙后，先谒司礼监庞天寿，呈上定国密疏，由天寿引见永历帝。然他书多记庞天寿早已投靠孙可望，负有监视永历君臣之责，定国密使是否由他引见，颇有疑问。

[4] 屈大均《安龙逸史》卷下。

[5] 钱秉镫《藏山阁集》卷十五，文存卷三，《汪辰初集序》引汪蛟亲述当时情况。屈大均《安龙逸史》卷下云：有一骑奔至城下，口称"我西府长随夏太监也"。

说:"臣蒙陛下知遇之恩,欲取两粤以迎銮舆,乃不惟不副臣愿,且重贻陛下忧,至万死无能自赎。"[1]

由于李定国在新会战役中损失兵员较多,贵州地区又是孙可望的势力范围,因此他在朝见回营后就同白文选商议移跸事宜,两人一致意见以迁往云南昆明为上策。定议后,李定国"自选帐下五百人卫宫眷先行"[2],二十六日,永历君臣离开安龙,向云南进发。二月十一日,到达云南曲靖[3]。定国请永历帝暂时停留在这里,自己带领精兵前往昆明料理。当时,在昆明的大将有抚南王刘文秀、固原侯王尚礼,另有将军王自奇部骑兵驻于楚雄、贺九义部兵五千人扎于武定,总兵力约有二万。王尚礼、王自奇、贺九义是听命于"国主"孙可望的;刘文秀和李定国一样拥护永历朝廷,同孙可望有矛盾,他地位虽高,兵权却不大。李定国保驾已至曲靖的消息传到昆明,刘文秀和王尚礼、沐天波等人会商应付办法,拿不定主意。因为若是开门迎接永历帝近于背叛"国主",可是出兵相拒又显然不恰当。尽管永历帝在王尚礼等人心目中不过是个傀儡,但又不能不奉他的"正朔",承认他的皇帝地位,何况护驾而来的李定国是原大西军四大台柱之一,其影响也不可忽视。正在左右为难之际,忽然得到报告李定国已亲统兵马来到昆明城外。王尚礼慌了手脚,在刘文秀的劝说下勉强

---

[1] 屈大均《安龙逸史》卷下;罗谦《残明纪事》。
[2] 钱秉镫《藏山阁集》卷十五,《文存》卷三,《汪辰初集序》。
[3] 屈大均《安龙逸史》卷下。按,沈佳《存信编》卷五所记日期不同:二月十九日定国至安龙,二十日"驾发安隆",二十二日至普安,三月初一日至曲靖。

随众出城迎接[1]。定国同文秀定议迎接永历帝入昆明,王尚礼既不便违抗二王,又不清楚定国部实力,不敢轻举妄动。三月二十六日左右,永历帝在李定国的护卫靳统武、总兵张建带领的军队保护下进入昆明[2]。有明一代,云南被视为偏远之地,真所谓天高皇帝远,这时"真龙天子"驾到,昆明百姓激动不已,"遮道相迎,至有望之泣下者"[3]。朱由榔非常感动,让随从传旨:"朕到,勿分军民老幼,听其仰首观觇,巡视官兵不许乱打。"[4]除了王尚礼等人心中忐忑不安以外,整个昆明城沉浸在一片欢乐的气氛里。定国和文秀决定暂时把云南贡院(大西军入滇后这里曾经是定北将军艾能奇的住所)作为永历帝的行宫,视朝听政。

李定国把永历帝从孙可望控制下的安龙迎接到云南昆明,从维护抗清事业的大局而言,自然应当肯定。然而,不能不看到李定国的

---

[1] 金钟《皇明末造录》卷上记:"时守滇者乃刘文秀,其都督王尚礼、王自奇、贺九仪等各兵万人,皆文秀所辖。文秀亦意在保卫宫驾,阳与三人密议城守,而自以数骑往会定国,曰:'我辈为贪官污吏所逼,因而造反,将朝廷社稷倾覆,实我等有负于国家,国家无负于我等。即今上是烈皇帝嫡派之弟,不若同心共保,倘得借滇黔以恢复中原,那时封妻荫子,荣归故里,也得个青史留芳。如只跟秦王胡乱作为,虽称王称公,到底不得归正。但我辈今日以秦王为董卓,恐董卓之后又换一个曹操。'定国指天自誓,文秀于是迎驾入云南府,时永历十年夏四月也。"按,李定国和白文选决策护帝入滇,必然考虑到在昆明的刘文秀将给予支持。刘文秀的态度对留守云南的将领有重大影响,但说王尚礼、王自奇、贺九义都是他的部将,似欠妥。

[2] 康熙二十六年《武定府志》卷一《沿革》记:"丙申(顺治十三年)三月二十六日,李定国迎永□(历)至滇,驻武定,民挽运乌撒,民苦之。"计六奇《明季南略》卷十六《孙可望犯阙败逃本末》记:"定国遂护驾径至云南,以可望所造宫殿请上居之,时丙申三月也。"系时相同,但说朱由榔到达昆明后立即住进孙可望宫殿,稍误。

[3] 康熙三十五年《云南府志》卷五《沿革》。

[4] 《明末滇南纪略》卷四《迎帝入滇》。

原意是会合郑成功收复广东全省后再考虑移跸事宜（永历朝廷建立于广东肇庆，长期驻于广西，定国的意图很可能是会合郑成功、张名振以至鲁监国联名表请奉迎永历帝还驻两广的适当地方，如果出现这种情况，孙可望比较难于阻挡，参见处理"十八先生案"时孙可望的奏疏）。定国兵败新会，原来的计划破灭，只有凭借本部兵力冒险突入安龙，把永历君臣护送入滇。这一重大措施虽侥幸成功，但是李定国部主力经贵州转入云南，他长期经营的广西必然落入清方之手。顺治十三年二月清两广总督李率泰奏报，清方利用定国主力转移，广西明军势单力薄的机会，由平南王尚可喜、靖南王耿继茂统领广东兵马会合湖南（经略洪承畴部）、广西（原定藩线国安部）官兵迅速向广西推进。这年（顺治十三年，1656）正月初二日抵平南县，守浔州府的明仁安将军李承爵、管领水师阳春伯李先芳自知兵力不敌，初七日主动撤退，初十日清军占领浔州府。十五日，广东清军进至贵县，与广西提督线国安、经略洪承畴下总兵南一魁、张国柱部会合继续西进，十八日抵横州，明将高文贵、李承爵、施尚义、李先芳不战而退。二月初四日，清军占领南宁府；初九日广西左翼总兵马雄部追至濑湍，明阳春伯李先芳被俘。广西大部分州县都被清军占领[1]。后来，在平定了孙可望的叛变后，李定国虽曾命保康侯贺九义率军收复南宁，贺九义在1658年（顺治十五年）二月初七日派部将阎维龙、曹延生等度东收横州，终因兵力不足，再度放弃该州。不久，因大局逆转，贺九义奉命领兵回滇[2]，南明被迫放弃广西大部州县。因为孙可望有不臣

---

[1] 《明清史料》丙编，第十本，第九一二页。
[2] 顺治十五年五月两广总督王国光揭帖，见《明清史料》丙编，第十本，第九五五页。

之心，李定国陷入顾此失彼的境地。就后果而言，首先是永历朝廷同广东义师的联络被切断，闽浙沿海抗清武装经海路入粤的通道也极难利用，形成东西呼应不灵、各自为战的被动格局。其次，广西大部分州县的易手，为清方后来三路进攻贵州、云南制造了更有利的态势。由此可见，孙可望的专横跋扈，使南明付出了极大的代价。

1656年（永历十年、顺治十三年）四月，永历帝封李定国为晋王、刘文秀为蜀王、白文选为巩国公、原固原侯王尚礼加封保国公、将军王自奇为夔国公、贺九义为保康侯、秦王护卫张虎为淳化伯、水军都督李本高为崇信伯[1]。黔国公沐天波是明初以来世袭镇守云南勋臣，自然得到永历帝的信任，除了遇有紧急事件可以随时入奏外，还让他执掌禁卫军[2]。朝廷的文臣有大学士扶纲、雷跃龙、吏部尚书张佐宸、吏部文选司郎中汪蛟、工部尚书王应龙、户部左侍郎龚彝、兵部左侍郎孙顺、刑部左侍郎冷孟铼、通政使尹三聘、詹事府正詹事杨在、大理寺寺丞张重任等。龚彝受命后奏称自己"在云南受可望十年厚恩"，不愿接受朝廷任命的官职，引起"举朝大哗"，纷纷斥责他死心塌地追随孙可望。原先卖身投靠孙可望的司礼监太监庞天寿、锦衣卫马吉翔已为朝廷所不容，庞天寿服毒自杀，马吉翔一度被李定国亲信将领靳统武拘禁，他摇身一变，乞怜献媚于靳统武、金维新、龚铭，为晋王歌功颂德，终于得到李定国的信任，重新

---

[1] 胡钦华《天南纪事·永历帝播迁本末之下》。清方在顺治十三年六月间得到土司报告："李定国差伪总兵吴之凤赍伪敕、伪令旨到镇安，称伪永历已移驻云南省，李定国赐封伪晋王。"见《明清史料》丙编，第二本，第一六一页，顺治十三年八月初十日经略洪承畴揭帖。各书记永历帝封李定国为晋王事在时间上差异颇大，郭影秋《李定国纪年》第一四六页指出"晋王之封，当在（永历十年）三、四月间"，较为准确。

[2] 《明末滇南纪略》卷四《迎帝入滇》。

入阁办事[1]。

永历朝廷移跸昆明后，李定国、刘文秀率领各公、侯、伯、将军上疏道："礼乐征伐自天子出，秦王臣可望所待失人臣礼。臣等集议：奉孙可望出楚，臣定国出粤，臣文秀出蜀，各将所部兵马，从事封疆。凡驭天下之大柄悉还之其主，谨冒死以闻。"朱由榔知道孙可望不会轻易放弃权力，俯就臣节，把这件奏疏留中不发[2]。对于孙可望来说，永历帝被李定国迎入昆明，不啻是当头一棒。因为李定国、刘文秀同自己一样曾是张献忠的养子，是大西军四大将领之一，地位原来就差不多，在将士中有很高的威信。永历帝被软禁于安龙时，朝廷军国大事实际上由他这位"监国"秦王一手握定。这时情况大为改观，永历帝在李定国、刘文秀支持下封爵拜官，权不由己。今后是改弦易辙听命于永历呢，还是维护自己的"国主"威权公开决裂呢？孙可望处于进退维谷之中。

朱由榔、李定国、刘文秀在朝廷迁入昆明的初期，着眼于大局，给孙可望留有相当多的余地。具体表现在：一、永历皇帝并没有住进孙可望为自己建造的豪华宫殿；二、朝廷虽已晋封李定国、刘文秀为一字王，对孙可望"不臣之心"却未加任何指责（上引留中的奏疏虽说可望"失人臣礼"，仍用了"奉孙可望出楚"的尊称字样），这显然是表示孙可望只要幡然悔悟，地位仍在二王之上；三、给在云南的孙可望亲信部将加官晋爵，毫无歧视之意。为了争取孙可望，稳定西南政局，永历帝派白文选和张虎为使者携带玺书前往贵阳，劝说

---

[1] 程瀚《孙可望犯阙败逃本末》，见中华书局版《明季南略》卷十四。《明末滇南纪略》卷四《迎帝入滇》篇所记官爵任用稍有不同。
[2] 胡钦华《天南纪事》。

孙可望消除隔阂,重归于好。临行前,朱由榔各赐金箧一枚,叮嘱道:"卿等往道朕意,务使两藩复敦相好,事事为祖宗社稷起见。卿等功名垂竹帛矣。"[1]白文选、张虎到达贵阳入见可望,可望不仅毫无悛改之意,反而责怪文选、张虎不该擅自接受永历帝的封爵。张虎是可望的亲信,立即呈上永历所封淳化伯印,说:"在彼处不受,恐生疑忌,故伪受之。臣受国主厚恩,岂敢背哉!白文选受国公之职,已为彼所用矣。"又密告可望道:"上虽在滇,端拱而已。文武两班,唯唯诺诺,内外大权,尽归李定国。定国所信文则中书金维新、龚铭,武则靳统武、高文贵,终日升官加赏。兵马不满三万,人无固志,可唾手取也。"[2]可望听了很高兴,夸奖张虎有忠心。白文选见状,知道难以从中调和,试探性地说:"国主倘以旧好为念,不必苛求。若必欲擒之,假臣精兵二万,当立致定国于麾下。"[3]孙可望明知李定国迎驾入昆明是得到了白文选的帮助,认为文选对自己不忠,盛怒之下准备将他处死,经帐下诸将营救,打了一顿板子后,予以释放。永历帝又派"学士杨在、侍郎邓士廉等宣谕,俾同心释忿,济国难"[4]。孙可望深恨李定国不仅打破了自己的皇帝梦,而且连独断专行的"国主"地位也保不住,根本不愿摒弃前嫌,他派张虎回昆明复命,说"须安西亲谢乃可"[5]。这实际上是要把定国骗到贵阳杀害,

---

[1] 屈大均《安龙逸史》卷下。
[2] 程瀚《孙可望犯阙败逃本末》,见《明季南略》商务印书馆排印本卷十六,第三七二页。中华书局排印本在卷十四,第四五八页,"定国所信文则中书金维新、龚铭"漏"文"字。
[3] 屈大均《安龙逸史》卷下。
[4] 《天南纪事》。
[5] 《安龙逸史》卷下。

凭借自己在黔滇两省的亲信和兵力继续挟制永历。定国等人又遣王自奇同张虎再往贵阳，尽力打破僵局。不料，王自奇和张虎一样顽冥不化，向孙可望讲述"定国孤军易擒"，内外夹攻，可以一战而胜。可望见亲信将领所谈云南情况与白文选所说相符，才恢复了对文选的信任。他命王自奇回云南充当内应。自奇回到昆明后，"力言可望必不可和"，随即辞归楚雄整顿本部兵马，待机行事。[1]

这样，孙可望盘踞的贵州同李定国、刘文秀辅佐下的永历朝廷虽然在名义上都属南明，却已隐成敌国。八月间，李定国奏准将孙可望在云南的妻妾、儿子送往贵阳，命秦王藩下总兵王麟护送。临行前，定国亲自在昆明城郊设宴送行。同月十二日，永历帝由贡院移居秦王宫殿。

清初冯甦说过："予以辛丑（顺治十八年）至滇。滇中人言：'可望善治国，定国能用兵。'使其同心协力，西南之功或未有艾，而乃彼此相攻，卒至摧败。"[2]这话虽有一定道理，但是要实现秦晋联好，同心协力，关键在于孙可望必须交出实际大权，俯就臣节，这无疑是与虎谋皮。最高权力之争，终于导致演出了一场南明内战。

第四节　刘文秀领兵入川

永历帝移居昆明以后，李定国、刘文秀仍然希望孙可望能够以大局为重，摒弃前嫌，共图兴复。从刘文秀统兵北上四川可以证明他

---

[1] 《安龙逸史》卷下。
[2] 《滇缅录》，见《长恩阁丛书》。

们没有料到孙可望为了恢复自己独揽大权的地位会不惜动用武力大打内战。刘文秀既受封为蜀王，立即着手部署恢复四川。1656年（永历十年、顺治十三年）春天，刘文秀派部将威宁伯高承恩统兵五千由云南进入四川雅州（今雅安）[1]。大约在同时，归他调遣的另一支主力由征虏左将军祁三升任总理全川军务，会同援剿后将军狄三品、平虏营总兵杨威、怀远营总兵贺天云、监理重庆屯田总兵郑守豹等统率兵马进至嘉定府（府治在乐山）[2]。九月，刘文秀取道建昌（今四川西昌市）、黎州（在今四川汉源县北）、雅州到达洪雅县（属嘉定府），在该县境内的千秋坪建立帅府。在这里刘文秀撰写了《天生城碑记》，其中说："永历十年，岁在丙申，圣天子廑宸虑，推毂命予秉钺专征，剪桐蜀土，为根本之地。期于水陆分道，力恢陕、豫，略定中原。"[3]可见，这次进军四川是永历朝廷移入云南以后做出的一项重大的军事部署。刘文秀领兵经营四川，有其特定的时代背景。永历帝在李定国、刘文秀等人的拥戴下虽然基本上稳定了云南地区的统治，贵州和湖南西部却控制在孙可望手中，要打开局面只有两种选择，一是东出广西、广东，一是北上四川。东进两广，意味着由李定国统兵出征，这在当时滇、黔对峙的情况下，永历君臣是不敢贸然行事的；剩下的一条路就只能是由蜀王刘文秀出马经营四川了。拨归刘

---

[1] 李蕃《雅安追记》。

[2] 永历十年丙申孟夏（四月）《重修凌云寺记》，凌云寺在四川乐山，碑记后列衔首为"□（蜀）王驾前亲军卫指挥□（同）知陈起龙序"，下即祁三升、狄三品诸将，请参阅郑天挺《探微集》第四五九至四六〇页。

[3] 光绪十年《洪雅县续志》卷十《艺文补遗·蜀王睿制天生城碑记》。嘉庆五年《清溪县志》卷一《建置志》载，顺治十三年"九月，刘文秀复至蜀"。按，清溪县为明代大渡河所、黎州所合并而成，今废。

文秀指挥入川的祁三升、狄三品、杨武都是南明著名的将领[1]，兵员有数万当属可信。然而，刘文秀开辟西南抗清第二战场的行动能否成功，又要受到客观条件很大的限制。首先，他入川后的驻节地不能离云南太远，以免孙可望一旦反戈内向，救援不及；其次，他率领大军入川必须选择社会生产破坏较小，基本上能够就地解决粮饷的地区；第三，只有在立足已定，并且没有后顾之忧的前提下，才能逐步向成都、重庆一带推进，实现把四川经营为北攻保宁（阆中），东联夔东十三家出战湖北的战略设想。后来的事实证明，孙可望心怀不轨，蓄意犯滇，迫使永历朝廷召回刘文秀和他带领的主力，经营四川收到的效果相当有限，从战略上说是半途而废。

刘文秀的经营四川从他在永历十年（1656）春派出大批部队到他在永历十一年（1657）二月奉诏返回昆明，首尾不到一年；他自己亲驻四川的时间还不到五个月。当时的四川人士对刘文秀这次出师没有取得多大成果非议甚多，主要是不了解他面临的困难。李蕃在《雅安追记》中写道："秋九月，刘文秀由建、黎出雅州，至洪雅鱼丘坪，修王城帅府，宫阙壮丽，劳民伤财。统兵数万，不敢节成都，而来鱼丘坪做帅府，使蜀中有司、绅士尽来朝贺，虽假借永历年号，仍

---

[1] 刘献庭《广阳杂记》卷一载，祁三升为延绥人，后降清任吴三桂后营总兵，"其兵为滇南诸营最"，连康熙帝也"颇闻三升勇"，让册封使者同他会见，以便回京讲叙其人。杨武后来统兵在湖南西部同清朝经略洪承畴部对峙，孙可望叛投清方时几乎被他所擒。

是献贼根苗，真鼠贼矣。数月而返。"[1]时人沈荀蔚记：

> （顺治）十三年丙申秋，刘文秀引兵入川称蜀王……帝制自为，官属皆备。又以夹江县之南安壖为己瑞，乃营而居之。十二月十五日复亲至洪雅西南三十余里之乾坝阳，花溪、雅河所汇处，地虽狭而三面阻水，惟西南通黎、雅，呼为天生城。其舍嘉定而规此者，以川东不复有归路，且恐可望袭之也。于此平邱垄，毁室庐，伐大木，烧绿瓦，建造宫殿及百司府署，各营画地而居，均文秀相度之。后至明年二月，已为定国促归，谋与可望决胜负。未几，病死矣。是役也，费民间几许膏汗，竟不得一见，可叹也。此地乃蔚丙戌（1646）以后寄迹之处，有数亩以供馆粥，至是悉为营地……以身受其害故悉其诞妄无才略云。[2]

欧阳直时在刘文秀营中办事，自记：丙申"五月，论平蜀功升授礼部仪制司主事。""丁酉（顺治十四年、永历十一年，1657）随

---

[1] 按，刘文秀之帅府地，李蕃写作"鱼丘坪"，乾隆四年《雅州府志》卷十《勘乱》记：顺治十三年"九月，刘文复经蜀出雅州，至洪雅县千邱坪驻札数月，俄勒兵而返。"嘉庆十八年《洪雅县志》卷二十三《艺文·国朝》收侯之鼎《时变纪略》载："壬辰（顺治九年），又为文秀窃据，僭王号，都马项岩，名曰天生城。丙申（顺治十三年），我师廓清蜀土，文秀败走还滇，步将高承恩逗留雅州，窃据巢穴，改名靖远，割洪雅而辖之。"侯文误将刘文秀两次入川混为一谈，刘文秀还滇，也不是为清兵所败。

[2] 沈荀蔚《蜀难纪略》。费密《荒书》所记大致相同，唯云文秀驻兵夹江县之地名为"南安坝"。郭影秋先生《李定国纪年》第一四三页记1656年"十二月，定国遣蜀王文秀略川南"，即引《蜀难纪略》为据，其实沈氏原文明言刘文秀入川是年秋，十二月十五日为至洪雅县乾坝阳之时日。定国"遣"文秀语亦不妥。

蜀王奉调回滇。"又记："丙申，安西将军李定国奉旨册晋王，自安龙奉永历帝驾入滇。抚南刘文秀迎驾，奉旨册蜀王，领兵入蜀，驻洪雅之天生城。丁酉，孙可望称兵，蜀王文秀奉旨回滇，留高将军镇上南。"[1]就当时实际情况而言，成都平原沃野千里屡经战乱后业已渺无人烟，社会生产几乎完全停顿，重庆一带也大致相似。在清军控制下的川北保宁地区和明军控制的川南、川东地区之间早已形成一片广阔的无人区，解决不了粮饷问题，双方都无法推进。顺治十二年（1655）清四川左布政使庄应会在奏疏中写道，"切川北一隅合计钱粮征额每年止五千一百五十余两，各文官俸薪每年共该银八千余两，一年赋额不足抵各官一年俸薪"[2]，官兵粮饷更是全靠陕西挽运。正因为粮饷困难，顺治九年吴三桂、李国翰部在保宁战役中大败刘文秀军后不仅没有乘胜南下，反而只留下四川巡抚李国英部留守保宁，全军返回陕西汉中就粮。尽管当时清四川巡按郝浴就曾经主张收取成都平原垦荒屯田，以蜀粮养蜀兵，可是垦荒屯田除了需要足够的兵力保障地方安定，还需要先投入大量粮食、种子和耕牛、农具做屯田之本。没有这种兵力和财力无疑是画饼充饥。南明刘文秀率军入川面临着同样的问题，从他先派部将入川，自己又亲到夹江、雅州一带巡视，最后确定在洪雅县千邱坪建立帅府，在这里兴建"宫殿"、营房，联络"蜀中有司、绅士"，目的是在四川残存百姓中树立永历朝廷的威望，同时着手屯田发展生产（上引《重修凌云寺记》列名将领有"监理重庆屯田总兵"，沈荀蔚说他的数亩田悉为"营地"都证明

---

[1] 欧阳直《欧阳氏遗书·自记·蜀乱》。
[2] 乾隆二十二年《广元县志》卷十三下，艺文，疏，疏尾有"顺治十二年八月初□日奉圣旨：该部议奏"。

了这一点）。如果孙可望同永历朝廷的关系趋于缓和，刘文秀经营四川的规模和成效必然更加可观。清朝吴三桂、李国翰部军队是在孙可望降清以后，才在顺治十五年（1658）由陕西汉中再度入川，会合李国英部南下。若不发生孙可望的叛变，刘文秀有将近三年的时间经营四川，他绝不可能株守雅州一隅，必然是北收成都、顺庆（今南充），东下重庆与夔东十三家会合，西南战局将是另一种情形。尽管他在永历十一年（1657）二月就奉诏率领主力返回昆明，仍然留下了高承恩部镇守四川雅州地区，成绩是非常明显的。李蕃记：“丁酉（永历十一年，1657）州守钱象坤。是时高承恩驻雅，兵马聚集，几无有司之政。田粮专上谷米豆草，不用民间钱粮，虽夫役征繁，而井里饱暖，民忘其劳焉。”[1]直到1658年（顺治十五年、永历十二年）清军三路入滇时，四川雅州、建昌地区仍在永历朝廷控制之下，这不仅说明刘文秀经营四川功不可没，也表明在平定孙可望叛乱之后，李定国多少显得心胸偏窄，以永历帝名义把刘文秀从贵阳召回，川、黔、湖南西部经略无人，加速了全线的崩溃。

第五节　孙可望内犯和兵败降清

尽管永历帝和李定国为了使孙可望回心转意做了不少工作，却没有收到任何效果。对于孙可望来说，"识迷途其未远，觉今是而昨非"的可能性几乎不存在。首先，在西南的南明军队中他的兵力最强，不仅贵州全省处于他的控制之下，在云南留守的将领中也有不少

---

[1] 李蕃《雅安追记》。

效忠于他。其次，他以国主的名义总揽了永历朝廷的政务，已习惯于君临一切。何况，他思想深处还存在着一种自己本应位登九五的思想，因为他是张献忠这位大西皇帝的当然继承人，在1647年进入云南后以四将军之首得到献忠御营提督王尚礼和艾能奇部将冯双礼的支持登上了"盟主"的地位；联明抗清后利用永历帝的招牌收编南明残兵溃将进一步提高了自己的声望。在当了几年实际的执政者之后，这时却要交出权力，听命于李定国、刘文秀拥戴的永历皇帝，而且他自知由于过去的所作所为，永历帝、李定国乃至于刘文秀对他都存在程度不同的隔阂。在反复权衡得失之后，孙可望终于在一小撮亲信的策划下，决心诉诸武力，消灭昆明的异己势力。谄附可望的文臣方于宣为他出谋划策说："今皇上在滇，定国辅之，人心渐属于彼。臣意请国主早正大号，封拜文武世爵，则人心自定矣。"[1]孙可望果然在1657年（顺治十四年、永历十一年）二月，"封马进忠嘉定王、冯双鲤兴安王、张虎东昌侯，余大封有差"[2]。虽然他没有先正"大号"，但封王之举已表明他鼓舞诸将打下昆明，为推翻永历朝廷，自己正式登基做准备了。

在公开举兵之前，双方都做了集结兵力的部署。李定国旧属龙骧营总兵祁三升驻扎在四川，孙可望为了抓到这支军队，令三升率部赴贵州遵义镇守。李定国也下令调三升赴滇。祁三升对部将说："国主、西府，旧主义均。今西府尊永历为民主，名正言顺，我等亦有所依，当遵西府之调为正。"[3]诸将都表示赞同，于是祁三升拒绝接受

---

[1] 《粤滇纪略》卷九。
[2] 《天南纪事》。
[3] 屈大均《安龙逸史》卷下。

孙可望使者传达的命令，率部向云南进发。可望大怒，派兵追击，三升且战且走，辎重丢失殆尽，终于在1656年十月到达昆明。永历帝深表嘉许，封其为咸宁伯[1]。孙可望还派程万里赴昆明，要求把秦王旧标人马遣还贵州。永历帝当即同意，提供夫役送出。

平心而论，永历帝和李定国等人对孙可望做到了仁至义尽。孙可望的眷属原住昆明，如果羁留作人质，孙可望不免有所顾忌。李定国以礼送往贵阳以后，孙可望没有内顾之忧，悍然决定进兵云南。当时他掌握的军队大约有二十万人，李定国、刘文秀部下只有三四万人，何况在云南还有镇守昆明的王尚礼、楚雄守将王自奇等人是孙可望的亲信。孙可望认为稳操胜券了，他甚至命人"预制扭锁三百副，曰：破滇之日用以囚永历并定国、文秀诸文武解黔耳"[2]。

1657年（顺治十四年、永历十一年）八月初一日，孙可望在贵阳誓师，亲自统率十四万兵马向云南进发，以白文选为征逆招讨大将军[3]，由冯双礼留镇贵阳。八月十八日，孙可望兵渡盘江，滇中大震。李定国同刘文秀商议后，决定二人亲统主力阻击可望军入滇。永历帝下诏"特加晋王得专征伐，赐尚方剑，便宜行事，挂招讨印；蜀王作副招讨"[4]，负全权指挥之责。为防止王尚礼在昆明发动内变，除了把他部下的兵马分拨各营随同出征，还留下定国中军护卫靳统武会同黔国公沐天波暗中防范。在这以前，王自奇因醉后误杀定国营将，担心定国兴师问罪，在七月间即率所部渡澜沧江西奔永昌府（今保山），由于地处僻

[1] 同上。
[2] 《残明纪事》。
[3] 《粤滇纪略》卷九，沈佳《存信编》，程瀚《孙可望犯阙败逃本末》所记大抵相同。
[4] 《明末滇南纪略·称兵犯阙》。

远，消息不灵，无法同可望配合行动。九月十五日，双方军队相遇于云南曲靖交水，分别距离十里下营。可望军十余万人列营三十六座；定国、文秀军约三万人布列三营，士卒见可望兵多势众，颇有惧色。十八日，孙可望召见张胜，说："尔可率领武大定、马宝选铁骑七千，连夜走小路至云南（即昆明）城下暗袭之。城中有王尚礼、龚彝等为内应。尔一入城，则定国、文秀等知家口已失，不战而走矣。"[1]

孙可望自以为计划周全，万无一失，却没有料到他的这次出兵讨伐永历帝和李定国、刘文秀师出无名，部下将领内心里都不以为然。原大西军系统的将领白文选等人与李定国、刘文秀长期同甘共苦，不愿自相火并；而由南明军队改编的旧将马进忠、马惟兴、马宝[2]等人又心向永历。于是，作为前线总指挥的白文选私下同马惟兴、马宝约定阵前反戈，文选迳以视察前线为名亲自驰入定国、文秀营中通报消息，说："此时宜速出兵交战，马宝、马惟兴及诸要紧将领已俱有约，稍迟则事机必露，断不可为矣。"定国、文秀对白文选的来意还存有戒心，犹豫不决。文选急切地说："若再迟，则我辈死无地矣。有一字诳皇上、负国家，当死万箭之下，我当先赴阵前，汝等整兵速进。"说完，上马飞驰而去[3]。这就是三年以后彭而述路过该地时赋诗所云："道旁遗老为我说：是日东南风正急，秦军大衄宝刀折。秦王帐下曹无伤，夜半曾将军情泄。"[4]奉命领军偷袭

---

[1] 程瀚《孙可望犯阙败逃本末》，见《明季南略》卷十四。
[2] 全祖望《鲒埼亭集》卷三十五《记马惟兴语》中说："马惟兴者，马宝兄也。"
[3] 程瀚《孙可望犯阙败逃本末》，见《明季南略》卷十四。按，该书记白文选于八月初四日拔营逃至曲靖，初六日单骑入昆明，恐误。
[4] 彭而述《读史亭诗集》卷八《四战歌·交水》。曹无伤是西汉高祖刘邦军中左司马，密通项羽，见《史记》卷七《项羽本纪》。这里借用来隐指白文选。

昆明的马宝也写了密信差心腹人送入李定国营说："张胜等已领精兵七千往袭云南，云南若破，则事不可为。必须明日决战，迟则无及矣。"[1]

孙可望与李定国、刘文秀原先约定二十一日会战，他的意图是推迟交锋日期，使张胜、马宝军有更充裕的时间奔袭昆明。李定国听了白文选的意见，又在十八日晚上读到马宝的来信，当机立断传令各营次日出战。十九日天还没有亮，定国、文秀兵马开营出战；可望也挥军迎敌，双方交战于交水三岔口[2]。对阵之初，文秀骁将崇信伯李本高马蹶被杀，前锋失利。可望立于高阜观战，见已挫定国锐气，即命诸营乘胜前进。白文选知道形势危急，亲率五千铁骑冲入马惟兴营中，二军联合抄出可望阵后，连破数营，定国、文秀趁势挥军进击，可望军大乱，将士大呼："迎晋王！迎晋王！"[3]十几万大军顷刻瓦解。孙可望见形势陡变，在少数兵马保护下，仓皇东窜。过安顺时，马进忠不仅"闭门不纳"，还派出一支军队追击，"使疾走，无得集众"[4]，孙可望匆忙逃往贵阳。

交水之战结束后，定国同文秀商量说："今张胜往袭云南府（即昆明），王自奇又据永昌，我当回救；汝可同文选急追可望，必擒之

---

[1] 程瀚《孙可望犯阙败逃本末》，见《明季南略》卷十四。
[2] 康熙四十二年《平彝县志》卷二《沿革》记："九月，李定国、刘文秀迎战可望于曲靖之三岔口，大败之。"顺治十七年至十八年彭而述由湖南入云南，往返都经过该地，记云"三岔高阜乃孙、李战场"，见《读史亭文集》卷十，《记下》《一字孔至滇南日记》《出滇日记》。按，一字孔即亦资孔。
[3] 李天根《爝火录》卷二十七。
[4] 胡钦华《天南逸史》。

而后已。"[1]二人分工后,定国即率师回援。张胜、马宝、武大定所统七千精骑取小路经五日夜急行军已进抵昆明城下,马宝唯恐城内疏于防备,故意沿途焚烧房屋,使偷袭变成了明攻。城内王尚礼等听说可望之兵已近,正准备上城接应,却被永历帝召入宫内,由沐天波、靳统武率亲军看守,动弹不得。这时,交水大捷的露布已星驰送到昆明,永历帝命人把捷报大张于金马、碧鸡坊下,安定民心。张胜带兵至昆明城下准备攻城,忽然看见定国、文秀报捷露布,知道可望大军已败,原先约好充当内应的王尚礼又音息全无,城上防守严密,被迫退军,在地名浑水塘处碰上定国回援之师,张胜欲夺路而逃,挥军死战,定国军因交水大战之后急救根本,路远兵疲,几有不支之势。马宝为扭转战局,在张胜阵后连放大炮,拥兵杀来,与定国军前后夹攻。张胜大吃一惊,说:"马宝亦反矣!"收拾残兵败卒突阵而逃。第二天,过沾益州,驻守该地的总兵李承爵原系他的部将,率兵来迎。张胜喘息方定,正向李承爵叙说战败原因,忽然左右冲出数人,出其不意把张胜擒缚。张胜斥责李承爵道:"汝为部将,何敢叛我?"承爵回答道:"汝敢叛天子,吾何有于汝乎!"张胜被解至昆明处斩[2]。

九月下旬,孙可望奔回贵阳[3],命留守大将冯双礼带兵把守威清要路,并同他约定如果刘文秀追兵到来即连放三声号炮报信。冯双礼已经知道孙可望兵败如山倒,出师时貔貅十万,返回贵阳只剩随从十五六骑,因此他决定改弦易辙,不仅不帮助孙可望稳定贵州局势,

---

[1] 程瀚《孙可望犯阙败逃本末》。
[2] 程瀚《孙可望犯阙败逃本末》,见《明季南略》卷十四。
[3] 道光《贵阳府志》卷二《大事纪中》。按,程瀚记孙可望逃回贵阳为十月初一日,恐有误,因为九月三十日孙可望已经派人赴清接洽投降,见下文。

反而在文秀追兵尚未到达之时就下令连放三炮。可望听见号炮，以为追兵已到，连忙带着妻儿和随从出城东奔。一路上经过新添卫、偏桥、镇远、平溪、沅州，"各守将俱闭营不纳"[1]，"所至城门昼闭，呼之再三，仅垂大筥盛壶飧饷可望；且有不应者"[2]。曾经不可一世的"国主"孙可望众叛亲离，成了丧家之犬。在走投无路的情况下，孙可望决定投降清朝。他对寥寥可数的随从人员说："今为李定国辱孤至此，孤不惜此数茎头毛，行当投清师以报不世之仇耳。"[3]行至湖南靖州，其中书舍人吴逢圣任靖州道，率所部迎接。可望曰："一路人心俱变，惟有投清朝可免。"于是遣杨惺先、郑国先往宝庆（今邵阳）向清方接洽投降。三日后，白文选所统追兵迫近，可望乃与吴逢圣、程万里等连夜奔至武冈界上，又遭到南明镇守武冈总兵杨武截杀，几乎脱不了身。

九月三十日，孙可望派人火急送往清湖南当局一封信，说："李定国、刘文秀等大逆不道，荼毒生灵。可望兴师问罪，反为所诱。乞代奏大清皇帝陛下，发铁骑一万，愿献滇、黔、蜀以归一统，更报不世之仇。"[4]清湖广巡抚张长庚接信后向朝廷报告："大逆孙可望虎踞滇、黔，鸱张区宇，年来费饷勤师，用张征讨。今天殄穷凶，自戕溃败，俯乞皈化，是不劳挞伐而南疆边土共戴皇上如天之福矣。"[5]清湖广当局得知可望处境危急，为了捞到这张王牌，派湖广中路总兵李茹春、左路总兵王平带领军队接应，击退杨武所统拦截之兵，孙可

---

[1] 程瀚《孙可望犯阙败逃本末》。
[2] 《天南纪事》。
[3] 《残明纪事》。
[4] 第一档案馆藏《顺治朝揭帖》，叛逆类，第四十六号。
[5] 第一档案馆藏《顺治朝揭帖》，叛逆类，第四十六号。

望和妻、子、随从人员才得以在宝庆府南面花桥地方进入清方管辖区,十一月十五日到达宝庆。同一天,孙可望派人送信给清五省经略洪承畴,再次表示:"自行开诚,愿附大清朝,献滇、黔、蜀之土地,岁纳贡赋,祈职(洪承畴揭帖中自称)转奏大清皇帝陛下,请兵报仇,以复滇云,擒渠获丑,荡平叛逆,归版章于一统。"[1]据洪承畴报告,孙可望"所带伪官丁、妇女共约四百余名口,骑马亦约四百余匹"[2]。

孙可望一手挑起的南明内讧和兵败降清,对清廷来说无疑是喜从天降。在这以前,洪承畴受命经略五省总督军务,始终局促于湖南、广西境内,毫无进展。彭而述记载洪承畴治兵长沙,"以四镇驻常(德),两镇驻宝(庆),一镇驻永(州),一镇驻祁(阳),线伯(原定南王孔有德藩下提督线国安)驻粤西,数千里内四年之间棋置星布,皆重镇。转漕吴、越,岁费百万缗"[3]。顺治十四年十月洪承畴在束手无策的情况下,已经请准解任,回京调理。十月二十九日他在离任前的一件奏疏中说:"职经略无能,寸土未拓"[4],充满了颓丧情绪。不到半个月,他得到了"云贵逆贼自乱"的情报,兴奋不已,在十一月十二日转报清廷。同月十五日接到孙可望派人送来的信后,当即上疏说:"既有此情由,即系重大机宜,时刻难以迟误,职

---

[1] 顺治十四年十一月十八日经略五省洪承畴"为恭报招接云贵伪王率众投诚仰恩上怀事"揭帖,见《明清档案》第三十一册,A31—96号;同件又见《明清史料》甲编,第六本,第五七九至五八〇页。

[2] 同上件。又,《清世祖实录》卷十三记偏沅巡抚袁廓宇奏报,随同孙可望降清的有将校一百二十余名,兵丁家口五百余名,另有内官二十二名。

[3] 彭而述《读史亭文集》卷十五《孙渠归顺纪略》。

[4] 见《明清档案》第三十一册,A31—76号。

不敢以奉旨解任回京调理致误军机。"[1]他再也不提年老失明,抖擞精神要为清廷金瓯一统效犬马之劳了。十二月初五日,顺治帝谕兵部:"经略辅臣洪承畴前已奉旨准解任回京调理。近闻病已痊愈,仍著留原任,亲统所属将士,同宁南靖寇大将军固山额真宗室罗托等,由湖广前进,相机平定贵州。"[2]十一月十七日,洪承畴亲自同固山额真六十等人率领三起满汉兵马从长沙前往湘乡县,同月二十五日孙可望在清将李茹春、王平护送下自宝庆起行,二十八日到达湘乡,同洪承畴等见面。孙可望以投奔之臣,自然歌颂了一番清朝的功德,胡说什么:"云贵远在天末,声教未通,十余年来非敢抗拒王师,实欲待时归命,近益喧传皇上文德绥怀,特恩招抚遐方人心深切向慕,且满洲大兵精强,威声赫濯,自顺治十年岔路口一战杀伤滇黔兵众甚多,十二年出犯常德又折兵万余。……"[3]洪承畴也"开诚优礼,款待尽情"。彭而述还记载了两人相见的情景:洪承畴对孙可望"仍待以王礼。可望自称孤,命记室作降表"。但他说:"人或传明系未绝,可望接永历为帝,以臣自处身。及可望出,乃知可望自为,而不关永历也。"[4]实际上洪承畴的情报比彭而述要灵通得多,他早已知道孙可望是永历朝廷的实际执政者,对这样一位重要人物的来归自然不敢怠慢。在给清廷的奏疏中,他借孙可望之口说:"数年之内,湖南以守为战,无隙可乘,以致云贵内变自生,人心解体。""连年湖

---

[1] 上引《明清档案》第三十一册,A31—96号。
[2] 《清世祖实录》卷一一三,参见顺治十四年十二月二十六日经略洪承畴密揭帖,见《明清史料》甲编,第六本,第五八四页。
[3] 顺治十四年十二月初六日经略洪承畴揭帖,见《明清档案》第三十一册,A31—119页;同件又见《明清史料》甲编,第六本,第五八二至五八三页。
[4] 彭而述《读史亭文集》卷十五《孙渠归顺纪略》。

南、广西以守为战，节节严密，遂致内变，而决计奔投。"把自己一个月前说的"经略无能，寸土未拓"粉饰成"以守为战"，导致南明实权人物来降的主要原因。十二月初三日，孙可望随洪承畴到达长沙[1]。洪承畴在奏疏中说："今伪王、伪官、伪丁并眷属人口齐到长沙之日，文武臣工兵民士庶无不喜色相告，共庆太平有日，计滇黔负固之众行见闻风来归，以成大一统之盛。"[2]

　　清廷对于孙可望的来归极为重视，这年十二月，特旨封孙可望为义王[3]。为了体现赏不逾时，清廷派内翰林弘文院学士麻勒吉为正使，礼部尚书兼内翰林秘书院学士胡兆龙、礼部右侍郎祁彻白为副使赍册、印，专程前往湖南行册封礼。顺治十五年二月二十日在长沙举行典礼，二十八日孙可望即应诏赴京陛见[4]。五月初二日，孙可望在麻勒吉等伴送下到达北京。清廷命和硕简亲王济度、和硕安亲王岳乐带领公、侯、伯、梅勒章京、侍郎等大批高官显爵出城迎接，场面相当隆重。明遗民方文当时正在北京，目睹其事，赋诗寄慨云："南海降王款北庭，路人争拥看其形。紫貂白马苍颜者，曾搅中原是杀星。"[5]次日，顺治皇帝亲自在太和殿接见孙可望。十天之内，皇帝赐宴多达三次，赐银两次共一万二千两，此外赐府第、赐蟒袍、朝衣、缎匹等，孙可望成了清廷上红极一时的人物。这里做一点对比也许更能加深了解清胜明败的原因之一。1649年孙可望统率数十万貔貅之众，

---

[1] 见上引顺治十四年十二月初六日洪承畴揭帖。
[2] 上引《明清档案》第三十一册，A31—119号。
[3] 《清世祖实录》卷一一七。
[4] 顺治十五年二月二十四日经略五省大学士洪承畴"为钦遣锡封大臣已到长沙谨报上闻事"密揭帖，见《明清史料》甲编，第六本，第五八九页。
[5] 方文《涂山续集·北游草》。

以云南全省之地自愿归附风雨飘摇中的永历朝廷，南明君臣在封一字王上备极刁难；而清廷对仅率数百人狼狈来归的孙可望却毫不犹豫地加封王爵。不能不看到清廷的度量和眼光比永历朝廷高明得多。

　　孙可望受到清廷特殊的恩遇，靠的是出卖云贵川抗清事业。他刚刚逃到湖南宝庆就给清廷递上了"愿取三省上献，以大一统之盛事"的奏疏，疏中避而不提张献忠开创的大西军事业，说什么"望以关西布衣，适丁明季丧亡之际，不自甘于辕下，遂称藩于滇黔楚蜀之间"，把自己打扮成逐鹿中原的英雄，他俨然以"国主"自居，把大西军称为"望兵"、西南抗清基地为"望土"，恬不知耻地把同系张献忠义子和大将的李定国、刘文秀说成是自己"恩拔"起来的人物，又把李定国等人反对他专横跋扈、帝制自为的措施说成"以奴叛主"。接着，他要求清廷发兵，"则滇黔蜀地愿尽入于皇上之版图，兵马将士愿咸奉皇上之军旅"[1]。到湘乡、长沙同洪承畴见面时，又如洪承畴奏疏所说："伪王孙可望另有开列云贵形势机宜，职方在查询，再具密疏，恭请宸衷裁断。"[2]他还同清经略洪承畴会同各提督、总兵进行图上作业，"绘图讲究，有同聚米为山，明如指掌"[3]。为了取悦清廷，孙可望不仅提供了永历朝廷军事机密等各方面的情况，献上了"滇黔地图"[4]，还为清军进攻提供了一批熟悉地

---

[1] 顺治十四年十一月《秦王孙可望揭帖》，见《明清史料》丙编，第二本，第一七六页。

[2] 上引《明清档案》第三十一册，A31—119号。

[3] 顺治十五年二月初二日经略洪承畴揭帖，见《明清史料》甲编，第六本，第五八六页。

[4] 沈佳《存信编》卷五。王夫之《永历实录》卷十四《李定国传》也记载："可望之降也，因洪承畴请兵取云贵，尽图山川迂曲及诸将情形、兵食多寡献之。"

形的向导。1658年（顺治十五年）初，洪承畴遵照清廷谕旨会同孙可望"于投诚各官内查有熟谙湖南、广西、四川、云贵地利官十九员"，将其中四员派赴罗托军中，其余十员留在洪承畴"军前不时应用"[1]。孙可望到达北京朝见清帝后，又上疏奏言："大兵征滇，臣报效之日。滇南形势，臣所熟悉。或偕诸将进讨，或随大臣招抚诸境，庶少效奉国初心。"清帝命王、大臣商议，结果"以大兵分三路趋云南，指日奏功，无事可望再往"[2]。尽管清廷出于种种考虑没有让孙可望亲赴前线，但还是充分利用了他过去在大西军和永历朝廷中的特殊地位，加强了政治攻势。王夫之记载，当清军三路进兵时，"可望又遣人赍手书招诸将帅，言已受王封，视亲王，恩宠无比。诸将降者皆得予厚爵，非他降将比。惟定国一人不赦"[3]。这以后，永历政权在军事上的节节败退，不少原大西军系统的将领倒戈投降，孙可望的现身说法无疑起了很大的诱惑作用。清军在进兵途中，也充分利用了孙可望过去的地位和影响，刘坊在《哀龙江》诗序中说："戊戌（顺治十五年）冬，清师距遮炎河，谬道路者曰：可望师至矣！我兵闻风皆睨而失色，或寱者曰：国主至矣！至矣！相率惊窜。"[4]李定国支持的永历朝廷的覆亡固然有多种原因，但清廷利用孙可望原来的地位和关系竭力进行瓦解，无疑加速了这一过程。

从顺治十五年（1658）起，清军向西南的进兵是颇为顺利的，这里面自然也包含了孙可望的一份"功劳"。然而，孙可望本人的地

---

[1] 顺治十五年二月初九日"经略洪承畴揭帖"，见《明清史料》丙编，第二本，第一八〇页。
[2] 《清史列传》卷七十九《孙可望传》。
[3] 王夫之《永历实录》卷十四《李定国列传》。
[4] 《永昌府文征》，诗，卷十。

位却随着永历朝廷的衰微逐渐走向没落,曾经红极一时的义王越来越感到自己的日子不大好过了,这种变化是通过一些似微实显的迹象体现出来的。顺治十五年,孙可望意外地同自幼失散的弟弟孙可升相会了。明末战乱以来,兄弟二人天各一方,孙可升在几经飘零之后,先混迹于明朝行伍,后来又成了清军的一名士兵。这年七月,孙可升从驻地松江府上海县来到北京,兄弟久别重逢自是惊喜交集。孙可望向朝廷奏报了"聚合之奇缘",奉旨同住。可是,孙可升的家属奴婢十余口还在上海,搬来北京筹措路费不易。于是,孙可望请求皇帝"敕部给予勘合",利用政府的驿传实现全家团聚[1]。在孙可望看来这不过小事一桩,所以在疏中写道"想此项恩膏朝廷亦所不靳"。出乎他意料的是这么一件小事却引来一场轩然大波。顺治皇帝批交兵部议奏,左都御史魏裔介立即参上一本,首先抨击孙可望"始以张献忠养子荼毒蜀楚,神人共愤。继而称兵犯顺,逆我颜行。迨众叛亲离,计无复之,然后率数百疲敝之卒,亡命来归",本不是有"何功何德"受封王爵。接着借题发挥道:"臣观其见之疏章者屡可骇异,即如出师命将出自朝廷,可望甫来归顺,便请从征。若可望文足经邦,武能戡乱,何至坐见败辱,鼠窜奔投,可谓不自揣量,冒昧无知。继则请动内帑,为彼经营。臣闻天子穆穆,端拱垂裳,岂有借财与人,亦岂有人臣借财于天子之事?昨者聚合之奇缘一疏复为伊弟请给勘合,夫勘合之给为朝廷紧急公事及官员来往而设,非庶人下贱可以冒滥也。今可望之弟可升不过一食粮兵丁耳,未授一命之官,搬取家眷则应自备脚力,未闻牧圉小人而可以乘坚策良,逍遥皇华之驿者也。臣闻高

---

[1] 顺治十五年十一月十三日《义王孙可望奏本》,原件藏中国第一历史档案馆。

爵厚禄惟有德者宜居之，今可望悖礼背义，越分干名，其罪有三。臣忝列宪长岂敢畏避不言。伏祈皇上大奋乾断，严加处分，以肃名分而正纪纲，则冒滥清而臣子咸知敬共之义矣。"[1]魏裔介的劾疏处处流露出对孙可望的轻蔑，给了他当头一棒。孙可望在"伏罪陈情仰吁天鉴"疏中说："昨闻宪臣有特纠陈请之非，祈正悖谬之罪一疏，本藩汗流浃背，寝食不安，方知前事之非，宪臣之言不谬矣。"[2]

顺治十六年（1659）闰三月，有人揭发孙可望放债取利等事。顺治皇帝虽然明知这种事情在满洲八旗中本是习以为常的现象[3]，却不愿放过这个机会进一步贬损孙可望的政治地位。他派内阁学士马迩吉来到孙可望的住宅宣读谕旨，先训斥一番，然后宣布宽假其罪。孙可望于惊惧之余，连忙上奏本解释自己放债的经过："前蒙皇上赏给银两，臣恐花费，借与天津卫民邓时增银一千两，有文约可据。缘臣初到京城，其人之贤愚，臣不得知。"接着向顺治皇帝摇尾乞怜，陈述自己"郁积之苦衷并所以招尤招谤之原"。他说："臣于明季失身行伍，浪迹疆场，各处人民迁徙逃亡不无失所，此怨臣者有之；今臣叨膺宠眷，无寸功可纪，一旦锡以王爵，此忌臣者有之。再可虑者

---

[1] 魏裔介《特纠陈请之非疏》，见《皇清名臣奏议汇编》初集卷十一。魏裔介疏中所说孙可望向顺治皇帝借钱事，未见详细记载，但《明清档案》第三十二册，A32—130号为顺治十五年八月二十八日义王孙可望揭帖残件，其可见部分为本月十八日"仰恳皇恩一疏，冒陈天听，缘本藩备沐深恩，渥养如子……故一时昏昧，未及熟思。自入告之后，本藩即清夜思维，惶悚无地，自觉细琐之事，□□妄渎天聪。今以小故而擅干上听，冒昧之罪，自知难逭。……"此必为孙可望上疏"借钱"后即遭物议，自请宽宥而上。

[2] 顺治十六年二月十二日"义王孙可望揭帖"，原件藏第一档案馆。

[3] 参见谈迁《北游录》，纪闻，《营债》条。顺治五年十一月清廷明谕："势豪举放私债，重利剥民，实属违禁。以后止许照律每两三分行利，即至十年不过照本算利。有例外多索者，依律治罪。"见《清世祖实录》卷四十一。可知放债取利是有律可循的。

臣下文官如吴逢圣、武官刘天秀等百有余员蒙皇上格外加恩，官爵太重。每见出入朝班，诸人睨目而视，臣知朝廷有逾分之典，众心腾沸之端也。然怨忌既积于心，诟害自生于外，谤议之事，久知不免。"[1]

此后，孙可望的处境益发难堪了，正如古语所说"神龙失势，与蚯蚓同"。顺治十七年（1660）六月，他被迫上疏请求辞去义王封爵和册印。这时，南明永历皇帝虽然已经逃入缅甸，西南大势已定，但以李定国为首的明军残部仍在边境地区坚持斗争。清廷认为把孙可望虚有其名的义王封号撤掉并不明智，因此，顺治皇帝特地发布了一件措辞大有讲究的圣旨："王自南方孑身投诚，朕心嘉尚，特锡王封。乃举国臣工，意怀轻忽，容或有之。王以孤踪疑畏，控辞册印，理亦宜然。但封爵出自朕裁，孰敢陵侮？虽系孤踪，不必疑畏，册印著仍祗受。"[2]

就在这年的十一月二十日，孙可望死了。官方的说法是病死，真相如何颇有疑义。清初史家就说孙可望是"随出猎被射死"[3]；或者说"封为义王，寻被酖"[4]。康熙八年清廷派刑部尚书明珠等前往福建，会同靖南王耿继茂、总督祖泽沛合议招抚据守台湾的郑经。郑经回信中不无讽刺地说："贵朝宽仁无比，远者不问，以所闻见之事如方国安、孙可望，岂非竭诚贵朝者，今皆安在？往事可鉴，足为寒心。"[5]可见，孙可望之死并非善终在当时一定流传得很广。

---

[1] 《义王孙可望密奏本》，见《明清史料》丙编，第十本，第九六七页。
[2] 《清世祖实录》卷一三六。
[3] 《行在阳秋》卷下。王源鲁《小腆纪叙》卷下《孙李构难》亦记："可望既封为义王，后从出猎，毙于流矢。"
[4] 林时对《荷牐丛谈》卷四《端溪滇桂十六载纪元延统》。按，林氏记"可望亦降于三桂"，有误。
[5] 江日升《台湾外纪》卷十五。

孙可望死后，清廷赐谥恪顺，"祭葬加隆"[1]；同时命其子孙征淇袭封义王。几个月后孙征淇病死，弟征淳承袭。顺治十八年（1661），吴三桂等领兵进入缅甸，永历帝被俘回昆明缢杀。次年康熙改元，李定国也病殁于边境。孙可望家族已经没有多大利用价值了，清廷的"恩典"也就逐步降格。康熙七年（1668）朝廷下令将义王孙征淳的年俸由五千两减为三千两。十一年，孙征淳病死，其弟征灏请求袭封。御史孟熊飞上疏说孙可望"前有重大之罪，后无纤微之劳。我国家格外殊恩，授以义王显爵，及伊身死，已袭替二次。……请将孙可望王爵停其袭替，或减等降封"。经议政王、大臣会议，降封为慕义公[2]。孙征灏死后，其子宏相再降袭一等轻车都尉。乾隆三十六年（1771）六月，清廷终于决定："孙可望子孙所有世职，嗣后不必承袭。"[3]从此，孙可望家族在政治舞台上消失了最后的痕迹[4]。

---

[1] 按，《清圣祖实录》卷二记顺治十八年五月庚午（二十二日）"赐故义王孙可望谥恪顺"，据是年四月十九日所立之"谥恪顺义王碑文"可知实录系时有误。
[2] 《清圣祖实录》卷三十九。
[3] 《清高宗实录》卷八八六，参见《清史列传》卷七十九《孙可望传》。
[4] 孙可望，陕西延长县人。顺治十二年八月《经略洪承畴密揭帖》中报告因擒获了孙可望派往延长家乡探望亲人的使者，清陕西四川总督金砺接兵部咨文后立即派遣员役赴延长县将孙可望亲友十六名口解赴西安、北京，意在相机招抚或挟制孙可望。乾隆二十七年《延长县志》卷九《宦绩》记孙可望为该县"李城里人"；同书卷八《封荫》记载了孙可望的父亲孙选"以子义王贵，追封义王"；子孙征淇、征淳袭义王等。由于孙可望降清封王，《清史列传》和《清史稿》依据档案记载他是延长人，本无误。林毓辉为《清代人物传稿》撰《孙可望传》却轻信不可靠的野史记载，说他是"陕西米脂人"（见中华书局1986年版，上编，第三卷，第三四六页），疏于考证。

第六节　孙可望叛降后的永历政局

孙可望的叛变，是南明政权内部又一次大动荡。孙可望投降清朝固然对永历朝廷造成一些不利影响，但是，交水之战和随后的扫除亲孙势力，以大西军为主体的云、贵、川和湖广、广西的南明军队并没有多大损失。平定内乱后，以昆明和贵阳为中心的两个隐隐相对的实力集团得到了统一，这未尝不是好事。如果李定国能够同刘文秀等齐心协力，以永历帝为号召，联络郑成功、夔东十三家等各种复明力量，抗清形势必尚可观。

然而，李定国在处理善后事宜上，多少有些偏颇。1658年（永历十二年、顺治十五年）正月，大封剿逆各勋镇，白文选由巩国公晋封巩昌王，马进忠由鄂国公晋封汉阳王，冯双礼由兴国侯晋封庆阳王，马宝由安定伯晋封淮国公，马惟兴由兴山伯晋封叙国公，靳统武由平阳伯晋封平阳侯，祁三升由咸宁伯晋封咸宁侯，高文贵由广昌伯晋封广昌侯，其余有功镇将也分别升赏[1]。狄三品、王会、张光翠等人"以党附可望"的罪名降爵。驻守楚雄、永昌一带的王自奇、张明志、关有才曾经接受孙可望的密令，准备东犯昆明。孙可望败窜后，李定国本可以用朝廷名义对他们赦罪招抚，但他计不出此，亲自率军进攻迤西，"阵擒关有才，降张明志，自奇走腾越，穷蹙自刎。定国回省，适刘文秀获张虎于水西，槛送省城，同关有才磔于市"[2]。在大敌当前之际，以内讧中的"功罪"大申赏罚，对于争取和团结内部，尽量减少损失，无疑是欠妥的。

---

[1]　《残明纪事》。
[2]　《云南备征志》卷十七，倪蜕《云南事略》。

李定国的失策更重要的是表现在同刘文秀的关系上。就历史渊源而言，李定国和刘文秀在原大西军中都享有很高的威信，联明抗清后两人既不像孙可望那样心怀野心，又多次独当一面，指挥重大战役，在迎接永历入滇和平定孙可望叛乱等问题上都做出了贡献。自然，刘文秀的战功远不及李定国，但在当时稳定南明局势上，晋、蜀二王同为朝野所关注，合则兼美，离则两伤。可惜，李定国缺乏博大胸襟，未能对刘文秀推心置腹共度时艰。交水之战后，李定国留在云南，刘文秀领兵追拿孙可望，实际上负有稳定贵州以及与清方接境地区的任务。他虽然未能擒获孙可望，但安抚地方和军队的工作做得相当出色。到永历十一年（顺治十四年）十月间，刘文秀见贵州形势已经稳定，而同清方相持的明军仍据守着四川大部和湖广武冈一线，就上疏奏请永历帝移驻贵阳，这样不仅可以体现进取精神，也便于就近指挥，振作士气。永历帝同意了这一建议，命礼部择吉日起行。十一月，李定国在进讨盘踞永昌（今云南保山）的王自奇时，得知永历帝同意刘文秀迁都贵阳的建议后，大为不满，"驻兵永昌，上疏告病，请卸兵事"[1]。永历帝拗不过李定国，"玺书慰劳，召回，迟延三月始赴阙"[2]。永历十二年正月元旦，"李定国请尽撤川楚守边各镇将回云南。遂罢幸黔之议"[3]。这是李、刘之间裂痕的第一次明显暴露。从当时形势来说，刘文秀的建议基本上是正确的，李定国反对移跸贵阳如果是考虑到永历帝秉性怯弱，距敌越远越好，加上移跸之时必然增加沿途各地百姓的负担，主张留驻昆明自有可取之处。但

---

[1] 沈佳《存信编》卷五。
[2] 沈佳《存信编》卷五。
[3] 沈佳《存信编》卷五。

是，他的上疏告病和要挟永历帝撤回川楚守边诸将显然是针对蜀王刘文秀的。因为他的亲信部队主要集中在云南，而刘文秀安抚了贵州、四川、湖广的军队，定国不免有所顾忌，担心移跸贵阳之后，刘文秀的地位将凌驾于自己之上。这年三月，李定国又建议永历帝召回刘文秀，不能不说是很大的失策。清廷正利用南明内讧、孙可望来降的时机调兵遣将准备大举进攻，李定国却心存芥蒂，把刘文秀和处于一线的将领调回大后方昆明，严重地削弱了前方指挥部署。这说明李定国在平定孙可望叛乱以后，对抗清大局缺乏全面考虑，注意力过多地放在巩固自己在永历朝廷中的地位上面。廷臣金简等上疏进谏道："内患虽除，外忧方棘，伺我者方雁行顿刃，待两虎之一毙一伤以奋其勇；而我酣歌于漏舟，熟睡于积薪之上，能旦夕否乎？二王老于兵事者也，胡亦泄泄如是。"[1]这里说的二王是指晋王李定国和蜀王刘文秀。刘文秀对局势的危险有清醒的估计，他在追逐孙可望的过程中，注意收集孙可望部下兵将，多达三万余人，加以改编训练，打算用于守卫同清军接境地区。他的豁达大度收到的效果非常明显，孙可望虽然叛变了，但跟着投降清朝的不过几百人，而且没有一个重要将领。这说明原先尊奉"国主"的大批将士在关键时刻是识大体的，不应心存畛域，加以歧视和打击。可是，李定国却缺乏广阔的胸怀，采取了一些歧视原属孙可望部下将士的错误做法，比如"以收获孙可望之兵名曰秦兵，滇省旧兵名曰晋兵"，"由是孙可望之兵心懒矣"[2]。甚至连在迎接永历帝入滇和粉碎孙可望叛乱中做出了重大贡献的刘文秀也受到冷遇。据记载，刘文秀追赶孙可望至贵州后，由于可望事先逃

---

[1] 《求野录》。

[2] 《明末滇南纪略》卷八《蜀王旋滇》。

走,刘文秀就留在贵州从事善后事宜,重点是稳定内部,防止清军乘衅进犯。事情刚有头绪,李定国却向永历帝建议召回刘文秀。见面之后,永历帝本应慰劳一番,却一开口就质问孙可望是怎样逃脱的。刘文秀回奏:"彼时杀败孙可望之际,不料他走小路。臣带多兵只从大路追去。及至盘江细问,把桥兵云:不曾从此过。始知走小路奔逃,只得仍从大路追下,且可望仅马上不满百人,随处有马即换,他不说大败之故,谁不应承?连夜前去。臣只一日一站追,故追不及。臣到贵州,冯双礼云已去四日矣。即再发兵追之,已莫可及,可望故此得脱。"永历帝沉默了很久才说道:"若捉不住,原日也不宜追他。今追之不获,反激之投他处,恐滇南之祸不远矣。"[1]朱由榔这一番话简直是语无伦次,难道在交水之战后让孙可望返回贵阳重整兵马就可以充当云南的屏障吗?刘文秀稳定贵州、四川、湖广一带功劳很大,李定国和永历帝把他和主要将领召回昆明,使刘文秀的善后工作未能有效进行已是重大失误,对刘文秀的乱加指责更使他心灰意懒。刘文秀的被召回,意味着被解除兵权,朝廷在晋、蜀二王之间已明显地倚重李定国,一些目光短浅的举措又使刘文秀深为不满。他内心非常苦闷,甚至私下对人说:"退狼进虎,晋王必败国。"[2]把李定国比作孙可望第二,失之偏激,但他对定国大权独揽和处事不当表示反感大体上是正确的。这以后他日趋消极,"凡大朝日始上朝一走,常朝日俱不去","将一切兵马事务悉交护卫陈建料理,亦不出府"[3]。不久发病卧床不起,永历帝和李定国都曾去探望,再三宽慰,派医调

---

[1] 《明末滇南纪事》卷八《蜀王旋滇》。
[2] 《求野录》。
[3] 《明末滇南纪略》卷八《蜀王旋滇》。

治。但心病无药医，四月二十五日刘文秀病卒[1]。临终前，刘文秀上遗表云："北兵日逼，国势日危，请入蜀以就十三家之兵。臣有窖金一十六万，可以充饷。臣之妻子族属皆当执鞭弭以从王事。然后出营陕、洛，庶几转败为功。此臣区区之心，死而犹视者也。"[2]刘文秀在病危之时对国家大事仍萦绕于心，所提建议都是从大局出发，不仅不赞成歧视原大西军部分兵将，还主张应该同以原大顺军为主体的夔东十三家兵马紧密团结，共赴国难。言外之意是对李定国执掌朝廷大权后在用人行政上的失误提出了批评[3]。

---

[1] 据《求野录》。《南疆逸史》卷五十二《李定国刘文秀传》；《残明纪事》；倪蜕《滇云历年传》卷十均系于四月。《明末滇南纪略》卷八《蜀王旋滇》云"于是岁六月薨"，误。

[2] 倪蜕《滇云历年传》卷十。《残明纪事》《安龙逸史》所录遗表文字较简。邓凯《求野录》记文秀遗表文字有异，云："我死，国事可预知。臣精兵三万人皆在黎雅建越之间，尝窖金二十万，臣将郝承裔知之。臣死之后，若有仓促，臣妻操盘匜以待，臣子御驾鞯以备厮御。请驾幸蜀，以十三家之兵出营陕、洛，庶几转败为功也。"

[3] 关于刘文秀上遗表事，还有另一种记载，四川乐至县举人邹简臣在永历朝廷任通政司右通政、赞理蜀王军务。"戊戌（永历十二年、顺治十五年）春，还行在，蜀王疾笃，表奏十二事，颇言内阁马吉翔之奸，劝上收大权，用正人。寻卒。定国、吉翔皆知为公笔，心衔之。"见道光《乐至县志》卷十四，人物，宿士敏《邹公易斋传》。

第二十八章
清军大举进攻西南及永历朝廷的播迁

第一节 清军三路进攻贵州、云南

孙可望的发动叛乱和兵败降清，在清廷看来无疑是天赐良机，可以利用南明的内讧，一举荡平黔、滇，实现统一大业了。1657年（顺治十四年、永历十一年）十二月十五日，清廷正式下达三路进军西南的诏谕：一、任命平西王吴三桂为平西大将军，与固山额真、墨勒根侍卫李国翰率领所部，由陕西汉中南下四川，进攻贵州；二、任命原定驻防江宁的固山额真赵布泰为征南将军，统兵南下湖南，由经略洪承畴拨给部分汉兵，取道广西会同定藩下提督线国安部，北攻贵州；三、任命固山额真宗室罗托为宁南靖寇大将军同固山额真济席哈等统兵前往湖南，会合洪承畴节制的汉兵一道由

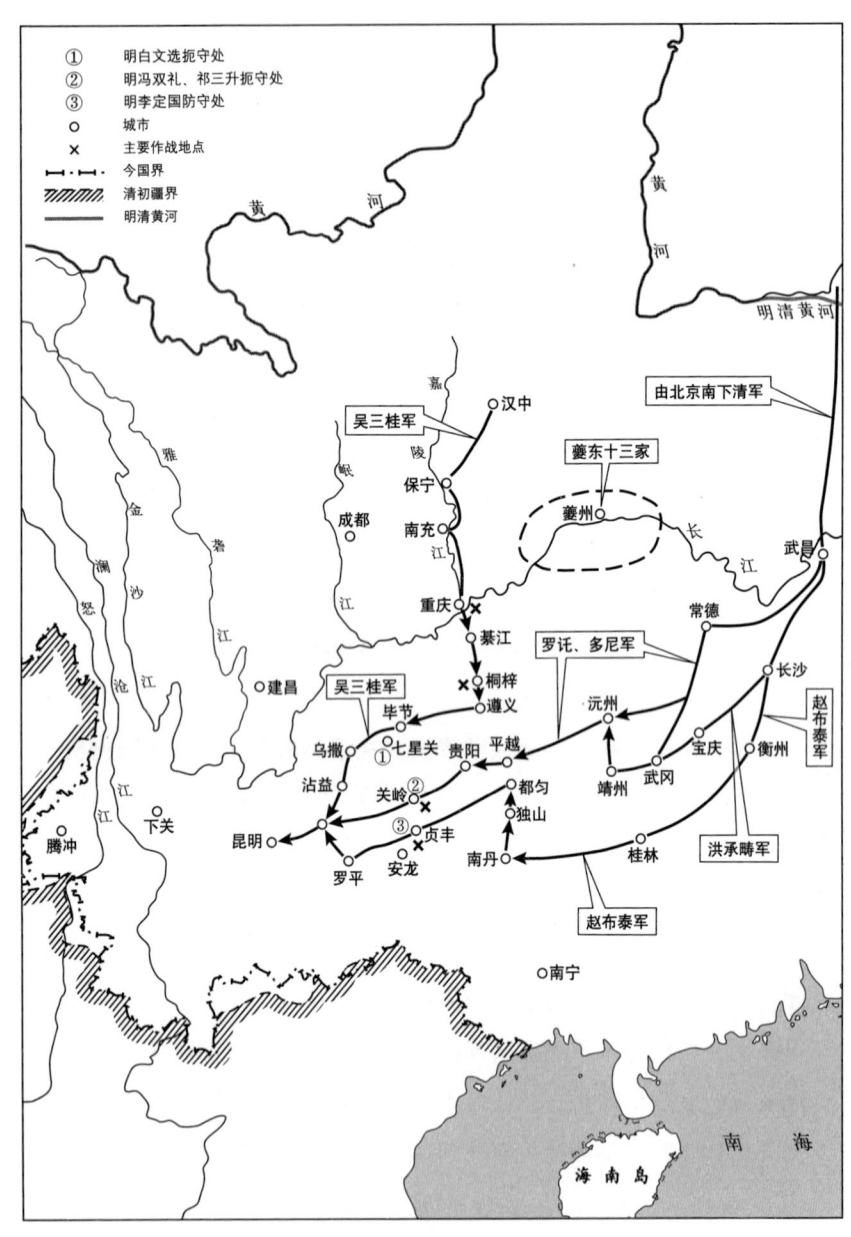

1658—1659年清军三路进攻黔滇图

湖南进攻贵州[1]。

1658年（顺治十五年）正月初九日，清廷又任命信郡王多尼为安远靖寇大将军，同平郡王罗可铎、贝勒尚善、杜兰、固山额真伊尔德、阿尔津、巴思汉、卓罗等带领大批八旗兵南下，"专取云南"，敕谕中明确规定"如贵州三路大兵有料理未尽者亦并加绥定"[2]，这意味着赋予多尼以节制三路清军的指挥权。多尼的任命虽距三路进军的诏谕不到一个月，但实际上清廷的意图是要看进攻贵州是否顺利，再决定多尼率军南下攻取云南的日期。

由于李定国在平定孙可望叛乱后，举措不当，不仅没有及时部署针对清方必然乘衅发起的攻势，反而为了"整顿"内部把久经战阵的领兵大员调回昆明，从而严重削弱了同清方接境地区的防御力量。在这种情况下，清军的三路进攻贵州进展得极为顺利。现分述如下：

罗托率军于二月间到达湖南常德后，即会同经略洪承畴部左标提督李本深、右标提督张勇等部官兵一万六千名进占辰州，另由偏沅巡抚袁廓宇领总兵李茹春、王平、南一魁、陈德等部官兵一万一千名由宝庆进占武冈、新宁、城步、绥宁。这月下旬到三月间，罗托、洪承畴指挥的清军已经占领湖南沅州（今芷江）、靖州[3]，长期在湘西同清方相持的明军全线溃败。清军乘胜追击，占领

---

[1] 《清世祖实录》卷一一三。同书卷一一二记是年十月间命赵布泰驻防江宁。参见《明清史料》甲编，第六本，第五八六至五八八页经略洪承畴揭帖。

[2] 《清世祖实录》卷一一四。阿尔津不久病死，见同书卷一一七。

[3] 顺治十五年二月初九日经略洪承畴揭帖，见《明清史料》丙编，第二本，第一七九页。

贵州镇远、黄平、平越；四月，占领省会贵阳[1]，南明安顺巡抚冷孟銋兵败而死[2]。

　　同年二月，平西王吴三桂、固山额真李国翰由陕西汉中统兵南下四川。三月初四日到达保宁，初七日起经南部县、西充县向南推进，十四日到达合州，一路上人烟断绝，"枳棘丛生，箐林密布，虽乡导莫知所从。惟描踪伐木，伐一程木，进一程兵"。吴三桂的记室（文案幕客）马玉赋诗云："空山惟有啼鹃泪，剩屋曾无乳燕巢"，还自认"未足状荒凉万一"[3]。南明镇守重庆总兵杜子香弃城而逃，吴三桂部于四月初三日占领重庆。当时川东、川西还驻有不少南明军队，吴三桂和李国翰为了遵守清廷谕旨会攻贵州，于十三日率领主力渡过长江向南推进，为防止后路被切断，留下永宁总兵严自明和新设的重夔总兵程廷俊（原广元副将）镇守该城[4]。吴三桂、李国翰军取道四川綦江县于二十五日进至贵州桐梓县境的三坡、红（虹）关、石

---

[1] 康熙三十一年《贵州通志》卷五《大事纪》；道光三十年《贵阳府志》卷二《大事记中》；康熙六十一年《思州府志》卷七《事变志·事纪》；参见《清世祖实录》卷一一八。

[2] 康熙三十一年《贵州通志》卷五《大事纪》。

[3] 马玉《征行纪略》，计六奇摘编入《明季南略》，中华书局排印本卷十五。马玉所记吴三桂军至保宁和自保宁启行日期与顺治十五年三月十二日四川巡抚高民瞻揭帖、同月十五日四川巡按陈洪柱揭帖（二件均藏第一档案馆）完全一致。《清世祖实录》卷一一六记顺治十五年四月初十日吴三桂、李国翰奏报："官兵败贼于合州，斩获甚多。"据随军的马玉所见，合州"俨同鬼域，盖彼此所不到也"。只是南明重庆总兵杜子香派"轻舟"溯嘉陵江到合州江口侦探清军消息，并没有战斗。

[4] 马玉《征行纪略》。刘健《庭闻录》卷三记"三月初四日至合州"，误。

台关[1]，这一带山高路窄，"上则摩于九天，下则坠于重渊，人皆覆涩，马皆钉掌，节节陡险，一夫可守"。明将刘镇国带领兵员和大象扼险以守，被吴三桂军击败[2]。三十日，清军占领遵义，明将郭李爱等率部卒五千余名投降[3]。五月初三日，吴军继续南下，经息烽、扎佐到达贵阳同宁南靖寇大将军罗托会师。十一日回师息烽，在开州（今贵州开阳）倒流水击败明总兵杨武部[4]。不久，吴三桂返驻遵义，一面休养兵马，一面招降南明官员，先后来归的有水西宣慰司安

---

[1] 《庭闻录》卷三。《清世祖实录》卷一一八记："贼首李定国、刘文秀遣伪将军刘正国等率贼众、象只在三坡、红关等处险设伏以拒我兵。"郭影秋《李定国纪年》第一五八页说："《播雅》云：三坡有二，一为桐梓北六十里，一在酉阳。此处当指后者。"判断失误。吴三桂军正是由重庆、綦江、桐梓南下遵义的。诸书所记以马玉《征行纪略》最为准确，他说吴军"历东溪、安稳、松坎、新站、夜郎"，前两地属綦江，后三地属桐梓。《清世祖实录》卷一二〇记顺治十五年八月吴三桂奏疏中有"臣兵至桐梓"语。清方文书内提及的三坡、红关、石台关均在桐梓县境。民国十八年《桐梓县志》卷十四《军事中》云："顺治十五年六月（当为四月）……蜀师至三坡，桐梓兵民悉溃。刘镇国拒战，大败。"同书卷六《舆地志中·山脉》记，"山坡，古称上天梯，言其险也"，距县城六十里。"山坡"即三坡，同书卷二十赵旭、李铭诗均有《三坡》诗，述其"险峻处名上天梯"，又名滴泪三坡，为历来两军相争要地。"红关"当作"虹关"，虹关又名酒店垭，即今桐梓县地名"酒店"，在县北一百五十里，"前连綦江界，升之若登九天，下之若降九渊"。石台关疑为石炭关之讹，桐梓县有两处名石炭关，一在东北，一"在西八十里，下有大石横江，谓之关门石，为遵（义）、桐（梓）、仁（怀）三县交界处"，见同书卷七《舆地志下·关津》，今名石关。
[2] 马玉《征行纪略》。
[3] 刘健《庭闻录》卷三。
[4] 道光三十年《贵阳府志》卷二《大事纪中》；《征行纪略》。《庭闻录》卷三与《清世祖实录》卷一一八均作在开州击败明总兵梁亦英部。按，《庭闻录》卷三引吴三桂顺治十七年九月十五日奏疏曰"杨武原守倒水，经臣战败，至滇只领残兵二百"，降清后"不胜暴戾"云云，可证梁亦英之名为误记。

坤、酉阳宣慰司冉奇镳、蔺州宣慰司奢保受、兴宁伯王兴及部下七千余人[1]。

赵布泰军于二月初一日自武昌出发[2]，二十日到达湖南衡州。洪承畴拨给经略标下左路总兵张国柱部兵三千名，于三月初五日赴广西[3]，会合定藩下提督线国安部兵八千余名，取道南丹州、那地州（在今广西南丹县西南），北上进入贵州境，经丰宁司（今贵州独山县上司镇），于五月间攻占独山、都匀[4]。

到1658年（顺治十五年）五月，清方三路大军已经实现了会师贵州的战略目标，占领了包括贵阳在内的全省大部分地方。永历朝廷虽然发动了局部的反攻，如给土司罗大顺加官都督，让他领兵于五月间收复清平（在今凯里、福泉之间）、新添卫（今贵定县）[5]；命张先璧部于八月间两次反攻贵阳[6]，都因兵力单薄，很快被清军击退。

这年九月，多尼带领的增援大军由湖南进入贵州。十月初五日，在平越州东南的杨老堡召开会议，洪承畴由贵阳，吴三桂由遵

---

[1] 参见《清世祖实录》卷一二〇、《征行纪略》及《庭闻录》卷三。明兴宁伯王兴与广东文村的绣花针王兴同名，降清原因三书记载稍有差异。

[2] 顺治十五年二月初九日经略洪承畴揭帖，见《明清史料》丙编，第二本，第一八〇页。

[3] 顺治十五年三月十三日偏沅巡抚袁廓宇揭帖，见《清代档案史料丛编》第六辑，第三〇三页。

[4] 《清世祖实录》卷一一八，丰宁司误写作"抚宁州"。

[5] 道光《贵阳府志》记，罗大顺于五月间"陷清平、新添。七月，洪承畴命张勇击罗大顺于新添，大顺弃城走"。光绪《平越直隶州志》卷八《纪事》云："七月，故明桂王都督罗大顺夜焚新添卫城，经略右标总兵张勇赴剿，大顺遁入十万溪。"

[6] 道光《贵阳府志》卷二《大事纪中》。一些史籍记载张先璧在顺治九年保宁战役后被孙可望杖毙，两说必有一误，待考。

义，赵布泰由都匀赶来参加。会议决定分兵三路大举进攻黔西、云南。除了留下罗托和洪承畴带领部分军队暂住贵阳，镇守新定地方，料理粮饷外，中路由多尼统率由贵阳进攻安顺、安庄卫（今镇宁县）、关岭、普安入滇；北路由吴三桂率领（李国翰已于七月间病死[1]）攻毕节、七星关入滇；南路由赵布泰统率本部及续国安、张国柱军，并增派固山额真济席哈部一道由都匀西攻安龙、黄草坝入滇[2]。"十一月，信郡王至贵阳，后数日遂发；吴三桂、卓布泰亦于是日率甲士各五万行"[3]，从十四日起开始了针对云南的大举进攻[4]。

清军由湖广、四川、广西三路进攻，南明军队节节败退。长期同清方相持的湘西、四川、广西防线迅速瓦解，连孙可望掌权时期已经成为后方基地的贵州省也大部分被清军占领。南明西南战局出现这样全面的恶化，李定国的举措失当是主要原因。清军的进军顺利并不是在兵力上占了绝对优势，只要把1658年（顺治十五年）同1652年（顺治九年）清廷向西南战场投入的兵力做一个对比，至少可以看出

---

[1] 《清世祖实录》卷一二〇记：顺治十五年七月二十八日"固山额真侯李国翰卒"。马玉《征行纪略》亦云：七月"二十八日。定西将军墨侯以病卒于遵义"。

[2] 杨老堡会议见《八旗通志》卷一四一《赵布泰传》，原文说，多尼、吴三桂、赵布泰"会于平越府之杨老堡，议分兵进取云南，多尼自桂（贵）阳入，三桂自遵义入，赵布泰自都匀入，订以十二月会师云南省城"。洪承畴在顺治十五年十二月十六日揭帖中说：他"自贵州省城赴杨罗（当即杨老堡）迎王师会议，十月初七日回至平越府。"见《清代农民战争史资料选编》第一册上，第三四四页。

[3] 道光《贵阳府志》卷二《大事记中》。

[4] 顺治十五年十二月十五日经略洪承畴揭帖，见《清代档案史料丛编》第六辑，第二二〇页。

以下几点：一、清方动用的兵员并没有很大的增加，1652年清方参战的军队有由敬谨亲王尼堪统率的满洲八旗精锐进至湖南；吴三桂、李国翰部由陕西汉中推进到四川南部；广西则有定南王孔有德藩下的军队。到1658年清廷抽调的军队和用兵方向基本没有多大变化。至于统兵将领，奉命由湖南攻贵州的罗托不过是位三等镇国将军、固山额真；被任命为全军统帅的多尼（信郡王）是豫亲王多铎的儿子（袭封时十四岁，这时出任安远靖寇大将军也只有二十三岁），几乎从来没有经过战阵，这同1652年领兵大帅尼堪、多罗贝勒屯齐相比，无论在品级上还是在作战经验上都不可同日而语。二、1652年明军主帅孙可望、李定国、刘文秀都亲临前线，作战胜算多于败算；清军在四川保宁战役和湖南周家铺战役（又名岔路口战役）虽侥幸得胜，但由于损兵折将不敢轻举妄动，战局长期呈现对峙状态。三、1658年清军三路迅速推进时，南明军队不仅没有捕捉战机，主动迎击，而且处处呈现消极避战，清方的奏疏表明，直到三路主力从湖南、四川、广西直趋贵州，占领省会贵阳时，都没有遇到稍具规模的抵抗。这就说明，南明战局的全面恶化同李定国的失误有密切关系：如上文指出，他不应出于猜忌把前线大将调回昆明；清军三路进军贵州的实际行动开始于二月二十五日，李定国到七月才从昆明统军入黔迎战，贻误战机长达半年；与此相关的是，在总体上南明兵力已处于劣势的时候，要打破清军合剿，只有趁三路清军相距尚远之机，集中兵力击溃其中一路，方可赢得战略上的主动地位。马玉说："夫前此数月，三桂驻遵义，征南将军赵布太驻独山州，信郡王在武陵（湖南常德），惟宁南靖寇大将军驻贵州。当大众未合之际，定国观望逡巡。及杨老堡订期进兵，刻日饮马昆明，定国始秉钺而出，事机已失矣。"[1]他作为当事人看到了明军失败的原因,但他说的"事机"已是顺治十五年五月以后,这时多尼的增援八旗兵虽未入黔,但吴三桂驻遵义,罗托驻贵阳,赵布泰驻独山、都匀,已经实现会师,扭转战局为时已晚。

  清军大举入黔,败讯不断传到昆明。永历朝廷经过紧张的策划后,才在七月间决定由晋王李定国秉黄钺出师[2]。从清方档案来看,九月到十月间,李定国的部署是首先收复省会贵阳。他自己驻于关岭,冯双礼、白文选的军队集中于安顺一带,前锋祁三升、李如碧带领兵马三十余营进抵平坝,距离贵阳已经不远了。此外,他还以永历朝廷的名义加封罗大顺为龙平伯,派他领兵再攻新添;另派使者联络原驻四川酉阳宣慰司的宁国公王友进、荆国公王光兴领兵由思南府攻湄潭,借以多方牵制清军[3]。然而,这时贵阳及其附近地区集结的满、汉清军已经相当强盛,除罗托部八旗兵坐镇贵阳外,原归经略洪承畴节制的经略标下汉军基本上都屯扎在黔东地区。李定国数路包抄贵阳的计划无从实现。接着,多尼指挥三路进兵的消息传来,李定国就完全陷入了被动防御的境地。他命冯双礼领兵扼守关岭,祁三升部驻于鸡公背,互相呼应,凭险阻击清多尼部主力[4];命李成爵部驻于凉水井(在今贞丰县境)[5],张先璧部驻于黄草坝

---

[1] 《征行纪略》。
[2] 《求野录》。
[3] 见上引顺治十五年十二月十六日洪承畴揭帖。
[4] 据宣统元年《贵州全省地舆图说·永宁州》记:"鸡公背山,城东四十里,与关岭岭对峙。"按,明代在关索岭置守御千户所,"领有鸡背堡",鸡背堡即鸡公背,见民国三十五年《镇宁县志》卷一《地理》。
[5] 李成爵在《安顺府志》等书中写作"李成蛟"。凉水井在清方档案及依据档案修成的《清世祖实录》中误译为"梁瑞津"。

（今贵州兴义县），阻击赵布泰部清军；命白文选领兵驻守毕节的战略要地七星关[1]，阻击吴三桂部清军。另派窦名望率部增援刘镇国，加强安庄卫的防御力量[2]；给罗大顺提供粮饷，让他由水西骚扰清军后方。李定国亲自统率部分军队驻于北盘江西面的双河口，统筹全局。

十一月，清信郡王多尼指挥的主力进攻安庄卫（今镇宁县），明军迎战失利，刘镇国在城北响水桥阵亡，安庄卫失守[3]。多尼部清军乘胜进攻关岭。冯双礼为了集中兵力，率部由关岭移驻鸡公背，与祁三升合营。可是，数以万计的军队齐集于鸡公背山顶，粮草的运输成了难题，士兵饥不得食。当清军发动进攻时，明军士兵弃险不守，自行撤退。冯双礼、祁三升见军心不稳，也只好随军撤退。吴三桂所统清军进抵毕节，见七星关形势险峻，易守难攻，就在向导指引下于十二月初二日由小路绕过险要，直插天生桥（今威宁县北天桥）。白文选被迫放弃七星关，率部由乌撒府（今贵州威宁县）退入云南。赵布泰带领的满汉清军进至北盘江罗炎渡口，明军沉船扼险而守。投降的土知府岑继鲁向清方献策，于夜间捞取沉船从下流十里处偷渡过江[4]。天亮后，扼守渡口的明军发现清军业已过江，仓皇撤退。清

---

[1] 罗英《乡征记》，收入光绪五年《毕节县志》卷十《艺文志·记》。
[2] 见上引《安顺府志》。
[3] 民国《镇宁县志》卷一《前事志》，卷二《营建志·桥梁》记，击败刘镇国军的是多尼部将白尔赫图布叶锡；响水桥后来改名为化龙桥。
[4] 据宣统元年贵州调查局印行的《贵州全省地舆图说》，罗炎在贞丰州境内，有镇、递铺，为北盘江渡口之一。

军在凉水井击败李成爵所部万人[1]，又在双河口、鲁沟[2]连败李定国军。李定国眼看三路堵击均告失利，特别是北线吴三桂军已经越过七星关，南线赵布泰军已占领安龙、贞丰、黄草坝（今兴义县），不仅无法阻止清军入滇，自己统率的军队也面临腹背受敌的危险。于是，他下令放火烧毁北盘江上的铁索桥[3]，由冯双礼断后，全军撤回云南。清信郡王多尼等见铁索桥已毁，命令军士砍伐竹木，编成排筏渡过盘江，在松岭击败冯双礼部，贵州全省遂落入清军之手。十二月下旬，吴三桂军由乌撒府（今贵州威宁）涉可渡河进入云南，经沾益州（今宣威县）、交水（今沾益县）至罗平，与多尼、赵布泰会合，迅速向昆明推进[4]。

明军全线溃败，李定国下令放弃贵州的时候，已经估计到清军

---

[1] 咸丰《安顺府志》卷三十一《信郡王传》中说"卓布泰亦斩李成爵于罗炎河"。《八旗通志》卷一四一《赵布泰传》仅云击败"伪伯李成爵"于梁瑞津（凉水井）。

[2] 据民国《兴仁县补志》卷首兴仁县略图，鲁沟在安龙县北面，宣统《贵州全省舆图说》标于兴义县北；1986年版《贵州省地图集》第八十一页，凉水井、鲁贡均在今贞丰县境内，鲁贡当即鲁沟。在清方文书如《八旗通志》卷一四一《赵布泰传》，卷二二二《迈图传》中写作"鲁噶"；卷二二三《布尔哈传》写作"芦噶"：卷二二四《库尼雅传》《尹塔锡传》《简泰传》则写作"鲁冈"：《清世祖实录》卷一二三更写作"陆格"。

[3] 铁索桥在永宁州之西、普安州安南县之东，是由黔"入滇要道"，见咸丰《安顺府志》卷四十六李肇基《盘江考》；卷四十七下三元《重修盘江铁索桥碑记》。

[4] 咸丰《安顺府志》卷三十一《名宦·信郡王传》记三路清军会于罗平。马玉《征行纪略》云：吴三桂领军"出交水大道，晤信郡王、征南将军于板桥"。板桥在罗平县东偏北。康熙三十年《云南通志》卷三《沿革大事考》记，顺治十五年"十二月，我师三路会于曲靖"；康熙三十五年《云南府志》卷五《沿革》，康熙四十四年《平彝县志》卷二《沿革》所记相同。按，曲靖与罗平接境，三路大军会合于这一地区应属情理当中，但三将会面地点当以马玉所记板桥为准。

必然乘胜向云南推进，明军不可能保住昆明。十二月初九日他派使者向永历帝报告清军势大难敌，奏请"上当移跸以避清人之锋"[1]。永历朝廷自建立之始，有如一叶扁舟随风漂泊。移驻安龙时虽然比较稳定，但实际上是处于孙可望的挟制之下，苟且偷生。直到1656年（永历十年）移居昆明以后才过上比较安定的日子，朝廷各衙门开始恢复正常工作秩序。云南百姓从1647—1648年大西军平定全省后，生活稳定安乐。然而，好景不长，前方兵败的消息传来，立即在朝野上下引起巨大震动。

李定国建议移跸，在朝诸臣对于放弃昆明以后朝廷移往何处有不同意见，一部分人主张迁往四川，另一部分人则主张向西逃窜。翰林院讲官刘菶听四川、贵州人士说："方今蜀中全盛，勋镇如云，而巩昌王全师遵义，若幸蜀图兴，万全之策也"[2]，就向永历帝面奏："今滇云四面皆夷，车驾若幸外国，文武军吏必无一人肯从者。就使奔驰得脱，而羽毛既失，坐毙瘴乡矣。惟建昌连年丰稔，粮草山积。若假道象岭，直入嘉定，养锐以须，即或兵势狙逼嘉阳，战船、商船一刻可刷数千艘，顺流重庆，直抵夔关，十三勋闻圣驾至，必夹江上迎。乘此威灵，下捣荆襄之虚，如唾手尔！"[3]朱由榔认为这一方案很好，让刘菶依据地图指明移跸途径，又派锦衣卫官丁调鼎去征求李定国的意见，定国也赞成这个方案。十二月十三日，李定国回到昆明，在召对时建议："此时移跸建昌，必经武定。但武定荒凉，必走

---

[1]　刘菶《狩缅纪事》。
[2]　刘菶《狩缅纪事》。按，当时巩昌王白文选已经退入云南，但在四川的南明军队确实为数尚多。
[3]　刘菶《狩缅纪事》。

宾州一路[1]，庶几粮草为便。"永历帝和晋王既已决定移跸，当即传旨命户部尚书龚彝、工部尚书王应龙备办粮草，派广昌侯高文贵护驾，预定于十五日启程。然而，另一部分朝臣却出于种种考虑反对移跸四川。据刘茞的记载，十二月十三日晚上文安侯马吉翔同其弟马雄飞、女婿杨在秘密商议移跸事。吉翔首先说道："上为蜀人所惑，坚移跸蜀中。若移跸蜀中，则文安之必来迎驾，此老非扶（指扶纲）、雷（指雷跃龙）之比，我安能不避贤路乎？老身若退，则衣钵又安能及贤婿乎？且入蜀，则程源等必据要津，我等内无金少宰（指金维新）之助，外无晋王之援，倘安龙附孙逆之事发，我等举家无噍类，而贤婿亦罣碍矣。"说着掉下眼泪来，杨在默然无语。马雄飞认为哥哥说得有理，事关全家前途性命，当即拍案而起道："事已至此，莫若于今晚会金少宰，具道其坟墓亲属皆在滇中，安可去蜀？即翔、飞等交结已久，何肯远去？莫若苦劝晋王坚走永昌，事不可为，则幸缅国；若可为，返滇更易。若晋王犹豫，则说以蜀中勋镇林立，今殿下新败之余，远则袁（宗第）、郝（永忠）诸勋之穴，能保诸勋听节制乎？恢复荆襄，能保上不再封郝永忠等数亲王，以与殿下并立乎？则晋王必听之矣。"马吉翔当天晚上就去同金维新商量如何说服李定国

---

[1] 按，宾州在广西；宾川州在云南，属大理府。《狩缅纪事》所记必为宾川州，传抄时脱落一字。

改变主意。金维新是云南人[1]，长期担任李定国的幕僚，备受亲信。他本来就不愿意朝廷从自己的家乡迁走，又同镇守四川建昌总兵王偏头为争夺一位美女闹过纠纷，担心转入建昌后将遭到王偏头的报复。因此，他也同意马吉翔等人的密议，对李定国施加影响[2]。

十二月十五日，永历帝率领文武百官离开昆明，同日到达安宁。临行之前，李定国传谕百姓："本藩在滇多年，与尔人民情均父子。今国事颠危，朝廷移跸，势难同尔等偕行。恐清兵一至，杀掠淫污，猝难逃避，尔等宜乘本藩未行时，各速远遁，毋致自误。"[3]昆明百姓知道大祸临头，城内城外哭声鼎沸，不少人扶老携幼随军向西逃难。李定国同白文选商量准备在朝廷和军民撤退以后把昆明一带的仓库储存粮食烧毁，以免资敌。永历帝却以"恐清师至此无粮，徒苦

---

[1] 金维新原为李定国记室。郭影秋《李定国纪年》第一三八页云："近人李根源《曲石诗录》谓'金公趾，名维新'，不知何据。"按，《求野录》记"督理晋王李定国之军事者为金维新，秩左都御史"。屈大均《安龙逸史》卷下记永历十一年二月"以金维新为吏部侍郎"。刘健《庭闻录》卷三记，李定国"为人勇敢刚直，目不知书。有昆明金公趾者知其可动，取世俗所传《三国志演义》时时为之诵说，定国乐闻之。已遂明斥可望为董卓、曹操，而期定国以诸葛武侯。定国大感悟"。《行在阳秋》记撤离昆明时"晋府中书金公祉，云南人，极言入蜀不利"。可见金维新即金公趾。徐弘祖在《徐霞客游记》卷十一内记载他在崇祯十一年游滇时曾经在昆明会见金公趾，"金公趾名初麟，字颇肖董宗伯（其昌），风流公子也。……公趾昔好客，某奏劾钱士晋军门，名在疏中，黜其青衿焉"。金公趾既擅长书法，好交游，在明季又被革去生员，大西军入滇后充当李定国记室极为可能。

[2] 屈大均《安龙逸史》卷下记："时清师三路会于曲靖。朝议犹莫知适从。有陈建者，举蜀王遗表请入蜀。马吉翔恐蜀将夺其权，力沮之。沐天波请走迤西，地近缅甸，急则退守阿瓦、太公诸城，缓则据大理两关，犹不失为蒙段。上可其议。"这段话说明包括沐天波在内的云南人士大抵是主张西迁的。

[3] 《安龙逸史》卷下。

我百姓"为理由，传出旨意不要烧毁[1]。这种妇人之仁在军事上显然是失策的，贵州地瘠民贫，清军沿途筹粮已极为困难；明军在主动放弃昆明等云南迤东地区时如果按计划实行坚壁清野，清方大军云集，粮刍匮乏，即便勉强立足，也难以乘胜直追。这点在清朝档案中也可以得到印证。顺治十六年九月二十一日经略洪承畴在一份奏疏里谈到入滇清军粮草"千万艰难"时说："所赖王师驻省城，征南将军大兵驻宜良，俱有得获贼遗粮米。职前三月内到云南，蒙信郡王令职同固山额真臣宜尔德、卓罗等委户部章京同提督张勇、总兵马鹞子及府、厅各官雇觅民夫将省城内外仓米稻谷杂粮逐加盘量实数，派满汉兵丁看守，听户部章京按月支给；其宜良县米谷并委守、巡二道盘查，听征南将军委户部章京支给。所以二路大兵得支至今九月方完，不待用银买运，计节省银数甚多。"[2]可见，留在昆明、宜良的粮食竟供应了入滇清军半年以上的食用，结果是养肥了敌军，拖垮了自己。

从各种史籍留下的迹象来看，南明永历朝廷的放弃昆明很难

---

[1]　《明末滇南纪略》卷八《西走缅甸》记："晋王于十二月十六日回至省城，与巩昌王等议，欲烧仓廒朝堂府署，惟留一空城。晋王云：我等到云南十余年，也作践百姓够了，若不留下仓粮，深为民累。于是不烧仓廒官署，腾城而去。"《安龙逸史》卷下云："时秋粮已征贮，定国谕各营不得毁其仓廪，恐清师至此无粮，徒苦我百姓。或曰：上谕晋王，令勿烧毁也。"看来最后一种说法比较可信，但李定国同意当系事实。

[2]　《明清史料》甲编，第五本，第四五九页，经略洪承畴"为云贵兵饷中断，十分紧急"事揭帖。另外，顺治十五年十二月十五日洪承畴揭帖中对"贵州米谷甚难"，不足以供应驻贵州清军粮草的情况有详细报告；顺治十六年十一月初八日四川巡抚高民瞻报告四川"千里荒烟"，"一切粮饷俱从秦省略阳运发入川"（均见《清代档案史料丛编》第六辑）。这都证明了清重兵入滇后，如果不是得到明方留下的大批粮食，极难立足，更谈不上追击。

说是一次有组织的撤退。考虑到清军是在永历帝离开昆明之后半个多月才进入该城，永历朝廷完全有时间召集文武大臣仔细研究战守机宜。可是，事实却表明朱由榔撤离昆明时就已经陷入一片混乱之中。清朝末年在昆明五华山出土了永历皇帝的玉玺"敕命之宝"。这颗玉玺被砸成两半扔下，说明朱由榔等撤离时的慌乱匆迫[1]。放弃昆明以后，庆阳王冯双礼、广平伯陈建、武功伯王会、延安王（艾能奇）长子艾承业率部向四川建昌转移[2]。二十日，朱由榔等从楚雄出发，二十四日到达赵州。这时清兵已逼近交水，李定国在二十一日领兵撤出昆明。金维新把自己同马吉翔商妥的意见向定国报告，李定国果然改变了主意，决策向滇西撤退，派行营兵部侍郎龚应祯赶到赵州，请永历帝前往永昌。就全国形势而言，南明已日趋衰微，永历朝廷无论是向滇西边远地区撤退，还是辗转进入四川，都很难扭转危局。可以探讨的只是两个问题，一是西撤同北上入川两个方案中哪一个较为可取，另一点是应有统一部署。当时拥明抗清势力除永历帝、李定国等直接控制的云南、川西军队外，川东鄂西有夔东十三家，福建沿海有郑成功、张煌言等部。清军对

---

[1] 永历"敕命之宝"现藏云南省博物馆，为暗绿色玉制，中断为二，虽经黏合，仍稍有残缺。这个玉玺曾有人怀疑为吴三桂伪周时期所造，经前辈学者核对永历敕命文书所钤印文，"尺度字形，不差毫黍"，证明是永历遗物，见方国瑜《云南史料目录概说》，中华书局1984年版，第三册，第一二四二页。按，永历在位时间较长，所造不同用途的国玺应当有多种。方国瑜先生述及此"敕命之宝"时附带提到朱由榔流落缅甸后，囊空若洗，群臣索俸，愤而将黄金制成之"皇帝之宝"鳖碎分给（方先生误书为"皇帝之宝玉玺"，实为金制）。估计当时未必没有玉制国玺，只是玉玺砸碎不值钱罢了。现存永历三年五月永历朝廷颁给左都御史袁彭年诰命绢本原件，上钤"制敕之宝"。永历国玺可考者至少有三种。

[2] 刘茝《狩缅纪事》。

湘西、贵州、广西、四川大举进攻以前，这三股势力就存在相当隔阂，其中据守滇、黔、湘、桂的明军不仅是主力，而且奉为"共主"的永历帝也驻于这一带。随着湘西、桂西和贵州的失守，清军进入云南，永历朝廷和李定国所统主力向西撤入人口稀少、生产不发达的滇西南，兵、饷来源极为有限，同夔东、闽海抗清武装声息难通；放弃昆明一带转入四川，虽然将处于清方包围之中，但存在发展机会。特别是放弃昆明以后，李定国护卫永历帝西撤，冯双礼、陈建、王会、艾承业率部北入四川，这种分道扬镳之势反映了晋王李定国和蜀王刘文秀旧部之间的龃龉公开化。刘文秀同李定国不大一样，在孙可望掌权时期他没有多少嫡系部队，几次出征所统率的主力都是由孙可望拨给的；孙可望降清后，他安抚的军队基本上是孙可望旧部。李定国推行歧视政策，把兵将分为"晋兵"（旧兵）、"秦兵"（新兵），刘文秀实际上被看成是"秦兵"的代表人物。刘文秀失势后郁郁病死，他的部将对李定国更加不满。史料的欠缺使后来的研究者难以说清其中的周折，但是，有一个重要事实是值得注意的，即孙可望掌权时明、清双方长期相持于四川、湖南西部和广西西部，永历朝廷的控制区基本上是稳定的。孙可望发动内讧和兵败出逃，对南明来说在政治上影响比较大，在军事上并没有显著的削弱。清廷决定乘南明内讧三路进攻，南明军队一溃千里，可是无论是清方档案文书还是野史中都看不到双方进行过激战。可见，南明节节败退的主要原因是内部摩擦和部署不当。当时担任通政司右通政使的邹简臣所述情况是："及大清师压境，（马）吉翔倡走缅计，公（指邹简臣）力争之。定国主吉翔议，弗听。贵州巡抚辜延泰言于公曰：'吉翔与晋王切齿公，将诬以他故而甘心焉。公死非名，宜早为计。'是夜，定国遣人捕蜀藩旧将广平伯陈建,建夜遁,密报公。公曰:'祸至矣!'乘夜走避之禄丰。"[1]

文官武将听说朝廷变更了方针,由入川改为西撤,不少人感到前途渺茫,先后脱离朝廷,寻找避难藏身之处,如吏部尚书张佐宸与少詹事汪蛟逃入大理府山中;兵部尚书孙顺、礼部尚书程源、户部侍郎万年策、大理寺少卿刘泌、左佥都御史钱邦芑等行至永平县时改名换号躲入山中。

顺治十六年正月初三日,清军未遇抵抗即占领昆明[2]。初四日,永历帝到达永昌,跟随的官员已经为数不多。初七日,召对随驾官员和永昌地方乡绅耆老时,翰林刘蒳和吏科给事中胡显等面奏:"陛下前在云南,独出宸断幸蜀,不幸中改,径走永昌,已失中外之望,今永为天末,舍此则夷矣。外间轰传车驾又欲幸缅。缅为外国,叛服不常,就使忠顺来迎,我君臣患难之余,狼狈到彼,亦不能召号中外。况若称兵相阻,则銮舆进退何所恃耶?今中兴二字不过臣子爱君父之言,其实绝无机绪。莫若尝胆卧薪,闭关休养。外之守固关隘,内之劝课农桑,死守年余,以待天意转移。幸而苟全,四方必有勤王者。若敌兵势逼,仍当取道走蜀,犹可瓦全。"[3]说完,号啕大哭,左右侍臣也随之掉泪;永历帝低头无语,随即命刘蒳起草《罪己诏》

---

[1] 道光《乐至县志》卷十四,人物,明按察司佥事宿士敏作《邹公易斋传》。参见道光二十一年《安岳县志》卷十二,《邹简臣传》。
[2] 刘健《庭闻录》卷三。顺治十六年二月十五日经略洪承畴密揭帖云:"职先于顺治十六年正月二十四日具有云南省城已报平服,防剿官兵亟应预计等事一疏。……"二月初二日他奉信郡王令谕亲赴滇中,"职于今二月十六日自贵州省城起行,亲赴云南,以候信郡王臣商酌料理"。见《明清史料》甲编,第五本,第四四八页。
[3] 刘蒳《狩缅纪事》。

和《告上帝忏文》。《罪己诏》中说："明知祖制之不可灭裂，而力不能见之行事，遂徒托诸宣言；明知邪正之不可混淆，而心几欲辨其贤奸，又渐寝于独断。以致天下忠臣义士，结舌而寒心；当路鬻爵卖官，寡廉而鲜耻。"《告上帝忏文》则云："祖宗成宪既不知听，率由左右奸回，公然受其蒙蔽。""惟苍天不早生圣人为中华主，使黎庶得谬推小子作亿兆君。忠孝阻壅于铨门，而臣不及赏；苞苴公行于政府，而臣不及知。"[1]这两件文书指责的重点放在永历帝过于信任权奸马吉翔，以致贿赂公行，丧失人心。然而，马吉翔在孙可望叛变后一度失势，转而千方百计逢迎李定国，定国不察其奸，引为知己，使其重新掌握了朝廷大权[2]。刘茞起草的文书婉转批评了李定国，反映了兵败前后永历朝廷内以原蜀王刘文秀为代表的一部分文臣武将对李定国的用人行政的不满。李定国也引咎自责，奏请奉还黄钺，削去官职，戴罪视事。永历帝给以降三级的名义处分，其他官员大抵降职署事。这不过是同皇帝下《罪己诏》一样的收买人心之举，没有多大实际意义。

永历君臣退至永昌时，留巩昌王白文选守玉龙关。清吴三桂、赵布泰追"至镇南州，闻伪巩昌王白文选拥贼在玉龙关，随遣前锋统领白尔赫图等进剿。白文选拔营先遁，我兵追及，贼复迎战，随击败之，获伪巩昌王金印一颗，生擒伪总兵吕三贵，并获象三只，马一百四十匹。至永平县，贼纵火烧澜沧江之铁锁桥遁去，臣等乘夜发

---

[1] 刘茞《狩缅纪事》。
[2] 屈大均《安龙逸史》卷下云：永历十一年"二月，复以马吉翔兼内阁。吉翔素党可望，知不为朝议所容。时吏部侍郎金维新、兵部侍郎龚铭，方见重于定国，遂诣事之。二人言于定国，得奏请，即令入阁办事"。

兵渡江，克永昌府，伪永历及李定国遁去走腾越州"[1]。永历朝廷得知白文选兵败，在1659年（顺治十六年、永历十三年）闰正月十五日撤离永昌[2]。李定国命部将平阳侯靳统武领兵护驾，仓促西撤。这时又有一批官员落荒而逃，如大学士扶纲、户部尚书龚彝、礼部侍郎郑逢元、兵科给事中胡显、御史陈起相、吏部文选司主事姜之琏等。工部尚书王应龙出身陕北制弓箭匠人，张献忠建立大西政权时任工部尚书，联明抗清后在永历朝廷内任原职，这时已经年迈，行动不便，遂对他的儿子说："我本草莽微贱，蒙恩授职，官至司空。先不能匡扶社稷，今不能患难从君，尚可靦颜求活人世乎？"言毕，自缢殉国。他的儿子哭着说"父殉国难，子成父忠"，也跟着上吊自杀[3]。

明庆阳王冯双礼等人在永历朝廷放弃昆明时，率部入四川建昌地区，本意是避开清军主力，转入敌后，会同夔东十三家的军队另创局面。由于李定国听信了马吉翔之流的意见，带领主力西撤，这两支明朝军队被清朝入滇军队隔断，相距愈来愈远。冯双礼部虽顺利地到达了建昌地区，却力单势孤，难以有所作为。夔东十三家的军队反攻重庆以失败告终（见下节），导致四川西南建昌等地的明朝将领丧失信心，不久就发生了狄三品的叛变降清。顺治十六年四月二十七日"平西大将军平西王吴三桂奏报：大兵克滇之后，伪庆阳王冯双礼同伪德安侯狄三品等遁走四川建昌卫。臣再三招徕，双礼执迷不从。狄三品等用计执之以献，并缴伪庆阳王金印一颗、大将军金印一颗、金

---

[1] 《清世祖实录》卷一二五。
[2] 刘茞《狩缅纪事》。
[3] 屈大均《安龙逸史》。

册一副、敕一张。双礼或俘解来京，或军前正法，伏候圣裁。得旨：览王奏，计擒伪王冯双礼，具见王筹划周详，指授得宜，预伐狡谋，克奏肤功，朕心嘉悦。狄三品等遵谕效力，擒逆来献，诚悃可嘉，并敖一凤俱著从优议叙具奏。冯双礼附逆梗化，大军所至，不即投诚，窜迹入蜀，本当正法，但今既就擒，杀之无益，姑免死，昭朕好生之心，著押解来京安置。"同一天又记："吴三桂又奏报：伪延长伯朱养恩、伪总兵龙海阳、伪副将吴宗秀等为李定国守四川嘉定州，今率众投诚，下所司察叙。"[1]这年六月二十四日，吴三桂奏报："官兵进取川南，伪总兵杜子香及伪官等俱缴印札投诚，叙州、马湖（在今宜宾市西，介于明叙州府与建昌卫之间），二府悉定。下所司察叙。"吴三桂又奏报："四川乌撒军民府（今贵州威宁）土知府安重圣及云南景东府（今云南景东）土知府陶斗等投诚。"[2]这些事实说明，在永历帝撤离昆明的时候，四川西南的宜宾、乐山、西昌一带都还在南明控制之下，联系到以原大顺军为主力的夔东十三家进攻重庆战役，如果李定国只在滇西留下少量兵力会同拥明土司牵制清军，主力转入四川，与夔东明军会师的可能性相当大，明清相持的局面将延续得更长一些。

---

[1] 《清世祖实录》卷一二五。按，同书卷一二七记，顺治十六年七月二十三日，"授伪德安侯狄三品为抒诚侯，伪总兵冯万保为都督同知，以擒伪王冯双礼来献故也"。但狄三品实际官职仅为云南广罗镇总兵，康熙元年病卒，同年九月其子狄从仁降袭抒诚伯，见《清圣祖实录》卷六与卷七。

[2] 《清世祖实录》卷一二六。

第二节　夔东十三家进攻重庆之役

当清军大举向黔、滇进攻，永历朝廷险象环生的时候，李定国等人为挽救危局，奏请永历帝派了五名太监前往川东，联络夔东十三家，让他们火速抽兵西上，进攻重庆，借以牵制清军南下。负责联络川东各支抗清力量的永历朝廷大学士（督师阁部）文安之当即组织忠州、万县、梁山地区的涪侯谭文、仁寿侯谭诣、新津侯谭弘（即所谓"三谭"）与驻守巫山、兴山一带的原大顺军余部袁宗第、刘体纯、李来亨、马腾云、塔天宝等抽调精兵十六营乘船溯流而上。川东各明军将领知道形势紧急，都同意出兵反攻重庆。1658年（顺治十五年、永历十二年）七月"三谭"和刘体纯等部明军曾一度进攻重庆[1]。清吴三桂带领的军队当时正推进至遵义（明代遵义属四川省，清朝划归贵州），他唯恐后路被截断，粮饷不继，率领主力赶回重庆防守[2]。川东明军由于兵力不足，被吴三桂军击败[3]。十月，吴三桂部继续南下贵州。十一月，川东明军再次西攻重庆。这次战役事先做了通盘的安排：由太监潘应龙联络"三谭"和"十三家"（指原大顺军余部）的水师乘船进发；督师阁部文安之亲自统领刘体纯、袁宗第、塔天宝、党守素、贺珍、

---

[1] 顺治十六年八月向化侯谭诣揭帖，见《明清档案》第三十四册，A34—123号。
[2] 刘健《庭闻录》卷三。
[3] 顺治十六年正月二十日四川总督李国英揭帖，见《明清史料》丙编，第十本。《清世祖实录》卷一二〇记，顺治十五年八月丙寅朔丙子日"平西王吴三桂奏报：贼寇薄重庆城，我军炮击贼船，伤死甚多，贼众败遁。"

马腾云等全营主力沿长江两岸陆路前进[1]。十二月初二日，谭文和镇北将军牟胜所部七千人乘船一百五十八艘先行到达重庆城下，分三股进攻该城：一路攻朝天门，一路攻临江门、千厮门，一路攻南纪门、储奇门、金子门。清重夔镇总兵程廷俊、建昌镇总兵王明德据城顽抗。战至十二月十三日，谭诣率领所部和"十三家流贼伪总兵"袁尽孝部水师六七千人乘船一百三十艘赶到重庆城下[2]。清四川巡抚高民瞻见明军势大，吓得弃城而逃[3]。十五日，双方仍在激战之中，明军突然发生内变，谭诣把谭文刺杀，率部降清，导致战役全局逆转。据清方文书记载，内变的原因是"谭诣久有归顺之心，苦为文所胁制，故行止不得自由"[4]。谭文从十二月初二日进攻重庆起，同清军激战了十二天，谭诣才率部前来，到达重庆城下后又不肯出头厮杀。谭文、牟胜见他形迹可疑，进行诘问。谭诣心中有鬼，即于十五日晚抢先下手刺杀谭文，随即派总兵冯景明到临江门下喊话，进城向清朝官员联系投降事宜。当时，重庆城里的清军不多，求救的"羽书迭告"。清陕西四川总督李国英在十二月初九日接到重庆危急的报告，十一月从保宁领援军起程，直到重庆解

---

[1] 上引顺治十六年八月向化侯谭诣揭帖。揭帖中没有提到郝永忠、李来亨、王光兴等部，估计是让他们留守夔东基地，以防止湖广清军乘虚来袭。
[2] 顺治十六年正月二十日陕西四川总督李国英为"渝围已解，谨讠报情形，仰祈睿鉴事"揭帖，见《明清史料》丙编，第十本，第九五八至九六一页。
[3] 《清世祖实录》卷一三一记载，四川巡抚"高民瞻在重庆时，会夔门诸逆狂逞犯城，竟弃城逃遁，赖大兵救援始解"。同书卷一三八又记："民瞻在重庆，值夔门诸逆犯城，民瞻弃城逃遁。"顺治十七年七月查实，得旨革职。
[4] 上引顺治十六年正月二十日李国英揭帖。又，谭诣自称他在顺治七年、九年、十五年先后三次暗中派人向清方接洽投降。文安之部署水陆大举进攻重庆后，他又到万县同谭弘密商归附清朝，并派使者赴保宁通报军情，见上引顺治十六年八月谭诣揭帖。

围,援军还只行至合川。正是在川东明军源源到达,而增援清军尚在途中时,重庆已危如累卵,忽然得到这一意外消息,有如喜从天降。清军守将重赏来使后,马上派人随同前往谭诣营中验视,证实谭文果然被杀。立即同谭诣约定乘其他明军尚未得知真相之机,于次日"协力剿杀"。十六日,清军出城迎战,谭诣也率部突然反戈相向,谭文的部众和袁尽孝所统水师措手不及,"翻船落水者,不知其数"[1]。明军水师大败顺流东撤,清军追到铜锣峡口才收兵回渝。十七日,谭弘在谭诣引导下向清军投降。顺治十六年闰三月,清廷封谭诣为向化侯、谭弘为慕义侯[2]。

由陆路进发的明军行至丰都县时,传来了水师发生重大变故的消息,文安之等人知道攻克重庆的目标已经难于实现,被迫回师东撤[3]。

这样,不仅永历帝和李定国指望夔东明军反攻重庆借以拖住由川入黔清军后腿的计划化作泡影,而且忠州、万县地区也沦入清方之手。双方的距离更加遥远,呼应不灵,完全谈不上配合作战了。

夔东明军进攻重庆之役虽由于谭诣、谭弘叛变致败,然而这一战役本身就说明夔东十三家大多数将领是坚决抗清的,也是顾全大局的。以原大顺军为主体的这支重要的抗清武装在南明朝廷内几乎一直遭到歧视和排挤,早在隆武时期何腾蛟、章旷等人控制着湖南全境

---

[1] 前引顺治十六年正月二十日李国英揭帖。
[2] 《清世祖实录》卷一二五。
[3] 前引顺治十六年八月向化侯谭诣揭帖。按,谭诣自称他担心陆路明军知道消息,自己星夜放舟赶到丰都杀败"诸贼",一直追到万县。这显然是夸功之词。明军水师战败后东撤的残余水兵必然向陆师报告情况,文安之和领兵大将在基本失去水师战船的情况下,只有决定退兵。

时,就在驻地粮饷上对其多方进行刁难,后来在永历朝廷内又受到瞿式耜、陈邦傅、李元胤等人的倾轧。孙可望掌权时,也从来没有对其提供后勤支援,把这支能征惯战的军队放在关键位置上。只有堵胤锡和刘文秀胸怀全局,主张重用十三家共图复明大业,但是他们自己就不得志,空言无补。这又从一个侧面说明,李定国受马吉翔等人挑唆,没有采纳刘文秀遗表中的建议由滇入川,在战略上是失策的。作为永历朝廷后期实权人物的李定国,只想利用夔东明军进攻重庆减轻云、贵压力,却未能想到以主力出川,同十三家会师。如果定国主力由建昌、宜宾、乐山向重庆推进,谭诣、谭弘叛变的可能性必然大大减少,西南两大系统的明军会合后兵力还相当强,整个战局的演变将会有所改观。

第三节　磨盘山战役

　　1659年(顺治十六年)二月(明大统历闰正月)二十一日,清军渡过怒江逼近腾越州(今云南腾冲),这里是明朝西南边境,山高路险,"径隘箐深,屈曲仅容单骑"[1]。李定国估计清军屡胜之后必然骄兵轻进,决定在怒江以西二十里的磨盘山沿羊肠小道两旁草木丛中设下埋伏,以泰安伯窦名望为初伏,广昌侯高文贵为二伏,武靖侯王国玺为三伏,"埋地雷谷中,约曰:敌尽入,初伏乃发;然地雷,

---

[1] 刘健《庭闻录》卷三。

二、三伏乃发。首尾击之，敌尽矣"[1]。埋伏的军队携带预先制作的干粮，以免造饭冒出炊烟被清军察觉[2]。部署已定，清满汉军队在吴三桂等率领下果然以为明军已经望风逃窜，逍遥自在地进入伏击区。正在这一决定胜负之际，明光禄寺少卿卢桂生叛变投敌[3]，把定国设下埋伏的机密报告吴三桂。三桂大惊，立刻下令已进入二伏的清军前锋后撤，向路旁草木丛中搜杀伏兵。明兵因为没有得到号令不敢擅自出战，伤亡很大。窦名望迫不得已下令鸣炮出战；二伏、三伏军也应声鸣炮，冲入敌军，双方展开一场惊心动魄的恶战，清将固山额真沙里布[4]等被击毙，明将窦名望等也战死[5]。李定国坐镇山阜之上，听见号炮次序不对，知道情况有变化，派后军增援，终于击败吴三桂所统来追清军。但因兵将损失严重，李定国决定离开腾越州（今云南腾冲），令定朔将军吴三省断后并收集溃卒，自己率领主力前往孟定

---

[1] 《残明纪事》。刘健《庭闻录》作："俟敌至三伏，山巅举炮，首尾横击之，片甲不令其逃也。"似更合乎情理。

[2] 邵廷寀《西南纪事》卷十《李定国传》。

[3] 《残明纪事》记卢桂生为定国中书。

[4] 沙里布为多尼部将，蒙古镶白旗固山额真。同时被击毙者尚有阿达哈哈番珲津（见《八旗通志》卷一七〇《沙理布传》、《清史稿》卷二二九，《珲津传》、《沙尔布传》，沙尔布即沙里布的另一译音）。《清史稿·珲津传》作："十六年四月，克永昌。师渡潞江，明将李定国为伏磨盘山。师至，破其栅，珲津与固山额真沙尔布率众深入，伏起，遂战死，谥壮勤。"沙尔布传云："明年，与珲津同战死，谥襄壮。"征南将军赵布泰的侄儿多婆罗也被击毙，见《清世祖实录》卷一三七。

[5] 屈大均《安龙逸史》记："名望为流矢中目，自刎死。"明将在磨盘山战役中牺牲者除窦名望外，诸书记载颇有分歧，如《庭闻录》记王国玺为王玺亦与名望同时阵亡，然刘茝《狩缅纪事》记他自己和王国玺一道在庚子（顺治十七年）正月被叛将杨武所俘，三月解至昆明。

348

（今云南耿马傣族佤族自治县西之勐定街，他书多讹作孟艮[1]）。卢桂生叛变告密使李定国部署的磨盘山战役未能取得预定效果。卢因在关键时刻有"功"，被清朝赏给云南临元兵备道的官职[2]。

磨盘山战役是李定国统率明军给予占有明显优势的清军最后一次沉重的打击。清廷因损兵折将，大为恼怒，经诸王、大臣会议后于顺治十七年六月惩罚统兵将领；多罗信郡王多尼罚银五千两，多罗平郡王罗可铎罚银四千两，多罗贝勒杜兰罚银二千两，都统济席哈革一拜他喇布勒哈番并所加级，副都统莽古图、傅喀、克星格也受到处分，征南将军赵布泰革职为民。[3]从清廷对三军主帅的处分情况来看，磨盘山之役战斗十分激烈，清军的伤亡肯定相当大。李定国在兵势已如强弩之末时，仍然能够组织和指挥这样一场勇猛的阻击战，证明他不愧是明清之际最杰出的军事家之一。

追剿清军在进抵永昌、腾越、南甸土司一带之后，由于粮草难于接应，在这年闰三月二十四日前后撤回省会昆明[4]。当时，南明军队为数尚多，分别退到边境地区。据清经略洪承畴疏报：除了李定

---

[1] 《南疆逸史》卷五十二《李定国传》作孟定土府；刘健《庭闻录》也说："定国遂收余兵走孟定。"郭影秋著《李定国纪年》第一七二页认为《逸史》所记可靠。

[2] 雍正九年《建水县志》卷三《兵防》记：卢桂生，字月仙，四川垫江县人，选贡，顺治年间任整饬临元兵备道。道光二十七年《澂江府志》卷八《秩官》记卢桂生于顺治十七年任临元道，又云任迤东道。刘健《庭闻录》记卢桂生初降时任清大理府知府。

[3] 《清世祖实录》卷一三七。

[4] 顺治十六年闰三月二十九日"经略洪承畴密揭帖"，见《明清史料》甲编，第六本，第五九五至五九六页，其中云："三路追贼大兵皆以云南迤西无粮，不能久驻。今信郡王大兵俱驻于云南省城及近州近所；平西王臣大兵分驻于省城西北之富民、罗次二县，仅离百里；征南将军臣大兵驻扎省城东南之宜良县，离省城仅一百二十里，各行歇喂。"

国、白文选、祁三升、沐天波、高文贵、靳统武、杨武、梁杰、吴子圣、吴三省、郭尚贤、王国勋等在云南迤西边境地区外，还有广国公贺九义带领伯、将军、总兵李承爵、雷朝圣、黄元才、王三才、张国用、赵得胜、杨成、彭应伯、何起龙、阎惟龙等部从临安府撤至"沅江府（当为元江府）边外"；"又有伪将军都督邹自贵、马得鸣等领残贼奔逃于顺宁府边外；再有伪伯李如碧等领残贼奔逃于云龙州边外；又伪伯廖鱼等领残贼奔逃于澜沧边外；又伪国公马宝、马惟兴、刘镇国、高启隆等领残贼奔逃于丽江边外。是云南迤西及迤东接界俱所在有贼，所在需兵，先事防备，临时进剿，实为今日至急要著"[1]。只是由于明军撤退时似乎没有一个通盘的计划，兵将虽多，却陷入一片混乱当中，指挥系统失灵，难以集中兵力对入滇清军展开有效的反击。

---

[1] 见前引洪承畴顺治十六年闰三月二十九日密揭帖，《明清史料》甲编，第六本，第五九五页。

第二十九章
郑成功、张煌言长江之役

第一节 长江之役的战略部署

1658年(顺治十五年、永历十二年),清军三路进兵西南,李定国等战败,永历朝廷形势危急。郑成功见清方主力集中于西南,认为这是扩大以自己为首的东南抗清基地的大好时机,决定率领主力乘船北上,展开长江战役。这年五月,中提督甘辉统领前军乘船进至沙埕;二十七日在桐山(今福建省福鼎市,与浙江省接境)一带征粮。郑成功亲自带领的主力也到达距沙埕三十里的岑屿。六月初十日起,张煌言、甘辉、马信等集中兵力进攻温州府属的瑞安县城。清方报告郑军"联舰数千,甲兵数万,分道突犯,密布帐房,扎营绵亘四十余里,烟火蔽天。此番大举非比寻常登犯,且贼艋横截飞云江口(飞云江流经瑞安县城西南入海),援兵莫渡,平(指平阳县,在飞云江之南)、瑞(安)二县声息不闻。又复水陆并进,窥伺郡城(指温州)。我兵首尾牵制,万分危迫"[1]。清政府除集中浙江驻守军加强防御外,还从河南、江西、山西、山东抽调兵马增援。郑军在温州地区征集粮饷后,即移舟北上,准备入长江,攻取南京。

八月初九日,郑成功统领大批兵马乘船由浙江舟山进抵羊山(今大洋山,属崎岖群岛)。这里是"海道必由之路","南至定海,北至吴淞,皆一潮可到,盖江、浙之交界也"[2]。此行的目的正如郑成功所说:"我提师望复神京,以为社稷。"[3]初十日中午,成功召集各提督商讨进兵机宜。不料天有不测风云,陡然之间乌云滚天,狂风骤起,大雨如注,波涛汹涌,郑军舟船对面亦不相见,互相撞击和为大浪颠覆,翻沉损坏的很多。郑成功的六位妃嫔,第二、第三、第五个儿子都被淹死[4],兵将、船艘、器械损失巨大。郑成功遭到这一意外打击,说:"今船只兵器损失,长江难进矣。须溜回舟山收拾,再作区处。"[5]八月十四日,他督师回到舟山进行整顿。由于

---

[1] 顺治十五年六月二十五日浙江巡抚陈应泰揭帖,见《明清史料》甲编,第五本,第四二一至四二四页。疏中叙述郑成功进攻温州,"率伪镇张、甘、把、马诸逆",当即张煌言、甘辉、把成功、马信,但把成功五月十四日出师时已患病,行至沙埕病重,不能乘船,移在岸上养病,六月二十三日病死于沙埕,见顺治十六年六月两广总督李栖凤揭帖报俘获把成功之把仁龄口供,《明清史料》甲编,第五本,第四五三至四五四页。可见,把成功部军队参加了温州府战役,他本人不在军中。

[2] 《观海指掌图》。

[3] 杨英《先王实录》。

[4] 顺治十五年九月十五日候代浙江巡抚陈应泰揭帖中报告据被俘郑军供称:"前被飓风,国姓淹死亲子三个,内一个六岁,一个五岁,一个一岁;又淹死老婆三个。"见《明清史料》甲编,第五本,第四三〇页。杨英《先王实录》写作"六位妃嫔",按明制延平王正妻可称妃,时成功妻董氏不在军中,杨英称其妾为"妃嫔",显为僭越。

[5] 《先王实录》。

该岛一片荒芜，大军难以久留，九月初，郑军船只分三帮经舟山群岛与镇海县之间的海峡南下。这次动员的兵力据清方档案记载至少有船舶一千余艘，陈应泰揭帖中竟说有"五千余艘"[1]，留守金、厦一带的兵力自然比较单薄。"重兵劲卒尽数而出，所余留守老巢者虽有三镇、五镇之众，不过老弱病养并在其中。"清福建提督马得功乘机出兵于六月初四日攻占了泉州附近的郑军基地白沙（即郑鸿逵归隐地）[2]。郑军中一些清方投降过来的北方兵将不习惯海上军旅生活，被羊山飓风吓坏了，纷纷逃走。郑成功一面整顿队伍，制造器械，修补船舰，筹集粮饷，准备明年再举；一面在南返途中攻克台州、海门卫、黄岩县、磐石卫、乐清县等浙江沿海要地。大致来说，在第一次北征受挫到次年五月入吴淞口进攻南京的半年多时间里，郑军主力一直驻于浙江沿海一带，成功本人也往来于磐石卫、沙关（今浙江、福建交界处之沙埕）二地。

到1659年（顺治十六年、永历十三年）二月二十日[3]，郑成功由沙关来到磐石卫，下令各提督、统领、总镇"速办船只，催完饷务，限三月内齐到磐石卫听令"[4]，着手部署长江战役。这次准备进军有两点值得注意，一是加强了金、厦基地的防务，二是命令将士携带家眷随军行动。先说第一点，郑成功吸取了上年北征时清军乘虚攻陷白沙的教训，留守金门、厦门等地的兵力显然有所加强。这年八月清福建总督李率泰向朝廷报告：

---

[1] 见前引顺治十五年九月十五日陈应泰揭帖。
[2] 顺治十五年六月初十日福建巡抚刘汉祚揭帖，见《明清史料》甲编，第五本，第四二五页。
[3] 按，明大统历闰正月，清时宪历闰三月，此处系明历。
[4] 杨英《先王实录》。

> 今逆孽虽犯江宁，而厦门各岛乃其巢穴，近据各汛报称，有伪提督黄廷等领兵数千留守厦门，尚有多贼分布各汛港口，浯洲则有伪前镇戴捷，浉洲则有伪仁武镇康邦彦，把守海澄港口海沧等处则有伪礼武镇林顺，泉州港口蜂尾等处则有伪中镇黄昌，游移高崎地方乃系伪援剿右镇吴胜，铜山更有伪护卫右镇黄元同伪忠匡伯张进，南澳则有伪忠勇侯陈豹，定海则有伪五军都督陈尧策等。或一伪镇领兵千余名，驾船数百只，或扼守各港要区，或往来沿海窥探。无时不图登掠，无汛不用堤防……[1]

这对于保证后方基地安全和牵制福建清军无疑起了重要作用。第二点，郑成功用兵历来把将士的家属安置于比较安全的地方，拨兵保护；这次却"传谕官兵搬眷随征。谕云：官兵远征，不无内顾；携眷偕行，自然乐从。本藩统领大师，北伐丑虏，肃靖中原，以建大业。虑各勋镇将领官兵，永镇之时有为家之念，已经着兵、户官拨赶缯船配载各眷；各令有眷官兵照依派船载来，暂住林门，候令随行。"[2] 他还特地指派忠靖伯陈辉、宣毅前镇陈泽领水师一镇保护女眷船只，随军行动。据记载，"时官兵俱各欣悦"，只是苦了晕船的太太小姐们，"颇有怨言"[3]。古语有云"军中有妇，士气不扬"[4]，郑成功当然不会轻易违反这个军事原则。他这样做的原因是认定攻克

---

[1]《明清史料》甲编，第五本，第四六一页。
[2]《先王实录》。
[3]《先王实录》。
[4] 参见《汉书》卷五十四《李广苏建传》。

南京、收取江南有必胜的把握，命令中用了"永镇"字样就是个证据。这无疑犯了轻敌的错误。徐孚远作《北伐命偏裨皆携室行因歌之》诗云：

> 浪激风帆高入云，相看一半石榴裙。
> 箫声宛转鼓声起，江左人称娘子军。
> 长江铁锁一时开，旌旆飞扬羯鼓催。
> 既喜将军挥羽入，更看素女舞霓来。
> 挥戈筑垒雨花台，左狎夫人右酒杯。
> 笑指金陵佳丽地，只愁难带荔枝来[1]。

徐孚远的诗对郑成功决定命将士携眷属随军做了巧妙的讽刺。从明、清两代战史来看，明太祖朱元璋曾经规定将领出征不得携带家眷，这固然有扣留妻子为人质，防止将领叛变的意图，但对于将士在前线作战时无旁顾之忧显然起了积极作用。清朝制度也颇为类似，刘献廷记载，"清制：惟王行师可携妇人，贝勒、贝子、公皆有定数；公以下不得有"[2]。郑成功决策的失误，对于进入长江之后郑军不愿舍舟陆行，南京城下战败后匆促撤出长江显然都有密切关系。

郑成功1659年的大举进攻南京，是基于以下几点考虑：一、据他所得到的情报，清军主力除留守北京以外，已开赴云贵一带，驻防南京一带的兵力非常薄弱，其中满洲军队只是昂邦章京喀喀木带领的

---

[1] 徐孚远《钓璜堂存稿》卷二十。
[2] 刘献廷《广阳杂记》卷二《建义侯林兴珠阿克萨之捷》条。按，清王公出师时所携妇人亦非正妻。

一支小队伍；二、他从内地复明志士魏耕等人提供的消息中得知江南各地汉族官绅士民反清的潜在势力还相当大，判断以优势兵力大举展开长江战役，必将收到远近来归的效果；三、江南是全国财政的主要来源之地，又是全国的腹心之区，一旦夺得该地，不仅将使明、清在经济实力上发生逆转，而且攻克南京之后趁势收取长江中下游，将造成清朝统治区南北隔断，为下一步用兵创造有利条件；四、朱元璋是以南京为基地完成统一大业的，南京在明代先后是京师和留都，尽管清朝在顺治二年将其改为江宁府，但在相当多的人们心目中这里仍然是全国的政治中心之一。因此，在郑成功等人看来，攻下南京，收取长江中下游各地，复兴大业将由出没海岛之间移到龙盘虎踞的石头城，明清相持的局面将大为改观。这就是郑成功等人发动长江战役的基本战略意图。

第二节　郑军进抵南京城下后的双方动向

1659年（顺治十六年、永历十三年）四月，郑成功、张煌言亲统大军北上。二十八日到达浙江定海，经过两天激战，全歼镇守该地的清军，夺取了定海炮城，焚毁清水师船只一百余艘。这样，既解除了后顾之忧，又制造了进攻浙江宁波府的假象，吸引江苏、浙江清军来援。五月初，郑成功率领兵马十余万分乘大小船舰三千余只从定海北上，分三艅进发，由中提督甘辉统前艅，郑成功亲率兵将居中，总兵陈文达殿后，浩浩荡荡起航向长江口进发。十九日，郑军由吴淞口进入长江。清苏松提督马逢知（原名马进宝）事前已同郑成功有秘密联系，他按兵不动，实际上是心怀观望，要看郑成功是否能攻下南京才

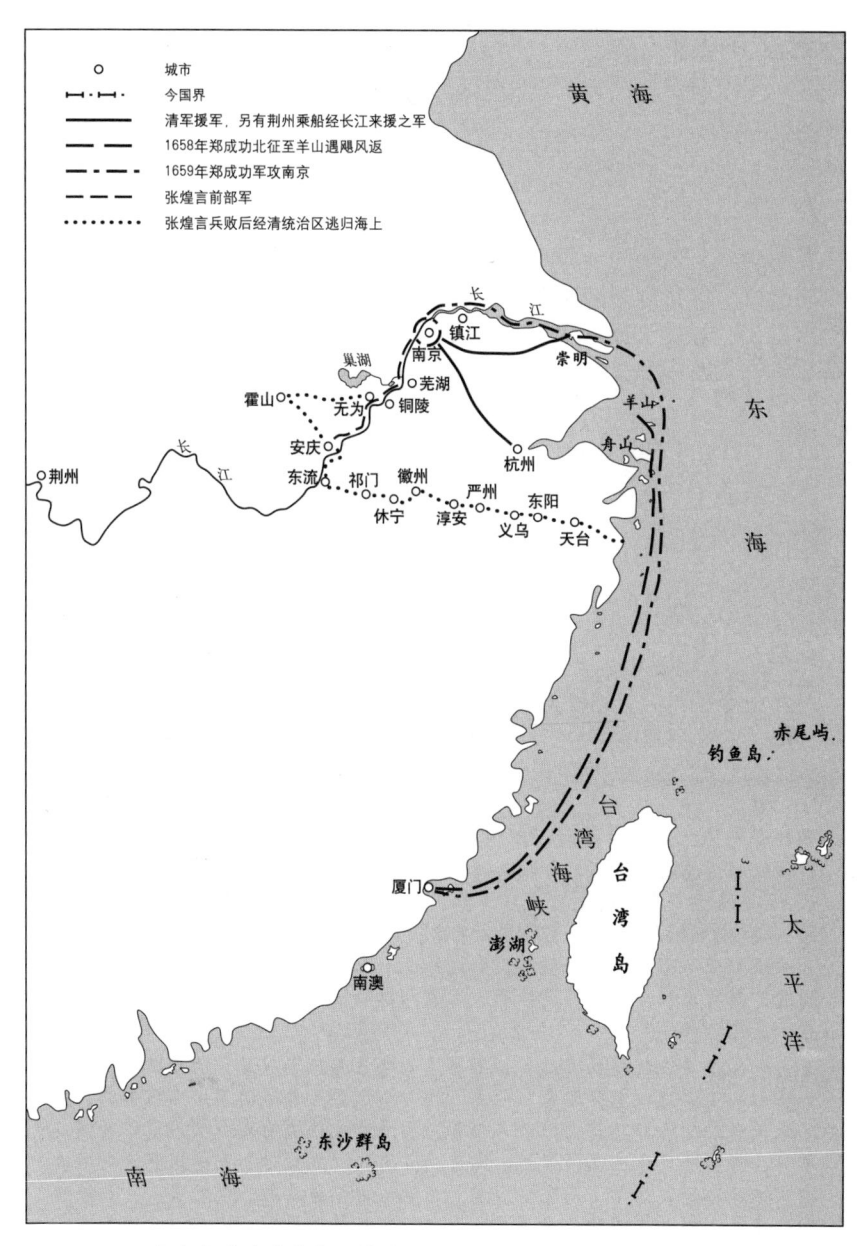

1659年郑成功进攻南京之役图

357

决定公开表态[1]。

当时郑成功的兵力是相当强的。其优势不仅是出动了三千多艘船舰、十余万兵力，而且装备精良。进入长江之前，五月初八日郑成功藩前军前镇马龙在乍浦降清，随马龙降清的有五艘船，其中水艍船二只，双篷船二只，水底舡一只，兵丁及家属男妇共一百四十余名口，可是携带的装备竟有红衣炮十三位，铜百子炮四十五位，三眼枪、鸟枪十杆，火药四十二桶，连桶共重一千八百八十九斤，红衣铁弹一千六百六十三出，百子铁弹一百八十二桶，连桶共重八千八百九十九斤，铁碎子一百零五桶，连桶共重五千一百九十斤，铁盔甲四十二顶，铁甲二十六身，铁蔽手九副，铁裙九条，铁遮窝十四副，还有棉盔甲、刀、箭、长枪、藤牌之类[2]。这五条船虽仅一百多人，拥有的进攻性火炮和防身的铁盔甲之类数量相当惊人。弱点是：一没有马，二携带妇女家属。顺便说一下，明朝末年军事装备已经由冷兵器为主逐渐向铳炮等热兵器为主过渡。这是中国军事史上

---

[1] 杨英《先王实录》记："十九日，移泊吴淞港口，差监纪刘登密书通报伪提督马进宝，合兵进讨。以前有反正之意，至是未决，欲进囤京都时举行，故密遣之。未报。"按，《清世祖实录》卷一三九记审讯时马逢知招认："将海逆差来伪将刘澄不即诛戮，仍行放回。""阴附逆贼是真。"又记："江南巡按马腾升与逢知结为兄弟，同谋隐徇。"同书卷一四三又记："海逆郑成功曾遣伪副将刘澄说令逢知改服衣冠，领兵往降。逢知声言欲杀刘澄，而实未杀，反馈刘澄银两，又差人以扇遗成功，又将申报成功投诚本先示成功……"

[2] 佟国器《三抚捷功奏疏》，顺治十六年五月二十八日"为恭报投诚伪帅仰祈部从优叙用以彰鼓励事"题本。按，马龙原为鲁监国下张名振部将，张名振死时嘱咐所部兵将由张煌言领导，马龙部被改编为郑成功藩前军的情况不详，但杨英《先王实录》记，郑成功部署入江战役时令五军张英督首程大船，拨就都督罗蕴章、马隆船引港"（见该书排印本第一九〇页）。马隆当即马龙之误写，罗蕴章也是张名振旧部，郑成功凭借兵力优势，改编原鲁监国军队，任命嫡系将领接管，罗蕴章、马龙等仅充向导领港之偏裨。

的一大进步。由于当时火器性能较差,装药填弹费时,在一些场合下不如使用弓箭刀枪等冷兵器的骑兵机动灵活。清朝统治者虽然继承了明代的部分火器,但总的来说是开倒车,更重视传统的骑马射箭。火器的优越性在江、海水战中能够充分发挥,这正是郑成功、张煌言的军队克敌制胜的主要原因。

六月初一日,郑军进至江阴,清朝文武官员凭城扼守。郑成功接受诸将建议,以县小不攻,率师西上。十六日进攻瓜洲,阵斩清游击左云龙,破敌满汉兵马数千,截断清方用铁链、船只连接而成的锁江防线"滚江龙",焚毁清军江上浮营(又称木城)三座,夺得谭家洲大炮数十门,使清方苦心经营的江防工事全部瓦解。同一天,郑军攻克瓜洲,清操江巡抚朱衣助投降,郑成功命援剿后镇刘猷镇守该城[1]。接着,郑军于二十二日在镇江银山大破清江宁巡抚蒋国柱、提督管效忠派来的援兵,清镇江守将高谦、知府戴可进献城投降。成功命右武卫周全斌、后冲镇黄昭入城防守,降将高谦以熟悉地利留之协守,其部下兵马调随主力进攻南京。又派工官冯澄世为常镇道,戴可进仍署知府事。二十六日,张煌言带领的一支为数不多的舟舰已进抵南京城下[2]。

---

[1] 朱衣助在瓜洲投降后派家人朱镇到南京接取家属,被清方捕获,朱衣助见家属未至,其父又在北京,故自郑军中逃回。见《清世祖实录》卷一三八、一三九。杨英《先王实录》等书写作朱衣佐。

[2] 顺治十六年八月十五日清两江总督郎廷佐题本、驻江宁府昂邦章京喀喀木奏本、梅勒章京噶褚哈、玛尔赛、吴孝力等奏本,均见《满文兵科史书》,引自安双成《清郑南京战役的若干问题》,此文收入1989年版《郑成功研究国际学术会议论文集》第一一五至一三一页。按,张煌言《北征录》记,攻克瓜洲后郑成功本拟直攻南京,煌言建议应先取镇江。成功采纳了他的建议亲领主力攻镇江,让煌言率舟师先往南京。煌言军抵南京观音门下"乃六月廿有八日也"。

占领瓜洲、镇江以后，南京已近在咫尺，郑成功本应派主力登陆，直趋南京，以迅雷不及掩耳之势立即攻城；即便一时拿不下来，也应切断清方援军入城的进路。六月十九日喀喀木、郎廷佐给清廷的告急题本中说："巡抚蒋国柱、提督管效忠等于六月十七日报，瓜洲城两翼所有红衣炮均被掠去等语。旋经询问自瓜洲逃回披甲等，则称瓜洲失陷是实。"[1]既然瓜洲清军败卒在一两天内已逃回南京，郑军当然也可以在差不多的时间里推进到南京城下。然而，他没有这样做，失去了第一次战机。六月十八日晚上，清朝进攻贵州的部分满洲八旗兵在梅勒章京噶褚哈、玛尔赛、吐尔玛率领下由荆州乘船四十艘到达南京，增强了防守力量。清两江总督郎廷佐在题本中说："自海逆于京口得志后，贼势大盛，于六月二十六等日，已溯江逼近江宁。时因城大兵分，力薄难支，幸由梅勒章京噶褚哈、玛尔赛、吐尔玛等率满洲兵自贵州前来，省城方得无虞。若非贵州凯旋之师抵达，江宁实难保全。"[2]但是，这支由贵州返回的清军数量有限，本是因出征日久由他部替换回北京休息的军队，大部分没有携带战马、盔甲，作战能力比较有限。所以，在他们到达南京之后的第二天，喀喀木和郎廷佐在向朝廷密报瓜洲失守，要求"除准留自贵州回来无乘骑兵丁外，速从京师调遣大兵前来，方可恢复瓜洲，大江两岸城池亦不致失守"[3]。可见，即便在噶褚哈等统率的清军到达以后，南京清军实力仍然是不足的。

此后，清、郑双方军事的部署颇值得注意，因为它们直接关系

---

[1] 《满文兵科史书》，转引自安双成《清郑南京战役的若干问题》。
[2] 《满文兵科史书》，转引自安双成《清郑南京战役的若干问题》。
[3] 顺治十六年六月十九日喀喀木、郎廷佐密题本，引自安双成文。

到南京之役的胜负。

郑军方面：六月二十四日占领镇江以后，行动异常缓慢。二十五日郑成功亲自巡阅镇江府城，在北门外甘露寺举行了阅兵典礼，谆谆诫谕右武卫周全斌、常镇道冯澄世："城守贵乎严肃，宁民必以简静。镇江首先归顺，乃为恢复之始，当十分加意抚字，以为天下榜样。宜严束官兵，日夜住宿窝铺，不许混落城下，擅入民家，致行骚扰。该道不时缉解，有扰民者，罪连该统领。其民，不准道府差役扰索，该统领须为查察，有病民者，即拿启报，罪连该道。此处骚扰，即四方望风而遁，天下事自尔等坏矣。慎之，慎之！至于守城机宜，商确而行。"镇江府内果然"市不易肆，民不知兵"[1]。郑成功以镇江为榜样确实收到了显著效果，附近各城"归附者接踵而至"[2]，句容、仪真、滁州、六合等城相继来归。然而，进攻南京这一头等大事却迟迟未行，仅派兵部张煌言和杨戎镇往浦口（南京北岸）安抚。三天以后，郑成功认为镇江地区已安抚就绪，才在二十八日召集各提督、统镇会议，讨论进攻南京事宜。会议开始时，郑成功提出"官兵行程，水、陆孰得快便？"中提督甘辉说："兵贵神速，乘此大胜，狡虏亡魂丧胆，无暇预备，由陆长驱，昼夜倍道，兼程而进，逼取南都。倘敢迎战，破竹之势，一鼓而收；不则围攻其城，以绝援兵，先破其郡，则孤城不攻自下。若由水而进，则此时风信不顺，时日犹迟，彼必号集援虏，撄城固守，相对□战，我亦多一番功夫矣。"成功赞成这个意见，可是，其他将领却以"我师远来，不习水土，兵多负重，值此炎暑酷热，难责兼程之行也"。又提出正下大

---

[1] 《先王实录》。
[2] 《先王实录》。

雨，河沟皆满，不利于行军[1]。郑成功竟然采纳了这一主张，决定由水路进发。

镇江距南京不过百里之遥，如果由陆路直趋南京，按甘辉的建议"昼夜倍道，兼程而进"，至迟两天内可达；按张煌言的说法，"虽步兵皆铁铠，难疾趋，日行三十里，五日亦当达石头城下"[2]。其实，郑军中身披重铠的"铁人"不过五千（一作八千），其他绝大多数军队携带装备较轻，绝不至于一天只走三十里。所谓"不习水土""炎暑酷热"，固然有一定道理，但同以辽东和北方人为主组成的清满、汉军队相比，就很难说得过去。至于正逢大雨，不利陆路行军，更是一种借口，因为清方援兵由上海、杭州等地赶赴南京，路程要远得多，竟然在决战以前进入南京。这说明郑成功和他的多数部将不仅过于习惯水上作战，而且缺乏战略眼光。

郑成功所统十几万大军既然决定由水路向南京进发，所乘海船形体巨大，逆水而上，又不顺风，靠纤挽而行，十天之后（七月初九日）才到达南京仪凤门下。按情理说，作战兵将既然是乘船而来，当不致旅途疲劳，进抵南京之后稍事部署即可发起攻城。可是，郑成功仍然慢吞吞地动作，七月十一日他率领大将甘辉、马信等数十人在几百名亲随侍卫保护下"绕观钟山，采踏地势"[3]，"十二日，成功率诸文武祭太祖，哭奠列宗毕，令甘辉、余新扎狮子山；万礼、杨祖扎第二大桥山上；以翁天祐为救应，御仪凤门要路；马信、郭义、黄昭、萧拱宸屯扎汉西门，连林明、林胜、黄昌、魏雄、杨世德诸营

---

[1] 《先王实录》。
[2] 张煌言《北征录》，见《张苍水集》第四编。
[3] 江日升《台湾外纪》卷四。

垒。又令陈鹏、蓝衍、陈魁、蔡禄、杨好屯扎东南角，依水为营；刘巧、黄应、杨正、戴捷、刘国轩屯扎西北角，傍山为垒，连周瑞、林察、张名振（？）等营。又令张英、陈尧策、林习山屯扎狱庙山，连诸宿镇护卫成功大营。各设鹿角瞭望，深沟木栅防御。江南一时震动"[1]。这实在是一种奇异的部署。明代的南京城垣周围广阔，以郑成功的兵力根本不可能做到将该城包围得水泄不通，唯一可取的战术是分兵数路佯攻，借以迷惑城内清军；而以主力选择城守薄弱环节，一举突破。郑成功计不出此，他过分迷信自己在军事和政治上的威慑力量，认为足以迫使城内清军不战而降。因此，从七月十二日部署"围城"安营扎寨，到二十四日全军败退，竟然没有组织过攻城。邵廷寀记："初至，马信即欲挥兵登城。成功不许。"[2]张煌言也说："然延平大军围石头城者已半月（按：实际为十三天），初不闻发一镞射城中。"[3]由于史料不足，我们实在难以准确知道以夺取南京为战略目标的郑成功在石头城下究竟出自何种考虑。野史记载，当成功部署诸将安营之时，"参军潘庚钟曰：细观城内，必然空虚，可令四面攻击，齐倚云梯，此城必然可得"。成功深以为然，正发令各提、镇预备云梯、木牌（类似盾的挡箭牌）、布袋（可装土垒成阶坡供登城之用），以便攻城。南京城内的清水师提督管效忠派人来纳款伪降，口称："大师到此，即当开门延入。奈我朝有例，守城者过三十日，城失则罪不及妻孥。今各官眷口悉在北京，乞藩主宽三十日之

---

[1] 江日升《台湾外纪》卷四。安双成文引喀喀木与噶褚哈、玛尔赛、吴孝力等两件满文奏本均云"七月十二日，海逆逼近省城，立营八十三座"，可资印证。

[2] 《东南纪事》卷十一《郑成功》上。

[3] 张煌言《北征录》，出处见前。

限,即当开门迎降。""功允其请,而厚赏之,复谕之曰:'本藩攻此孤城,不过一脚尖耳。既然来降,姑准其宽限者,盖欲取信于天下也。若至期不降,攻入之时,寸草不留。'差者叩首而去。潘庚钟曰:'此乃缓兵之计,不可凭信,可速攻之。'成功曰:'自舟山兴师至此,战必胜,攻必取,彼焉敢缓吾之兵耶?彼朝实有定例,尔勿多疑。'庚钟曰:'孙子有云:辞卑者,诈也;无约而请和者,谋也。欲降则降,岂恋内顾?决是城中空虚。速为进兵攻之,乃为上策。'功曰:'古者攻城为下,攻心为上。今既来降,又准其约,若骤然攻之,彼心不服。俟其不如前约,然后急攻,莫谓城内人心悦服,且使天下皆知我行仁义之师。况太祖皇陵在此,亦不宜震动也。'功实以江上两次之捷,遂不听庚钟之言。发令诸提、镇,严防谨守,日则瞭望,夜则伏路,金鼓之声,日夜不息,守困以待其降。管效忠得差回报允限之言,喜曰:'此乃朝廷之福。'随密檄附近救援。"[1]江日升的记载在跟随成功南京之役的户官杨英的著作里可以得到印证。杨氏记载,七月十一日郑军截获清提督管效忠自镇江败回后派往苏、松等处调集援兵的公文和给清廷的紧急求援疏,其中说:"海师二十余万、战船千余艘,俱全身是铁,箭射不透,刀斩不入。瓜、镇二战,败回者魂魄犹惊,策战者鞠缩不前。现攻下镇江、太平、宁国等府,浦口、六合、丹涂(当作当涂)、繁昌、句容、浦江等县,滁、和等州;松江提督马进宝阴约归□。现在攻围南都,危如垒卵,乞发大兵南下救援扑灭,免致燎原焰天",云云。郑成功阅后非常高兴,判断"南都必降",当即命人草拟招降书,故意引用管效忠给清廷奏疏中

---

[1] 江日升《台湾外纪》卷四。按:《孙子》原文为"辞卑而益备者,进也……无约而请和者,谋也"(卷中,行军第九)。

的一两句窘迫之语,用箭射入城中。"管效忠回有书报,俱有稿在礼科"[1]。同时,还写了一封密书通知苏松提督马逢知。

郑成功无疑是受骗了。郎廷佐、管效忠和在南京的满洲将领合谋愚弄固然是原因之一,主要因素还是他陶醉于瓜洲、镇江两战胜利和大批州县的望风来附。他的一些作为使人不禁想起宋襄公之仁,似乎完全忘记了在总体上清方的兵力比自己强大得多,轻易许诺的一个月时间内必然造成两种后果:敌方在兵临城下的态势下不仅不会松懈防守意识,而且可以从容调兵遣将,部署反击;己方孤军深入,利在速战,弃此不图,锐气将逐渐消磨。换句话说,郑成功的部署实际上是把主动进攻变成了被动挨打。

下面再看清方的动态。自郑成功军突破长江防线,击败南京来援的管效忠部后,清南京满、汉文官武将已认识到当务之急是确保南京。为了保卫南京,他们一面以管效忠的名义卑辞"请降",借以缓兵;一面不惜以放弃部分州县为代价,从附近地区调集一切可用的军队,同时向清廷发出十万火急的求援奏疏。在援军陆续到达之前,郎廷佐、喀喀木、噶褚哈、管效忠等人自知兵力不敌,不敢出城作战,因为出战必败,不仅使守城兵力减员,也将影响士气。

清方满文档案记载,六月三十日南京清军曾在江面击败"首帮抵宁贼船","缴获船只达二十余条,五十两重镀金王印一颗、锡铸将军印一颗,以及大量器械"[2]。这是清将为向朝廷报功夸大战斗重要性而上报的战果。实际上六月三十日清军江中之战的对手只是张煌言所统"先上芜湖"的"轻舟数十"。煌言自记:"七月朔(按:明

---

[1] 《先王实录》。
[2] 见前引安双成文。

历与清历不同），虏侦我大艑尚远，遂发快船百余，载劲虏，侵晨出上新河，顺流而下，击棹如飞。余左右不满十舟，且无利兵，战不利，几困。忽一帆至，则余辖下犁艚也。乘之复战，后艐续至，虏始遁去，而日已曛矣。诘旦，整师前进。虏兵不出。"[1]煌言所部"兵不满千，船不满百"[2]，平均每船仅乘十人，这么小的一支船队被击败后，清军不敢追击，予以全歼，不是兵力不够，而是不能远离南京。这又从一个侧面说明了清南京守御力量相当单薄，也表现出清军将领的深谋远虑。

七月中旬，清军援师陆续赶到南京。苏州水师总兵梁化凤于六月二十八日率四千兵卒由崇明出发，在苏州与巡抚蒋国柱的抚标兵会合，七月十四日进至丹阳，傍晚时分连续接到总督郎廷佐四次调兵入援南京的羽书。化凤知道南京危急，连夜进兵，十五日上午到达句容县，这里是已经向郑成功纳款投降的地方，"丘陵曼衍，草木蒙茸"，化凤怀疑有埋伏，下令严密戒备，搜索前进，结果毫无郑军踪迹。通过险处以后，梁化凤笑着对部下说："贼何知，反使有数千人蔽林扼险，则吾能安行无恐哉！"当天深夜即到达南京城下，郎廷佐等非常高兴，开正阳门让梁军入城[3]。梁化凤部在十四日傍晚接到救援南京命令，自丹阳急速行军，次日深夜就进入南京城，只用了一天多时间；而郑成功在六月十六日攻克瓜洲后，如果由长江南岸登陆，

---

[1] 张煌言《北征录》。
[2] 张煌言《北征录》。
[3] 吴伟业《梁宫保壮猷记》，见《梅村家藏稿》卷二十五，文集三。《明季南略》卷十六，《郎廷佐大败郑成功》条记："七月，南京被围既久，廷佐檄松江总兵马进宝及崇明提督梁化凤入援，进宝不奉檄，化凤以四千人至。"

直趋南京，路程比梁化凤还要短。郑军云集南京城下后又满足于附近州县的纳降，并没有派出部队切断清军入援之路。在"围城"的十二天里，不仅梁化凤部长驱直入南京，江苏、浙江等地的驻防清军也相继赶到，"至七月十五日苏松水师总兵官梁化凤亲统马步官兵三千余名至江宁，又抚臣蒋国柱调发苏松提督标下游击徐登第领马步兵三百名、金山营参将张国俊领马步兵一千名、水师右营守备王大成领马步兵一百五十名、驻防杭州协领牙他里等领官兵五百名俱抵江宁"[1]；浙闽总督赵国祚和驻防杭州昂邦章京柯魁派镶黄旗固山大雅大里、甲喇章京佟浩年带领驻防杭州披甲满洲兵五百名，浙江巡抚佟国器派抚标游击刘承荫领精兵五百名也"星驰赴援"[2]；分驻南京上、下游的清军也源源到达。当郑成功沉浸于守城清军即将投降的梦幻之中时，清方却在不断调集援兵，力量的对比逐渐发生变化。

为了说明清方在作战初期的兵力不足和郑成功的坐失时机，应当再谈一下清廷的震惊。六月十九日清两江总督郎廷佐密疏报告瓜洲失守，请求"速从京师调遣大兵前来，方可恢复瓜洲，大江两岸城池亦不致失守"。紧接而来的是镇江失守、江宁（南京）危急一连串噩耗，郑军"势甚猖獗，连艘长驱，□困江宁，侵犯上游，大江南北各州县相继失守，内外信息不通几一越月"[3]。当时正在北京的王沄记载："居久之，而闻京口之乱，京师大震。东南之客，皆惶怖思归，至有泣下者。"[4]顺治帝福临惊慌失措，西方传教士汤若望叙述当时

---

[1] 见《清世祖实录》卷一二七，顺治十六年八月己丑朔江南总督郎廷佐奏报。
[2] 佟国器《三抚捷功奏疏》，书首识语。
[3] 《明清史料》丁编，第三本，第二四二页，"江南总督题海寇异变税课委无可征残本"。
[4] 王沄《漫游纪略》卷二《燕游一》。

的情况说：皇帝"完全失去了他镇静的态度，而颇想作逃回满洲之思想。可是皇太后向他加以叱责，她说：他怎么可以把他的祖先们以他们的勇敢所得来的江山，竟这么卑怯地放弃了呢？他一听皇太后的这话，这时反而竟发起了狂暴的急怒。他拔出他的宝剑，并且宣言为他绝不变更的意志，要亲自去出征，或胜或死。为坚固他的言辞，他竟用剑把一座皇帝御座劈成碎块。照这样他要对待一切人们的，只要他们对于这御驾亲征的计划说出一个不字来时。皇太后枉然地尝试着用言辞来平复皇帝的暴躁。另派皇帝以前的奶母到皇帝面前进劝，可是这更增加了他的怒气。各城门已贴出了官方的布告，晓谕人民，皇上要亲自出征。登时全城内便起了极大的激动与恐慌"。关于福临要"御驾亲征"事，中方文献里也有类似记载，王熙当时在清廷任礼部尚书，备受顺治皇帝亲信，他也记载：己亥（1659）"以海逆入犯江南，上拟亲征，奉旨寖从，不果行"[1]。洪若皋也在康熙二十四年（1685）三月追记："世祖章皇帝闻变，震怒，于八月初九日驾幸海子（指北京供皇帝游猎的南海子），整饬六师亲征。是日申时，江南巡抚蒋国柱报贼已破。初十日子时，驾回宫，传百官于午门宣捷。寇平，以六等治从逆诸人罪，诛杀连年。"[2]七月初八日，清廷"命内大臣达素为安南将军，同固山额真索洪、护军统领赖达等统领官兵征剿海逆郑成功"[3]。清朝最高统治者于震惊之余，派出的仅仅是达

---

[1] 王熙《王文靖公集》，自撰《年谱》。
[2] 汉译魏特《汤若望传》；洪若皋《南沙文集》卷五《海寇记》。按，汤若望说福临放弃亲征是由于他的劝说；洪若皋则说是因为接到了捷报。此事为清廷所讳言，姑且两说并存。洪若皋在康熙初任福建福宁道，摄福建按察使，并曾入京朝觐，他的记载不能看作一般野史。
[3] 《清世祖实录》卷一二七。

素、索洪等二流人物，可以想见清廷在重兵聚集云贵之后，已经处于捉襟见肘的境地了。至于对江南清方当局造成的压力更是不可言喻，除了南京城中的总督郎廷佐等被迫约降以延时日外，漕运总督亢得时因责任攸关，不得不"出师高邮"往援南京，然而他早已闻风丧胆，以为不死于敌必死于法，七月二十一日竟然在途中从船上跳入水中自尽[1]。

第三节　南京战役失败和郑成功退出长江

七月下旬，清方守备南京的兵力已经大大加强，而郑成功顿兵坚城之下不攻不战，士气难免低落。就在清军反攻前几天，郑成功命户官杨英巡视部队，竟发现前锋镇余新部下的士卒离开汛地到江边捕鱼。郑成功得报后很担心余新轻敌"偾事"，说："取鱼者伙兵则可，或战兵则事去矣。"[2]二十二日晚上，南京城里的满、汉官员认为时机已到，派汉族绿营兵打头阵，由梁化凤率领部下骑兵五百余名出仪凤门、管效忠领兵出钟阜门于次日黎明时分突然对郑军营垒发起冲击。驻守在这里的余新等部盔甲器械都来不及披挂周全就仓促上阵，很快被清军击败，余新被俘[3]。清军初战告捷，收兵

---

[1]　《清世祖实录》卷一二七。
[2]　《先王实录》。
[3]　《明季南略》卷十六《郎廷佐大败郑成功》记余新之败是因为有奸细输情于清方，说"廿三日为成功生日，诸将卸甲饮酒，乘其不备，可破也"。清兵如计而行，遂获大胜。成功生日为七月十三日，与此不合。郑军懈怠是失利的原因。

在城外扎营。[1]

当天晚上,郑成功依据形势的变化,重新部署军队,以观音山至观音门一带为集结地点,准备同清军决战。派左先锋镇杨祖统率援剿右镇姚国泰、后劲镇杨正、前冲镇蓝衍屯扎大山上,做犄角应援;中提督甘辉、五军张英伏于山内;左武卫林胜、右虎卫陈魁列阵于山下迎敌;他自己督右虎卫陈鹏、右冲镇万禄在观音门往来策应;后提督万礼、宣毅左镇万义等堵御大桥头大路;右提督马信、宣毅后镇吴豪、正兵镇韩英由水路抄蹑其后;左冲镇黄安专门负责水师,防止清军由水上来犯。郑成功的这一临战部署显然是不正确的。因为清军已出城扎营,次日即大举进攻,郑军连夜移营,将士必然感到疲劳,也不可能熟悉地形,做好迎战准备。

南京城中的清方大员在梁化凤、管效忠出战得胜后,决定在第二天全力出击。具体部署是:昂邦章京喀喀木、梅勒章京噶褚哈、玛尔赛、总兵梁化凤等率领主力由陆路出战;提督管效忠等领军由水路配合;总督郎廷佐等在城留守。二十四日晨,清军从观音山后分路直攻杨祖部军,郑军四镇虽顽强抵抗,终因兵力不敌,几乎全线崩溃,前冲镇蓝衍阵亡,杨祖、杨正、姚国泰领残兵逃窜,山头遂被清军占领。郑成功派右虎卫陈鹏、右冲镇万禄登山援救,但为时已晚。清军乘胜由山上以压顶之势向明军猛扑,一举包围了驻守山谷内的中提督

---

[1] 南京城下双方交战的开始诸书记载不完全一致。《先王实录》云:"二十二日午,虏就仪凤门抬炮,与前锋镇对击。我炮架并堵塞路口,俱被击碎,官后无站足。房齐拥大队冲来,或由厝项爬下,前锋镇余新、左营董廷并各大小将领官兵全军战没,中冲镇副将萧拱柱亦战阵亡,萧拱宸浮水而逃。时藩见前锋营炮响,必是虏警,催左提督迅援不及,虏破前锋镇营,随蜂拥出城住扎。"按,二十二日及二十三日两天的战斗在清方档案中均作二十三、二十四日。

甘辉、五军张英部，二将领兵死战不得脱，甘辉被俘，张英阵亡。列营于山下的林胜、陈魁两镇也全军覆没。后提督万礼等在大桥头遭到清兵首尾夹攻，兵败，万礼被俘，万义泗水逃出。郑成功见陆师已经全线崩溃，命令参军户官潘庚钟站在表示统帅驻处的黄盖下面，自己率领亲随卫士赶往江边调水师。但是败局已定，有限的水师既要保护随军眷属，又要为撤退留下后路，没有力量扭转形势了。清军乘战胜之威进攻郑成功的指挥所，潘庚钟挥众力战直至阵亡。郑军虽败，其将士的英勇献身精神实堪称赞。邵廷寀记："余游吴淞，遇梁化凤部将管姓者，述己亥战事颇悉。其人身在军中，自石灰山转战而下，声如崩山。然犹按步鼓收兵，至后乃大溃，延平师有纪律如此。……化凤亦言：当劲敌多矣，未有如郑家之难败者。"[1]至此，攻取南京的战役完全失败，郑成功只有收集残兵，另图他策了。

张煌言总结这次战役失败的原因说："延平大军围石头城者已半月，初不闻发一炮姑射城中，而镇守润州将帅亦未曾出兵取旁邑，如句容、丹阳实南畿咽喉地，尚未扼塞，故苏、松援兵得长驱集石城。余闻之，即上书延平，大略谓顿兵坚城，师老易生他变，亟宜分遣诸将尽取畿辅诸城，若留都出兵他援，我可以邀击歼之，否则不过自守房耳。俟四面克复方以全力注之，彼直槛羊阱兽也。无何，石头师挫，缘士卒释兵而嬉，樵苏四出，营垒为空，敌谍知，用轻骑袭破前屯。延平仓促移帐，质明军灶未就，敌倾城出战，兵无斗志，竟大败。"[2]这段话对郑成功的骄傲轻敌，部署不当，做了相当精辟的

---

[1] 《东南纪事》卷十一《郑成功》上。
[2] 张煌言《北征录》，这里的引文据查继佐《鲁春秋》附录本，文字与《张苍水集》所载稍有不同。

论述。

二十五日，郑成功率领败军乘船到镇江，查明将领和兵员损失情况，把阵亡、被俘将领部下的士卒拨归其他将领统辖。二十八日，即主动放弃镇江、瓜洲等城市，全军（包括在镇江投降的高谦等部，但不包括张煌言部）退出长江口[1]。

八月初四日，郑军退到吴淞；初七日兵船集中于平洋沙、稗沙一带。郑成功有意攻占崇明县城，控制长江出海口。"初八日，舟师至崇明港，集诸将议曰：师虽少挫，全军犹在，我欲攻克崇明县，以作老营，然后行思明（厦门）吊换前提督等一支，再图进取。一则逼其和局速成，二则采访甘提督等诸将生死信息，三则使虏知我师虽败，尚全力攻城，不敢南下袭我。诸将以为如何？众答曰：可。于是随派防水师并攻城官兵。"初十日郑军在崇明登陆，派右武卫周全斌攻西门，宣毅后镇吴豪攻北门，正兵镇韩英攻东北角，后冲镇攻西南角。次日上午开始大举攻城，郑成功亲自督战。清游击刘国玉、仝光英、王龙、陈定等据城顽抗。韩英和监督王起俸奋勇攻城，都被清军火铳击伤，几天后伤重而死。郑成功还想让其他将领带兵猛攻，周全斌建议："官兵被创之余，昨日韩英被伤，闻者寒心，无心恋战。且得此孤城绝岛亦是无益，不如回师南下休整。"郑成功同意了这一意见，传令班师[2]。

郑成功南京之役，清朝官方指斥为"海贼入犯"固无足论，后来的史学家也评论不一，有的称赞为恢复壮举，有的讥为轻举妄动。

---

[1] 清方记清军收复镇江在七月二十七日，见《郑成功档案史料选辑》，顺治十六年"为报明江宁崇明获捷有功人员事揭帖"残件。
[2] 杨英《先王实录》。参见顺治十六年"为报明江宁崇明获捷有功人员事揭帖"残件，《郑成功档案史料选辑》第三○九页。

本书作者认为可以总结出以下数点：

一、郑成功进攻南京之役是正义的，符合当时百姓的愿望。这从他和张煌言领军溯流而上，大江南北许多州县的绅民望风归附可以看得很清楚。战役前期取得的成果相当惊人。顺治十六年九月二十一日江南总督郎廷佐揭帖中有一段概括性文字说："不意海氛狂逞，自五月初旬即寇崇明，旋入京口，至六月中旬陷瓜洲、破镇江、仪真、六合、江浦，沿江一带四散蹂躏，直逼省城。又分侵上游，以致宁、太、池三郡属邑并和、含等州县相继失守。……以五、六、七月之间在江北而论，如瓜、仪、天长、六合、江浦、滁、和、含山被陷矣，而淮、扬等郡震邻滋蔓也。在江南而论，如丹徒、高淳、溧水、建平残破矣，而上元、江宁、溧阳、丹阳等处界连荼毒也。在上江而论，如太平、宁国、池州、当涂、芜湖、繁昌、宣城、南陵、贵池、铜陵、无为、舒城、庐江、巢县等处失守矣，而安、徽、庐三郡接壤地方祸延不小，室庐货物被其烧毁，子女玉帛被其掳掠，田地禾稻被其蹂躏。今虽寇遁，而逃亡流离大费抚绥。"清方为保卫南京"调集诸路满汉大兵会剿，齐驻省城，甲士云屯，战马鳞集，所需粮饷，日费万有余金……"[1]郎廷佐奏疏中虽不免有诬蔑之词，但不难看出到决战前夕清江南地区已势同瓦解，疏中所列失守城池绝大部分是郑军未到而主动反清归明的，反映了人心的向背。

二、如果郑成功能够采纳正确建议，进至瓜洲一带时统率主力由陆路直趋南京，乘城中清军守备兵力单薄迅速攻城，清方"城大兵单"，突破一处，歼灭守敌的可能性是相当大的。只要攻下南京，在政治上和军事上就已占上风，然后分兵四出，仍在观望之

---

[1]　《明清史料》甲编，第五本，第四五五至四五七页。

中的清绿营官兵马逢知之流和更多的汉族官绅必然反正来归，顽固不化者聚而歼之。这样，有可能迅速占领江南财赋之区，清廷在经济上必然陷入困境。达素由北京统领南下的一万余名援军和明安达理部先后从荆州东下的两批援军数量既有限，又不熟悉水战，难以扭转战局。清廷如果调回进征云、贵的主力对付郑军，不仅路途遥远，丧失战机，还将给李定国、白文选等以卷土重来的机会。郑成功、张煌言若能联络夔东十三家的兵力，更将使西南清军回救江南造成重大障碍。明、清对峙的局面将延续更长时间。时人沈光文总结南京之役道：

> 永历己亥之岁，延平扬帆出海，拨棹横江，戈挥于铁瓮（镇江古名）之南，艦系于金陵之北。童叟望云来霓，开天见日，妇女箪食壶浆，镂骨铭肥。惟因人皆济美，遂用汝作楫舟；东吴士尽英髦，于是争先剸刃。瓜、镇没水海师，江龙斩断；义军登城树帜，虏丑全输。京口喋血填濠，守将扶明反正。郑延平六月兴师，十年养锐；张侍郎四方传檄，七郡来归。通金陵城而为营，因岳庙山而树栅。满汉望风披靡，胡廷举朝震骇。死于山者，山变其色；沉于水者，水断其流。当是时，断瓜洲则山东之师不下，据北固则两浙之势不通。延平若听甘辉之言，南都不待回师而定。奈何大势已去，望海兴悲。壮志未成，待机而动。[1]

---

[1] 沈光文《台湾赋》，见侯中一编《沈光文斯庵先生专集》。

三、郑成功在南京之役中失利,主要原因是犯了轻敌的错误,导致清军能够扬长避短。"北儿马,南儿船",自古如此。从整个战役来看,南京城内的清军直到七月十五日梁化凤部入城之时,马匹很少,几乎没有什么优势可言;郑成功军的水师占压倒优势,陆战主要是依赖装备有火器、铁盔甲的步兵,利于攻守城池,不利于野战。若能抓紧战机,乘清军骑兵未集之时猛攻南京,取胜的把握颇大。待到清军各路援军抵达,编组成一支颇有威慑力的骑兵时,郑军就穷于应付了。名将甘辉和其他部署在观音山诸将的覆败,都同缺少骑兵有密切关系。郑成功在战略上的失误还表现在重兵进抵南京城下之后,即便一时不能破城,也应该分派部分军队接管南京周围州县,切断清方援军入城道路。中提督甘辉在进攻南京之前就提出建议:"兼程而进,逼取南都。倘敢迎战,破竹之势,一鼓而收;不则围攻其城,以绝援兵,先破其郡,则孤城不攻自下。"[1]可惜郑成功没有采纳他的意见。甘辉被俘之后,同万礼、余新一起押到郎廷佐等满汉官员面前,万礼、余新下跪,甘辉踢之曰:"痴汉尚欲求生乎!"大骂不屈,英勇就义。[2]人们常常以成败论英雄,未必正确。在甘辉、张煌言这样有勇有谋、忠贞不渝的将领面前,长江之战的胜利者清方任何一位将领都难以望其项背。吴伟业出于无奈给梁化凤写了《壮猷纪》,但他良心不昧,对出仕清朝深自痛悔,在一首词中写道"为当年沉吟不断,草间偷活",到头来"竟一钱不值何须说"[3]。梁化凤统兵赴援,争先出击,得了头功以后又把部下的良马抽出供"满洲大

---

[1] 《先王实录》。
[2] 阮旻锡《海上见闻录》(定本)。
[3] 《吴梅村诗集笺注》卷二十四,诗余《贺新郎·病中有感》。

兵"乘骑，让自己的部分士兵徒步为"大兵"开路。这种奴才气味十足的做法得到主子的赏识自在情理之中。战役胜利以后，他与巡抚蒋国柱"兵过无锡洛社，花货满载，牛羊络绎不绝，余可知矣。所掠妇人俱在苏州发卖，镇江凡失父母妻子者，贴票各府县寻觅甚众，无锡城门招子粘满"[1]。这同张煌言军的纪律严明适成鲜明对照，谁是王者之师，谁是殃民之贼，难道还不清楚吗？

四、郑成功嫡系军队中存在海盗遗风也是失败原因之一。史籍记载，郑成功原来计划攻取江南为基业，进军时曾经下令军队不得侵犯长江以南各府州百姓，但可以从江北地区"筹粮征饷"[2]。何况，在长江以南的某些地区郑军也有以征服者自居，任意杀掠的行动。李邺嗣记"己亥之夏……海师忽奄至，纵兵大搜牢，杀（浙江鄞县）东乡万余人"，李邺嗣的好友丘栋隆也由于海师"索其财，无有，因杀之"[3]。李邺嗣是张煌言的好友，顺治九年煌言父张圭章卒于乡，李为之营葬。[4]毕生以复明为志的李邺嗣无论如何也想不到打着复明旗号的郑成功"海师"在自己的家乡演出了一场"露刃如麻，万夫罹凶"的惨剧。乙酉（1645）以后，李邺嗣的父亲李邺和许多亲友被清政府杀害，然而他"未有如哭吾丘君之甚者也"，遗民的隐痛真是难以言表。这就说明，郑成功进攻南京之役不仅在军事上连续犯了大错误，在政治上也有不少丧失人心之举，从而导致全盘覆败。

上面探讨了郑成功南京之役失利的几个原因，就明清双方对

---

[1] 计六奇《明季南略》卷十六《郎廷佐大败郑成功》条。
[2] 参见杨英《先王实录》。
[3] 李邺嗣《杲堂诗文集》之《杲堂文钞》卷六，《丘于渭墓志铭》。
[4] 《张苍水集》第二一六页，全祖望撰《年谱》。

峙的局面来考察，郑成功最大的失策是私心自用。南京战役显示了他的兵力相当强盛，当顺治十年、十一年李定国、孙可望军威大振时，郑成功如果真心拥戴永历朝廷，亲率主力会师夹攻，江南必下无疑。可是他始终按兵不动，直到清军占领贵州，永历朝廷已经很难招架的时候，他才大举进攻南京。换句话说，郑成功的复明是以他自己为首的"明"，在西南永历朝廷明军兵势尚盛时，他绝不肯出兵配合作战；他自以为最聪明的战略是西线明军败退已远，又还牵制着清军主力时大举出兵收取江南是最佳方案；相对于清廷权威集中，用兵总能着眼于全局，则是最坏的战略。总之，郑成功的设想和举措同李定国、张煌言很不一致，以往的史学家常把郑成功同李定国、张煌言描绘成志同道合，究其实际却是志不同、道不合。南明之未能中兴，关键正在于许多实力集团的首脑视本集团的利害高于抗清大业。

郑成功的长江战役虽然以失败告终，仍不失为明清之际历史上光辉的一页。它是清初反对满洲贵族推行暴虐的民族征服政策的最后一次大规模战役；它曾经使清廷统治者闻风丧胆、坐卧不宁，各地仁人志士为之兴高采烈、翘首以待；在我国军事史上很难找到类似的战例。清廷于险胜之后，痛恨江南地方官员无能，顺治十七年（1660）三月，清廷以海师入犯，"巡抚蒋国柱、提督管效忠等败绩遁走"分别议罪，得旨："蒋国柱免死革职，与本王下为奴。管效忠免死，革提督并世职，鞭一百，发包衣下辛者库为奴，俱籍没。"协领费雅住巴图鲁、札尔布巴图鲁俱革世职立绞籍没，牛录章京当都、巴龙布达什俱革职立绞籍没[1]。两年之后，大规模地实行沿海迁界（简称迁

---

[1]　《清世祖实录》卷一三三。

海），同郑成功、张煌言指挥的长江战役有密切关系。

第四节　张煌言的招抚南京上游州县

张煌言同郑成功北入长江，成功以煌言熟悉长江情形，派他领水军担任先锋。攻克瓜洲后，成功计划直攻南京，煌言认为镇江是长江门户，"若不先下，则虏舟出没，主客之势殊矣。力赞济师铁瓮（即镇江）。而延平犹虑留都援骑，可朝发而夕至也。余曰：何不遣舟师先持观音门，则建业震动，且自守不暇，何能分援他郡。延平意悟，即属余督水师往，且以直达芜湖为约"[1]。他所统水军因海舟长大逆江难行，换乘沙船，牵挽而前。经仪真至六合，得知成功大军已于六月二十四日击败清军、克复镇江，即致书五军张英（张英字茂之），"谓兵贵神速，若从水道进师，巨舰逆流，迟拙非策"。极力主张由陆路径趋南京。他自己为配合进攻南京，唯恐后期，命士卒下船于两岸芦苇中昼夜牵缆，六月二十八日到达南京观音门下。不料，成功大军并未登陆，仍旧乘船由水路进发。煌言所部先已改用较小的沙船，尚须索挽而行，成功所统多系海舟，行动迟缓，两军距离越拉越大。七月初一日，清南京守军见煌言所统前锋水军孤立无援，乃发快船一百余艘出上新河顺流拦击煌言军。张军因兵少受挫，但清方知道郑成功大军在后，不敢恋战。煌言集结所部兵船仍游弋于南京附近江中，派出使者招徕各州县。当时，清朝南京一带兵力单薄，江南各地士绅心念明朝者颇不乏人。他们听说海上义师大举入江，不少人起

---

[1] 张煌言《北征录》。

而响应。煌言在南京城下江中失利后,停舟于江北浦口,浦口清军百余骑竟在七月初四日从北门逃遁,煌言部下七名士卒即由南门入城[1]。次日(初五日),成功亲统大批舟师进抵南京城下江中的七里洲,同煌言会商攻取南京。这时,传来了芜湖等地官绅纳降归附的消息,郑成功认为收取上游郡县既可以收复失地,声张兵威,又可以堵截湖广、江西等地顺江来援的清军,就请张煌言率领舟师西上,自己负责进攻南京。这以后两人分兵作战,用张煌言的话来说:"幕府之谋,自此不复与闻矣。"[2]

七月初七日,张煌言到达芜湖,部下兵不满千,船不满百。他以延平郡王郑成功的名义发布檄文告谕州县:

> 昔五胡乱夏,仅一再传而灭。今东虏应谶,适二八秋之期。诚哉天道好还,况也人心思汉。慨自李贼倡叛,神京陆沉。建酋本我属夷,屡生反侧,遂乘多难,窃踞中原。衣冠变为犬羊,江山沦于戎狄。凡有血气,未有不痛心切齿于奴酋者也。本藩奉天倡义,代罪吊民,卧薪尝胆,法古用兵。生聚教训,已逾十年。正朔难偏,仅存一线。兹者亲统大师,首取金陵,出生民于水火,复汉官之威仪。尔伪署文武将吏,皆系大明赤子,谁非中国绅衿。时穷势屈,委质虏廷,察其本怀,宁无隐忍?天经地义,

---

[1] 张煌言《北征录》。杨英《先王实录》记于七月初一日,说有"虎卫将四员"、哨兵四人登岸,防守浦口清兵二百人即由北门逃走,"本县土民迎接官兵八人入城镇守","时童谣有云:是虎乎否?八员铁骑,惊走满城守虏"。

[2] 张煌言《北征录》,见《张苍水集》第四编。

华夷之辨甚明；木本水源，忠孝之良自在。至如辽人，受我朝三百年之豢养，遭逆虏三十载之摧残。祖父既受其刑毒，母妻甚被其宣淫。尔二三孤儿，尚为旗下之奴；百千弱女，竟作胡中之妇。报仇雪耻，岂待异时；归正反邪，端在今日。则张良报韩，先挥博浪之椎；朱序归晋，遂成淮淝之捷。或先机革面，或临敌改图。以全省全部来归者，不吝分茅裂土；以一邑一镇来归者，定与度地纪勋。或率兵而至，则论其众寡而照数授职；或洁身而来，则就其职掌而量材超擢。若蒙古、女真，世受国家抚赏之恩，原非一类，共在天地覆载之内，亦有同仇，无怀二心，视之一体。不但休屠归汉，名高日䃅；且如回纥扶唐，烈光叶护矣。本藩仁义素著，赏罚久明。先机者有不次之赏，后至者有不测之诛。一身祸福，介在毫芒；千古勋名，争之顷刻。师不再举，时不再来，布告遐迩，咸使闻知。敬哉特谕。[1]

　　檄文以先声夺人的政治攻势来弥补自己兵力的不足。这一策略果然收到极大的效果，"江之南北相率来归。郡则太平、宁国、池州、徽州；县则当涂、芜湖、繁昌、宣城、宁国、南陵、南宁、太平、旌德、贵池、铜陵、东流、建德、青阳、石埭、泾县、巢县、含山、舒城、庐江、高淳、溧水、溧阳、建平；州则广德、无为以及和阳，或招降，或克复，凡得府四、州三，县则二十四焉"。进军过

---

[1] 见《张苍水集》第一编。按，尾署"永历十三年七月二十日给"。明朝制度，一字王为亲王，二字王为郡王，郑成功受封延平王，称延平郡王亦可。

程中，由于部分清军归顺和义勇参加，兵员也不断增加，"水陆兵至万余"[1]。张煌言孤军深入竟然取得这样巨大的成果，原因主要有三个：一是清朝在长江下游的兵力单薄；二是各地绅衿百姓不忘明室；三是煌言治军纪律严明，所到之处秋毫无犯。史籍记载，张煌言驻军于芜湖时，"一兵买面价值四分，止与十钱。店主哄起白张，张问兵，曰：'诚有之，时无钱耳。'张曰：'汝食大粮，何云无钱？'将蓝旗一面投下，曰：'拿下去！'左右缚兵，兵问故，曰：'张爷令斩汝。'兵大惊曰：'吾罪岂至此乎？容吾回禀。'张曰：'吾有谕在外，即一钱亦斩，况四分乎？'遂斩之"[2]。煌言自记："予之按芜邑，兵不满万，船不盈百，惟以先声相号召，大义为感乎，腾书荐绅，驰檄守令，所过地方，秋毫无犯，偶有游兵阑入摽掠者，即擒治如法。以故远近壶浆恐后，即江楚州中豪杰，多诣军门受约束，请归祸旅相应。"[3]张军纪律严明，受到百姓广泛欢迎，士大夫更以重睹汉官威仪为盛事。史载："寇之入宣城也，谒文庙，坐明伦堂，博士诸生儒冠洁服，不期而会得数百人。荐绅执事，威仪称盛。"[4]这些事实都说明当时反清复明势力的社会基础还相当大，郑成功在南京战败主要是用兵不当，不能归因于清朝统治已经基本稳固，把郑成功、张煌言发动的长江战役说成是注定要失败的军事冒险。

---

[1] 《张苍水集》中所收《北征录·上监国启》。按，启本中说"通计得江南北府州县三十余城"，与《北征录》记载数字略有差异。又，"南宁"当为误写，查继佐《鲁春秋》附《北征录》无南宁，但仍云"县则二十四"；郑达《野史无文》所收《北征录》亦无南宁，云："凡得府四、州三、县二十三。"

[2] 计六奇《明季南略》卷十六《郎廷佐大败郑成功》条。

[3] 张煌言《北征录》，此处据郑达《野史无文》卷十三转录本。

[4] 顾公燮《丹午笔记·员文先生》。

七月二十四日，郑成功在南京大败，随即主动放弃镇江、瓜洲，仓促退出长江。当时，张煌言正在宁国府（府治宣城）接受新安（即歙县，徽州府治）来降的使者[1]，突然得到南京战败的消息，立即赶回芜湖。他鉴于自己的军队已经收复芜湖、池州、宁国、太平一带地区，但兵力不足，就派了一个名叫松隐的和尚带着帛书由间道去寻找郑成功的行营，信中写道："胜败兵家常事，不异也。今日所恃者民心尔，况上游诸郡邑俱为我守，若能益百艘来助，天下事尚可图也。倘遽舍之而去，其如百万生灵何？"可是，郑成功部主力迅速撤出长江，煌言的帛书根本无从寄达[2]。我们固然不能说如果郑成功在南京城下战败后，留守镇江、瓜洲整顿部伍，并且按张煌言的要求派出一百艘战船增援张军，长江战役就将转败为胜；但有一点是可以肯定的，郑成功既然在兵至南京时再三敦劝张煌言率部收取上流州县，兵败撤退时至少应当通知并等待张军回航后一道东下。从张煌言出险后所作《北征录》中清楚地表明郑成功退出长江时并没有告知张煌言，这无异于置张军于死地。煌言云："初意石头师即偶挫，未必遽登舟；即登舟，未必遽扬帆；即扬帆，必且据守镇江。余故弹压上流不少动。"[3]按当时形势分析，郑军在南京城下陆战大败，江中舟师

---

[1] 张煌言《北征录》。按，此文各本稍有出入，《张苍水集》作："时余在宁国，受新都降，报至，遽返芜城。"查继佐《鲁春秋》附《北征录》作："时余在宁国府，受新都降，报至，遽返芜邑。"郑达《野史无文》卷十三作："时予在宁国，受新安降，败报至，遽返芜湖。"新都属四川省，新安为徽州旧称，郑达本较准确。

[2] 张煌言《北征录》，此处引自郑达《野史无文》本。

[3] 《北征录》。张煌言《上监国启》中说："岂意延平藩师溃于金陵，仓卒南旋；臣之孤军，竟陷重地。"《上行在陈南北机宜疏》（致永历朝廷）也有相同说法，见《张苍水集》第十四页、第二十一页。

的优势仍然是显而易见的,在清方组织重兵进攻镇江、瓜洲以前,完全没有必要那样匆促撤退。郑军撤出南京以下水域,使处于芜湖等地的张煌言部陷入极端困难的境地。清两江总督郎廷佐等人认定这是消灭孤立无援的张军的最好时机,他们一面调集水、陆军切断张军出海退路,"江中艨舟密布","百计截余归路";一面写信招降,遭到煌言坚决拒绝。八月初,张煌言得知清安南将军固山额真明安达理带领的一支军队为援救南京由荆州乘船东下已经到达安庆[1],已部已处于东、西夹攻之中。在同部将商议后,煌言决定移舟西上,迎战缺乏水战经验的荆州清军,然后进入江西鄱阳湖,另辟抗清局面。八月初七日,张军在安徽繁昌、荻港、三山江西与明安达理所统清军相遇,双方互有伤亡。[2]这天夜晚,明安达理因为不知道南京已解围,急于东下,发炮起航。煌言部下将士早知退路已断,军心不稳,半夜听见炮声轰然,以为是清军劫营,各自解缆开船,有的返回芜湖,有的前往巢湖,业已溃不成军。天亮以后,湖广清军已东下南京,煌言点检部下兵将寥寥可数,"江西之役,已成画饼矣"。煌言为避免在长江中被清军歼灭,把所乘海船凿沉,准备换坐小舟由水道入巢湖。有内地复明人士向他建议,巢湖入冬水涸,难以长期坚持水战,不如舍舟登岸,直趋皖、鄂交界的英山、霍山地区,这一带绅民曾长期据险抗清,可以同他们会合坚持斗争。煌言接受这一意见,下令焚毁船只,率众登陆,取道桐城前往英、霍山区。由于张军长期在海上作战,不习惯走山路,又携带许多家眷辎重,一天才走三四十里。八月十七

---

[1] 张煌言《北征录》(《野史无文》本)作"忽谍报楚来清将军罗将军者战船数百只已至安庆",据《清世祖实录》卷一二七当即明安达理部。
[2] 见《北征录》与《清世祖实录》卷一二七。

日,行至霍山县阳山寨下,"寨在山巅,可容万人,饶水泉,向多义旅"。可是,这时盘踞该寨的褚良甫早已接受清方招抚,又听说郑成功大军已败,坚决拒绝煌言部众入寨。煌言进退失据,部下在清军追击下,四窜山谷。他身边只剩下两名随从,在地方义士的掩护下改装易服,由山路趋安庆、建德、祁门、休宁、衢口、淳安、遂安、义乌、天台、宁海抵海滨,历时近半载,行程二千余里,艰苦备尝,终于回到了海上义师军中。

第三十章
永历朝廷的覆亡

第一节　永历帝流亡缅甸

1659年（顺治十六年、永历十三年）闰正月二十五日（丙子），朱由榔和小朝廷的文武官员在平阳侯靳统武护卫下，由永昌府（今云南保山市）退到盏达土司，第二天行至布岭，距离中缅边境已经不远了。马吉翔认为只要进入缅甸国境就可以保住身家安全，同他的弟弟马雄飞、女婿杨在秘密商议道："我等百千谋议，方得车驾幸缅。今从官相随又已至此。万一得有宁宇（？），上意必悔不早入蜀；在廷又欲持文墨以议我弟兄。今护卫平阳侯右协孙崇雅与我极为同心。莫若先示以意，使之妄传追逼，则乘舆今夜必兼程入关。伺夜半昏黑，车驾一过关，便将从官尽劫，则东奔西窜，流离万状，必无有随驾者矣。"三人议定后即往告知孙崇雅。孙是靳统武的部将，本已感到前途黯淡，又有马吉翔的怂恿，乘机发一笔国难财，何乐而不

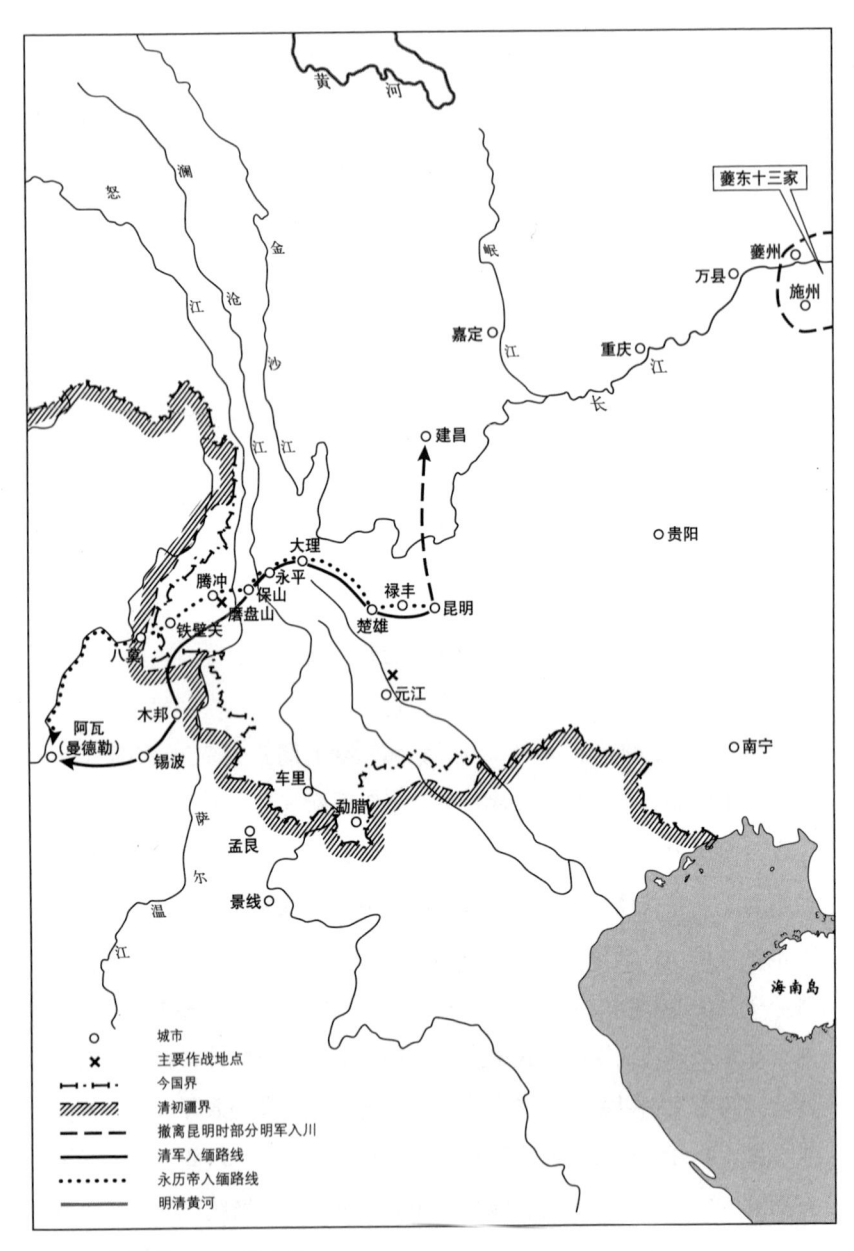

永历帝入缅及败亡图

为？于是在这天晚上纵兵大肆掳掠。在夜色笼罩之下乱兵抢劫，连永历皇帝也未能幸免，光着脚上不了山，直到天威营等兵赶到，才在深夜窜到铜铁关（指铜壁关和铁壁关），随行的文武官员在流离当中又遭抢劫，苦不堪言；不少将士也在混乱当中若鸟兽散。二十六日白天到曩本河，距缅关十里。黔国公沐天波先派人去通知守关缅兵。由于历史的原因，明朝镇守云南的沐国公是缅甸当局熟知的人物，守关缅兵纷纷下马以礼相待。当他们得知随永历帝避难缅甸的文武有近两千人马，要求"必尽释甲仗，始许入关"。永历帝同意，"一时卫士、中官尽解弓刀盔甲，器械山积关前，皆赤手随驾去"[1]。这一举动曾经遭到一些忠于明室的人士的指责，认为自动解除武装是"堕缅人计"，"向使马吉翔、孙崇雅不暮夜兼程，则车驾入缅，护兵不散，犹易于出险而会两藩（指晋王李定国、巩昌王白文选），缅人不敢拘执，况敢献清乎？"[2]就当时形势而言，缅甸是个比较弱小的国家，其当局接受南明皇帝入境避难而要求解除随行人员武装无可非议。问题在于朱由榔贪生怕死，在李定国等人还在云南西部边境地区组织兵力抗击清军时，就在马吉翔之流撺掇下流入外邦，过着寄人篱下的生活，以为这样清朝就可以放过他们，从而苟且偷安。

作为实权人物的李定国在兵力不足以保卫昆明时，对朝廷的去向可能做了不正确的决策。他没有坚持取道建昌入据四川，即便形势危急还可以顺长江而下同据守夔东的抗清义师会合，而赞成了马吉翔等人向中缅边境撤退的错误主张。然而，决策西撤并不等于同意流亡缅甸。事实上他自己当时没有入缅，由他指派的护驾队伍靳统武所辖

---

[1] 刘茞《狩缅纪事》。
[2] 刘茞《狩缅纪事》。

兵员也只是到关为止，没有跟随永历朝廷进入缅甸。当他接到靳统武的报告，缅甸当局禁止南明军队入境，永历帝下令随行人员自动解除武装后，"虑缅情叵测"，派高允臣赶去，企图追回永历帝和随行人员，不料，高允臣一入缅境即遭到缅方杀害[1]。从后来的情况看，李定国同白文选等一再出兵缅甸想把永历帝迎接回来，表明朱由榔的流亡缅甸根本未征得李定国、白文选等最高将领的同意。从复明事业来看，永历帝慌不择路地进入外邦避难，标志着旗帜半倒，给各地的复明志士在心理上蒙上了一层浓厚的阴影。对李定国、白文选等人来说，既要在穷山僻壤的边境地区继续抗击清军，又要担心在缅甸的永历帝的安全，弄得顾此失彼，心力交瘁。

朱由榔、沐天波和其他朝廷随行人员在顺治十六年闰正月二十六日进入缅甸以后，二十九日到蛮莫，当地缅甸土官思线前来迎接，永历帝赐给了金牌、缎帛厚礼[2]。当时，黔国公沐天波、华亭侯王惟华、东宫典玺太监李崇实三人头脑还比较清醒，他们认为把朝廷命运完全置于缅甸保护之下，万一缅甸当局态度发生变化，将带来难以预料的后果。因此，经过商议后共同提出建议："此地属缅边，尚未深入。我等若将文武将士一半随大驾（指朱由榔）入缅，以一半导太子入茶山调度各营，即上在缅地亦有外援可恃。不然，深入夷穴，音耗内外不通，终于生困。"永历帝觉得这个建议有道理，可以考虑；可是，中宫王氏却舍不得爱子远离身边，坚持不肯[3]。朱由榔唯

---

[1] 邵廷寀《西南纪事》卷十《李定国传》。郑达《野史无文》卷九，冯甦《见闻随笔》卷下等书均作高允臣；刘茞《狩缅纪事》写作岳阳伯王允臣。
[2] G. E. Harvey（哈威）著，姚枬译注《缅甸史》（1957年3月修订译本）第二三一页记，永历帝赠给缅王黄金一百缅斤（三百六十五磅）。
[3] 刘茞《狩缅纪事》。

恐清军跟踪而来，自身难保，离开蛮莫时即谕土官思线砍倒树木，阻塞道路。思线既得此谕，就在车驾启行后，对关内外山箐搜括三天，碰上仓皇追驾的明朝官员一律加以拘捕，抄没随身财物，身强力壮者杀害于关前沟下，老弱者散给各土寨令其舂米，被折磨而死的即投入江中，销尸灭踪。三十日，行至河边（约为八莫，靠伊洛瓦底江）。二月初二日，缅甸国王派了四艘客船来迎接。由于船只狭小，永历帝挑选随从官员六百四十六人扈从三宫由水道南下，其中有的官员还是自己出资雇买船只随行；剩下的九百多人由总兵潘世荣保护岷王世子等骑马走陆路，其中有文书房太监江国泰、刘九皋、刘衡、段然忠、翟国祯等十四人，文官朱蕴金等，武官温如珍、范存礼、姜承德、向鼎忠、高升、季大胜、谢安祚等。

永历帝闻风丧胆、自乱阵脚从他即位以来已成司空见惯。逃入缅甸时，李定国还在组织磨盘山战役，清军不可能直接威胁到小朝廷的安全。然而，二月初四日马吉翔、李国泰拥簇着永历帝登上缅甸客船，不仅随从文武官还有不少人船只没有着落，连太后和东宫都没人料理。永历帝坐船开行后，太后大怒，说道："皇帝此时未至颠沛，即不顾亲娘耶？"朱由榔等才停泊了两天，到初六日水路人员草草准备就绪，陆续开船南下。一路上缅甸寨民供应物品，十八日船到井梗（地近当时缅甸都城阿瓦，今曼德勒）。二十四日，缅甸国王请永历帝派两位大臣过舟讲话。朱由榔派中府都督马雄飞（马吉翔之弟）、御史邬昌琦前往"宣谕南幸之意"[1]。尽管永历朝廷仍以宗主国自居，事实上却是逃难而来，这点缅甸君臣自然非常清楚。为了避免礼节上难以处理得当，缅甸国王拒绝接见使者，只派汉人通事居间传达

---

[1] 《狩缅纪事》；邓凯《也是录》。

信息。通事拿出明神宗时颁给缅甸的敕书同马雄飞、郭昌琦带来的永历敕书相核对，发现所盖玉玺大小稍有出入，因此对永历朝廷的正统地位产生怀疑[1]。幸亏沐天波携有历代相传的征南将军印是明代同西南沿边土司和接壤国家往来文书中经常使用，缅甸当局对比之后才解除了疑惑，允许永历帝和他的随行人员暂时居留境内。

由潘世荣带领取陆路南行的明朝官员士卒在三月十七日就到达了缅都阿瓦城隔河对岸处。由于人马杂沓，引起缅甸国王的不安，他说："此等非避乱，乃是阴图我国耳！"派出兵丁加以包围，强行把这批南明人员不分男女老幼分别安插于附近各村民家看管，一家一人，禁止往来。这批南明人士顷刻之间妻离子散，家产荡尽，失去了人身自由。通政使朱蕴金、中军姜成德被迫自缢。[2]

五月初七日，缅甸当局才把永历帝及其随从由井梗移到原陆路人马到达的阿瓦城隔河相望的地方，用竹子围造了一座城，里面建草房十间作为永历帝的住所，其他随行官员人等自行构房居住。

朱由榔和他的随从人员在缅都阿瓦城郊居住下来以后，同国内（包括边境地区）的抗清实力之间已经很难保持联系，所谓"朝廷""正朔"不过虚有其名。缅甸当局虽然允许他们入境避难，却始终没有给予正式的官方接待。尽管缅甸国王住在阿瓦城中，流亡入缅的永历君臣住于阿瓦城外，隔河相望，近在咫尺，各种文献却表明，两人从来没有见过面。

开初，缅甸当局还给予一些物资帮助，即所谓"进贡颇厚"。

---

[1] 明代历朝相传玉玺在1644年大顺军入京时已被缴获，这以后弘光、隆武、永历三朝都另行制作，为了防止落入他方之手的玉玺可能被利用，每次制作的玉玺规格必然会稍有差异。
[2] 邓凯《也是录》。

永历帝也还携带了一点积储，有意回赠一份厚礼，用明朝习惯的说法是居高临下的"赏赐"。缅甸官员表示"未得王命，不敢行礼"[1]，意思是不愿对明朝皇帝行藩臣礼。朱由榔既无实力，也只好听其自然。

永历朝廷暂时得到安置，多数文武官员毫无失国忧君之念，继续过着苟且偷安、苦中作乐的生活。据记载，当地的缅甸居民纷纷来到永历君臣住地进行贸易，这本无可非议，许多南明官员却不顾国体，"短衣跣足，混入缅妇，席地坐笑"[2]。一些缅甸人士也鄙夷这种丑陋行径，私下说道："天朝大臣如此嬉戏无度，天下安得不亡？"[3]一位通事也说："我看这几多老爷越发不像个兴王图霸的人。"[4]永历帝为了维护小朝廷的安全和体统，决定派官员轮流巡夜，奉派官员即乘机"张灯高饮，彻夜歌号"[5]。这年八月间，朱由榔左脚患病，昼夜呻吟。马吉翔、李国泰于中秋节晚上会饮于皇亲王维恭家内，维恭家有广东女戏子黎应祥，吉翔、国泰命她歌曲侑酒，黎应祥流着眼泪说："上宫禁咫尺，玉体违和，此何等时，乃欲行乐。应祥虽小人，不敢应命。"王维恭竟然拿起棍子就打。朱由榔听到哄闹哭泣之声，派人传旨道："皇亲即目中无朕，亦当念母死新丧，不宜闻乐。"[6]王维恭等人才暂时收敛。此外，绥宁伯蒲缨、太监杨国明等大开赌场，日夜呼幺喝六，一片喧哗。永历帝大怒，命锦衣卫士前往拆毁赌场，

---

[1]　《狩缅纪事》。
[2]　《狩缅纪事》。
[3]　《狩缅纪事》。
[4]　金钟《皇明末造录》。
[5]　《狩缅纪事》。
[6]　《狩缅纪事》。

诸臣赌兴正浓，哪管什么皇帝圣旨，换个地方重开赌场，喧啸如故。

八月十三日，缅甸国王派人来请黔国公沐天波过江参加十五日的缅历年节。沐天波携带永历帝原拟赠送的礼品过江后，缅甸君臣不准他穿戴明朝衣冠，强迫他换上民族服装同缅属小邦使者一道以臣礼至缅王金殿前朝见。按明朝二百多年的惯例，镇守云南的黔国公沐氏代表明帝国管辖云南土司并处理周边藩属国家的往来事务，体统非常尊贵。这时却倒了过来，要光着脚身穿民族服装向缅王称臣，心中苦恼可想而知。礼毕回来后，沐天波对朝廷诸臣说："三月在井亘（吉梗）时不用吾言，以至今日进退维谷。我若不屈，则车驾已在虎穴。嗟乎，嗟乎，谁使我至此耶？"说完大哭起来。礼部侍郎杨在、行人任国玺还上疏劾奏沐天波失体辱国，永历帝只好留中不报。

到九月间，马吉翔、李国泰对永历帝诉说廷臣和随从人员生活困难，有的人已经没粮下锅，意思是要朱由榔拿出"内帑"（这时流亡他国，自然不可能有任何财政收入）来救济。朱由榔本来就没有多少家产，这时屡经劫难，已经捉襟见肘，一怒之下把黄金制造的国玺扔到地上，让他们凿碎分给群臣[1]。典玺太监李国用叩头道："臣万死不敢碎此宝！"马吉翔、李国泰却毫无顾忌，当即将国玺凿碎，分给各臣数钱至一二两不等。这件事充分说明随永历帝入缅的多数官员已如行尸走肉，毫无共赴国难之意。不久，缅甸政府送来一批新收的稻谷，朱由榔指示分给穷困的随行官员。马吉翔却视若己物，分给

---

[1] 这件事在《求野录》《也是录》《狩缅纪事》《皇明末造录》等书中都有记载，前面已经指出包括永历在内的明清皇帝都有几颗不同用途的"国宝"，其中多数是玉制，称为玉玺，但也有金制的。永历帝这次下令凿碎的显然是金制国玺，谢国桢《南明史略》和司徒琳《南明史》（英文原版一七三页）都说是玉玺，略误。

同自己交情密切的人员，引起小朝廷内部极大不满。护卫总兵邓凯大呼道："时势至此，尚敢蒙蔽上听。升斗之惠，不给从官，良心何在？"马吉翔命手下人把邓凯打翻在地，伤足不能行走。[1]

第二节　清方对西南明军的剿抚政策

　　清军占领包括贵阳、昆明在内的黔、滇两省腹心地区以后，南明永历朝廷已经出现瓦解的形势。然而，这种局面的形成并不是南明军队受到毁灭性打击的结果，而是永历朝廷决策失误所致。从当时的战局来考察，清军三路迅速推进，南明军队节节败退，长期经营的大片土地被清军占领，明军在阻击过程中虽然损失了一些兵将，但并没有发生大量主力被清军歼灭的情况。这就说明，明军的全线失利主要是战略部署不当。永历帝仓皇逃入缅甸，李定国在磨盘山战役后领兵转入滇南边境地区，散处西南各地的南明文官武将实际上失去了领导核心，他们既缺乏统一部署，只好自寻出路。

　　清军入滇以后，多尼、赵布泰、吴三桂、线国安的庞大兵力集中于云南，罗托的军队驻守贵阳，加上原属经略洪承畴、吴三桂的部分军队留守交通要道，南明战败后分驻各地的军队不仅很难组织反攻，而且多处于边境穷荒之地，条件异常艰苦。

　　相对而言，在吴三桂军由贵州进入云南以后，四川的清军防御力量是相当单薄的。李定国在放弃昆明时决策向滇西撤退，没有

---

[1] 《狩缅纪事》。邓凯《也是录》仅说因马吉翔私散稻谷，"邓凯见之，大骂吉翔于行殿。吉翔旗鼓吴承爵摔凯而仆，伤其足，遂不能行"。

带领主力由建昌入川，是一个重大失策。在这以后，四川大部分地区有半年左右时间仍然在明军控制之下。1659年（顺治十六年）七月十一日，清四川巡抚高民瞻依据川陕总督李国英的指示，派出军队由保宁出发，先后收取灌县、绵竹、什邡、汉州、简州等地，二十六日进抵成都，守城的明朝总兵刘耀、杨有才、曹昌祚、陈安国、赵友鄢等杂牌军队自动撤退，清军就在当天进入"满城荆棘"的省会成都[1]。

上文已提及早在这年闰三月间，明庆阳王冯双礼率领进入四川建昌的军队，由于部将狄三品等叛变，活捉冯双礼向清方投降[2]。九月，清"川陕总督李国英疏报，收复嘉定一路，招降伪将军杨国明、总兵武国用，各州县伪官皆缴印投诚"[3]，"芦山伪武义将军杜学率所部伪官六十余员，兵二千余名缴印投诚"[4]。十月，"四川巡抚高民瞻奏报：伪侯郝成裔、伪伯陈建等谋诛首逆高承恩献土投诚，及伪文武官八十员各缴印札来归，川南底定"[5]。这些事实说明当时四川省内的明朝军队为数尚多，控制的地区也相当可观，主要是因为永历朝廷和李定国统率的主力向滇西撤退，节制无人，才在清方招降

---

[1] 顺治十六年八月二十四日川陕总督李国英"为恭报恢复成都日期并追剿逆贼情形事"揭帖，见《李勤襄公抚督秦蜀奏议》。
[2] 《清世祖实录》卷一二五；参见刘健《庭闻录》卷三。
[3] 《清世祖实录》卷一二八。
[4] 《清世祖实录》卷一二八。
[5] 《清世祖实录》卷一二九。按，同书卷一三一记，高承恩为"伪咸宁侯"，郝成裔是他的"幸僮"，降清时高民瞻收取郝的贿银三万两，"令成裔密造伪玺伪敕，假称曾袭侯爵，以为投诚叙功之地"。顺治十六年十一月初三日川陕总督李国英题本报，九月明镇守黎、雅、荥经、建昌一带地方咸宁侯挂讨夷将军印郝成裔、挂蜀藩（即刘文秀）护卫将军印广平伯陈建率部剃发，纳土投降，见《李勤襄公抚督秦蜀奏议》。据此当为九月间事。

下自行瓦解。如果李定国决策奉永历帝由建昌入川，以嘉定、叙府一带为基地，北取成都平原，东攻重庆与夔东十三家会合，只留少数兵力在云南边境联络土司牵制清军，清朝在新定的云南、贵州两省必留重兵镇守，在战略上极易造成被动。即使清方云贵主力回师四川，明军作战不利，顺江而下同郑成功、张煌言会师的可能性也是很大的。

除了四川地区沦入清方之手外，分散在云南边远地方的不少明朝将领也由于群龙无首，同主力联络不上，对前途悲观失望，纷纷投降清朝。其中如叙国公马惟兴、淮国公马宝、将军塔新策、汉阳王马进忠的儿子马自德、公安伯李如碧、宜川伯高启隆等带领兵马六七千人撤到滇西北鹤庆、剑川、丽江、兰州（今云南省兰坪县东南）一带，先后向清朝投降[1]。怀仁侯吴子圣于十二月初一日在永昌府（今云南保山）投降[2]。此外，降清的还有岐山侯王会，总兵杨成、赵武、史文、邓望功等率众四千一百余人，杨武伯廖鱼领兵六百名；文官有东阁大学士张佐宸、户部尚书龚彝、兵部尚书孙顺、侍郎万年策、大理寺少卿刘泌、兵科都给事中胡显等[3]；宗室勋戚有岷藩朱企鋘、皇亲

---

[1] 刘健《庭闻录》卷三记上述诸将领在五月中旬和下旬降清，李如碧写作李如柏，高启隆写作高启龙。康熙五十三年《剑川州志》卷三《沿革》记："马惟兴、马宝走鹤庆、高启隆走剑川，又至丽江、兰州，十月在剑川州剃发降清。"时间和情节都略有不同。

[2] 顺治十七年正月云贵总督赵廷臣"为请给投诚官兵口粮，鼓励未来人心，仰祈上鉴，敕部议复事"揭帖，见《明清档案》第三十六册，A36—24号。

[3] 刘健《庭闻录》卷三。屈大均《安龙逸史》卷下记："其未扈从者，如东阁大学士雷跃龙、大冢宰（吏部尚书）张佐宸、大司农（户部尚书）龚彝、司马（兵部尚书）孙顺、司寇（刑部尚书）尹三聘、左都御史钱邦芑等皆辅弼大臣，或扶病投清，或潜踪苟活，或祝发沽名。"

武靖侯王国玺等[1]。次年（顺治十七年）正月，明征蛮后将军杨武收得染瘴身死的广昌侯高文贵（即参加磨盘山战役的明军三将领之一）部卒三千余人向清军投降；五月，咸宁侯祁三升率领孟津伯魏勇之子魏君重、总兵王有功等兵员七千九百余人、马一千三百余匹、象三只降清[2]。这年七月，吴三桂奏请朝廷批准，把投降明军分作十营，以马宝、李如碧、高启隆、刘之复、塔新策、王会、刘偁、马惟兴、吴子圣、杨威为十营总兵[3]。从云南边境地区入降的明军兵员总数大约在三万名以上，其中不少拥有相当多的马匹、器械，能征惯战的将领也颇不乏人。何况，撤退到边荒地区之后，因染瘴病死，缺粮饿死，在混乱中逃散的官兵肯定不在少数。如果加上跟随李定国、白文选转往滇缅边境的主力，南明统帅如果能够指挥得当，在清军三路进军时集中兵力歼灭其中一路，整个战局绝不至于这样混乱不堪，一败涂地。联系到给予追击清军以沉重打击的磨盘山战役，李定国部署的只是窦名望、高文贵、王玺三将，兵员据一种记载说是六千余人[4]，由此可见，撤退时缺乏统一部署，各部失去联系，是南明军队瓦解的重

---

[1] 《安龙逸史》卷下记："甚至勋戚如武靖侯王国玺，竟窃太后金宝以媚新朝。"《庭闻录》卷三记王国玺降清，但又说"降将杨武献皇太后金宝一、武靖侯银印一……"。

[2] 刘健《庭闻录》卷三。杨武降清事在刘茝《狩缅纪事》中有较详细的记载，他亲身经历其事，说杨武持两端观望，一面同清方联络，一面又派刘茝入缅寻找永历帝，为他求得加封颍国公的敕书。杨武仍决定投降清朝，在顺治十七年正月二十三日押解刘茝、王国玺、尹三聘、朱企鏳、尚宝卿杨桢干、安龙知府范春鳌一齐赴云南，三月初五日解至昆明。由于杨武掠得财物甚多，骄横奢侈，吴三桂密疏请旨，于顺治十八年秋将他处斩于昆明。

[3] 《清世祖实录》卷一三八。

[4] 《八旗通志》卷二二二《孔克德传》云："复随信郡王多尼等三路大兵追定国，至云南磨盘山，败其六千余众。"

要原因。

作为全军主帅的李定国在磨盘山战役以后，率领部分军队向南撤退，崎岖于云南边境地区。他曾经在车里（今西双版纳傣族自治州）停留了一段时间，又转移到孟艮（在今缅甸景栋一带）。由于整个局势恶化，内部军心不稳，李定国既指挥不了散处四川、云南的明军，又要防止随从文官武将的变节。1660年（顺治十七年、永历十四年）六月间，广国公贺九义被他下令乱棍打死。原因是贺九义的妻子被清军俘获，清方乘机写信要挟贺九义投降，贺九义尚在犹豫之中，没有向李定国报告。李定国得知此事后，判断贺是心怀两端，决定立即将其处死。贺九义原是孙可望的部将，他从广西南宁带来的近万名兵马又是一支实力比较强的从伍，定国对他怀有戒心，为了防止贺九义率部降清，就采取了这一断然措施。贺九义被杖杀后，他的部下深为不满，"贺营官兵鼓噪逃出"[1]。李定国又担心逃出的官兵可能充当清军向导，潜来袭击，于是，"于九月初五、六两日将孟艮城里房子尽烧，孟艮彝人少壮者掳去，弱幼小的杀了。初七日，撤营走景迈、景线，奔伪巩昌王白文选一处……合营走木邦缅甸"[2]。被李定国杖死的还有他的亲信文官吏部侍郎金维新。金维新有《西行永昌旅次题

---

[1] 顺治十七年十二月二十一日平西王吴三桂"为恭报边外逆渠情形事"密奏本，见《清代农民战争史资料选编》第一册（上），第三八三页。
[2] 顺治十七年十二月二十一日平西王吴三桂"为恭报边外逆渠情形事"密奏本，见《清代农民战争史资料选编》第一册（上），第三八三页。《庭闻录》记："六月十六日，李定国杖杀贺九义。九义初守南宁，大兵入滇，归路断绝，遂由南宁走元江出边外，偕定国驻孟艮。其家在云南，三桂使其仆李登云招之。事泄，定国斩登云，杖九义百四十，次日死。"康熙三十五年《云南府志》卷五《沿革》记，顺治十八年"六月，伪官李维宾以永历情形来告"。原注："维宾，贺九仪标官，九仪欲受信郡王招抚，定国觉，杖杀之。维宾逃至云南投诚。"

墨牡丹》诗云:"繁华顿谢三春景,尺幅长留冰雪天。玉宇琼楼都似梦,邮亭揽笔意凄然。"[1]吐露了他随军西撤至保山时意气消沉,但被杖死的确切原因则不清楚[2]。

第三节　清军入滇后荼毒百姓和元江府那嵩等人的抗清

顺治十六年闰三月下旬,清军分路追剿南明军队,所过之处烧杀抢掠、无恶不作。洪承畴在三月间到达昆明,在四十多天里依据各道、府、州、县、卫、所的报告,给清廷写了一份奏疏说:

> 除各土府外,其迤东之云南府以及临安、曲靖、澂江、寻甸各府与迤西之楚雄、武安、姚安、大理、永昌各府,无处不遭兵火,无人不遇劫掠。如衣粮财物头畜俱被抢尽,已不待言;更将男妇大小人口概行掳掠,致令军民父母、兄弟、夫妻、子女分离折散,惨不堪言。所存老弱残废又被捉拿吊拷烧烙,勒要窖粮窖银,房地为之翻尽,庐舍为之焚折,以致人无完衣,体无完肤,家无全口,抢天呼地,莫可控诉。见今省城粮米照湖南新官仓斗每斗增价至一两三钱有余,每石价至一十三两有余;若照云南旧

---

[1] 李根源辑《永昌府文征》,诗,卷十二。诗后加按语说:"维新曾署吏部侍郎,此诗想系扈跸西奔,参赞晋王军中,行抵永昌时作。其后或死咒水,抑死景线,或逃隐何所,无可考矣。"
[2] 金维新被杖死事见冯甦《见闻随笔》卷下,邵廷寀《西南纪事》卷十等书。

用大斗一石约有新仓斗二石,价至二十六两,犹无处寻买。军民饥饿,道死无虚日。其在永昌一带地方更为惨烈,被杀死、拷烙死者堆满道路,周围数百余里杳无人烟。真使贾生无从痛哭,郑图不能尽绘。职不知滇民何至如此其极也。[1]

洪承畴描写上述云南惨况采取了"没头状纸"笔法,但显然说的是满洲八旗兵和其他清军一手炮制了这一系列暴行。同年十一月清云南巡抚林天擎劾奏"广西提督缐国安随大军进剿云南迤西地方,大肆抢掠。及奉旨回粤,奸淫杀戮,暴虐更惨。乞立赐处分。得旨:缐国安荼毒云南地方,抢杀淫掠,情罪重大,著议政王、贝勒、大臣速行严察密议具奏"[2]。洪承畴、林天擎不敢直接指斥满洲八旗兵将,彭而述私下著作中倒是透露了一些他所见到的情况。在《邵兵纪事》一文里记载了清征南将军赵布泰的骄横奢侈(赵布泰,鳌拜之兄,或写作卓布泰,彭而述写作邵),说他"有弟方贵重,位上卿,举朝侧目"。

> 邵性卞急阴贼,不喜见士大夫,而又内有奥主,得一意行恣睢。由通、津达淮扬,船二百,用纤夫、水手凡

---

[1] 顺治十六年闰三月二十九日五省经略洪承畴"为恭报云南逃贼窜伏地方东西残民惨苦情状并大兵见在驻札事宜仰候庙堂鉴察事"密揭帖,见《明清档案》第三十四册,A34—30号;同件又见《明清史料》甲编,第六本,第五九五页。康熙《永昌府志》卷二十三《灾祥》记:"顺治十八年大兵进缅,腾越斗米值银二两",可资参证。
[2] 《清世祖实录》卷一三〇。但缐国安并未因此受处分,仍以征蛮将军衔镇守广西。康熙十三年参与三藩叛乱,不久病死。见《清史列传》卷八十《逆臣传·缐国安》。

四五千，兼昼夜醉饱用民，督抚以下隶之，人把其骭或扣其足跗，啖以儿豭、肥牛腱，爪颐淋漓，粲然喜，喉中磔磔有声。反是，竟日怒不释，或人不幸见之，若有父兄深毒刺骨者，反唇掀鼻不知何语，辄狺狺半晌不休。予初率纤夫迎之衡山界马公堰，既而以争旗下房忤中丞，地方官各各重足。驻衡凡十三日，杂夫约六千余人，菫豆若干，鸡豚盐米若干，庵间兰锜若干。衡地裏偪苗，地多垸埨，频年水旱兵戎，比屋流离，幸经略转饷锱属不至缺乏。独是非分之求，选扒杆造浮梁，征求诸色匠作，梅勒至厮养鲜有厯其壑者。一不遂则詈辱随之，将军从而生怒，未易了。

彭而述作为监司自称活了五十三岁从来没有见过这样穷于应付的差使，文章结尾叹息道："噫，衡苦我乎！衡之苦不可言矣！"[1]他写的往返湖南和云南的日记里也一再描述了满洲贵族军队或使者过境时的气焰嚣张，如顺治十六年六月"丁酉，晓晴，飞檄昆明县令扫除公廨以待。是夜鼓初下，使者至一里外，喝声如雷，人马羽箭奔腾而来，主人刲羊豕无算，霍霍震邻。余居草屋，离数弓地，永夜喧聒不成寐"[2]。

清朝统治者恬不知耻地把进军云贵说成是"救民于水火"，完全是颠倒黑白。顺治十七年三月初八日经略洪承畴题本中说："三月初五日，又准云贵总督臣赵廷臣手札，内开：云南近状大不如上年。每市斗米一石实卖至二十五六两，沿途穷民有死于道途沟涧，死于

---

[1] 彭而述《读史亭文集》卷十五，纪略，《邵兵纪事》。
[2] 彭而述《读史亭文集》卷十，记下《贵州至云南界日记》。

寺庙破屋，死于山路田野，死于旁溪曲径，甚有母食其女，子弃其父，惨不忍言。"[1]相形之下，云南在大西军和永历朝廷治理下连年丰收，"大熟""大有""百姓丰足"之类的记载不绝于书，直到1656年（顺治十三年）仍是"是岁秋成大有，民食有余"。1658年（顺治十五年）元旦，清军入滇前夕云南"兵民忙忙过岁，戊戌元宵仍放灯火花炮，甚似太平"[2]。由此可见，云南社会生产受到严重破坏，百姓遭难，完全是以征服者自居的清军任情搜刮所造成的。

　　清军入滇后，大肆奸淫掳掠，引起了云南各族百姓的极大反感。沅江府土知府那嵩忠于明室，实力较强，一直以保护地方、抗击清军为己任。永历帝退往缅甸时，特命加升那嵩总督部院衔，巡抚云南；元江知府一职由其子那焘袭任，又加那嵩之弟那仑为佐明将军，那嵩为怀明将军[3]。黔国公沐天波也以次子沐忠亮入赘为那嵩之婿。这些措施表明永历朝廷希望那嵩能够联络云南各地土司配合李定国等部共同抗清，恢复云南。那嵩父子不负所望，他们趁人心未定之时，与总兵孙应科、赖世勋等秘密联络降清总兵高应凤[4]、延长伯朱养恩

---

[1] 《明清史料》丙编，第二本，第二〇〇页。

[2] 分见《明末滇南纪略》相关各节。

[3] 刘健《庭闻录》卷三。按，有的史籍说那嵩任云南巡抚、其子弟加官袭职是李定国以晋王身份承制委任的，但联系到沐天波同那嵩联姻，似应在入缅以前或入缅之初联络尚未中断之时。那嵩之弟那崋一作那岱，康熙十二年《石屏州志》卷十三，《志补》云："石屏西接元江，元江土府那氏，或云侬智高之党，有那天福者颇知读书，子三人，曰嵩、曰岱、曰仑。天福死，嵩袭职。"

[4] 康熙十二年《石屏州志》卷一《沿革》附《造乱事略》记："顺治十六年二月投诚将军高应凤驻石屏，兵丁扰民，署知州郑相每钳制之，因结怨。应凤忽撤兵北梅菁坡，次早遣数十骑突入州治，杀郑知州于仪门外，遂叛去。"

以及石屏总兵许名臣、土官龙赞扬（或作龙赞阳，是龙在田的从孙）等迤东土司。到这年七月，那嵩认为联络已定，公开反清复明。清安远靖寇大将军信郡王多尼、平西大将军平西王吴三桂在九月初已向清廷报告："沅江土知府那嵩、那焘父子主盟，勾连各土司歃血钻刀，真正作叛，若不剿除，则地方震动。且李定国将子妻送往沅江府为质，将金银财物抬送沅江土官，叫沅江并普洱土官由临安出兵，候大兵出边进剿，就来抢云南（指当时的云南府，即今昆明市）。"[1]九月，许名臣领兵攻克石屏州[2]，那嵩等人也分兵进攻蒙自等地，一时昆明以南迤东各地纷纷响应。当时，清军占领了云南主要地区，但统治并不稳固。不仅李定国、白文选等南明主力尚在，一些边远地区仍在明朝将领占领之下。经略洪承畴、平西王吴三桂、信郡王多尼等唯恐元江举事将在各地引起连锁反应，决定集中兵力迅速平定元江。他们经过会商后，决定由多尼和固山额真宜尔德带领在滇满军一半留守昆明，固山额真卓罗带领另一半满军同吴三桂部于九月二十一日由昆明出发，经通海县往征元江[3]。二十六日，清军进抵曲江驿，许名臣和龙赞扬撤回元江。十月初一日，清军重占石屏州；初九日到达元江，凭借优势兵力将该城包围。那嵩虽曾派兵出城劫营，被清军击退。吴三桂命降将杨威到城下喊话，声称那嵩只要将高应凤、许名

---

[1] 《明清史料》丙编，第二本，户部题本。
[2] 康熙十二年《石屏州志》卷一《沿革》记：顺治"十六年废弃许名臣自投诚归，移住马板龙，潜怀异志，遂伪造令牌，撤去驻防兵丁，因逐（石屏）知州文国珍据州城。亲王（吴三桂）统兵到临安，乃奔入元江。"
[3] 康熙三十年《通海县志》卷一《沿革事考》记：顺治十六年"九月，元江土官那嵩、伪总兵许名臣暗通定国，叛。平西王总师由通海讨平之。"参见刘健《庭闻录》卷三。顺治十六年九月二十一日经略洪承畴揭帖可资参证，见《明清史料》甲编，第五本，第四五八页。

臣缚献，就可以仍旧当元江府土知府。许名臣见清军势大难敌，要求那嵩接受清方要求把自己交给清军处置，换取元江军民的安全。那嵩毅然回答道："吾三人共事，岂以生死易心乎？"拒绝了吴三桂的要求。吴三桂见那嵩矢志不移，又写信用箭射入明军营中，号召元江军民捆绑那嵩出降，否则屠城。那嵩针锋相对地射书城外，"备列三桂入关以来罪状，且署其衔曰：山海关总兵吴三桂开拆"[1]。吴三桂恼羞成怒，挥军奋力强攻，元江城破。那嵩、那焘父子合家登楼自焚，那崶、许名臣等自杀，高应凤、孙应斗等被俘[2]。

那嵩、高应凤、许名臣等人在元江领导的抗清虽然是响应李定国的号召而发动的，在具体行动上却没有同定国商量。起事前，高应凤曾建议派人约李定国移兵北上永昌府，等吴三桂主力西进时，迤东各路义军乘虚直捣昆明，使吴三桂等部清军腹背受敌，可收全胜。这一合理建议未被那嵩采纳。元江起事时，李定国部驻于孟艮，遭到当地土司的堵截，为了使自己有个立足之地，他被迫把兵力用于平定地方。元江反清的消息传来时，他深为惋惜，顿足叹息说："何不稍待耶！"[3]元江地区的反清斗争由于孤立无援遂告失败[4]。那嵩、许名臣等人的起事，是在整个形势逆转，许多明军将领先后倒戈降清的情况下进行的。他们面对强敌奋勇拼搏至死不悔的斗争精神实在难能可贵。

---

[1] 刘健《庭闻录》卷三。
[2] 刘健《庭闻录》卷三。
[3] 刘健《庭闻录》卷三。
[4] 道光六年《元江府志》卷二《兵防·师旅考附》记："本朝顺治十六年大师平滇，土酋那嵩与伪总兵高应凤、许名臣暗通李定国叛，官兵讨平之，改土设流。"

在元江反清运动被清政府镇压下去之后，云南、贵州的少数民族还多次举兵反清。贵州在1660年（顺治十七年）九月有郑成功派来的使者吕弘悫联络水西权时泰、贺鼎等谋攻贵阳；十一月有马乃土司龙吉兆、龙吉祥、龙吉佐"负固弄兵，遥为李定国声援"；1661年九月有刘鼎举兵反清包围定番州[1]；1662年（康熙元年）有南京人常金印（据说是明开平王常遇春的后裔）同丁调鼎、倪生龙来到贵州水西，扬言"海上已立新君，国号平顺；晋王李定国尚在，谕令起兵"[2]，水西宣慰司安坤、原明匡国公皮熊都参与密谋。1664年（康熙三年）正月，安坤聚众数万，以其叔安如鼎为总统，常金印自称荡鲁（虏）大将军湘平伯，制造印敕旗纛、给散札付，"勾聚陈凤麟、高岑、吉士英、米应贵、熊国贤、戴胜、李万紫、陈国才等连结诸土府潜谋分路起兵"[3]。三月初一日，吴三桂统兵北上，经乌蒙（今昭通）东进毕节、七星关入黔；同时檄令贵州提督李本深统领贵州四镇兵向大方推进，以收东西夹击之效。尽管清军在兵力上占了很大的优势，水西的反清运动仍然坚持了半年以上才被吴三桂等镇压下去，安坤、安重圣等被擒杀，皮熊被俘年已八十多岁，"面责三桂，三桂不能答。皮熊绝食十五日而死"[4]。就在吴三桂领兵进剿水西的时候，云南迤东一些土司也准备乘衅而起，他们传布一种讹言说吴三桂已死于水西之役[5]。1665年（康熙四年）三月，宁州土司禄昌贤，新兴王

---

[1] 康熙三十一年《贵州通志》卷五《大事记》。

[2] 刘健《庭闻录》卷四。

[3] 康熙三十一年《贵州通志》卷五《大事记》。

[4] 刘健《庭闻录》卷四。道光二十年《贵阳府志》余篇卷二十《杂志下》。

[5] 康熙五十八年《澂江府志》卷二《沿革》。

耀祖、嶍峨禄益、王扬祖、王弄土司王朔，蒙自李日森、李世藩、李世屏，石屏龙韬、龙飞扬，路南秦祖根，陆凉资拱，弥勒昂复祖，维摩沈应麟、沈兆麟、王承祖等联兵反清，明黔国公沐天波的幼孙沐神保被土司藏匿在新兴州，王耀祖联络各土司的信中说："今沐氏有子在，事成奉以为主。"明开国公赵印选也被拥戴为号召之资，"众至数万，攻临安，陷蒙自、嶍峨、宁州、易门，围弥勒、通海、石屏、宜良等州县，各郡震动"[1]。清云贵总督卞三元、云南巡抚袁懋功、提督张国柱调兵进剿，吴三桂也率部兼程赶回，分路击败各反清土司。赵印选、禄昌贤、王效祖、王朔、李日森、李世藩、沈应麟等先后被清军擒杀，直到这年十一月迤东各地方告平定[2]。事实说明，顺治末至康熙初贵州和云南少数民族的反清斗争都同复明运动有密切关系。联系到孙可望、李定国、刘文秀等统率的军中都有大量西南少数民族的将领和兵员，可以看出在南明史上少数民族发挥了相当重要的作用，他们同汉族百姓一道为了反对清廷的民族压迫政策不惜流血牺牲，共同谱写了悲壮的史诗。

第四节　两广抗清义师的被摧毁

李定国在1653—1654年（顺治十年至十一年）以广西为根据地，联络两广义师，竭力邀请郑成功亲率主力实现东西合击，收复广东。

---

[1] 康熙三十年《云南通志》卷三《沿革大事考》。
[2] 同上书，参见《庭闻录》卷四及康熙三十年《通海县志》卷一《沿革事考》。

这个事关全局的战略计划由于郑成功消极应付，终于功败垂成。到1656年，李定国带领主力赴贵州安龙把永历皇帝迎往昆明，留驻广西的明军只剩下镇守南宁大将贺九义部。当时，永历朝廷同东南抗清势力的联系主要是通过广东沿海（廉州、钦州后划归广西）的义师，李定国主力转入云南，两广局势因而逆转，同东南抗清势力的联系也必然削弱。李定国自然明白形势的严峻，但是他为了挽救南明危局，把永历帝护送入滇，内心是希望秦王孙可望能改弦易辙，俯就臣节，内部安定之后再分路出师。然而，孙可望自以为兵多势众，毫无改悔之意，滇、黔隐成敌国的局面使李定国无暇他顾。等到孙可望公开发动内战，兵败降清后，李定国正着手整顿云南、贵州、四川事宜之际，清朝已部署大规模进攻。永历朝廷一直处于左支右绌的境地，再也没有力量经营两广了。在失去了主力支援的情况下，两广各地复明义师于艰难竭蹶之中各自为战，最后都被占绝对优势的清军击败。

1658年（顺治十五年）冬，贺九义奉李定国的命令率部放弃南宁，返回云南。清朝两广当局乘机向南宁、太平、思恩推进。顺治十六年三月初四日清军由浔州出发，二十七日占领南宁。南宁陷落后，南明将军陈奇策、罗全斌、阁部郭之奇等仍据守上思州（今广西上思）、太平（今广西大新县南）、江州所属土司。闰三月初七日，清广东总兵栗养志攻占上思州，明凌海将军陈奇策带领残部数千人逃往滩宁寨。次日，栗部追至该地，击败明军，陈奇策被活捉[1]。到这年十一月，清方侦报得知罗全斌藏于忠州（这是广西南宁府下属的忠

---

[1] 顺治十六年十月广西巡抚于时跃揭帖，见《明清史料》甲编，第五本，第四八三至四八八页，原文云："活擒伪将军陈奇策，获水军都督银印一颗，凌海将军木印一颗。"

州，今废，约在现地名"旧城"处，与四川忠州非一地），总兵蔡琦藏于龙州，将军周文龙藏于田州（今广西田阳），阁部郭之奇、总兵阎永德、光泽王等人避入交趾，"伏莽棋布，指不胜屈"[1]。清两广当局因为广西官兵主力已在提督缐国安率领下奉命进军云南，兵力不敷分配，移檄"谆谆以招抚为先"，栗养志依计而行，选拔"知事能言之官分途招徕"。于是，明威海将军罗全斌和部下兵将纷纷出降，南宁府和太平府的明朝官员也大批具文归顺，其中包括龙州、下石西州（地近凭祥）、凭祥、思陵州（今废）等与安南接境的州县[2]。安南当局曾经同永历朝廷保持联系，后来看到清朝对中国的统治已趋稳固，在政策上做出调整，由支持南明政权改为支持清朝[3]。这样，永历朝廷李定国等同东南沿海的郑成功、张煌言等联络的陆上—海路交通完全被切断，这以后郑成功、张煌言得到的行在消息大抵都是从清方"捷报"和有限的秘密使者口信中获悉。东、西联络的隔绝从下面这个例子可以明显地看出：永历十二年（顺治十五年，1658）正月，永历帝派漳平伯周金汤（字宪洙）、职方司黄事忠（字臣以）由广东龙门（今属广西防城）乘船航海到达厦门，封郑成功为延平王，同时晋升东南沿海坚持抗清的文武官员爵职。郑成功等派左副都御史徐孚远、总兵张自新（字衡宇，挂都督衔）携带大批官、私文书赴昆明复命。途经安南时遇阻，徐孚远被迫返回，张自新、黄事忠（周金汤似

---

[1] 上引顺治十六年十月广西巡抚于时跃揭帖。
[2] 上引顺治十六年十月广西巡抚于时跃揭帖。
[3] 《清世祖实录》卷一三〇载：顺治十六年十二月两广总督李栖凤奏报："安南都统使司都统使莫敬耀遣使投诚。"事实上，安南态度的转变在这以前就已经发生。

在这以前返回广东)从间道入广西[1],在思忠府(恐系思明府,地近今广西凭祥)被清军栗养志部擒获,携带的大批奏疏、书信等文件全部落入清方之手[2]。

清军占领广西以后,在广东沿海地区坚持抗清的义师完全陷于孤立无援的境地,先后被清军剿灭。其中最著名的是大学士郭之奇、总督连城璧联络的王兴部、邓耀部和李常荣部。

王兴,原名萧嘉音,绰号绣花针,明末起义兵反抗地方当局。清军入广东后,他接受永历朝廷广东巡按连城璧的劝告,决定参加抗清复明的行列,被授予虎贲将军的官衔。他同连城璧(后升任两广总督)一道长期以恩平、新兴(今台山)、阳江一带为据点,坚持抗击清军。1653—1654年(顺治十年至十一年)李定国由广西进攻广东的时候,王兴都曾率部积极配合大军作战。新会战役失败后,李定国主力撤回南宁,不久赴贵州安龙迎永历帝入昆明。王兴部力单势孤,在顺治十二年十一月带领部众退到新兴、恩平地区以文村为中心扼守。文村地形复杂,南临大海,东、北、西三面丘陵连绵,只有一条羊肠小道可以同外界相通。王兴利用地利,挖壕筑寨,修建仓库,准备长期据守,以待时机。王兴和连城璧凭借这一隅之地始终坚奉永历年号,遵用明朝服制,因此,许多明朝头面人物如唐王朱聿𨮁(隆武帝之弟,隆武即位后封弟朱聿鐭为唐王,朱聿𨮁续封唐王约为绍武之

---

[1] 徐孚远《交行摘稿》有《将回赠臣以职方》诗,题下原注"时臣以议欲间道行复命也"。
[2] 前引顺治十六年十月文本巡抚于时跃揭帖云,栗养志部占领上思州后,又在思忠府擒获"伪国姓张总兵张自新、伪职方司黄事忠","查出题奏本六十二道、揭帖六十六件、令谕牌票十一张,疏稿杂书三十五本,书信一百封"。见《明清史料》甲编,第五本,第四八五页。

时）等都迁来文村依居。这里还成为永历朝廷同东南沿海郑成功、张煌言联络的重要通道。1656年（顺治十三年）春，广东清军数万进攻文村，环营十里。王兴临危不惧，率部固守，还不时派奇兵出击，激战两月，清军死伤近万，被迫撤退。次年正月，清军又从新会出军来攻，被王兴事先侦得，派出一支军队在二百里外设下埋伏，击败清军先头部队。清方知道王兴已有准备，再次退回。1657年冬，永历朝廷嘉其忠贞，特派使者敕封为广宁伯[1]。

到1658年（顺治十五年）七月，清平南王尚可喜趁明永历朝廷节节溃败，决定摧毁文村抗清基地，拔除忠于明室的广东据点。由于"王兴所踞地极险阻"，"羊肠鸟道，曲屈丛杂，刺竹与陂塘相间，骑不得驰突，短兵接战，数步一折，多歧而易伏，皆失其所长"[2]。尚可喜乃采取长期围困方针，征调水陆兵和民夫约十万之众，挖掘深沟，筑造高垒，切断文村同外界的联系。围困至次年（1659，顺治十六年）夏秋之间，文村粮食告罄，寨内买一升米要两千文钱（约合白银二两，即一石米价二百两），一只老鼠也索价一百文。王兴下令允许寨中兵民出寨自谋生路，然而多数人却宁愿忍饥挨饿，不肯离去。这年八月，尚可喜又派使者前来招降，首先称赞了王兴的品德和才能，表示如果他能以事明之心转而仕清当委以重任。王兴知道文村外无救兵，内无粮食，陷落已迫在眉睫，对他的弟弟说："城可恃而食不支，天也。我终不降。弟善抚诸孤以续先祀，我死且不朽。"[3]他一面命人制造了一口巨大的棺材，决心杀身成仁；一面叫自己的五

---

[1] 永历朝廷封王兴为"县伯"的敕文中有"比者叛逆孙可望罪恶贯盈，称兵犯阙"之语，见连城璧《蹇愚录》所附敕书原文，广宁伯爵名见王兴墓志。
[2] 《平南王元功垂范》卷下。
[3] 屈大均《皇明四朝成仁录》卷十二《广东死事三将军传》。

个儿子护送年老的母亲带着永历朝廷颁给的敕书、印信、令箭前往清军大营谒见尚可喜，目的是保护部下将士和百姓的生命安全。尚可喜以为王兴真心投降，非常高兴，又派使者前来致意；王兴避而不见。八月十七日夜间，王兴宴请所部文武官员和依附人士，宣布已经同清政府达成协议，让大家各奔前程，自作主张。席散，王兴先让妻子张氏和十五个妾自缢，接着点燃了事先准备好的火药，葬身于烈焰之中[1]。明唐王朱聿𨮁也服毒而死；总督连城璧因在外招兵未罹其难，文村陷落后他拒绝接受清朝官职返回故乡（江西金溪）隐居。在文村战役中，明漳平伯周金汤被俘，总兵李常荣则向清方投降[2]。

文村抗清基地覆灭以后，广东清军转而进攻据守龙门（今属广西防城）的邓耀部明军。1660年（顺治十七年）二月，清平南王尚可喜、靖南王耿继茂和两广总督、广东巡抚会商，决定委派韶州副将张玮暂管高雷廉镇务，总统陆师（时栗养志已革职），会合广州、肇庆、高州、琼州、雷州水师和平藩、督标、抚标抽调的官兵大举进攻。四月二十七日攻克龙门，邓耀率领残兵败卒逃入安南[3]。不料，安南不容其存身，"发兵逆击，杀溺贼众无算"，邓耀走投无路，削发为僧躲藏在广西，被清政府查获，遇难[4]。此外，永历朝廷的武英殿大学士兼礼、兵二部尚书郭之奇原来负责联络广东、广西抗清义

---

[1] 同上。参见道光二年《阳江县志》卷八，《编年》。
[2] 《清世祖实录》卷一四〇记：顺治十七年九月丁卯日，"平南王尚可喜疏报：官兵追剿粤东文村隔水南厅贼寇，生擒伪伯周金汤，伪总兵李尝荣投诚。下兵部知之"。所记日期大约是清廷接报时间，周金汤被俘当在这以前。
[3] 《明清史料》甲编，第五本，第四九五至四九六页，广东巡抚董应魁题本（残件）。
[4] 《清圣祖实录》卷二，顺治十八年五月乙丑日广东巡抚董应魁疏报。

师，在两广沿边地区被清军占领以后，流亡安南。清政府多次发出檄文招降，郭之奇均不为所动。1661年（顺治十八年）八月，郭之奇被安南当局献给清方，他矢志不屈，于次年（康熙元年）八月在桂林遇难[1]。

第五节　李定国、白文选的竭蹶救亡

永历帝进入缅甸，李定国在磨盘山战役中失败后引兵沿边境南撤，互相间的联系逐渐削弱。受李定国派遣负有保护永历皇帝和朝臣、家属责任的靳统武、梁杰等将领眼看朱由榔和随从已经进入缅甸境内，并且接受了缅方解除武装的要求，他们既不敢阻止皇帝的行动，又不愿自动解除武装流亡异邦，因此，靳统武等也带领部下兵将由铜壁关追随李定国部主力向南撤退。

---

[1]　温睿临《南疆逸史》卷二十二《郭之奇传》。翁辉光《潮州文概》收有郭之奇《交趾被执纪事诗》二首，诗云："十载艰虞为主恩，居夷避世两堪论。一时平地氛尘满，几叠幽山雾雨翻。晓涧哀泉添热血，暮烟衰草送归魂。到头苦节今方尽，莫向秋风洒泪痕。""成仁取义忆前贤，几代同心几自鞭。血比苌弘新化碧，魂依望帝久为鹃。曾无尺寸酬高厚，惟有孤丹照简篇。万卷诗书随一炬，千秋霜管俟他年。"诗尾有翁辉东按语云："郭公在明永历十五年八月被执，至十六年九月成仁。"同书郭之奇《陋吟自序》尾翁辉东按语云："己亥滇南失守，扈从入缅，行蠡路绝，公乃挈二子避地南交……辛丑，交夷执献，对问无回辞，羁馆阅岁。壬寅八月尽节于粤西。世人拟为宋之文文山云。"据其他书籍记载，永历帝从昆明西撤入缅时，郭之奇在两广滨海一带联络义师，并未扈从。此外，翁辉东述郭之奇死难时间一云九月，一云八月。八月与《南疆逸史》所记相同。饶宗颐《郭之奇年谱》引《宛在堂诗集》卷首黎士弘撰小传云："先生就义之日，慷慨从容，面无改色；康熙元年八月十九日也，莆田薛生英舒亲见之。"

闰正月二十九日，巩昌王白文选领兵由雪山平夷攀崖附木来到陇川。二月十五日，同李定国军相会于木邦。两人都认为云南内地虽然被清军占领，但散处在云、贵、川的兵力还有不少。永历朝廷的逃入缅甸，对诸将的坚持抗清必将在心理上造成极为不利的影响。因此，他们感到当务之急是把永历帝从缅甸接回国内。经过商议以后，由白文选先领兵进至磨整、雍会，这里已是缅境地区。由于天气炎热，白文选命令部下卸甲解鞍，在树荫下休息，派出两名使者找寻缅甸地方官通知这次明军入缅只是为了接回永历皇帝。不料使者在途中被缅人杀害。白文选又派十名骑兵前往说明情由，又遭到缅兵击杀。当时缅甸官员有一种错觉，以为南明皇帝入境避难，明朝的军队大概剩下的不过是一些散兵游勇，已经不堪一击。他们看到白文选军中有不少马匹，就派出一二百骑闯入明军营中抢马。白文选大为震怒，下令整顿兵马，立即反击。缅方抢马的士卒被文选部下兵将追到河边，纷纷溺水而死。缅军主力（据文献说有"数十万"，可能失之夸张）在江对岸列阵，准备迎战。白文选命令部下士卒砍伐树木编造筏排，渡江作战。缅军自恃人多势众，对南明军队看不上眼，主事大臣变牙简说："汉人无状，然亦不多，须俟其尽渡，然后扼而尽歼诸江中可也。"[1]文选兵坐在木筏上鱼贯而渡，刚渡过一百多骑兵，文选在对岸下令吹起号角，百骑一鼓而前，缅军抵敌不住，阵势大乱。明军占领滩头前进基地后，文选主力陆续渡河，全面进攻，缅军大败，被杀伤兵据说在万人以上。缅甸当局这才知道明军强劲，收兵入城据守。白文选意欲攻城，又担心城内的永历帝的安全，不敢莽撞行事。缅甸官员质问朱由榔："尔到我家避难，云何杀我地方？"永历帝并不知

---

[1] 刘茞《狩缅纪事》。

道白文选率兵前来接驾的详情，回答道："既是我家兵马，得敕谕自然退去。"[1]随即派官员赍带敕令命明将退兵。缅甸当局唯恐永历使臣同白文选见面后，各自了解对方情形和缅甸态度，不让永历官员出城，而自行派人将敕文送至白文选营。文选叩头接受敕文，当天就下令退兵。

四月间，明将广昌侯高文贵、怀仁侯吴子圣也率领一支兵马入缅迎驾，但他们所取的道路同白文选不一样，大致上就是永历帝入缅的路线。高文贵、吴子圣的军队遭到缅甸当局阻止，他们自以为并没有侵占缅甸领土的意思，不过接出永历君臣罢了。于是，决心动武，杀入蛮莫。缅军抵敌不住，又逼迫永历帝发敕谕责令高、吴退兵。朱由榔一味迁就，派吏部郎杨生芳、锦衣卫丁调鼎前往敕令二将退兵。高文贵、吴子圣接到谕旨后被迫从布岭退兵；文贵忧愤于心，不久病死；而杨生芳、丁调鼎回到流亡小朝廷后，竟以退兵有功，"升秩有差"[2]。永历皇帝甚至在马吉翔和太监李国泰的怂恿下发出敕令给缅甸各守关隘官员说："朕已航闽，后有各营官兵来，可奋力剿歼"，借以换取缅甸当局的欢心[3]。

当时，李定国、白文选部活动于滇缅边境一带，同据守福建海岛的郑成功、张煌言部等拥明势力还断断续续保持着秘密联系[4]，当然知道永历帝仍在缅甸，并未"航闽"。因此，仍然不断地派遣使者甚至出兵迎接永历君臣。1660年（顺治十七年、永历十四年），白文

---

[1] 《狩缅纪事》。
[2] 《狩缅纪事》。
[3] 《狩缅纪事》。
[4] 从张煌言等人诗文录里可以知道他们对永历皇帝兵败入缅的情况大体上都知道。

选率领兵马一直推进到缅甸都城阿瓦附近，九月间永历朝廷收到晋王李定国迎驾疏和致廷臣书，其中写道："前此三十余疏，未知得达否？今此缅王相约，何地交递？而诸公只顾在内安乐，全不关切出险一事，奈何？奈何？"[1]缅甸当局又要求永历帝发敕书退兵，明军等候多日，不得要领，只好拔营而回。

1661年（顺治十八年、永历十五年）二月二十八日，巩昌王白文选托缅甸人秘密送上奏疏说："臣所以不敢连破缅者，恐缅未破而害先及于皇上尔！为今之计，令多方委蛇，使缅送驾出来为稳著。"朱由榔当时在缅甸的日子已经相当不好过了，在玺书中恳切地盼望李定国、白文选能够迎驾成功。过了五六天，缅甸百姓传说白文选已经在七十里外搭浮桥准备渡江来救出永历君臣。不料几天以后消息传来缅军已把浮桥篾缆砍断，明军无法渡河，最后一次挽救永历朝廷的入缅军事行动以失败告终。这年三月间，沐天波见缅甸当局派兵看守永历君臣，知道情况不妙，同原属晋王的总兵王启隆商议，歃血定谋组织敢死志士数十人杀掉马吉翔、李国泰，保护太子突围投奔李定国、白文选的队伍。这一密谋很快被马吉翔、李国泰察觉，他们谎奏永历帝说，沐天波、王启隆私下勾结缅甸准备谋害皇室。朱由榔没有弄清情况，就下令把沐天波的家丁李成、王启隆的家丁何爱各付其主立即处死。沐天波、王启隆虽未因此遇害，他们为了挽救明室的最后一片苦心却化作了泡影。

在这以后，还有黎维祚充当在缅的永历帝与在边境地区的李定国等营的秘密使者，做迎驾出缅的最后努力。黎维祚曾经任职永历朝廷，朱由榔进入缅甸以后，诸将分别率领部下士众转入边境土

---

[1]《狩缅纪事》。

司管辖区。在势同瓦解的情况下，黎维祚遍走各营，劝以大义，残存各藩镇都为他所感动，具表迎驾。黎维祚把诸将迎銮表文藏在挖空的木棒之中，于1661年（顺治十八年）九月十八日到达孟艮府，面呈晋王李定国。定国深表赞同，十月初六日发给令谕一道，其中云："今皇上入缅，势已危急，若能走通声息，懋建奇功，决不负若。当即为若转奏。"维祚随即赴缅，历尽艰辛到达阿瓦城，因缅人防范甚严，不能面见，托人转呈永历帝。朱由榔阅疏后，十月十五日给敕书云："皇帝密敕沥胆将军黎维祚，据晋藩奏，尔忠肝贯日，义胆浑身，穿虎豹，趋辰极，烈风劲草，殊轸朕怀。兹授尔沥胆将军督理滇黔楚蜀，遍历诸勋将士，山林隐逸等，谨慎图防，枕戈以俟。候晋、巩两藩举师，四路策应，旦夕是图，勿迟勿忽。"另外还给予空白敕书百道、印三颗。黎维祚把敕印藏在小船底部夹板之内，船上设置神像，敲击钲锣而行。到达孟艮后，定国大喜，命他转报各营将领。联络初定，黎又于十一月动身入缅复命。行至腾越，缅方已经把永历帝献给清军。黎维祚痛心疾首，在得到清将允许后入见永历。朱由榔对他大哭，维祚泪流满面地说："事今至此，臣惟疾奔告诸营整兵于要道接驾。"他的意思是估计吴三桂、爱星阿等人将把永历帝押送北京献俘，计划联络忠于明室的将领于途中救出。朱由榔说："儿子，尔可致意十三家等，若能救我出，我只愿修行去。"哽咽不能言。"手剪御衣一片，密写敕付即行。"黎维祚"昼夜兼程抵荆侯营，谋共于贵州偏桥劫驾"。不料清方也考虑到路途遥远，地方不靖，决定将朱由榔父子在昆明处死。黎维祚计划落空，佯狂而遁。这件事在陈起相《沥胆遗事》一文里有比较详细的记载[1]。

第六节　清廷向缅甸施加压力和"咒水之难"

占领昆明和云南大部分地区以后，清廷和前线统军大帅在顺治十六年五六月间反复研究是否出兵缅甸捉回永历帝朱由榔。由于路途艰险，云南地方破坏很大，筹集粮草非常困难，满洲兵将又不适应当地气候，宁南靖寇大将军罗托、安远靖寇大将军多尼、征南将军赵布泰等都不愿担此重任，希望早日班师回京休息。因此，清廷兵部会商的意见是由多尼下固山额真宜尔德留镇省会昆明，让平西王吴三桂为统帅，以汉军和绿营兵为主，会同固山额真卓罗带领的少数满洲兵一道进军缅甸。六月初二日经清廷批准，命经略洪承畴部署具体进军事宜。

洪承畴接到朝廷谕旨后，深感困惑。他上疏报告粮饷、兵力不敷，云南地方"蹂躏至极，兵火残黎，朝不保夕。粮米腾贵，买备无出，军民饥毙载道，惨难见闻"[2]。何况，李定国等"逃窜猛猛、孟艮等处"，"而各路土司、伪营残兵各私受定国伪札、伪印，歃血立盟，伺隙起衅，已屡见告。兹若一闻大兵西追，势必共思狂逞，避实

---

[1] 道光二十一年《遵义府志》卷三十三，列传一。按，黎维祚，字名远，四川江津县人。陈起相（一作陈启相），四川富顺县人，县志记他"官河南道御史，明末弃官为僧，寓播（播州即遵义）之平水里，人称为大友和尚"。据刘菱《狩缅纪事》，陈起相直到永历帝入缅前仍在朝廷中任职。
[2] 顺治十六年八月十八日经略洪承畴揭帖，见《清代农民战争史资料选编》第一册（上）第三六四至三六九页。

突虚，以复窜内地。彼时追剿大兵相隔已远，不能回顾，而云南大兵又以驻扎省城，未能远追，倘致巨逆窜逸，所关匪小"。因此，他建议本年内不出兵缅甸，待明年（顺治十七年）秋收以后八、九月间进兵。至于兵将的安排，洪承畴建议只留部分精锐满兵由卓罗统领驻扎省城，吴三桂的军队则分驻于迤西永昌、顺宁、云州、景东各要害处所，做好稳定云南地方的工作。这就是他针对当时云南情况制定的基本方针："须先有内安之计，乃可为外剿之图。"[1]

清政府为了弥补自己在兵力、物力、财力上的不足，还企图通过缅甸当局和云南边境土司之手不战而胜。1659年（顺治十六年）九月，洪承畴奉清朝"皇帝特谕"致书缅甸军民宣慰使司和蛮莫宣抚司，要他们主动交出朱由榔、沐天波和李定国。两件书信的措辞颇多类似之处，前半段均云：

> 照得明运告终，草寇蜂起，逆贼张献忠流毒楚、豫、粤、蜀，屠戮几无噍类，实为祸首。旋致闯贼李自成同时煽乱，破坏明室。我皇上原欲与故明讲和，相安无事。惟因明祚沦亡，生民涂炭，不忍置之膜外，乃顺天应人，歼灭群凶，复故明之仇，雪普天之恨。不两年间，统一区宇，臣服中外，殊方绝俗，罔不慕义向风，梯航稽首。惟献贼遗孽李定国自知罪恶滔天，神人共愤，鼠窜云南，假借永历伪号，蛊惑愚民。不知定国既已破坏明朝全盛之天下，安肯复扶明朝疏远之宗支，不过挟制以自专，实图乘衅而自立，横肆暴虐，荼毒生灵，汉土民人，肝脑涂地，

---

[1] 上引顺治十六年八月十八日洪承畴揭帖。

实难堪命。……倘或不审时势,有昧事机,匿留中国罪人,不惟自贻虎狼吞噬之患,我大兵除恶务尽,势必寻踪追剿,直捣区薮,彼时玉石难分,后悔无及。"[1]

在给缅甸当局的信中有一段说:"至闻永历随沐天波避入缅境,想永历为故明宗枝,群逆破坏明室,义不共天,乃为其挟制簸弄,势非得已。今我皇上除李自成、张献忠、李定国,为明复不世之仇,永历若知感德,及时归命,必荷皇恩,彷古三恪,受福无穷。若永历与天波执迷不悟,该宣慰司历事中朝,明权达变,审顺逆之机,早为送出,当照擒逆之功,不靳封赏。不然留匿一人,累及合属疆土,智者必不为也。"[2]给蛮莫土司札中则云:"凡土司有能擒缚定国解献军前,则奇功伟绩,本阁部立奏上闻,必蒙皇上优加升赏,传之子孙。"[3]

洪承畴采取的措施,逐步巩固了清朝对西南的统治,为最终结束永历政权奠定了基础。他本人则因老病昏花,于顺治十六年十月间经清廷批准解除了经略职务,动身返回北京调理[4]。

1660年(顺治十七年、永历十四年),清廷命吴三桂留镇云南,总管该省军民事务[5]。吴三桂大权在握,一心想继承明代沐氏家

---

[1] 见《故宫文献丛编》第二十四辑。
[2] 见《故宫文献丛编》第二十四辑。
[3] 见《故宫文献丛编》第二十四辑。
[4] 《清世祖实录》卷一二九。
[5] 早在顺治十六年三月间清廷经过商议后,即已决定"命平西王驻镇云南,平南王驻镇广东,靖南王驻镇四川"。同年十月命云南文武一切事务"俱暂著该藩总管"。见《清世祖实录》卷一二四、一二九。

族世镇云南的地位。据说，他在经略洪承畴回朝复命之前曾经请教"自固之策"，承畴回答道："不可使滇一日无事也。""三桂顿首受教"[1]。吴三桂既以"云南王"自居，就极力主张用兵扫灭逃入缅甸的永历帝和南明在云南一带的残余势力。清廷本意认为永历帝逃入缅甸，李定国、白文选等避入边境土司，不过是爝火余烬，无妨大局，可以任其自生自灭。特别是连年用兵，财政困难（在顺治十八年甚至背弃诺言重新征收明末加派的"三饷"），要想出动大批军队征讨边远地区，兵员、粮饷都难以为继，因此并不热心。吴三桂出于自身利益考虑，一再上疏力主用兵。顺治十七年二月二十日奏本充分表达了他的意图，疏中说：

> 臣三桂请进缅，奉旨一则曰："若势有不可行，慎勿强行。"再则曰："斟酌而行。"臣窃以为逆渠李定国挟永历逃命出边，是滇土虽收，而滇局未结，边患一日不息，兵马一日不宁。军费益繁，睿虑益切。臣荷恩深重，叨列维藩，职守谓何？忍以此贻忧君父。顾臣向请暂停进缅者，盖谓南服新经开辟，人心向背难知，粮草不充，事多牵系，在当日内重而外轻也。乃拜疏之后，果有元江之事，土司遍地动摇，仗我皇上威灵，一举扫荡，由此蓄谋观望之辈始知逆天之法难逃，人心稍觉帖然。然逆渠在边，终为隐祸。在今日内缓而外急也。臣恭承上谕，一则曰：若势不可行，慎勿强行。再则曰：务必筹画斟酌而行。大哉天语，详慎备至，臣智虑粗疏，言无可采。惟是再三筹斟，窃以为边孽不殄，实

---

[1] 刘健《庭闻录》卷三。

有三患二难，臣请毕陈其说。夫永历在缅，而伪王李定国、白文选、伪公侯贺九仪、祁三升等分住三宣、六慰、孟艮一带，借永历以惑众心，倘不乘此天威震赫之时，大举入缅，以尽根株，万一此辈立定脚根，整败亡之众，窥我边防，奋思一逞，比及大兵到时彼已退藏，兵撤复至，迭扰无休，此其患在门户也。土司反复无定，惟利是趋，有如我兵不动，逆党假永历以号召内外诸蛮，饵以高爵重禄，万一如前日元江之事，一被煽惑，遍地蜂起，此其患在肘腋也。投诚官兵虽已次第安插，然革面恐未革心，永历在缅，于中岂无系念？万一边关有警，若辈生心，此其患在腠理也。今滇中兵马云集，粮草问之民间，无论各省银两起解愆期，难以接济，有银到滇召买不一而足，民室苦于悬磬，市中米价日增，公私交困，措饷之难如此也；凡召买粮草，民间须搬运交纳，如此年年召买，岁岁输将，民力尽用官粮，耕作半荒于南亩，人无生趣，势必逃亡，培养之难又如此也。臣彻底打算，惟有及时进兵，早收全局，诚使外孽一净，则边境无伺隙之患，土司无簧惑之端，降人无观望之志。地方稍得苏息，民力稍可宽纾。一举而数利存焉。窃谓救时之方，计在于此。谓臣言可采，敕行臣等遵奉行事。臣拟今岁八月间同固山额真卓罗统兵到边养马，待霜降瘴息，大举出边，直进缅国。明年二月，百草萌芽，即须旋师还境。……

吴三桂在疏中还具体讲述了计划进军所需要的兵员和辅助人员，总数为"通计大兵、绿旗兵、投诚兵、土司倮㑩及四项苦特勒约共十万余口"，兵饷总额"大约此举共得银二百二三十万余两，乃可以告成事，虽所费如此，然一劳永逸宜无不可也"[1]。这件有名的"三患二难"疏是吴三桂借清廷之箸为自己谋划，说服清廷决策进军边境，迫使缅甸国王送出永历帝。后来，吴三桂等发动三藩之变时，清廷打出的一张王牌正是把吴三桂这件奏疏内容公之于众，使吴三桂难以拥立一位朱明宗室为傀儡号召天下，在政治上处于被动地位。这倒是吴三桂始料所不及的，也说明他本意不过是想在清廷统治下保有在云南的世袭地位而已。就当时的形势分析，吴三桂主张的"一劳永逸"确实符合清朝统治的稳定，只要永历帝及其太子尚存，西南边境、东南沿海、夔东山区的抗清武装以及清统治区内的复明势力在心理上就有所归依，还存在一线复兴希望。

四月三十日，清廷经议政王、贝勒、大臣会议后，同意吴三桂相应进剿，由户部拨给兵饷三百三十万两。为了慎重起见，顺治帝派学士麻勒吉、侍郎石图前往云南，同吴三桂面商机宜[2]。到这年八月十八日清廷终于决定采纳吴三桂的意见，任命内大臣、一等公爱星阿为定西将军，率领八旗兵由北京前往云南，会同吴三桂进兵缅甸捉拿永历帝，同时彻底摧毁西南边陲的抗清势力[3]。

缅甸当局态度的转变，也给清廷以可乘之机。朱由榔带领随从进入缅甸时，他们对南明朝廷多少持有善意。后来看到清朝的统治已经基本稳定，不愿因为收留南明流亡政权开罪于中国的实际统治者。李定国、白文选一再进兵缅甸救主，弄成双方兵戎相见，缅甸当局从维护本国利益出发，决定转而配合清兵，消灭残明势力，以便保境安

---

[1] 此件主要依据刘健《庭闻录》，参考了《清世祖实录》卷一三四，顺治十七年四月丙午（二十二）日条，实录所载文字较简，系时当为清廷收到日期。
[2] 《清世祖实录》卷一三四。
[3] 《清世祖实录》卷一三九。

民。1661年（顺治十八年）正月初六日，缅甸国王莽达喇派遣使者来到云南，提出以交出永历帝为条件请清军合攻李定国、白文选部明军。吴三桂认为"虽机会甚佳，而时序已过"，不便出动大军，玩弄策略，只命永昌、大理守边兵至境上"大张旗鼓，号作先锋"，虚张声势借以牵制缅甸当局不要把永历帝送交李定国、白文选军[1]。

1661年（顺治十八年、永历十五年）五月二十三日，缅甸国王的弟弟莽白在廷臣支持下发动宫廷政变，处死老国王，自立为王[2]。新王派使者来向永历帝索取贺礼，这时永历朝廷漂泊异邦已经一年多了，坐吃山空，经费上业已陷入窘境，拿不出多少像样的贺礼。但是缅甸当局的意图显然不是为了得到财物，而是借仅仅具有象征意义的明朝皇帝致贺来增强自己在政治上的地位。永历君臣"以其事不正，遂不遣贺"[3]。南明流亡政府的这种强硬态度使原已不佳的与缅方关系更形恶化。七月初六日，缅甸大臣来访，当面责备道"我已劳苦三

---

[1] 刘健《庭闻录》卷三。康熙《永昌府志》卷三《沿革》记："十八年辛丑正月，李定国攻缅甸，缅酋请救。吴三桂发永昌、腾越等处防边兵马遥应之。"按，同书上文云：十七年"设镇于永昌，以张国柱充之；并设腾越协、顺云营"。

[2] 哈威《缅甸史》中译本记缅甸国王名平达格力（Pindalo），其弟继位为王者名莽白（Pye），政变发生后，王妃哀求曰："君自为王，仅求留命，吾等当奉佛以度残生。"莽白不允其为僧，但答应不加杀害，幽禁于室。数周后，廷臣进言"天无二日"，莽白乃将王、王妃及其子孙投入弥诺江（Chindwin R.）。美国司徒琳著《南明史》引貌·赫丁·昂（Maung Htin Aung）《缅甸史》（*A History of Burma*）的记载云："1661年六月，缅甸枢密院黑鲁叨（Hluttaw）一怒之下，废黜了缅王平德勒（Pindale），并予处死，更立其弟摆岷（Pye Min）为王。"（中译本第一六二页，英文原版第一七三页，枢密院原文为Council of State）中方史料《求野录》记五月"二十三日，缚酋置篿舆中投之江，立其弟为王"。刘健《庭闻录》卷三及倪蜕《滇云历年传》卷十记老缅王名莽达喇，其弟名莽猛白，政变时间为五月二十二日。

[3] 金钟《皇明末造录》。

载，老皇帝及大臣辈亦宜重谢我。前年五月，我王欲杀你们，我力保不肯。毫不知恩报恩"[1]，说完怀恨而去。十六日，缅甸国王决定铲除永历随行官员，派人通知永历廷臣过江议事。鉴于双方关系紧张，文武官员心怀疑惧都不敢去。十八日，缅甸使者又来说："此行无他故，我王恐尔等立心不臧，欲尔去吃咒水盟誓。尔等亦便于贸易。不然断绝往来，并日用亦艰矣。"[2]永历廷臣明知其中有诈，即由世镇云南的黔国公沐天波答复道："尔宣慰司原是我中国封的地方。今我君臣到来，是天朝上邦。你国王该在此应答，才是你下邦之理，如何反将我君臣困在这里。……今又如何行此奸计？尔去告与尔国王，就说我天朝皇帝，不过是天命所使，今已行到无生之地，岂受尔土人之欺？今日我君臣虽在势穷，谅尔国王不敢无礼。任尔国兵百万，象有千条，我君臣不过随天命一死而已。但我君臣死后，自有人来与尔国王算账。"[3]在缅方坚持下，大学士文安侯马吉翔、太监李国泰等提出要由黔国公沐天波一同前往，方能放心。沐氏为明、清及西南边境各邦国、土司重视的人物，马吉翔等认为有沐天波在场，不致变生意外。缅甸当局为实现计划勉强同意。次日黎明，马吉翔等传集大小官员渡河前往者梗之睹波焰塔准备饮咒水盟誓，仅留内官十三人和跛足总兵邓凯看守"行宫"。上午，文武官员到达塔下即被缅兵三千人团团围定。缅方指挥官员命人将沐天波拖出包围圈，沐天波知道变生肘腋，夺取卫士的刀奋起反抗，杀缅兵九人；总兵魏豹、王升、王启隆

---

[1] 刘蕺《狩缅纪事》。
[2] 刘蕺《狩缅纪事》。
[3] 杨德泽《杨监笔记》，收入《玉简斋丛书》。

也抓起柴棒还击，终因寡不敌众，都被杀害[1]。其他被骗来吃咒水的官员人等全部遇难，其中包括松滋王、马吉翔、马雄飞、王维恭、蒲缨、邓士廉、杨在、邬昌琦、任国玺、邓居诏、王祖望、杨生芳、裴廷谟、潘瑛、齐应巽、总兵王自金、陈谦、龚勋、吴承爵，总兵改授通判安朝柱，锦衣卫掌卫事任子信，金书张拱极、丁调鼎、刘相、宋宗宰、刘广银、宋国柱等，内官李国泰、李茂芳、沈犹龙、李崇贵、杨强益等，吉王府官张伯宗等数十名官员[2]。缅军谋杀明室扈从人员后，随即蜂拥突入永历君臣住所搜掠财物、女子。朱由榔惊慌失措，仓促中决定同中宫皇后自缢。侍卫总兵邓凯规劝道："太后年老，飘落异域。皇上失社稷已不忠，今弃太后又不孝，何以见高皇帝于地

---

[1] 哈威《缅甸史》中译本第二三三页记，缅甸当局因李定国、白文选多次领兵入缅救主，"疑永历参与其事，乃决召其七百从人至实阶（即者梗）之睹波焰塔饮咒水为盟，并遣散至各村度生。从人等不愿前往，谓须由兴威以北之芒市土司（Sawbwa of Mong Si）伴行，始能信任，乃许之。比抵塔中，为御林军所围，芒市土司被挟外出，疑有诈变，夺卫士之刀而挥之，余众亦如状争抗，于是禁卫军鸣枪射击，未被枪杀者奉王命概行枭首"。译者姚枬注云："本书所志芒市王似指松滋王，但击伤缅兵而死者，以黔国公沐天波为首，见邓凯《也是录》。"按，译者只知道咒水之难中遇害人士爵位最高者为松滋王，故推测"芒市土司"即此人。其实，南明宗室诸王徒有虚名，各方视之均无足轻重。Mong Si当为沐氏之音译，即沐天波，而非芒市（今云南潞西县）。清方致信缅甸当局要求引渡永历帝室及明黔国公沐天波，沐氏在缅人心目中的地位已如上述。所以，缅王决定处死永历随行人员时事先已防止伤害沐天波，这既有历史原因，也便于以后向清方交代。马吉翔等深知沐氏在缅甸为中国最有影响之人物，故以沐天波伴行为自身安全之保障。咒水之难发生时，缅军将沐天波拖出围外，有意放其生路。沐天波见危授命，出乎缅甸当局意料。

[2] 邓凯《也是录》；刘菶《狩缅纪事》。刘健《庭闻录》记："七月十九日，缅酋尽杀永历从臣。"《行在阳秋》记六月"十九日，缅酋杀我文武官僚三十余人"。《求野录》云："时清师平西王吴三桂既留镇，其固山杨坤（珅）谋效黔国公世守滇土，以为磐石之计，必入缅取帝以献乃可。遂上疏固请严檄缅甸，令献帝自效。缅人于是谋杀从官以孤帝势。"

下？"永历帝才放弃了自尽的打算[1]。缅兵把永历帝、太后、皇后、太子等二十五人集中于一所小屋内，对其余人员及扈从官员家属滥加侮辱。永历帝的刘、杨二贵人，吉王与妃妾等百余人大都自缢而死。缅兵搜刮已尽时，缅甸大臣才在通事导引下来到，喝令缅兵："王有令在此，不可伤皇帝及沐国公。"[2]可是，沐天波已经在"吃咒水"时被击杀。

当时永历朝廷住地一片狼藉，尸横满地，触目惊心。缅甸官员请朱由榔等移往别处暂住；沐天波屋内尚有内官、妇女二百余人也聚作一处，"母哭其子，妻哭其夫，女哭其父，惊闻数十里"[3]。经过这样一番彻底的洗劫，幸存人员已无法生活，附近缅甸寺庙的僧众送来饮食，才得以苟延残喘。二十一日，缅方把永历君臣原住地清理以后，又请他们移回居住，给予粮米器物。二十五日，又送来铺盖、银、布等物，传言："缅王实无此意，盖以晋、巩两藩杀害地方，缅民恨入骨髓，因而报仇尔。"[4]这只是在清兵到来以前，为防止永历帝自尽而编造的敷衍之词。因为李定国、白文选引兵入缅目的是接出永历君臣，缅甸当局发兵阻挡，双方才互有杀伤。不过，缅甸当局拒绝把永历君臣送往李、白军中，必然是考虑到了中国当时的局势，清朝统治业已基本稳固，南明残存军队恢复中原无望，势必长期盘踞或

---

[1] 《狩缅纪事》。《也是录》也有类似记载："上闻，与中宫皆欲自缢，内侍之仅存者奏曰：上死固当，其如国母年高何？且既亡社稷，又弃太后，恐贻后世之讥，盍姑缓以俟天命。上遂止。"
[2] 《狩缅纪事》《也是录》。《行在阳秋》既记缅官喝曰："不可害皇上与沐国公。"又引"施氏曰：……缅酋将天波至城上，木板锯解，以示城外。……"施氏所云全不可信。
[3] 《狩缅纪事》。
[4] 《狩缅纪事》《也是录》所记文字稍异。

转战中缅接境地区，把永历帝掌握在自己手中或引渡给清方，对于遏制南明军队在缅甸境内活动更为有利。所以，在明清交替之际中缅关系上出现的一些问题应该受到指责的不是缅甸当局，而是永历朝廷的决策流亡缅甸。

经过这番咒水之难，朱由榔真正成了孤家寡人，小朝廷实际不存在了，只有内地和沿边的一些复明势力仍然遥奉这位顾影自怜的天子。他受不了这个打击，病了一场，稍好一点时太后又病了。十一月十八日，朱由榔对总兵邓凯说："太后复病，天意若不可挽回，鞑子来杀朕，使太后骸骨得归故土。当日朕为奸臣所误，未将白文选封亲王，马宝封郡王，以致功臣觖心，悔将何及？"[1]这表明他对前途已经完全失望，剩下的只是悔恨与惆怅。

第七节 永历帝被俘杀

顺治十七年（1660）八月，在平西王吴三桂的请求下，清廷决定出兵缅甸，迫使缅方交出明永历皇帝，并且摧毁在云南边境地区继续抗清的李定国军。内大臣、一等公爱星阿被任为定西将军，率领满洲兵马赴滇，同吴三桂一道负责进军事宜。敕书中说："兹以逆贼李定国已经败窜，怙恶不悛，宜尽根株，以安疆圉。特命尔爱星阿为定西将军，统兵同平西王吴三桂相机征讨。凡事与都统卓罗、鄂尔泰、孙塔、署护军统领毕立克图、护军统领费雅思哈等会议而行。如进

---

[1] 《狩缅纪事》。

剿,则令卓罗守城……"[1]次年(1661)四月,爱星阿军至贵阳,喂马十天后向云南进发[2]。八月二十四日,吴三桂、爱星阿部署满、汉兵由昆明分两路西进。十一月初九日,吴三桂所遣总兵马宁、副都统石国柱以及降将祁三升、马宝、高启隆、马惟兴等由姚关推进到木邦[3]。吴三桂、爱星阿致书缅甸国王,要求交出永历君臣。清方记载中说:"伪晋王李定国先奔景线,伪巩昌王白文选遁据锡波,凭江为险。官兵自木邦昼夜行三百余里,临江造筏将渡。白文选复奔茶山。吴三桂、爱星阿遣总兵官马宁等率偏师追之,自领大军直趋缅城。先遣人传谕缅酋,令执送伪永历朱由榔,否则兵临城下,后悔无及。"[4]

永历帝得到清军进入缅境的消息后,给吴三桂写了下面这封信:

> 将军本朝之勋臣,新朝之雄镇也。世膺爵秩,藩封外疆,烈皇帝之于将军可谓甚厚。讵意国遭不造,闯逆肆志,突我京师,逼死我先帝,掠杀我人民。将军缟素誓师,提兵问罪,当日之本衷原未尽泯也。奈何清兵入京,外施复仇之虚名,阴行问鼎之实计。红颜幸得故主,顿忘逆贼授首之后,而江北一带土宇,竟非本朝所有矣。南方重臣不忍我社稷颠覆,以为江南半壁,未始不可全图。讵鸾舆未暖,戎马卒至。闽皇帝(指弘光)即位未几,而车驾又蒙尘矣。闽镇兴师,复振位号,不能全宗社于东土,

---

[1] 《清世祖实录》卷一三九。
[2] 康熙三十一年《贵州通志》卷五《大事纪》。
[3] 《清圣祖实录》卷六作初八日,参见《清史列传》卷七十八《马宁传》。
[4] 《清圣祖实录》卷六。

或可偏处于一隅。然雄心未厌,并取隆武皇帝而灭之。当是时,朕远窜粤东,痛心疾首,几不复生,何暇复思宗社计乎?诸臣犹不忍我二祖列宗之殄祀也,强之再四,始膺大统。朕自登极以来,一战而楚失,再战而西粤亡。朕披星戴月,流离惊窜,不可胜数。幸李定国迎朕于贵州,奉朕于南(宁)、安(隆),自谓与人无患,与国无争矣。乃将军忘君父之大德,图开创之丰勋,督师入滇,犯我天阙,致滇南寸地曾不得孑然而处焉。将军之功大矣!将军之心忍乎?不忍乎?朕用是遗弃中国,旋渡沙河,聊借缅国以固吾圉。出险入深,既失世守之江山,复延先泽于外服,亦自幸矣。迩来将军不避艰险,亲至沙漠,提数十万之众,追茕茕羁旅之君,何视天下太隘哉!岂天覆地载之中,竟不能容朕一人哉!岂封王锡爵之后,犹必以歼朕邀功哉!第思高皇帝栉风沐雨之天下,朕不能身受片地,以为将军建功之能。将军既毁宗室,今又欲破我父子,感鸱鸮之章,能不惨然心恻耶?将军犹是中华之人,犹是世禄之裔也。即不为朕怜,独不念先帝乎?即不念先帝,独不念二祖列宗乎?即不念二祖列宗,独不念己身之祖若父乎?不知新王何亲何厚于将军,孤客何仇何怨于将军?彼则尽忠竭力,此则除草绝根,若此者是将军自以为智,而不知适成其愚。将军于清朝自以为厚,而不知厚其所薄,万祀而下,史书记载,且谓将军为何如人也。朕今日兵单力微,卧榻边虽暂容鼾睡,父子之命悬于将军之手也明矣。若必欲得朕之首领,血溅月日,封函报命,固不敢辞。倘能转祸为福,反危就安,以南方片席,俾朕备位共主,惟将军命。是将军虽臣清朝,亦可谓不忘故主之血食,不负先帝之厚恩矣。惟冀裁择焉[1]。

这大概是永历帝留下的最后一份文件了。其音哀愁如秋虫鸣泣,无壮烈之气,有乞生之念。语云:鸟之将死,其鸣也哀。南明志士寄希望于这样的皇帝实现中兴大业,真可说是缘木求鱼了。

顺治十八年十二月初一日,清军迫近缅甸阿瓦[2],缅甸国王大惊,决定送出朱由榔父子以避免本国卷入明、清之战。刘健记载:"十二月朔,三桂至旧晚坡。缅相锡真约我兵往迎永历。锡真持贝叶缅文纳款,译其文有:愿送永历出城,但求退兵扎锡坡,等语。盖恐大兵袭其城也。"[3]初二日未时,一队缅甸士兵突然来到永历住地,口称:"中国有兵来近城,我国发兵由此抵敌,宜速移去。"[4]说完,七手八脚把朱由榔连同座椅抬起就走,另外备轿供太后、皇后乘用,太子朱慈煊和其他随从一并起行。在缅兵押送下陆行五里即抵河岸,戌时渡河,只听见对岸兵马往来,人声嘈杂,也不知道是谁家

---

[1] 永历帝致吴三桂书,所见有三种文本:一见蒋良骐《东华录》卷八;一见云南人士吕志伊、李根源于清光绪三十四年(1907)所辑《滇粹》,题下注引自日本丸山正参著《郑成功传》;一见顾公燮《丹午笔记》二二二条。第一、第二两种文字大抵相同,惟《滇粹》本永历自称"朕",蒋氏《东华录》一律作"仆"。《丹午笔记》本语气更近于明人,且没有"倘得与太平草木同沾雨露于圣朝"等不伦不类的话,故以《丹午笔记》为基础,参考前二文本对文字稍做校正。这封信既收入《东华录》,看来实有其事,而非好事之徒所杜撰。

[2] 《清圣祖实录》卷六。鄂尔泰编《八旗通志》中不少人物传记都提到随军进至缅甸阿娃(阿瓦)。

[3] 刘健《庭闻录》卷三。

[4] 刘茞《狩缅纪事》。

兵马。清军先锋噶喇昂邦担心永历帝室得知实情可能在渡河时投水自尽，事先安排了不久前降清的铁骑前营武功伯王会到河边等候，永历座船抵岸时，他即上前拜见，自称奉晋王李定国之命特来迎驾。朱由榔还蒙在鼓里，对王会慰劳有加。直到王会把永历一行人送入清军营中，朱由榔才发觉上当，愤慨不已，斥责王会的叛卖行径。王会内心有愧，无言而退[1]。

参考诸书记载，吴三桂等所统清满、汉军主力进至旧晚坡，该处"去缅城（指缅京阿瓦，今曼德勒）六十里"[2]，前锋到达阿瓦城对岸河边，"缅人谋献桂王，请大军留驻"。《阳秋杂录》记："吴三桂标将有商于吴者。问以旧晚坡之事，据云：十二月初三日，三桂至旧晚坡，檄缅送王，并索从亡诸臣头首。缅迫于兵威，亦遣人相闻。薄暮，缅人送人首三十七至三桂营（按：当即死于咒水之难之明臣），营中讹言王薨。及二鼓，谨言王至矣。随众出迎，见二艘渡江来，一为王及太妃、王妃、世子、郡主，一为遇害诸臣家属。有缅相及蛮兵二百余人俱至。三桂送王及宫眷于公所。王南面坐，达旦。三桂标下旧官相继入见，或拜，或叩首而返。少顷，三桂进见，初甚倨傲，见王长揖。王问为谁？三桂嗫不敢对。再问之。遂伏地不能起。及问之数至，始称名应。王切责曰：'汝非汉人乎？汝非大明臣子乎？何甘为汉奸叛国负君若此？汝自问汝之良心安在？'三桂缄口伏

---

[1] 刘健《庭闻录》卷三所记情节稍有不同：十二月初二日，吴三桂遣高得捷等往迎，"是日日昃，缅绐永历曰：'晋王李定国至矣。今送帝出就晋王军。'缚竹椅为肩舆舁永历入舟，及岸，水浅舟胶，高得捷负以登岸。永历问其名，曰：'臣平西王前锋高得捷也。'永历曰：'平西王，吴三桂也。今来此乎！'遂默然。初三日，永历至旧晚坡。"
[2] 《清史稿》卷二五四《毕力克图传》。

地若死人。王卒曰：'今亦已矣，我本北京人，欲还见十二陵而死，尔能任之乎？'对曰：'某能任之。'王令之去，三桂伏不能起，左右扶之出，则色如死灰，汗浃背，自后不复敢见。"[1]

初九日，吴三桂班师[2]。回滇途中，吴三桂于下营时均将朱由榔一家置于附近地方帐篷内，由满洲官兵严密看守。原先随从永历的明朝官员妻妾躲过咒水之难后，又被满洲官兵抢去。侍候朱由榔的人只剩下小内官五人、面貌丑陋的小宫女三四人和跛足侍卫总兵邓凯。

康熙元年（1662）三月十二日，清廷以擒获永历帝诏告天下，诏书中说："念永历既获，大勋克集。士卒免征戍之苦，兆姓省挽输之劳。疆圉从此奠安，闾阎获宁干止。是用诏告天下，以慰群情。"[3]五月，吴三桂因擒获朱由榔有功，晋封为亲王[4]。

在清廷诏告全国的同一天，朱由榔和他的眷属被押回云南昆明。昆明城中许多百姓眼见皇帝蒙难，不免黯然神丧。当时一个目击者说："永历之自缅归也，吴三桂迎入，坐辇中。百姓纵观之，无不泣下沾襟。永历面如满月，须长过脐，日角龙颜，顾盼伟如也。"[5]清军把朱由榔一家圈禁在世恩坊原崇信伯李本高宅内[6]。吴三桂等人认为如果押解赴京献俘，路途遥远，恐怕发生意外，建议就地处决，得到清廷核准。四月二十五日，朱由榔、朱慈煊和国戚王维恭的儿子被处死。据记载，行刑前吴三桂主张拖出去砍头，满洲将领不赞成，

---

[1] 《滇粹》收"失名"《也是录》后附载。
[2] 《庭闻录》作初十日。
[3] 《清圣祖实录》卷六。
[4] 《清圣祖实录》卷六。
[5] 刘献廷《广阳杂记》卷三记吉坦然语。
[6] 刘茞《狩缅纪事》。

爱星阿说："永历尝为中国之君，今若斩首，未免太惨，仍当赐以自尽，始为得体。"[1]安南将军卓罗也说："一死而已，彼亦曾为君，全其首领可也。"[2]于是，把朱由榔父子和王维恭子抬到门首小庙内，用弓弦勒死。[3]随即命昆明知县聂联甲带领员役搬运柴薪把三人棺木焚化于北门外。次日，清兵至火化处拾取大骨携回做证。云南人民不忘故主，以出城上坟为借口，寻得未烬小骨葬于太华山。南明最后一帝至此烟消云散。

第八节 李定国之死

1661年（顺治十八年）八月，李定国、白文选仍在缅甸境内要求缅方交出永历君臣。得到缅甸当局杀害朱由榔的扈从人员的消息，感到情况紧急，立即分路进至洞乌，用十六条船装载兵马渡江，向缅军发起攻击。由于缅方已有准备，作战失利，有五条船在江中倾覆。十八日，明军退回洞乌。

在前途黯淡的形势下，白文选的部将张国用、赵得胜等人私下议论道："此地烟瘴，已伤多人，今再深入，气候更热，非尽死不

---

[1]《狩缅纪事》；《求野录》及叶梦珠《续绥寇纪略》卷四《缅甸散》均云朱由榔父子于四月二十五日遇害。《也是录》记四月"初八日，上被难"。《行在阳秋》亦记于四月，书尾附记："东昌李君调云：缅酋送驾旧晚坡在庚子十二月，而龙驭宾天、皇太子遇害则辛丑三月十八日也。君调时在三桂营中目击者。"

[2] 刘健《庭闻录》卷三。

[3] 康熙三十五年《云南府志》卷五《沿革》记：吴三桂"遣固山杨珅、章京夏国相等缢永历于篦子坡，焚其尸扬之，家属送京"。

止。宁出云南，无作缅鬼。"士兵们长期转战于中缅边境一带，生活和作战条件极为艰苦，一听主将的这番议论，军心更加动摇。张、赵两人命令军士趁夜间准备好行装，直入白文选的卧帐，请他立即脱离李定国部，退还云南。文选见军心已变，大吃一惊。二将劝他说："大事知不成，更深入瘴地，空死无名。殿下必随晋王，是续贺九义也。"白文选问："尔等今欲何往？"张国用回答："以此人马出云南，何向不重？"意思是凭借部下兵马众多主动降清，必然受到重用。文选又问："若皇上何？"国用断然回称："心力已尽，可见天意。"当即把白文选挟持上马起行，连夜行军七十里。第二天凌晨，李定国得到报告白文选部去向不明，觉得事态严重，他狐疑满腹地说："巩殿下欲何往耶？"派儿子李嗣兴领兵尾随，观察白部动向。他告诫嗣兴不得动武，自己也带领部队缓缓跟进。张国用、赵得胜唯恐主帅白文选留恋旧情，同李定国重归于好，故意让文选走在前面，二人领兵断后。五天之后，兵马行至黑门限（或写作黑门坎），国用和得胜见李嗣兴兵尾追不舍，两人商议道："晋世子急蹑不去我，我军行疲为累，不若就此山势与决战，令彼还，方可前进。"随即挥兵扼据山险，矢炮齐发。李嗣兴大怒，命令部兵强行登山反击。正在这时，李定国赶到，叫嗣兴立刻停止战斗。他不胜感慨地说："吾昔同事者数十人，今皆尽矣，存者吾与文选耳。何忍更相残？且彼既背主他出，欲自为计，念已绝矣！吾所以使尔随之者，冀其生悔心，或为并力；今大义已乖，任彼所之，吾自尽吾事耳。"[1]途中收留文选部

---

[1] 温睿临《南疆逸史》卷五十二《李定国传》。按，邵廷寀《西南纪事》卷十《李定国传》和珠江寓舫偶记《劫灰录》卷六也记载了这件事，文句略有不同。

掉队的士卒四十余人，也全部放还。定国父子带领本部兵马返回洞乌。

白文选军继续走了三天，路上遇着从孟定来的吴三省部。吴军营中的马匹已全部倒毙，兵将仍然不顾艰苦，步行入缅寻求和李定国会合。白文选良心不昧，流着眼泪说："我负皇上与晋殿下矣！将军能率兵至此，使我有太山之助乎。"[1]吴三省从白文选部行军方向判断其部下意图是去投降清朝，就故意扬言："云南降者皆怨恨，不得所，人心思明，故我辈咸愿步来到此。"文选部兵听了很受感动，张国用、赵得胜也从自己前途考虑，担心降清以后得不到妥善安置，不再坚持前往昆明投降。这时，恰巧有徽州人汪公福不远数千里带来郑成功的约请会师表，白文选决定屯驻于锡薄，派苏总兵去木邦同李定国联络。过了一个多月还没有接到定国的回信。清平西王吴三桂得到消息，派部将马宁和南明降将马宝、马惟兴、祁三升等领兵追赶白文选，两军在孟养相遇。文选部兵就山立营，保持戒备。白文选同马宝、马惟兴等长期保持着较深厚的友谊（他们很可能都是回族），不愿兵刃相见。马宝带着吴三桂的书信单骑进入文选营中，劝他投降。白文选终于决定投降清朝，跟随投降的有官员四百九十九名、兵丁三千八百余名、马三千二百六十匹、象十二只[2]。这年十二月十八日由孟密到达昆明。康熙元年（1662）十一月，清廷封白文选为承恩公[3]。白文选降清时还有几千名精锐将士，如果能同李定国携手合

---

[1] 邵廷寀《西南纪事》卷十《李定国传》。
[2] 这里是根据《清圣祖实录》卷六康熙元年二月庚午日节录吴三桂、爱星阿奏疏；刘健《庭闻录》记随白文选降清的有一万一千七百四十九人，其中当包括家属。
[3] 《清圣祖实录》卷七。

作，云南抗清斗争必定可以再坚持一段时间，他的决策降清，无疑加速了云南边境抗清运动的瓦解。

　　清军进入缅甸胁取永历帝的时候，李定国统辖的兵马还有五六千人[1]，驻于九龙江（按，九龙江即澜沧江流经西双版纳之一段河名，清代在普洱府下有九龙江宣慰司）。他仍然希望号召土司和其他抗清势力恢复云南。1661年（顺治十八年）五月，暹罗国（即泰国）派使者六十多人来联络，请定国移军景线（亦作锦线，现在泰国境内昌盛附近，与缅甸、老挝接壤）暂时休整，然后由暹罗提供象、马，帮助收复云南。使者除带来丰厚礼物外，还取出明神宗时所给敕书、勘合，表示对明朝眷恋之情。并且告知定国："前者八十二人驾随，流落在我国，王子厚待，每人每日米二升，银三钱。"[2]李定国对暹罗君臣的好意非常感激，盛情款待来使，派兵部主事张心和等十余人同往暹罗联络。1662年（康熙元年）永历帝和太子被清军俘获的噩耗传来，李定国伤心备至，捶胸大哭。他感到拥明抗清的旗帜既倒，再也没有回天之力了，部下兵马由于驻扎在人烟稀少地区，粮食医药不足，病死了差不多一半。定国自知复兴无望，愤郁不已，五月十五日撰写表文焚告上天，"自陈一生素行暨反正辅明皆本至诚，何皇穹不佑至有今日。若明祚未绝，乞赐军马无灾，俾各努力出滇救主。如果大数已尽，乞赐定国一人早死，无害此军民"[3]。六月

---

[1]　康熙元年四月十二日广东巡抚李栖凤题本，见《清代农民战争史资料选编》第一册（上），第三九一页。

[2]　刘菴《狩缅纪事》。流落在泰国的这批人就是上面提到的由陆路进缅的岷王世子和总兵温如珍所领漂泊江边的九十余人。

[3]　叶梦珠《续编绥寇纪略》卷四《缅甸散》；刘菴《狩缅纪事》亦载此事，文字较简。

十一日是李定国的生日,他从这天起发病,到六月二十七日病死于景线[1]。

定国临终前,托孤于部将平阳侯靳统武,命世子李嗣兴拜统武为养父[2],叮咛道:"宁死荒徼,无降也!"[3]一代豪杰终于赍志以殁。他的英名和业绩永远光照史册,激励后世人民为反对压迫和民族征服而献身。李定国的一生应该充分予以肯定,封建史籍的作者一般也给以赞许之词,但他们所赞许的是李定国后半生的"改邪归正",实际上李定国在明末是反抗封建压迫的英雄;清初是抗击满洲贵族武力征服和暴虐统治的杰出统帅。如果不以成败论英雄,在明清之际各方面的人物当中,他是光彩四耀的一颗巨星,其他任何人都无从望其项背。

---

[1] 关于李定国病死的日期和地点,诸书记载不一致。《清史稿·李定国传》记:"六月壬子,其生日也,病作……乙丑,定国卒。"康熙元年六月朔日为壬寅,壬子为十一日,乙丑为二十四日。《劫灰录》、冯甦《见闻随笔》、刘健《庭闻录》、金钟《皇明末造录》、叶梦珠《续编绥寇纪略》、陆桂荣《三藩纪事本末》、郑达《野史无文》均作六月二十七日卒于勐腊。沈佳《存信编》卷五记定国六月二十九日卒于车里猛喇(当即勐腊)。《行在阳秋》记七月二十九日卒于景线。《腾越州志》记"葬于景线"。郭影秋《李定国纪年》认为六月十七日卒于勐腊较可信。但《清圣祖实录》卷七载康熙元年十月十九日"云南巡抚袁懋功疏报,据车里宣慰使刀木祷报称:伪晋王李定国逃奔景线地方染病身死"。勐腊为车里宣慰司属地,刀木祷报定国卒于景线,必有根据。康熙四十一年《永昌府志》卷二十六《杂记》李定国条云:"李定国闻永历被执,遂死于景线。所葬之地至今寸草不生,彝人过者必稽颡跪拜而后去,有入其他者曾目击其事云。"同书卷三《沿革》记:康熙元年"八月,李定国死于景线。"康熙三十年《云南通志》卷三《沿革大事考》也说,康熙元年"八月,李定国死于景线。"时间上稍有出入,卒地似以景线较可靠。

[2] 刘菱《狩缅纪事》。

[3] 《三藩纪事本末》卷四《檄缅取王》;《续编绥寇纪略》卷四《缅甸散》作"宁死荒外,毋降也"。《清史稿·李定国传》作"任死荒徼,毋降"。

李定国去世后，部下将领失去了归依的核心。他的表弟马思良不服靳统武的节制，与总兵胡顺都、王道亨于前途黯淡之时，走上了降清之路[1]。不久，靳统武病死（一说被毒死）[2]，蜀王世子刘震等领兵归附清朝。李嗣兴也未能恪遵定国遗教，在康熙元年九月拜表投降清朝，十一月自普洱派人赴昆明呈缴李定国留下的册、宝和元帅印，十二月十九日带领官兵及家属一千二百余人到洱海接受吴三桂改编安插[3]，清廷授予李嗣兴都统品级[4]，后来曾任清朝陕西宁夏总兵等职。

大致可以说，李定国之死标志着原大西军余部抗清斗争的结束。

---

[1] 沈佳《存信编》卷五。康熙三十年《云南通志》卷三《沿革大事考》。

[2] 《续编绥寇纪略》卷四记："未几，统武亦卒。"《清史稿·李定国传》云："统武寻亦卒。"《狩缅纪事》却说靳统武与李嗣兴一道降清，但清方奏报中未见靳统武投降事。康熙三十五年《云南府志》卷五《沿革》记，定国"病笃，托孤靳统武，令抚嗣兴。马思良势不相下，乃与胡顺都、王道亨毒杀靳统武，奔出乞降。嗣兴闻思良降，亦移至慢法地方。吴三桂招之，嗣兴遂投诚"。

[3] 康熙元年十二月二十八日平西亲王吴三桂密奏本，见《明清史料》丙编，第十本，第九九七页。

[4] 《清圣祖实录》卷九。

第三十一章
郑成功收复台湾

第一节 郑成功决策复台

　　台湾自古以来就是我国的领土。在长达千年以上的历史中，大陆断断续续派出的官员、军队以及出海的商人、渔民同岛上的高山族同胞有过接触，福建沿海的居民移居澎湖、台湾的数量也逐渐增多。元朝和明朝在澎湖设立了巡检司，派驻军队，负责澎、台防务。1604年（万历三十二年）荷兰殖民者一度占据澎湖，被明朝都司沈有容领兵驱走。1622年（天启二年）七月十一日，荷兰殖民者再次占领澎湖，在主岛上建立堡垒作为侵华基地。他们从这里派遣船只骚扰台湾沿岸，劫掠大陆濒海地区，烧毁中国村庄和船只，把俘虏的中国百姓贩卖到巴达维亚（今印度尼西亚雅加达）去充当奴隶。荷兰殖民者的野蛮行径激起了中国当局和百姓的极大愤慨，1623年（天启三年）明福建巡抚南居益亲自视察海域，派副总兵俞咨皋等人带领军队先后在铜山（今福建东山）、厦门海面击败来犯的荷兰海盗船，活捉麻里那、高文律等七十人。次年（1624），南居益驻于金门岛，派出三千名将士渡海直捣荷兰殖民者在澎湖擅自建立的堡垒。经过八个月的围攻，荷军"食尽计穷，始悔过乞降，拆城夜遁"[1]，"澎湖信地，仍归版图"[2]。

由于明帝国国势衰微，在取得厦门海战和收复澎湖的胜利以后，没有断然阻止荷兰人在台湾建立据点。荷兰东印度公司利用这一时机在现在的台南市海滨一个沙洲（当时把这个四面环水的小沙洲称为大员）上建立要塞，命名为热兰遮堡（Zeelandia Fort），从此开始对附近居民实行殖民统治。从现有材料来看，1624年中国福建当局奉朝廷之命收复澎湖是因为这里设置了管理台、澎军政事务的衙门，"先朝设有两营兵马，堤防甚备"[3]；而允许荷兰人到更远一点的台湾去也仅限于在那里同中国商人做生意，即如疏稿中所说："况夷求市为名，或天恩之所可宥；及夷据彭以请，则国法之所难容。"[4]荷兰殖民者在澎湖投降后移往台湾大员时，"发现有些中国人定居在这里经营商业"[5]，可见，这里早已是中国领土。然而，他们却莫名其妙地把事情说成是台湾土地"属于中国皇帝。中国皇帝将土地赐予东印度公司，作为我们从澎湖撤退的条件"[6]。这种说法毫无根据。即

---

[1] 《明清史料》乙编，第七本，第六二九页《兵部题彭湖捷功残稿》。
[2] 同上，第六二五页《彭湖平夷功次残稿》。
[3] 《明清史料》乙编，第七本，第六二九页。
[4] 《明清史料》乙编，第七本，第六二四页。
[5] 甘为霖《荷兰人侵占下的台湾》，引自福建人民出版社《郑成功收复台湾史料选编》第九十三页。
[6] 福建人民出版社《郑成功收复台湾史料选编》第九十五页。

以荷方引证的天启四年（1624）八月二十日厦门地方长官何某（可能是泉州府海防同知何舜龄）[1]给荷方头目宋克（Maarten Sonk，后来被委为所谓第一任荷兰的台湾长官）的复信而言，措辞是："本函作为阁下要求事项之答复。据报你们已放弃澎湖城砦，该地已恢复原貌，足见你们已忠实执行协定。因此我们深信你们的友好诚意。现在总督大人已获悉荷兰人远道而来，要求在赤道以南的巴达维亚（Batavia）及我方的福摩萨岛（Formosa）之间与我方贸易。因此，我们决定前往福州报告巡抚及衙门，以便以友好关系与你们相处。现在通商之事既已对阁下有了充分保证，你方船队司令可前往巴达维亚向你方长官报告一切。"[2]这里，台湾被称为福摩萨岛不符合中国习惯，但"我方的福摩萨岛"却是明确无误的。

　　明政府收复澎湖之后，福建沿海恢复了平静。但这种局面并没有维持多久，具有海盗性质的郑芝龙（原名郑一官，在西方文献中即称他为"一官"）集团的势力逐渐扩展，他们是一股主要从事海外贸易的中国商人，但是为了取得粮食、淡水和其他物资常常对福建沿海地区进行掠夺。1628年（崇祯元年）郑芝龙接受明政府的招抚，他利用官方身份扫除其他"海贼"，既可以向朝廷报功，又增强了自己对海外贸易的垄断地位。史料表明，他同荷兰殖民者在利益上有勾结，也有

---

[1] 上引《郑成功收复台湾史料选编》第九十四页。按，写复信官员原文为"Totokof Amoy""Foa"，《史料选编》译作"厦门都督""何"。"Totokof Amoy"可能是"Totok of Amoy"的误排。都督是明朝高级武官职衔，在明朝北京覆亡以前厦门地区不可能有都督。当时泉州府海防同知为何舜龄，上引兵部题"彭湖捷功"残本中说："何舜龄当夷甫退，善后之图，轻七尺如鸿毛，驾一叶于鲛室，周旋咨度，为人所难。尤宜特与优叙，以示激劝者也。"可证何舜龄不仅负责处理荷军撤出澎湖的善后事宜，而且曾亲自乘船到荷兰军中谈判。他的身份和经历最切合这封信的作者。

[2] 同上页注释[6]。

矛盾。1633年（崇祯六年）在明朝福建当局的坚持下，郑芝龙不得不配合其他明军在福建近海挫败了荷兰殖民者为主的海盗武装，但未暇顾及台湾、澎湖。当时，台湾人口稀少，而大陆战乱频繁，福建居民大批迁入台湾垦荒或经商，同荷兰殖民当局的私人贸易也有很大增长。

在本书叙述的年代里，荷兰殖民者是侵华的急先锋。他们在巴达维亚建立东印度公司，作为"经营"东南亚的总部。企图把先来的葡萄牙人和西班牙人赶走，垄断整个东南亚。郑成功以厦门、金门、南澳一带为基地建立强大的抗清武装之后，荷兰殖民者密切注视着明、清双方战事的发展。他们既担心郑成功的军队收复台湾、澎湖；又得寸进尺，凭借武力把西班牙人从台湾北部的鸡笼（今基隆）、淡水逐走，还计划从葡萄牙殖民者手中夺取澳门，然后进攻金门、厦门、南澳、烈屿，"这样，既增加了公司的利益，也会使国姓爷（郑成功）陷于衰亡，而且，还可以博得鞑靼人（指清朝）的好感和在中国境内贸易的自由，甚至还可以获得其对外贸易的特权。从此，公司不仅将得到进入中国的根据地，而且还可以防止敌人通过台湾海峡"[1]。

荷兰殖民者对台湾的中国人实行野蛮的掠夺和严酷的统治。1625年一月二十日，他们在台湾本岛上向本地居民"以友好方式"买进了"公司所需要的大片土地"，即后来建立普罗文查城堡及其附近地区的赤嵌，所付的代价是十五匹粗棉布[2]。1651年五月十日，东印度公司决定向台湾的中国人征收人头税，每年达二十万荷盾[3]，尽管

---

[1] 荷兰东印度公司《巴达维亚城日志》，引自《郑成功收复台湾史料选编》第二三七至二三八页。

[2] 甘为霖《荷兰人侵占下的台湾》，引自《郑成功收复台湾史料选编》第九十六页。

[3] 引自《郑成功收复台湾史料选编》第一一六页。

他们也知道"如果说有什么人有权征收税款的话,那无疑应该是中国人"[1]。这一类的倒行逆施使"岛上中国居民认为受公司压迫过甚,渴望自由"[2]。1652年九月,赤嵌地区的一个村长郭怀一发动反荷起义,附近中国百姓群起响应,参加者多达一万六千人,他们只有很少一些火枪,绝大多数手持梭标、木棍、竹杆,凭借一腔热血同殖民者展开拼死的搏斗。荷兰的台湾长官尼古拉斯·费尔堡派出军队血腥地镇压了这次起义,郭怀一和部下一千八百人遇难,在这以后的半个月里被杀、被俘的中国人在九千人以上[3]。荷兰殖民者认为郭怀一起义是郑成功策动的,无论这种说法有没有根据,参加起义的人数之多证明了台湾的中国人不能忍受荷兰人的殖民统治,他们为光复故土而英勇献身的精神后来为郑成功发扬光大。郭怀一起义被镇压后,荷兰殖民当局在1653年在同大员(热兰遮)一水相望的台湾本岛赤嵌地方修建了另一座较小的城堡,命名为普罗文查(即现在的台南市安平镇赤嵌楼故址),配备火炮二门,常驻士兵十七名,借以加强对台湾本岛上据点的统治,防范当地中国百姓再次反抗。

尽管郑成功将率军收复台湾的流言在荷兰殖民者当中传播了很

---

[1] 引自《郑成功收复台湾史料选编》第九十六页。
[2] C. E. S.《被忽视的福摩萨》,引自《郑成功收复台湾史料选编》第一二四页。
[3] 连横《台湾通史》卷一《开辟记》云:永历"十一年,甲螺郭怀一集同志,欲逐荷人,事泄被戮。怀一在台开垦,家富尚义,多结纳,因愤荷人之虐,思歼灭之。九月朔,集其党,醉以酒,激之曰:'诸君为红毛所虐,不久皆相率而死。然死等耳,计不如一战。战而胜,台湾我有也,否则亦一死。惟诸君图之!'众皆愤激欲动。初七夜伏兵于外,放火焚市街。居民大扰,屠荷人,乘势迫城。城兵少,不足守,急报热兰遮,荷将富尔马率兵一百二十名来援,击退之。又集归附土番,合兵进击,大战于大湖。郭军又败,死者约四千。是役华人诛夷者千数百人。"按,连横所记多可参考。但郭怀一起义在1652年,连氏记于永历十一年(1657),系时有误。

久,我们也不清楚这个念头在他脑海中何时出现。但有一点可以肯定,郑成功真正酝酿复台是在1658年大举进攻南京遭到失败之后。退回金门、厦门海域时,郑成功仍然拥有相当强大的军事实力,特别是水上舰只损失并不多。凭借海上优势,他击败了达素带领来攻的清军。但是,就全国而言,明、清双方在军事和政治上的形势已经发生很大的变化。西南永历朝廷一蹶不振,郑军有效控制的沿海岛屿无法支持一支庞大军队的后勤供应。为了继续同清廷抗衡,郑成功很自然地把注意的焦点转向了台湾。正如沈光文所说:"金门寸土,不足养兵;厦门丸城,奚堪生聚?"[1]

各种史籍大抵都提到了何斌(何廷斌、何斌官)其人。这人在大员(热兰遮)任荷兰东印度公司台湾评议会的通事长达十几年,深悉当地情形。1657年当郑成功禁止中国帆船驶往台湾时,他曾奉荷兰长官和评议会之命来到厦门,向郑成功讯问禁航原因。郑成功回答道:"欲在台征收关税。"同年八月,何斌回台报告后,荷兰长官揆一让他再次赴厦门转达:"关税如不涉及公司,或不至损害本公司利益,对国姓爷自向中国人课税并无异议。"郑成功对此表示满意,双方贸易重新开放[2]。1659年,何斌被控告勾结郑氏集团,私自征税,被剥夺一切职务,并处以苛重的罚款。他负债累累,难以存身,逃至

---

[1] 沈光文《台湾赋》,出处见前引。
[2] 引自《郑成功收复台湾史料选编》第二四〇页。按何斌代郑氏集团在台湾征税事荷方记载有不同说法。杨英《先王实录》记:1657年"六月,藩驾驻思明州。台湾红夷首长揆一遣通事何廷斌至思明启藩,年愿纳贡,和港通商,并陈外国宝物。许之。因先我洋船到彼,红夷每多留难,本藩遂刻示传令各港澳并东西夷国州府,不准到台湾通商。由是禁绝两年,船只不通,货物涌贵,夷多病疫。至是令廷斌求通,年输银五千两、箭桸十万枝、硫磺千担,遂许通商"。和荷方记载可互相印证补充。

厦门投向郑成功，建议出兵收复台湾。据说，何斌逃离台湾之前曾经暗中派人测量了进入大员湾的鹿耳门水道，到达厦门以后向郑成功献上了一份秘密地图，标明船舰如何航行才能绕过荷兰炮台在鹿耳门登陆。何斌自告奋勇充当向导，无疑对郑成功率兵复台提供了有利条件。但是，某些史著过分夸张了何斌的作用，似乎没有他出谋划策，郑成功就下不了决心，复台之举也许不会发生。这是由于不了解郑氏集团同台湾的密切关系而产生的一种误解。从郑芝龙开始，郑氏集团就在台湾建立了包括贸易在内的多种联系，其中一种说法是郑芝龙曾经组织了大量移民赴台垦荒。郑成功起兵后，他管辖下的商船经常往来于台湾海峡，他手下的户官郑泰（成功宗兄）还在台湾置有产业。被认为是荷兰末任台湾长官揆一的著作中说得很清楚："其实许多中国居民对公司的情况同何斌一样熟悉"；"国姓爷已经雇到三百名非常熟悉福摩萨海岸的领航员"[1]。揆一固然有为自己辩护的意思，但大量商船经常往来于双方之间证明他说的是事实。真正促使郑成功下决心收复台湾的因素只有两个，一是他需要一块足以解决几十万兵员的粮饷物资供应的后方基地；二是他根据各种渠道（包括何斌提供的情况）获悉荷方在台湾的兵力部署情况，做到心中有数，战则必胜。箭已经搭在弦上，正如俗语所说："万事俱备，只欠东风。"郑成功翘首以待，一旦适宜的季节风来临，他的舰队就将破浪前进，向预定的目标驶去。

---

[1] 《被忽视的福摩萨》，引自《郑成功收复台湾史料选编》第一二七页、第一三四页。

第二节　驱逐荷兰殖民者收复台湾

郑成功为人志大才雄，遇事独断于心，具有极其坚毅的性格。在决策收复台湾问题上又一次显示了他的这种性格特征。

在进攻南京战役失败以后，郑成功把目光转向了台湾。1659年（顺治十六年、永历十三年）十二月，"议遣前提督黄廷、户官郑泰督率援剿前镇（戴捷）、仁武镇（康邦彦）往平台湾，安顿将领官兵家眷"[1]。次年正月，达素统领清军入闽，郑成功为集中兵力迎战，不得不暂时推迟这次军事行动。击败达素调集的各路清军之后，郑成功加紧了复台的准备工作。1660年冬，他派出大批军队到广东潮州沿海地区筹集粮食。次年正月，他在厦门传令大修船只，听令出征。召集诸将举行秘密会议，训话道："天未厌乱，闰位犹在，使我南都之势，顿成瓦解之形。去年虽胜达虏（指达素军）一阵，伪朝（指清朝）未必遽肯悔战，则我之南北征驰，眷属未免劳顿。前年何廷斌所进台湾一图，田园万顷，沃野千里，饷税数十万。造船制器，吾民鳞集，所优为者。近为红夷占据，城中夷伙不上千人，攻之可垂手得者。我欲平克台湾，以为根本之地，安顿将领家眷，然后东征西讨，无内顾之忧，并可生聚教训也。"[2]这是郑成功正式提出收复台湾为根本的战略计划。参加会议的多数将领对于收取台湾安顿家眷心存疑虑，一个个面有难色。宣毅后镇吴豪说自己曾经几次到过台湾，那里荷兰人的"炮台利害，水路险恶"，"风水不可，水土多病"，不赞成出兵台湾。大将黄廷说："台湾地方闻甚广阔，实未曾到，不知情

---

[1]　杨英《先王实录》第二二三页。
[2]　杨英《先王实录》第二四三至二四四页。

形。如吴豪所陈红毛炮火，果有其名，况船大又无别路可达，若必由炮台前而进，此所谓以兵与敌也。"建威伯马信发言道："藩主所虑者，诸岛难以久拒清朝，欲先固其根本，而后壮其枝叶，此乃终始万全至计。信，北人也，委实不知。但以人事而论，蜀有高山峻岭，尚可攀藤而上，卷毡而下；吴有铁缆横江，尚可用火烧断。红毛虽桀黠，布置周密，岂无别计可破？今乘将士闲暇，不如统一旅前往探路，倘可进取，则并力而攻；如果利害，再作商量，亦未为晚。此信之管见也。"郑成功听后赞扬道："此乃因时制宜，见机而动之论。"吴豪再次发言反对，各将领"议论不一"。参军陈永华发言："凡事必先尽之人，而后听之天。宣毅后镇所言，是身经其地，细陈利害，乃守经之见，亦爱主也，未可为不是。如建威之论，大兴舟师前去，审势度时，乘虚觑便，此乃行权将略也。试行之以尽人力，悉在藩主裁之。"接着，协理五军戎政杨朝栋发言支持郑成功，认为恢台之举可行。郑成功非常高兴，称赞"朝栋之言，可破千古疑惑"，当即拍板决定兴师复台[1]。这次军事会议的显著特点是：郑成功部下将领和兵员多是经济比较发达的福建沿海州县人，而当时台湾尚处于初期开发阶段，吴豪的意见自然有一定的代表性。马信是北方来归将领，陈永华是文官，他们虽支持复台，不足以扭转会议倾向。杨朝栋是郑鸿逵旧将，他表态之后，郑成功立即抓住时机，断然做出决策，体现了他的领导艺术。兴师驱荷，是中国近三百多年来在台湾问题上一个极其重要的决策，对台湾这块自古以来中国的领土的发展前途影响至为深远，出兵前这次军事会议在史册上是重要的一页，多数闽籍将领的留恋乡土，胸无远志，正好衬托了郑成功的目光远大。

---

[1] 江日升《台湾外纪》卷五。参见《先王实录》。

郑成功的复台计划，经过周密的准备。除了修理战船，备办粮饷、器械以外，他在军事上的部署值得特别注意。郑成功的基本意图是取台湾为复明基地，而不是撤往该地。所以，他必须考虑既能从荷兰殖民者手中夺回台湾，又不能失去厦门、金门、南澳一带近海岛屿。因此，他决定亲自统率主力出征台湾，这支主力又分为首批和二批；在金门、厦门、南澳一带留下了相当兵力：命忠勇侯陈霸防守南澳，警惕清广东军阀苏利、许龙乘虚而入；派郭义、蔡禄二镇前往铜山（今东山）会同原镇该地的忠匡伯张进守御该岛，必要时策应守南澳的陈霸部；留户官郑泰和参军蔡协吉守金门；洪天祐、杨富、杨来嘉、何义、陈辉守南日、围头、湄洲一带，连接金门，以防北面来犯之敌；由世子郑经守厦门，辅以洪旭、黄廷、王秀奇、林习山、杜辉、林顺、萧泗、郑擎柱、邓会、薛联桂、陈永华、叶亨、柯平，与洪旭之子洪磊、冯澄世之子冯锡范、陈永华之侄陈绳武三人调度各岛防守事宜。

跟随郑成功收复台湾的将领和官员有马信、周全斌、萧拱宸、陈蟒、黄昭、林明、张志、朱尧、罗蕴章、陈泽、杨祥、薛进思、陈瑞、戴捷、黄昌、刘国轩、洪暄、陈广、林福、张在、何祐、吴豪、蔡鸣雷、杨英、谢贤、李胤、李袭。1661年（顺治十八年）誓师，参加誓师礼的有原兵部尚书唐显悦、兵部侍郎王忠孝、浙江巡抚卢若腾、吏科给事中辜朝荐、右副都御史沈全期等，此外还有明宁靖王朱术桂、鲁王世子朱桓、泸溪王、巴东王和留守文官武将。从参加饯行宴会的人来看，基本上包括了当时在金、厦地区的全部明朝头面人物，也许其中一些人并不赞成郑军主力开赴台湾，公开反对的是兵部侍郎张煌言。张煌言认为台湾距大陆较远，郑成功以主力复台即便如愿以偿，却离抗清前线远了，这同他的急切兴复明朝的主张是相左的。张煌言在《上延平王书》中毫不客气地说：

> 窃闻举大事者，先在人和；立大业者，尤在地利。……即如殿下东都（指台南，一本作东宁，误。郑成功改赤嵌为东都，至郑经时改东都为东宁）之役，岂诚谓外岛足以创业开基，不过欲安插文武将吏家室，使无内顾之忧，庶得专意恢剿。但自古未闻以辎重眷属置之外夷，而后经营中原者。所以识者危之。……故当兴师之始，兵情将意，先多疑畏。兹历暑徂寒，弹丸之域，攻围未下（可见煌言此书写于荷兰台湾殖民者投降前夕）。是无他，人和乖而地利失宜也。语云：与众同欲者罔不兴，与众异欲者罔不败。诚哉是言也。是虏酋短折，孤雏新立（指清帝福临病死，玄烨幼年继位），所云主少国疑者，此其时矣。满党分权，离衅叠告，所云将骄兵懦者，又其时矣。且灾异非常，征科繁急，所云天怒人怨者，又其时矣。兼之虏势已居强弩之末，畏海如虎，不得已而迁徙沿海，为坚壁清野之计，致万姓弃田园，焚庐舍，宵啼露处，蠢蠢思动，望王师何异饥渴。我若稍为激发，此并起亡秦之候也。惜乎殿下东征，各汛守兵，力绵难持，然且东避西移，不从伪令，则民情亦大可见矣。殿下诚能因将士之思归，乘士民之思乱，回旗北指，百万雄师可得，百十名城可下矣。又何必与红夷较雌雄于海外哉！况大明之倚重殿下者，以殿下之能雪耻复仇也。区区台湾，何预于神州赤县，而暴师半载，使壮士涂肝脑于火轮，宿将碎肢体于沙迹，生既非智，死亦非忠，亦大可惜矣。况普天

之下，止思明州（厦门）一块干净土，四海所属望，万代所瞻仰者，何啻桐江一丝，系汉九鼎。故虏之虎视，匪朝伊夕，而今守御单弱，兼闻红夷搆虏乞师，万一乘虚窥伺，胜败未可知也。夫思明者，根柢也；台湾者，枝叶也。无思明，是无根柢矣，安能有枝叶乎？此时进退失据，噬脐何及。古人云：宁进一寸死，毋退一尺生。使殿下奄有台湾，亦不免为退步，孰若早返思明，别图所以进步哉！昔年长江之役，虽败犹荣，已足流芳百世，若卷土重来，岂直汾阳、临淮不足专美，即钱镠、窦融亦不足并驾矣。倘寻徐福之行踪，思卢敖之故迹，纵偷安一时，必贻讥千古。即观史载陈宜中、张世杰两人褒贬，可为明鉴。九仞一篑，殿下宁不自爱乎？夫虬髯一剧，祇是传奇滥说，岂真有扶余王乎？若箕子之居朝鲜，又非可以语今日也。某倡义破家以来，恨才力谫薄，不能灭胡恢明，所仗殿下发愤为雄，俾日月幽而复明，山河毁而复完。某得全发归故里，于愿足矣。乃殿下挟有为之资，值可为之势，而所为若是，则其将何所依倚。故不敢缄口结舌，坐观胜败。然词多激切，触冒威严，罔知忌讳，罪实难逭矣。惟愿殿下俯垂鉴纳，有利于国，某虽死亦无所恨。谨启。[1]

很明显，张煌言对郑成功的决策复台是不赞成的，信中处处流露出对郑成功的失望，认为复台的目的是脱离抗清前线，仅从郑氏一家私利考虑取远离大陆的台湾为安身立命之所，是无意复明的表现。

---

[1] 《张苍水集》第十八至二十页《上延平王书》。

这表明张煌言和郑成功两人的着眼点有很大的差异。张煌言是在儒家学说熏陶下成长的仁人志士，具有鞠躬尽瘁、死而后已的精神，缺点是眼界狭窄。他在信中说的清顺治帝去世，主少国疑，实行迁海政策等给复明势力提供了有利时机，虽有一定道理，但从全局来看，清廷已经比较牢固地稳定了在大陆的统治，张煌言的立论未免过于乐观。相形之下，郑成功比他现实得多。郑氏家族本是海上起家的，这种家族历史背景使他视野开阔，台湾、澎湖沃野数千里当然包括在赤县神州之内，为解决数十万兵员和其他人士的粮食、物资供应，光靠金门、厦门、南澳等弹丸之地是绝对支持不下去的。清廷实行沿海迁界政策，郑成功了解的情况绝不亚于张煌言。这一政策并不意味着清朝把沿海约三十里的广袤土地让给郑军，任其屯田扼守；而是一种短视的封锁政策，旨在切断郑军从内地取得物资的通道。如果郑军登陆，清政府将凭借陆战的优势驱逐其下海。郑成功正是有见及此，不顾张煌言和部下多数将领的反对，毅然决定进军复台。何况，张煌言写这封信时正是荷兰殖民当局即将投降之时，如果郑成功采纳了他的意见，就将功亏一篑，台湾的历史走向很可能完全不同，郑氏集团的抗清事业也必然更早失败。这再一次证明分析各种人物在历史上的作用是非常复杂的，即便像张煌言这样出类拔萃的人物也不免在个别重大问题上做出错误的判断。

1661年（顺治十八年）二月初三日中午，郑成功率领首批军队乘船出料罗湾，次日过午到达澎湖。初六日，他亲祭海岳，巡视附近岛屿，对随行诸将说："台湾若得，则此为门户保障。"[1]随即留下陈广、杨祖、林福、张在四将带兵镇守澎湖。初七日，下令曰："本

---

[1] 江日升《台湾外纪》。

藩矢志恢复，念切中兴。前者出师北讨，恨尺土之未得，既而舳舻南还，恐孤岛之难居，故冒波涛，欲辟不服之区，暂寄军旅，养晦待时。非为贪恋海外，苟延安乐。自当竭诚祷告皇天，并达列祖，假我潮水，行我舟师。尔从征诸提、镇、营将，勿以红毛火炮为疑畏，当遥观本藩鹢首所向，衔尾而进。"[1]第二天，郑成功在自己的座船上竖起帅旗，发炮三声，金鼓震天，直航台湾。未刻，已抵鹿耳门。成功命何斌坐于斗头引导船队绕过荷兰炮台，强行登陆。在岛上几千名中国人的协助下，不到两个小时已有数千名战士踏上了台湾的土地。大批战舰和船只也驶抵热兰遮和普罗文查（即赤嵌城）之间的海湾。

当时，荷兰在台湾的兵力只有一千多名，长官揆一和评议会率八百多名驻于沙洲上建立的热兰遮城堡，海面有以赫克托号为主的四条战舰，在隔湾（当时称大员湾）相对的台湾本岛上的普罗文查堡有四百名兵员防守。此外，在鸡笼（今基隆）、淡水有微不足道的一点兵力，后来都集中到热兰遮。郑军顺利登陆后，骄横的荷兰殖民者企图在海上和陆地同时发起进攻，一举击败立脚未稳的郑军。他们以最大的赫克托号带领三艘战舰凭借火炮等装备的优势首先向郑军舰船开炮。郑军派出了各装两门火炮的六十艘舰船迎战。战况非常激烈，发射炮弹的硝烟弥漫，以致在稍远的地方无法辨认双方船只。中国的战舰在制造和装备的火炮上虽稍逊于敌舰，但他们英勇奋战，利用自己在数量上的优势四面围攻荷舰。突然，中国战舰的大炮射中了赫克托号的弹药仓，引起强烈爆炸，赫克托号连同所载士卒葬身海底。另一艘荷舰斯·格拉弗兰号也被郑军火船引燃，仓皇逃离。海战以荷方惨败告终。陆上的战斗情况也差不多。荷方派贝德尔上尉（中方文献写

---

[1] 《台湾外纪》卷五。

作拔鬼仔）率领二百四十名精兵出击。贝德尔对中国军队怀有西方殖民者特有的偏见，他认为中国人都胆小如鼠，"只要放一阵排枪，打中其中几个人，他们便会吓得四散逃跑，全部瓦解"，"据荷兰人估计，二十五个中国人合在一起还抵不上一个荷兰兵。他们对整个中华民族都是这样看法：不分农民和士兵，只要是中国人，没有一个不是胆小而不耐久战的，这已经成为我方战士不可推翻的结论。……他们认为，国姓爷士兵只不过同可怜的鞑靼人（指清军）交过锋，还没有同荷兰人较量过；一旦和荷兰人交战，他们便会被打得落花流水，把笑脸变成哭脸"[1]。战斗在郑军登陆的一个名为水线尾的沙洲上展开。郑成功派黄昭带领五百名铳手携连环煩二百门在正面列阵阻击，杨祥率藤牌手五百名绕到敌之左翼侧攻，萧拱宸率领二十艘大船摇旗呐喊，做进攻热兰遮状。贝德尔的军队同黄昭部接战时，以十二人为一排，连放三排枪，出乎他们意料的是郑军并没有一听枪声就失魂落魄地四散奔窜，而是沉着应战，像一座铁壁一样阻挡着荷军前进；杨祥部从旁夹击，"箭如骤雨"，这些自命不凡的荷兰官兵的"勇气""完全为恐惧所代替，许多人甚至还没向敌人开火便把枪丢掉了。他们抱头鼠窜，落荒而逃"。郑军乘势全线出击，"直到上尉及其部下一百十八人全部战死"，剩下八十名见机行事的士兵涉过水深及颈的海面逃到船上返回热兰遮向他们的长官报告这场出击的经过[2]。

[1] 揆一《被忽视的福摩萨》，引自《郑成功收复台湾史料选编》第一四五页。
[2] 这次水上和陆上的战役，在中、荷双方文献中都有记载，情节大致相符，细节处略有差异。如《被忽视的福摩萨》中说荷方两艘大舰一被郑军射中炸毁，一着火后逃走。《先王实录》记：八月"甲板船来犯，被藩令宣毅前镇陈泽并戎旗左右协、水师陈继美、朱尧、罗蕴章等击败之，夺获甲板二只，小艇三只，宣毅前镇副将林进绅战死。自是，甲板永不敢犯"。按，甲板（又作夹板）是中方称荷兰帆动战舰的用语，其建造性能略优于当时中国战舰。

郑军在海上、陆上初战告捷，荷兰人已失去了出击的信心，躲在城堡里等待救兵。郑军"切断了海陆交通，包围了普罗文查要塞，切断了它同热兰遮的联络，使各自陷于孤立。他们也完全控制了乡村，禁止福摩萨人同被包围的军民有任何接触，使他们不能帮助遭到攻击的荷兰人（按，此处福摩萨人指高山族同胞，但是高山族百姓绝不会支持以掠夺为目的的荷兰殖民者）。上述行动由于得到中国居民中二万五千名壮丁的帮助，在三四小时内就完成了。那些惊慌绝望的福摩萨人也被迫向敌人屈服，同所有中国居民一样，被利用来危害我方"[1]。

完成对荷兰两座城堡的包围之后，郑成功决定先攻台湾本岛上的普罗文查堡（赤嵌城）。初十月，他命令士卒每人持草一束，堆置城下，派通事向荷军守将描难实叮发出最后通牒，如果再不投降就点火焚城。描难实叮向热兰遮求救无援，被迫投降。《被忽视的福摩萨》记载，五月四日，"司令官献出了普罗文查要塞以及一切军用物资，他本人及所有士兵都成了战俘"[2]。这样，荷兰殖民者在整个台湾地区的据点只剩下近海沙洲上孤零零的一座热兰遮城堡。即如荷方记载，"大员（热兰遮城所在沙洲）只是一块荒漠的沙洲，寸草不生，四面环海，不能跨出一步。他们也没有足够的人力或其他方法打击敌人。唯一的希望是守住热兰遮城堡，等待从巴达维亚得到有力的援助"[3]。

郑成功军在台湾基本站稳脚跟后，于三月下旬（公历五月一日）致信荷兰殖民当局，要求热兰遮投降，荷兰人可以携带全部财物

---

[1] 《被忽视的福摩萨》，引自《郑成功收复台湾史料选编》第一四七页。
[2] 《被忽视的福摩萨》，引自《郑成功收复台湾史料选编》第一五八页。
[3] 《被忽视的福摩萨》，引自《郑成功收复台湾史料选编》第一五七页。

乘船离开台湾。信的全文如下：

　　大明招封大将军国姓致书于大员长官费烈德瑞克·揆一阁下：澎湖地近漳州诸岛，乃该州所属之地。大员紧依澎湖，故此地亦必归中国同一政府之管辖；事实证明隔海两边地区之居民皆系中国人，其处田产自古以来即为彼等所有并垦殖。先时，荷兰船只前来要求通商，其人于此处并无尺寸之地，余父一官出于友善指出该地，仅允借给。

　　余父之时及后来余本人均试图一本友好之念与该公司相处，为此目的余等每遇荷兰人犯即行释放，遣之回乡，遐方诸国尤以贵公司当已洞悉，贵公司定能历述余之深恩厚意。阁下居于此地已历多年，亦必尽知此情，而余之英名阁下谅必早铭于心。

　　现今余已亲统大军临于此地，意在不仅利用此地区，并将建立容纳众多人口之城池。

　　你应该知道，继续占领他人之土地（此地属于余等之祖先，现传授于余）是不正当的。阁下与诸议员（若足够明智）定当明于此义，因此，如果你即来谒见余，并通过友好之谈判将城堡转交予我，那么，我将不仅对你加官晋爵，赦免你等及妇孺之生命，并将允许你们保有原有财物，如果你们愿意还可以在余统治下仍居于此地。

　　但是，如果与此相反，你们不听余言，故持异议，敌视于我，当深思任何人将不获生存，全遭屠戮；假如你们企图暗中离开尔等之城堡，逃入船中，开往巴达维亚，尔国严格之法律有禁于此，亦将处以死刑；在此情况下尔等亦无生路。你们无须在是否投降于我之问题上争论不休,也无须过多地考虑此举是福是祸,因为迁延时日只会错过机会,那时你们将后悔无及,望及早做出决定。

最后,我已派出十二船官兵进入尔等之城,以防止一切抢掠与混乱,这样居住于那里的人——中国人以及荷兰人——都将保有其财物,无人受害,如此一切人均将安全有保,任何人无须害怕余之官兵。

书于永历十五年三月二十九日,钤国姓爷印。[1]

当天,荷兰殖民者在台湾设立的评议会讨论是否接受郑成功所提条件。与会者知道热兰遮市区已被郑军收复,城堡成了孤注,守军只有五百人,形势极为不利,正如这次会上荷兰人表述的:"他们的力量很强大,他们的中国臣民遍布全境,完全能够切断我们的粮食供应。"[2]但是,与会者非常明白一旦投降,荷兰东印度"公司就几乎不可能再回到这个岛屿来"[3]。经过一番紧张的商议后,评议会决定第二天派议员樊·伊伯伦和检察长勒奥纳·德·勒奥纳杜斯为全权代表去同郑成功谈判,他们"婉转地对其率领大军前来表示不满"[4],要求保留热兰遮炮台及其通往航道的入口和位于赤嵌的普罗文查堡,

---

[1] 此文为荷兰胡月涵(Johannes Huber)先生提供之英文本,厦门大学寄赠。原本当为汉文,但在中方文献内尚未发现,现据英文本转译于此,仅供参考。
[2] 《被忽视的福摩萨》引《可靠证据》卷下,第三号,1661年5月1日福摩萨评议会记录,见前引书第二〇五页。
[3] 同上。
[4] 《被忽视的福摩萨》引《可靠证据》卷下,第四号,1661年5月2日大员决议录,见前引书第二〇七页。

郑军则可以"不受阻碍地进入全岛的其余部分"[1]。这实际上是一种缓兵之计，其意图是在兵力不足的情况下迷惑郑成功，先行保住在台的两个重要军事据点，等待荷占巴达维亚东印度公司的援军，再重整旗鼓，霸占台湾、澎湖。

郑成功洞察殖民者的阴谋，坚持荷兰人必须全部撤出台湾。他对使者义正词严地说："该岛一向是属于中国的。在中国人不需要时，可以允许荷兰人暂时借居；现在中国人需要这块土地，来自远方的荷兰客人，自应把它归还原主，这是理所当然的事。"[2]"两使者狼狈而归"[3]。在揆一领导下的荷军固守热兰遮待援。

五月，郑成功的第二批军队黄安、刘俊、陈瑞、胡靖、颜望忠、陈璋六镇乘船二十艘到达台湾，军事力量进一步增强了。郑成功即着手建立在台湾的行政机构，把赤嵌改名为承天府，任命杨朝栋为府尹，府下设天兴、万年二县，以庄文烈、祝敬分任知县[4]。这时大军初至台湾，地方尚待开拓，军心未定，所用粮饷、军械仍须由金、厦运送。世子郑经派兵部都事杨荣押送补给物资时，报告守铜山（东山）的蔡禄、郭义二将暗中勾结叛将黄梧，密谋降清。郑成功唯恐后方不稳，命杨荣回厦门向洪旭传达密谕，叫他转令蔡、郭二将立即率部来台，如果二人拖延观望即证明确有异图，授权洪旭当机立断，处死二将。洪旭奉谕派人往铜山传达郑成功的调兵命令。蔡禄、郭义既

---

[1] 《被忽视的福摩萨》引《可靠证据》卷下，第三号，见前引书第二〇六页。
[2] 《被忽视的福摩萨》，见上引书第一五七页。
[3] 同上，引《可靠证据》第二十号，见上引书第二二三页。
[4] 《先王实录》和《海上见闻录》（定本）均记委庄文烈为天兴县知县，祝敬为万年县知县。连横《台湾通史》卷二《建国纪》作"祝敬为天兴知县，庄文列为万年知县"。见商务印书馆1983年版第二十六页。

同黄梧有勾结,接到率部渡海赴台的命令,自知阴谋败露,于是狗急跳墙,决定立即发动叛乱。铜山主要守将忠匡伯张进是忠于复明事业的,蔡禄、郭义为了把铜山献给清朝,企图胁迫他一道降清。他们谎称广东许龙兵到,调兵分据四门。张进得知二将谋反,携印从后门逃出,被叛将追及。张进无奈,只好假装表示愿意同蔡禄、郭义归清;暗中却同部将吕簌商议对策,吕簌建议派人急往厦门向世子郑经请援。张进知道叛军已控制全岛,使者无法通过,决定在自己的卧室内密置火药数十桶,邀请蔡、郭二人前来议事,待二人到后点燃火药,同归于尽。这样,逆首既除,吕簌可以乘机请郑经急派兵将收拾局面。定计后,即由吕簌通知蔡禄、郭义,说张进有机密事相商,因身体不适,请二人前来议事。不料,二人怀疑其中有诈,拒不入内。张进见计不行,叹息道:"计不成矣,天也。吾尽吾心而已。"[1]他命吕簌和随从避出,自己点燃火药,轰然一声,壮烈捐躯。

  留守厦门等岛屿的郑经在处理铜山谋叛事件上优柔寡断。五月间既已获悉蔡禄、郭义有异谋,却没有及时派兵前往防范。六月初三日接到蔡、郭二人公开叛变后才实施戒严,准备船只。初九日得知张进被迫自焚时才由厦门派黄廷、杜辉、黄元、翁天祐、何义、黄昌、杨来嘉等统军乘船南下铜山平叛,镇守南澳的陈霸(即陈豹)也率领舟师前来铜山会剿。蔡禄、郭义直到十九日才纠众把铜山抢掠一空后,在清黄梧、福建右路总兵王进忠、诏安副将刘进忠接应下由八尺门渡至大陆向清方投降。黄廷、陈霸等在铜山登岸已为时过晚,只好派兵防守炮台,安抚遗民,向郑经报告善后情形。郑经命翁天祐、黄元留守该地,黄廷等回厦门,陈霸仍守南澳。

---

[1]　《台湾外纪》。

郑成功统率主力部队围困热兰遮城堡，在相当一段时间里没有发动攻击，意图是等待固守堡内的荷军弹尽粮绝，不战自降。当时，郑军的粮食供应也相当困难，士卒甚至靠采集李子等果实充饥。郑成功在台湾百姓（汉族和高山族）的支持下，派出部卒实行屯田和征税，在经营台湾的道路上迈出了重要的一步。据守热兰遮的荷军在长官揆一领导下仍固守待援。八月十二日，荷兰东印度公司从巴达维亚派遣以雅科布·考乌（Jacob Caeuw）为司令的救援舰队到达热兰遮海域，揆一等堡内荷军欣喜异常，以为可以内外配合击退郑军。不料天公不作美，海上飓风突起，考乌带领的荷舰被迫离港，远泊海外达二十八日之久。[1]在风平浪静之后，考乌的舰队也没有再回到热兰遮来，这位司令找了个借口自行返回巴达维亚了。真正的原因是考乌带的援军兵力有限（荷方记载只有七百名士兵），他亲眼看到了郑军的雄姿，断定援救台湾已无济于事了。

援军的溜走，使困在热兰遮堡中的荷军"空喜欢了一场"。何况，"他们知道舰队只载来七百名援军，这不会使他们的处境比战争开始时更好"[2]。时间的推移，使城堡内的荷军精疲力竭，患病的人数增加，绝望的情绪蔓延开来。十二月十六日（公历），一批荷兰守兵在军曹拉迪斯（Hans Jurgen Radis）带领下出城向郑军投降。他们不仅讲述了热兰遮城内的详细情况，还提出了两条建议，一条是"充分利用围城内普遍存在的惊慌情绪和疲弱状态，不仅要用封锁，而且要用连续攻击，来彻底疲惫敌人，使其完全绝望。这样做既不费事，

---

[1] 《被忽视的福摩萨》卷下，见《郑成功收复台湾史料选编》第六九页。按，八月十二日为公历。

[2] 《被忽视的福摩萨》，引自《郑成功收复台湾史料选编》第一六九页。

又不需要很长时间，因为城堡建筑得很坏，经不起大炮猛轰两个整天"。另一条建议是先攻占热兰遮堡旁边小山头上的乌特利支圆堡，取得制高点[1]。郑成功欣然接受了这些建议，立即调集军队，配备了二十八门巨炮，开始攻坚战役。公历1662年1月25日，郑军攻占乌特利支圆堡，荷兰殖民者知道他们统治台湾的末日已经来临。揆一同评议会的成员经过五六天的会议反复权衡利弊之后，终于决定"趁早把城堡交与敌人，争取优惠条件，是为上策"[2]。在评议会一致同意下，揆一派出使者向郑成功接洽投降事宜。2月1日双方达成协议。投降协议书开头说："本条约经双方订定，并经双方同意，一方为自1661年5月1日至1662年2月1日包围福摩萨岛热兰遮城堡的大明招讨大将军国姓殿下，另一方为代表荷兰政府的热兰遮城堡长官费烈德瑞克·揆一及其评议会，本条约包括下列十八款。"第一款："双方停止一切敌对行动，从此不记前仇。"第二款最重要："荷方应将热兰遮城堡、外堡、大炮、剩余的军用物资、商品、现金以及其他属于公司的财产全部交与国姓殿下。"第六款："经检查后，荷兰士兵得以在长官指挥下，扬旗、鸣炮、荷枪、击鼓、列队上船。"此外，允许荷兰人携带私人钱财和航行往巴达维亚途中所需的各种生活用品；殖民当局的档案可以运走；双方交换俘虏。据揆一记载："当这一投降条约由双方按照手续签了字，条约上的各项条件一一履行，一切弹药、储藏物资（指条约允许部分——引者）都运到船上之后，我方战士便全副武装，举着旗帜列队从城堡走出，把城堡交给国姓爷的军

---

[1] 同上书，第一七六至一七七页。
[2] 《被忽视的福摩萨》引《可靠证据》卷下，第十九号，引自《郑成功收复台湾史科选编》第二一六页。

队,他们立即进入城堡,完全占领该地。"一般学者认为双方签字的日期就是条约中所写的1662年2月1日[1],荷兰殖民当局及其士兵全部撤走的日期大约是2月10日[2]。时人沈光文正在台湾,对郑成功率领的中国军队光复台湾兴奋不已,赋诗云:"郑王忠勇义旗兴,水陆雄师震海瀛。炮垒巍峨横夕照,东溟夷丑寂无声。"[3]

当16世纪到17世纪西欧殖民者侵入美洲、非洲、东南亚,把大片土著居民世代居住的土地变成自己的殖民地的时候,却在中国被碰得头破血出,举着降旗灰溜溜地离开。究其原因固然同下面两点有关:一、中国当时在科学技术和军事、经济实力上同西方国家差距不大;二、在当时的交通条件下,西欧殖民者到中国近海地区作战必然面临兵员、装备、粮食等后方补给的困难。但是,郑成功个人的作用是不能低估的。他不仅是当时中国人中能够正视世界的佼佼者,又拥有实现自己的理想所必需的力量。在需要为民族的尊严和国家的利益而战斗的时候,郑成功和他的将士无所畏惧,懂得如何利用自己的优势弥补自己的劣势,从而夺取胜利。郑成功在驱逐荷兰殖民者的斗争中表现得大智大勇,为维护祖国神圣的领土做出的贡献,将永远光照史册。

---

[1] 阿布列特·赫波特在《爪哇、福摩萨、前印度及锡兰旅行记》中写道:"1662年2月10日,和约成立了。"并说条约规定,"所有枪炮必须先射击而后留下",均与此稍异,见《郑成功收复台湾史料选编》第三三〇页。江日升《台湾外纪》载于顺治十八年十二月初三日(旧历);夏琳《闽海纪要》亦云:"十二月,红夷酋长揆一降于成功。"

[2] 双方签订条约中第九款规定荷方人员被拘禁在台湾者"应于八日至十日内释放",第十四款规定在荷兰人"全部撤出城堡以前,城堡上除白旗外,不许悬挂别种旗帜"。可知条约签字后双方立即停止敌对行动,但荷兰人交出热兰遮城堡,撤离台湾尚过了八至十天时间。

[3] 侯中一编《沈光文斯庵先生专集》第七十七页,遗诗七言第三十四首《题赤坎城,匾额图》,见台北文海出版社出版之沈云龙主编《近代中国史料丛刊》第七十九辑。

第三节　郑成功的开始经营台湾和病卒

收复台湾以后，郑成功改台湾城为东都，开始了把台、澎经营为抗清基地的紧张活动。他亲自带领何斌、马信、杨祥、萧拱宸等人巡视新港、目加溜湾、萧垄、麻豆、大目降、大武垅、他里雾、半线等地。"见其土地平坦膏沃"，适合屯田养兵。当时台湾地广人稀，高山族同胞"计口而种，不贪盈余"，土地利用率很低，便于移民垦荒。在视察过程中，各处高山族同胞列队欢迎，更使他感到民风淳朴。他对高山族同胞"赐以烟、布，慰以好言"，严禁部卒侵犯他们的利益。视察归来以后，郑成功立即召集各提督、镇将和参军议事，在会上说："大凡治家治国，以食为先。苟家无食，虽亲如父子夫妇，亦难以和其家；苟国无食，虽有忠君爱国之士，亦难以治其国。今上托皇天重庇，下赖诸君之力，得有此土。然计食之者众，作之者寡，倘饷一告匮，而师不宿饱，其欲兴邦固国恐亦难矣。故昨日躬身踏勘，揆审情形，细观土地，甚是膏腴。当效寓兵于农之法，庶可饷无匮，兵多粮足，然后静观衅隙而进取。"接着提出具体部署："留勇卫、侍卫二旅以守安平镇、承天二处。其余诸镇，按镇分地，按地开荒。日以什一者瞭望，相连接应，轮流造更。是无闲丁，亦无逸民。插竹为社，斩茅为屋。围生牛教之以犁，使野无旷土，而军有余粮。其火兵则无贴田，如正丁出伍，贴田补入可也。其乡仍曰'社'，不必易；其亩亦曰'甲'，以便耕。一甲三十一戈二尺五寸，一戈东西南北四至长一丈二尺五寸。今归版图，亦以此为则，照三年开垦，然后定其上、中、下则，以立赋税。但此三年内，收成者借十分之三，以供正用。农隙，则训以武事；有警，则荷戈以战；无警,则负耒以耕。寓兵于农之意如此。"[1]在台各镇当即遵命领兵前往指定地方开荒屯种。郑成功还"首崇文庙,次茸祠宫。岁修禋祀,时奉坛壝"[2],加强文化建设。

为了促进开发,加固根本,郑成功命令把将士和官员的家属送来台湾。这本来是一件好事,郑成功未免操之过急。在击败达素等统率进犯金、厦的清军以后,大陆沿海岛屿的局势比较稳定,收复台湾以后完全可以随着垦荒、建屋等开发过程的进展,鼓励将士和文官把家属逐步迁来台湾。开辟阶段,条件艰苦,对将士也应予以更多的关怀。郑成功急于求成,立令过严,"犯者虽亲信无赦"。大将马信建议"立国之初,宜用宽典"。郑成功却坚持己见,回答道:"立国之初,法贵于严,庶不至流弊。俾后之守者,自易治耳。"[3]应当承认,郑成功面临紧迫的粮饷问题,不得不严加督责,但在许多方面一意孤行,造成严重恶果。史料记载:"以各社田土分水陆诸提镇,令各搬其家眷至东都居住,兵士俱令屯垦。初至,水土不服,瘴疠大作,病者十之七八,死者甚众。加以用法严峻,果于诛杀;府尹杨朝栋以其用小斗散粮,杀其一家;又杀万年县祝敬,家属发配。于是人心惶惶,诸将解体。"[4]"正月,赐姓严谕搬眷,郑泰、洪旭、黄旭等皆不欲行。于是,不发一船至台湾;而差船来吊监纪洪初辟等十人分管番社,皆留住不遣。海上信息隔绝。"[5]杨朝栋、祝敬用小斗散

---

[1] 江日升《台湾外纪》第一六八至一六九页。
[2] 沈光文《台湾赋》,出处见前。
[3] 江日升《台湾外纪》第一七〇页。
[4] 阮旻锡《海上见闻录》(定本)。
[5] 阮旻锡《海上见闻录》(定本)。又《台湾外纪》亦云:"各岛搬眷,俱迁延不前。"

粮未必是私克入己，很可能是存粮不足，即便罪有应得，也不该牵及家小。至于强令驻守大陆沿海岛屿将士把家属送到台湾，则带有人质性质，意在防止诸将士叛投清方。这同明太祖朱元璋留诸将家属于京师、清廷命文武大员以子弟入宫为侍卫相似，是企图以亲属的安危来维系下级的忠贞，本不足取。何况，台湾那时的荒凉景况还难以同明初南京、清初北京相比。硬行推行这一措施，势必在一部分将士（特别是镇守金门、厦门、南澳等大陆沿海岛屿的将士）中引起抵触。人心不平，讹言也随之兴起。有人流传镇守南澳的忠勇侯陈豹（即陈霸）因不愿送家眷入台，已同清朝建藩于广东的平南王尚可喜通款投降。郑成功没有弄清真相，就轻率地下手谕给郑经和洪旭，令周全斌、杜辉、黄昌等带领舟师去南澳平叛。陈豹无以自明，率部卒乘船往虎门向清方投降。[1]

1661年（顺治十八年）十月初三日，清廷见郑成功毫无受抚之意，把拘禁中的郑芝龙和他的儿子郑世恩、郑世荫等全家十一口"照谋叛律族诛"[2]。消息传到台湾，郑成功深感悲痛，尽管他对此早有思想准备，父亲和无辜的弟弟、侄儿满门抄斩毕竟不能无动于衷。

---

[1] 《台湾外纪》、《海上见闻录》（定本）记陈豹降清在康熙元年三月；《清圣祖实录》卷八记康熙二年二月"戊午，授投诚伪侯陈豹为慕化伯"。

[2] 《清圣祖实录》卷五。《明清史料》丁编，第三本，第二五五页，顺治十八年九月二十四日《谕兵刑二部》中说：郑芝龙"怙恶不悛，包藏异志，与其子成功潜通，教唆图谋不轨，奸细往来，泄露军机等项事情，经伊家人尹大器出首，究审各款俱实。如此负恩叛国重犯，不宜尚加监候"。命议政王、贝勒、大臣、九卿、科道会议具奏。不到十天，郑芝龙父子即被杀。《海上见闻录》云，郑成功"叱为妄传，中夜悲泣，居常郁悒"。《台湾外纪》作："忽报其父芝龙凶信，功顿足擗踊，望北而哭曰：'若听儿言，何至杀身。然得以苟延今日者，亦不幸之幸也！'令文武官员各挂孝。"

1662年四月，林英从云南逃回，报告了永历帝在缅甸被清军俘虏，西南抗清武装只剩下李定国率领的残部退往边境地区的消息。这意味着东、西遥相呼应的局势已告结束，清廷将集中力量对付郑军。郑成功弄巧成拙，内心的悔恨可想而知。他的实力既不足以公开以隆武帝的继承人同清廷逐鹿中原，只好继续挂着没有永历帝的永历招牌，僻处一隅。不少史籍把郑成功说成是明朝的纯臣，对他和他的继承人存明朝"正朔"三十余年津津乐道。这种见解是比较肤浅的。对复明志士而言，永历朝廷覆亡即已心灰意懒，极少数随郑成功赴台的官绅、宗藩不过借此保住先世衣冠，几乎没有人把仍奉永历年号的郑氏集团作为复兴明朝的希望。郑成功一贯的思想是"东南之事我为政"，不奉近在咫尺的鲁监国而遥奉永历，并不是由于朱由榔在血统上近于帝室，而是欣赏"天高皇帝远"，江日升《台湾外纪》记载郑"经承父例，总兵以下皆自委任，如公、侯、伯及提督，必修表请封，然后出印谕"（二二一页）。所谓"修表请封，然后出印谕"不过是一种形式，等于左手写报告，右手批准，恩威自操，何等愉快。自然，郑成功除了尊帝虚礼以外，也真心实意地希望永历朝廷能够存在下去，这样既可以借朝廷名义吸引东南复明势力的支持，又可以利用永历朝廷支撑于西南牵制清军相当一部分主力。郑成功一厢情愿的如意算盘打得太精，结果事与愿违，使自己陷于进退失据的尴尬局面。饮下自己酿造的苦汁，无疑是导致郑成功晚年心理失去平衡、举动乖张的重要原因之一。

郑成功心中郁积的忧闷终于因为一件极小的事情像火山一样爆发了。世子郑经留镇厦门，同四弟的奶妈陈氏通奸生了一个儿子，这类事情在豪门大家中并不罕见。开初，郑经向父亲报告侍妾生了个儿子，郑成功因添孙高兴，赏了一点银物。不料，郑经的妻子是原兵部尚书唐显悦的孙女,虽"端庄静正,而不相得"。唐显悦为孙女鸣不平,写信给郑成功大加非难,内有"三父八母,乳母亦居其一。令郎狎而生子,不闻饬责,反加赏赉。此治家不正,安能治国乎?"[1]郑成功正因复国无望积愤于心,唐显悦只顾泄私愤危言耸听,使成功"登时气塞胸膛。立差都事黄毓持令箭并画龙桶三、漆红头桶一,过金门与兄泰,同到厦门斩其妻董氏治家不严之罪,并其子经与其所生孙、乳母陈氏"。黄廷、洪旭、陈辉、王秀奇等守金、厦诸将接令后大为震惊,力图大事化小,和郑泰、黄毓商议,采取折中办法,杀陈氏与所生婴儿,诸将联名上启代董夫人及郑经请罪。取得董氏和郑经同意后,即按此办理,由黄毓回台复命。郑成功坚持必须杀掉董夫人和郑经,解下自己的佩剑让黄毓到金门交郑泰执行。郑泰无奈,只好把黄毓送到厦门向郑经说明事处两难。郑经立即把黄毓拘禁起来,和金、厦文武官员商议对策。正在这时,蔡鸣雷从台湾来搬家眷,郑经等向他探问消息,蔡鸣雷因为在台湾有过失,怕受成功处罚,故意夸大其词,说藩主发誓要除掉董夫人和郑经,如果金、厦诸官拒不遵命就全部处斩,而且已有密谕给往南澳征陈豹的周全斌命他相机行事。金、厦文官武将一个个面面相觑,不知如何是好。洪旭说:"世子,子也,不可以拒父;请将,臣也,不可以拒君。惟泰是兄,兄可以拒弟。凡取粮饷诸物,自当应付,若欲加兵,势必御之。"郑泰同意后,即趁周全斌征南澳回厦门之机,将其拘捕,交援剿左镇黄昌监守。同时给郑成功送去诸将公启,启本中有"报恩有日,候阙无期"的话,明确地表达了金、厦诸将联合拒命的意思。郑成功阅信后,心中愤闷已极。五月初一日,他已感不适,仍每天登将台手持望远镜眺

---

[1] 江日升《台湾外纪》第一七二页。

望澎湖方向有没有船来。直到初八日，完全绝望，气噎而死，享年三十八岁。[1]

从1662年四月到六月，永历帝（朱由榔）及其太子、郑成功、李定国相继离开人世，标志着南明复兴最后一线希望的彻底幻灭。在这以后，郑经和坚持于夔东的抗清武装虽然仍以永历纪年，却没有多大号召力了。郑经继承父业为经营台湾做出了重大贡献，尽管他一直以复明相标榜，但他的功业显然不适合纳入南明史的范畴。

第四节　清廷的沿海迁界

1659年（顺治十六年），郑成功、张煌言率领舟师展开的长江战役虽然在南京城下遭到了重大挫折，但这次战役的政治影响却不可低估。此次战役显示了郑成功、张煌言为首的东南沿海义师还拥有雄厚实力，特别是大江两岸缙绅百姓的群起响应，使清朝统治者不寒而栗，他们感到当务之急是不惜代价切断义师同各地居民的联系。1661年（顺治十八年）清廷断然决定实行大规模的强制迁徙濒海居民的政策，史称"迁海"。

迁海令经过了一个酝酿过程。1655年（顺治十二年）六月，清廷就曾下令"严禁沿海省份，无许片帆入海，违者置重典"[2]。但是，这一禁令收效并不大。顺治十六年福建漳州府海防同知蔡行馨在

---

[1] 主要依据江日升《台湾外纪》，郑成功病逝的日期在该书和《海上见闻录》（定本）、《清圣祖实录》中均作五月初八日。
[2] 蒋良骐《东华录》卷七。

《敬陈管见三事》一文中写道：

> 至于沿海一带每有倚冒势焰，故立墟场，有如鳞次。但知抽税肥家，不顾通海犯逆。或遇一六、二七、三八等墟期，则米、谷、麻、蔑、柴、油等物无不毕集，有发无发，浑迹贸易，扬帆而去。此接济之尤者，而有司不敢问，官兵不敢动也。[1]

同年，户科给事中王启祚提出了坚壁清野的建议。他说：

> 逆郑虽生踞波涛，势不能不聚粮于平地。臣以为宜效坚壁清野之计，除高山峻岭不可攀缘处所外，凡平原旷野多筑坚厚墙垣，迂回其道，相地广狭，间筑城堡，可贮粮石，扎营寨兵，可守望亦可设伏。地如民产，令民自筑，免其徭粮，如系闲旷，当督守汛兵丁修筑。使彼来无所掠，去不能归，此坐而窘之一道也。[2]

在全面迁界以前，少数地方已经采取了把海滨居民赶入内地的措施。例如，顺治十七年福建总督李率泰以海氛未靖为理由，建议"迁同安之排头、海澄之方田沿海居民入十八堡及海澄内地"。九月，得旨允行[3]。

---

[1] 《皇清名臣奏议汇编》初集卷十二。
[2] 《皇清名臣奏议汇编》初集卷十三《清除弊害以图治安七条》。
[3] 《清世祖实录》卷一四〇。

大规模迁海政策的提出，史籍中有不同说法。其一是说出自黄梧的建议：

> 海澄公黄梧一本，内密陈灭贼五策：一、金、厦两岛弹丸之区，得延至今日而抗拒者，实由沿海人民走险，粮饷油铁桅船之物，靡不接济。若从山东、江、浙、闽、粤沿海居民，尽徙入内地，设立边界，布置防守，不攻自灭也。……[1]

另一种说法是清廷采纳了旗下汉人房星焕的献策。清初王沄写道：

> 呜呼，倡为迁海之说者谁与？辛丑（顺治十八年），予从蔡襄敏公（蔡士英）在淮南。执政者遣尚书苏纳海等分诣江浙粤闽迁濒海之民于内地。蔡公曰："此北平人房星焕所献策也。"公曰："星焕者，北平酒家子也。其兄星华，少时被房出关。……从入关，始与其弟星焕相聚。星华官至漳南太守，星焕从之官。海上兵至，漳城陷，兄弟皆被掠入海，旋纵之归。其主问海外情形，星焕乘间进曰：'海舶所用钉、铁、麻、油，神器（指火炮）所用焰硝，以及粟、帛之属，岛上所少。皆我濒海之民阑出贸易，交通接济。今若尽迁其民入内地，斥为空壤，画地为界，仍厉其禁，犯者坐死；彼岛上穷寇内援既断，来无所

---

[1] 江日升《台湾外纪》卷十一。参见《清史稿》卷二六一《黄梧传》。

掠，如婴儿绝乳，立可饿毙矣。其主深然之，今执政新其说得行也。"盖蔡公之言如此。……呜呼，不仁哉！执政者方忻然以为得计也，骤迁星焕官至山左监司……[1]

阮旻锡《海上见闻录》持同样说法，只是方星华写作房星烨，方星焕写作房星曜。"原任漳州知府房星烨者，为索国舅门馆客，遂逃入京，使其弟候补通判房星曜上言，以为海兵皆从海边取饷，使空其土，而徙其人，寸版不许下海，则彼无食，而兵自散矣。升房星曜为道员，病死无嗣。至是，上自辽东，下至广东，皆迁徙，筑短墙，立界碑，拨兵戍守，出界者死，百姓失业流离死亡者以亿万计。"[2] 康熙《漳州府志》的记载也大抵相同[3]。又，该书卷十《秩官志》记知府有"房星烨，正黄旗人，贡生，（顺治）九年任，十一年郡城破，降贼，既而逃归"。另据康熙《山东通志》记载本省任职官员名单中按察副使项下有"房星焕，北直永平人，廪生，康熙四年任分巡武德道"[4]。

参考各种记载，可以大致确定：先后提出过类似建议的并不限于一个人，但直接引起清廷重视导致发布全面迁海令的却是房星烨、房星焕兄弟。

查考迁海令的策动者究竟是谁，目的在于探讨清初统治集团中

---

[1] 王沄《漫游纪略》。
[2] 《海上见闻录》（定本）卷一。据夏琳《闽海纪要》卷上记，建议沿海迁界者为苏纳海。
[3] 康熙五十三年《漳州府志》卷三十三《灾祥》。
[4] 康熙十七年《山东通志》卷二十五《职官》。房星烨、房星焕两人的名字在各种文献中写法不一致，应以《漳州府志·秩官志》和《山东通志·职官》为准。

不同力量的动向。清廷中占主导地位的是满洲贵族，他们统率的八旗子弟弓马娴熟，是陆战的好手，海上交锋却固非所习，决策迁海可谓是扬长避短。依附清廷的汉族官员或是由于传统观念，或是由于本身利害攸关，大抵都不赞成迁海。迁海诏书发布不久，湖广道御史李芝芳就"冒死条陈"八不可，其中说："未闻堂堂天朝，迁民避贼者也。……今诏欲徙五省沿海边民，何以垂训后世？"[1]后来，广东巡抚王来任病危，不用再担心"功令之所甚严，诸臣之所忌讲"了，直言不讳地反对迁界："臣思设兵以卫封疆而资战守，今避海寇侵掠，虑百姓之资盗粮，不见安攘上策，乃缩地迁民，弃其门户而守堂奥，臣未之前闻也。"[2]康熙七年四月，福建水师提督施琅也奏称："伏思天下一统，胡为一郑经残孽盘踞绝岛，而折五省边海地方画为界外以避其患？自古帝王致治得一土则守一土，安可以既得之封疆而复割弃？况东南膏腴田园及所产渔盐最为财赋之薮，可资中国之润，不可以西北长城塞外风土为比……"[3]前引漕运总督蔡士英（蔡祖籍为江苏宿迁[4]）的私下非议也透露了个中消息。从另一方面看，清廷推行迁海政策时派往东南沿海各省的巡视大员却毫无例外地全是满洲贵胄。两相对照，多少可以触及这一重大决策的内幕：满洲贵族们怯于海战，决心牺牲一部分汉人的利益。作为满洲家奴的房星焕正是摸准了主子的心理，一言即合，得到越级提拔。

沿海迁界令发布以后，清廷于1661年（顺治十八年）八月派出

---

[1] 江日升《台湾外纪》卷十一。按，此疏未收入《李文襄公奏议》。

[2] 王来任遗疏引自光绪十九年《新宁县志》卷十四《事纪略下》。

[3] 《靖海纪事》卷上。施琅轻视西北长城塞外疆土，反映了他的利益所在和眼界局限。

[4] 康熙元年《宿迁县志》卷七，《艺术·蔡士英传》。

官员前往各省巡视"立界移民"[1]。从这年九月起就随着钦差大臣的来到，各地雷厉风行地把濒海居民驱赶进内地。迁界的范围原则上包括了沿海各省。福建总督姚启圣在一份奏疏中说："在当日原因福建海贼猖獗而议迁界，又因贼势蔓延止迁福建一省之界不足困贼，故并迁及广东、浙江、江南、山东、北直五省之界，是迁五省之界者其祸实始于福建之郑贼也。"[2]按照这个记载，当时奉诏迁海的共有直隶、山东、江苏、浙江、福建、广东六省（按现在的分省还包括了广西、海南二省沿海地区）。不过，由于郑成功义师的主要据点在福建，对清政府威胁最大因而迁界令执行得也最严格的是福建和同福建相邻的广东、浙江三省。自江苏以北，迁海政策相对而言执行得稍宽一些。清初上海人叶梦珠谈到迁海情况时说："于是尽徙山东、闽、浙以及江北、江南滨海之地，严禁不许人迹至海澨，片板不容入海洋。……吾乡独从南汇所守备刘效忠议，以为松属沙滩，素号铁板，船不得近，不在迁弃之列。"[3]山东距离福建和台湾较远，迁界的规模和时间都比较有限。1663年（康熙二年），山东总督祖泽溥疏言："宁海州之黄岛等二十岛及蓬莱县之海洋岛，皆远居海中，游氛未靖，奸宄可虞，请暂移其民于内地"，得到清廷的批准[4]。到三年六月祖泽溥的疏中又说："登、青、莱三府属海岛居民已归内地，其岛内地粮应豁免"[5]，看来山东省所迁的只是海岛居民。四年三月，清

---

[1] 《清圣祖实录》卷三十三。
[2] 《总督福建少保兵部尚书姚公奏疏》（又名《忧畏轩奏疏》卷六，见《闽颂汇编》）。
[3] 叶梦珠《阅世编》卷一《田产二》。
[4] 《清圣祖实录》卷九。
[5] 《清圣祖实录》卷十二。

廷谕兵部："山东青、登、莱等处沿海居民，向赖捕鱼为生，因禁海多有失业。前山东巡抚周有德亦曾将民人无以资生具奏。今应照该抚所请，令其捕鱼，以资生民。"[1]所以，当时人认为清政府推行迁海政策"江浙稍宽，闽为严，粤尤甚"[2]。

顺治十八年十二月十八日，清廷再次发布《严禁通海敕谕》，其中说："郑成功盘踞海徼有年，以波涛为巢穴，无田土物力可以资生，一切需用粮米、铁、木、物料皆系陆地所产，若无奸民交通商贩，潜为资助，则逆贼坐困可待。"下文说"今滨海居民已经内迁，防御稽察亦属甚易"，自康熙元年起如仍有"通贼兴贩者，即行擒拿照通贼叛逆律从重治罪"[3]。这里说的从重治罪的人似乎只是"通贼兴贩者"，实际上掩盖了越界一律处斩的真相。

在立界的距离上，史籍中有说濒海三十里的[4]，有说四十里[5]、五十里[6]以至二三百里的[7]。康熙三年（1664）四月洪若皋《遵谕陈

---

[1] 《清圣祖实录》卷十四。
[2] 《漫游纪略》。
[3] 《明清史料》丁编，第二本，第二五七页。
[4] 乾隆十六年《福州府志》卷十三《海防》记："顺治十八年辛丑，户部尚书苏纳海至闽迁海边居民入内地，离海三十里。"海外散人所著《榕城纪闻》也说："福建、浙江、广东、南京四省近海处各移内地三十里。"
[5] 查继佐《鲁春秋》记："（丁酉）内海禁严，沿海居民内徙四十里，计清野洋师，防其接济，犯者不赦。"
[6] 屈大均《广东新语》卷二说："令滨海居民悉徙内地五十里，以绝接济台湾之患。"道光十三年《廉州府志》卷二十《事纪·国朝》记："康熙元年壬寅，诏迁海界。差内大臣科尔坤、介山亲行边海，东起大虎门，西讫钦州防城，令民徙内地五十里，设排栅，严出入，以杜接济台湾之患。"
[7] 野史落帽生许旭《闽中纪略》说："曩者朝廷差满洲大人阅视海疆，恐沿海百姓相通海上，遂为清野之计，凡沿海二三百里弃为瓯脱，荒畜牧，焚庐舍，百姓尽徙入内地。"

言疏》中有,"顺治十八年奉旨沿海迁移三十里",又说,"迁界原奉旨三十里"[1]。洪若皋当时任职福建福宁道,他在疏中自称"沿海七百余里,悉臣管辖",由此可以断定清廷发布的迁海诏书中规定了以距海三十里为界。实际上由于地势不同和奉行官员的任意专断,各地所立的边界距海里数并不一样。洪若皋的疏中就说道,"闽以路为界,遂有不及三十里、远过三十里及四十里者有之"。下面这段记叙多少反映了当时划界的情况:

> 于是朝使至,偕督、抚大吏往相地焉。有司惧供亿之烦扰也,则采山之最高者设帷幕以俟。至则立马高冈,望见海波,扬鞭指画定徙界,往往山下纡折去海辄百余里云。[2]

从康熙二十二年奉命巡视广东、福建两省展界事宜的工部尚书杜臻报告的情况来看,即使在同一个县内各处迁界的里数也不一致。例如,广东的钦州边,"边界以外距海四十里者为织篱围村、鱼洪村;三十里者为黄屋屯、孔明村、大值村;二十五里者瓦灶村、鸡窝村;二十里者根竹村、墟埠村、旧关村、胎暮村、洞晚村;十里者长山村、埠头村、那畔村、料连村;及近海六七里以下至一二里若岭脚村等,皆移并,三年续迁,共豁田地四百七十一顷有奇"。又如福建的福清边,"边界以外斗入海八十里万安所,七十里牛头寨,五十里泽朗寨,四十里松下,十里镇东卫,附海五里海口桥、上迳镇,二里

---

[1] 洪若皋《南沙文集》卷三。
[2] 高兆《长乐福清复界图记》,见《闽颂汇编》,记。

砂灶俱移，共豁田地四千六百三十四顷有奇"[1]。可见，那种认为各地迁界是一律后迁若干里的说法不够准确[2]。

有的地方所立边界屡经后移，离海越来越远。例如，广东迁徙沿海居民在康熙元年二月，清廷派科尔坤、介山二大臣巡视海疆，"令滨海民悉徙内地五十里，以绝接济台湾之患。于是麾兵折界，期三日尽夷其地，空其人民"。康熙二年"华大人来巡边界，再迁其民"[3]。"甲寅（康熙十三年）春月，续迁番禺、顺德、新会、东莞、香山五县沿海之民"[4]。"初立界犹以为近也，再远之，又再远之，凡三迁而界始定"[5]。又如福建省长乐县在顺治十八年十月"命沿海居民迁内地，北从雁山抵金峰，南至大屿转壶井，直至三溪为界，络绎设八寨"。次年，"复命八寨居民内迁，北至鹤岭，南至六都井门为界"[6]。

清政府总是把迁海说成是一项关心民瘼的德政。开始迁海时，清廷在顺治十八年闰七月上谕中说："前因江南、浙江、福建、广东濒海地方，逼近贼巢，海逆不时侵犯，以致生民不获宁宇，故尽令迁移内地，实为保全民生。"[7]康熙二十三年全面展界，经办大臣在刊示晓谕百姓时又说："先因海寇陆梁，游艇出没，不时抄掠尔等。

---

[1] 《粤闽巡视纪略》。
[2] 这里说的是实际奉行情况，并不排除朝廷发布的迁海诏书中有一个大致的控制里数，如洪若皋所说的三十里。直到目前还没有见到这份具体诏令。
[3] 《广东新语》卷二。
[4] 钮琇《觚剩》卷七《徙民》。
[5] 王沄《漫游纪略》。
[6] 乾隆二十八年《长乐县志》卷十，《祥异》。
[7] 《清圣祖实录》卷四。

皇上为尔等身家计,权移内地以避贼锋。"[1]这完全是一派谎言。迁海自始至终都是以极其野蛮的方式摧残沿海居民的一场骇人听闻的暴行。清政府画地为牢确定所谓的"边界"以后,就以极其蛮横的手段驱赶界外的居民进入内地。迁徙的时间规定得非常短促,一般是三天[2],过期派官兵驱赶。为了断绝迁民后顾之心,界外的房屋全部焚毁一空。当时人留下的记载说:

> 以予所见言之,方海患昌被(猖披)时,当事议主坐困,迁濒海数千里内居民入内地,以绝其交通之路。朝命甫下,奉者过于严峻,勒期仅三日,远者未及知,近者知而未信。逾二日,逐骑即至,一时跄踉,富人尽弃其赀,贫人夫荷釜,妻襁儿,携斗米,挟束稿,望门依栖。起江浙,抵闽粤,数千里沃壤捐作蓬蒿,土著尽流移[3]。
>
> 檄下民尽徙。稍后,军骑驰射,火箭焚其庐室,民皇皇鸟兽散,火累月不熄。而水军之战舰数千艘亦同时焚,曰:"无资寇用。"[4]
>
> 初,(广东香山县)黄梁都民奉迁时,民多恋土。都地山深谷邃,藏匿者众。平藩(平南王尚可喜)左翼总兵班际盛计诱之曰点阅,报大府即许复业。愚民信其然。际盛乃勒兵长连埔,按名令民自前营入,后营出。入即杀,

---

[1]《粤闽巡视纪略》。
[2] 道光七年《香山县志》卷八《事略》记:"官折界期三日,贫无依者不能遽如令。五月,夷其地。"
[3]《靖海纪事》,陈迁鹤所作《叙》。
[4] 高兆《长乐福清复界图记》,见《闽颂汇编》,记。

无一人幸脱者。复界后，枯骨遍地，土民丛葬一阜，树碣曰木龙岁冢。木龙者，甲辰隐语也。[1]

令下即日，挈妻负子载道路，处其居室，放火焚烧，片石不留。民死过半，枕藉道涂。即一二能至内地者，俱无儋石之粮，饿殍已在目前。……火焚二个月，惨不可言。兴（化）、泉（州）、漳（州）三府尤甚。[2]

当播迁之后，大起民夫，以将官统之出界，毁屋撤墙，民有压死者。至是一望荒芜矣。又下砍树之令，致多年轮围豫章、数千株成林果树、无数合抱松柏荡然以尽。……三月间，令巡界兵割青，使寸草不留于地上。[3]

先画一界，而以绳直之。其间有一宅而半弃者，有一室而中断者。浚以深沟，别为内外。稍逾跬步，死即随之。[4]

昔者清野令下，迁边民于内地。民之载子女、挈家具入者如归于虚，其不能举者则委而弃之。于是，废丹青，毁神像，凡里社颂祷之神，春秋报赛之祀，皆撤而不举。甚者游食无赖之民刮碧折木瓦以裹衣食。鬼怨神恫，山愁谷怒。[5]

居民被驱赶入界以后，有敢出界者杀无赦。先看福建省的情况：在福宁州，"州地以大路为界，南路以州前岭为界，松山、后

---

[1] 道光七年《香山县志》卷八《事略》。
[2] 海外散人《榕城纪闻》。
[3] 余飏《莆变纪事》。
[4] 钮琇《觚剩》卷七《徙民》。
[5] 余飏《芦中全集》，纪一，《界庙记》。

港、赤岸、石坝近城亦在界外。道旁木栅，牛马不许出入。每处悬一牌，曰：敢出界者斩！""越界数步，即行枭首。"[1]在莆田县，"着附海居民搬入离城二十里内居住，二十里外筑土墙为界，寸板不许下海，界外不许闲行，出界以违旨立杀。武兵不时巡界。间有越界，一遇巡兵，登时斩首"[2]。这个县的黄石千总张安"每出界巡哨只带刀，逢人必杀。……截界十余年，杀人以千计"[3]。上引洪若皋疏中说："闽以边路为界，路下近海者为界外，路上近山者为界内。当日迁移时，凡路下之民居尽毁，而路上不毁。既迁之后，凡路上之民越出路下即为越禁。……孰不知以路为界，民之住于路上而近路边者，檐溜之前即为界外。夫细民势不能不畜鸡豚，鸡豚势不能识界禁，一旦越出路下，人或从而追之，塘兵远了，即加以越界之罪。况道路不无歧口旁径之分，行旅之人未谙路径，跬步失足，防兵群系累之，以越界论，致于有司，即或得辨释放，而行橐衣资已罄掠矣。"福建沿边居民当时处于怎样一种如临深渊、如履薄冰的境地，也就可以想见了。

再看广东省的情况，"东起大虎门，西迄防城，地方三千余里，以为大界。民有阑出咫尺者执而诛戮。而民之以误出墙外死者又不知几何万矣。自有粤东以来，生灵之祸莫惨于此"[4]。"向所谓界者，掘地为沟，广不盈丈，插竹引绳以表之，或遇山则绕山址为沟，曰此界外山也。亦有去城不里许为界者。民间畏同陷阱，侧足不前。而愚

---

[1] 乾隆二十七年《福宁府志》卷四十三《祥异》。
[2] 陈鸿、陈邦贤《清初莆变小乘》。
[3] 陈鸿、陈邦贤《熙朝莆靖小纪》。
[4] 屈大均《广东新语》卷二《地语》。

懵无知,往往误入其中。是时所司尚有以出界坐辟爰书请者,皆贫甏村竖往拾蚌蛤之属,为吏所掩获者"[1]。

各省所设立的界线也不一致。浙江"当迁遣时,即将拆毁民房木料,照界造作木城,高三丈余,至海口要路复加一层二层,缜密如城隍。防兵于木城内或三里,或五里搭盖茅厂看守"[2]。福建和广东的情况差不多,开初以插旗、木栅、篱笆为界;后来就越来越严格,或是"浚以深沟",或是"筑土墙为界"[3];再后来干脆征发民夫大兴土木,把土墙改筑为界墙,并且沿界建立寨、墩,派设官兵扼守。

(康熙七年)正月奉文,着南北洋百姓砌筑界墙,从江口至枫亭。墙阔四尺,高六尺,每户计筑二丈一尺。界口起瞭望楼一座,遇海另筑界堤。[4]

关于沿边设兵戍守的堡塞,福建称之为寨、墩,广东称之为台、墩。大致情况是:"界畛既截,虑出入者之无禁也,于是就沿边扼塞建寨四,墩十数,置兵守之。城外乡民按户征银,照丁往役。……一寨之成,费至三四千金,一墩半之。拷掠鞭捶,死于奔命者不知凡几矣。""寨周阔百六十丈,墩周阔十丈不等。"[5]"五里

---

[1] 王沄《漫游纪略》,《粤游》。
[2] 洪若皋《南沙文集》卷三,奏疏。按,洪若皋为浙江台州人,在福建任职。
[3] 陈鸿、陈邦贤《清初莆变小乘》。
[4] 陈鸿、陈邦贤《清初莆变小乘》。
[5] 《莆变纪事》。王来任遗疏中也说:"地迁矣,又在在设重兵以守其界内。立界之所筑墩台、树椿栅,每年每月又用人工土木修整,动用之资不费公家丝粟,皆出之民力。未迁之民日苦派办,流离之民各无栖址,死丧频闻,欲生民不困苦其可得乎?"(见光绪《新宁县志》卷十四,事纪略下)。

一墩，十里一台，墩置五兵，台置六兵，禁民外出。"[1]

看了上面列举的事实，不难明白清廷所谓迁海是为了"保全民生"究竟是怎么一回事了。时人卢若腾在《虏迁沿海居民诗》中说："天寒日又西，男妇相扶携。去去将安适？掩面道旁啼。胡骑严驱遣，克日不容稽。务使濒海土，鞠为茂草萋。富者忽焉贫，贫者谁提撕？欲渔无深渊，欲耕无广畦。内地忧人满，妇姑应勃谿。聚众易生乱，矧为饥所挤。闻将凿长堑，置戍列鼓鼙。防海如防边，劳苦及旄倪。既丧乐生心，溃决谁能堤。"[2]

沿海迁界政策的推行，不仅使大批滨海居民在违旨"透越"的罪名下惨死于清政府屠刀之下，对于我国社会经济的恢复和发展也是个严重的阻碍，主要表现为以下几个方面：

一、界外弃为灌莽。

我国是世界上海岸线最长的国家之一，人民群众世世代代为开发濒海地区进行了艰辛的劳动。这里有良田沃土，有可资富国的渔业和盐业，有同海外贸易交往的口岸。迁海一声令下，濒海地区遭到清政府官兵的尽情破坏和蹂躏，转瞬之间化成了一片废墟。康熙八年一度展界之后，有人看到界外的情况是：

> 以予所睹，界外所弃，若县若卫所，城郭故址，断垣遗础，髑髅枯骨，隐现草间。粤俗乡村曰墟，惟存瓦砾；盐场曰漏，化为沮洳。水绝桥梁，深厉浅揭，行者病之。

---

[1] 《粤闽巡视纪略》。《广东新语》卷二也说"毁屋庐以作长城，掘坟茔而为深堑，五里一墩，十里一台"。
[2] 《金门志》卷十二，兵事，《历代兵事》。

其山皆丛莽黑菁，豺虎伏焉。田多膏腴，沟塍久废，一望汗莱，良可惜也。[1]

以荒废的耕地而言，据康熙二十三年奉命巡视粤闽开界事宜的工部尚书杜臻列举的数字，广东一省"广州、惠州、潮州、肇庆、高州、雷州、廉州等七府所属二十七州县、二十卫所沿边迁界并海岛港洲田地共三万一千六百九十二顷"；福建一省"福州、兴化、泉州、漳州等四府、福宁一州，所属十九州县，原迁界外田地共二万五千九百四顷零"[2]。两省合计折合亩数为五百七十五万九千六百余亩。又如浙江省温州府属原额田、园、地二万四千六百一十三顷零，经过康熙八年展界部分复业之后实存田地数也只有一万六千四百九十九顷零。其中平阳一县七千七百五十一顷零田地园在顺治十八年迁界时竟全部"弃置"，康熙九年以后部分展界，招民复业，直到康熙二十年编审时各则田地园还只有三千二百六十三顷零[3]。台州府属的临海县顺治"十八年奉文迁界，弃田一十九万九千二百九十三亩零"；宁海县也弃去民田一千一百五十顷六十六亩零，另有民涂田二百一十二顷三十三亩零，也在"顺治十八年全迁"[4]。可见，由于迁海而荒芜的田地数字是非常惊人的。

问题还不仅是耕地，沿海地区历来是捕鱼和煮盐的重要场所。厉行片板不许下海的禁令和迁界之后，"万顷沧波舟楫绝，何人更有

---

[1] 王沄《漫游纪略》卷三。
[2] 杜臻《粤闽巡视纪略》。
[3] 康熙二十三年《温州府志》卷九《贡赋》。
[4] 康熙六十一年《台州府志》卷四《屯赋》。

羡鱼心？"[1]渔业几乎完全陷入绝境。"渔者靠采捕为生，前此禁网严密，有于界边拾一蛤一蟹者杀无赦。咫尺之地网罟恢张，渔者卖妻鬻子，究竟无处求食，自身难免，饿死者不知其几"[2]。海盐的生产也差不多完全停顿。广东的盐场原有二十九个，康熙"元年迁界，诸场多在界外"。"闽中盐场有七，在福州者曰海口场、曰牛田场，在泉州者曰惠安场、曰浔美场、曰洒洲场、曰浯洲场，在兴化者曰上里场，初迁多在界外"[3]。浙江省温州府属的乐清县长林盐场、瑞安县双穗盐场也在顺治十八年迁海时弃之界外[4]。台州府属"渔盐之利较他郡为胜，但只临海、黄岩、宁海三县有场"。然而，临海县的杜渎场、黄岩县的黄岩场、宁海县的长亭场这三个主要产盐地都成了迁海政策的牺牲品，直到康熙九年局部展界以后才逐渐地恢复起来[5]。正是由于盐场多在界外，使关系民生甚大的食盐生产受到严重影响。福建的老百姓往往"淡食"[6]。广西南宁、太平、思恩三府原来食用广东廉州产盐，郁林州等处食用高州产盐，"路近价贱，有便于民"；迁海之后，高、廉二府的"盐田尽迁"，不得不改销价高的梧州引盐[7]。

二、迁民的颠沛流离。

受迁海之害最深的自然是被迁的所谓界外居民。他们好比生机勃勃的草木突然被拔离故土，忍受烈日的炙烤。广东的情况是：

---

[1] 康熙五十三年《漳州府志》卷二十九，艺文，张士楷《望海》诗。
[2] 《闽颂汇编·恩德述略》。
[3] 杜臻《粤闽巡视纪略》。
[4] 康熙二十三年《温州府志》卷十三《盐法》。
[5] 康熙六十一年《台州府志》卷四《盐课》。
[6] 《闽颂汇编》。
[7] 《清圣祖实录》卷一一二。

先是，人民被迁者以为不久即归，尚不忍舍离骨肉。至是飘零日久，养生无计。于是父子夫妻相弃，痛哭分携。斗粟一儿，百钱一女。豪民大贾致有不损锱铢、不烦粒米而得人全室以归者。其丁壮者去为兵，老弱者辗转沟壑。或合家饮毒，或尽帑投河。有司视如蟪蚁，无安插之恩；亲戚视如泥沙，无周全之谊。于是八郡之民死者又以数十万计。[1]

福建的情况也并不好一些：

> 海滨迁民，初时带有银米及锱重，变卖尚可支持。日久囊空，既苦糊口无资，又苦栖身无处，流离困迫……谋生无策，丐食无门，卖身无所。辗转待毙，惨不忍言。[2]

康熙元年十一月，也就是福建迁海之后的第一年，礼科给事中胡悉宁上言："据福建抚臣许世昌疏报，海上新迁之民，死亡者八千五百余人。"胡悉宁还说，此外"未经册报者又不知凡几"[3]。康熙四年，李率泰在遗疏中也说："臣先在粤，民尚有资生，近因迁移渐死，十不存八九。"[4]可见徙民受难的深重。

迁民们既然被视若蟪蚁、泥沙，任人践踏，软弱者成了牺牲

---

[1] 《广东新语》卷二，地语。
[2] 《清初莆变小乘》。
[3] 《清圣祖实录》卷七。
[4] 光绪十九年《新宁县志》卷十四，《事纪略》下。

品,强悍者则铤而走险。一部分迁民参加了郑氏义师[1],或在当地揭竿而起[2],由清朝子民被逼成了反清战士。还有一部分迁民在内地无法谋生又不甘心坐以待毙,就砍人树木,伐人坟墓,掠人妻女,无所不为。甚至"夜间什伍为群,剜壁抉门,善入强出,人不敢攖。……又或百十为群,各执枪刀,强劫乡间富室"[3]。内地居民因之惶惶不安,政府官员也穷于应付。

三、清政府赋税收入的减少和百姓的摊赔。

界外土地全部抛荒,自然无法从这些地方征收赋税,清政府的财政收入因而减少。康熙十二年福建总督范承谟的奏疏中写道:"自迁界以来,民田废弃二万余顷,亏减正供约计有二十余万之多,以致赋税日缺,国用不足。"[4]康熙十九年福建总督姚启圣又说:"照得边海地方播迁,百姓抛产弃业,流离失所者二十年矣,朝廷正供以徙界缺额者四百余万两。"[5]根据复界时工部尚书杜臻的报告,福建省由于迁海废弃的田地为二万五千九百余顷,同范承谟所说"民田废弃二万余顷"相合,可知亏减正课二十余万两是福建省一年的数字,缺额四百余万两是福建一省从顺治十八年到康熙十九年二十年间的累计数字。广东由于迁界损失的赋税还要更多些,据康熙七年广东巡抚王

---

[1] 康熙十九年六月福建总督姚启圣上疏请求复界时说,郑部"投诚之众率皆前日迁徙之民也"(见《忧畏轩奏疏》卷四,载《闽颂汇编》;又见《粤闽巡视纪略》)。迁民的参加郑氏义师途径不一,有的是越界,有的是乘三藩之乱。

[2] 道光《香山县志》卷八《事略》就记载了康熙"七年,迁民结党为乱"。

[3] 《清初莆变小乘》。

[4] 范承谟《条陈闽省利害疏》,见《皇朝经世文编》卷八十四。

[5] 《禁止派扰复业》,见《闽颂汇编·忧畏轩文告》。

来任的遗疏说,该省"每年抛弃地丁钱粮三十余万两"[1]。如果考虑到盐课、渔课、商税等方面的减额,再加上浙江、江南、山东各省的数字,清政府在赋税方面的损失肯定是相当大的。

当时,清朝廷因为连年用兵,财政入不敷出。顺治十二年工科给事中王命岳在疏中就说过:"今国家所最急者,财也。岁入千八百一十四万有奇,岁出二千二百六十一万有奇,出浮于入者四百四十七万。国用所以不足,皆由养兵。"[2]顺治十八年还食言自肥,恢复了明朝剿饷,加赋五百多万两。在这种情况下,清政府采取了责令界内居民摊赔的办法来弥补部分缺额。"其(界外)四十里之岁课,同邑共偿之。至有所偿过于其土著者。……自江南达东粤数千里,盐场在界内者勿论,其界外缺额商赔之。"[3]"惟以浙、闽、山东等处因迁而缺之课额均摊于苏、松不迁之地,曰摊派,而盐课之额极重矣。"[4]

四、对外贸易停顿。

我国海上对外贸易在明代已经发展到相当水平。明末崇祯年间由于"通番获利十倍,人舍死趋之",出现了"穷洋竟同闹市"[5]的兴旺局面。清初实行禁海特别是迁海政策以后,不仅私人海上贸易被阻塞,连封建官府直接控制的市舶贸易也一度完全停顿。杜臻在奉派巡视广东、福建两省展界事宜时说过,"是役也,有当行之事四焉",其中之一是"故事:直隶天津卫、山东登州府、江南云台山、

---

[1] 光绪十九年《新宁县志》卷十四《事纪略》下引王来任遗疏全文。
[2] 《清史稿》卷二四四《王命岳传》。
[3] 查继佐《鲁春秋》。
[4] 叶梦珠《阅世编》卷一《田产二》。
[5] 《明季北略》卷五《浙江巡抚张延登请申海禁》条。

浙江宁波府、福建漳州府、广东澳门各通市舶，行贾外洋，以禁海暂阻，应酌其可行与否"[1]。他在巡视途中经过澳门，又谈道，"禁海时番舶暂阻，澳人贫困。康熙二十年贡一狮子，求通商，以济远旅。许之。由是番舶复通"。由澳门进口的货物允许经陆路运到香山，朝廷派官员董其事。可见，在迁海政策的直接影响下，从康熙元年到二十年，我国大陆的海上对外贸易中断了二十年。清初慕天颜（曾在福建任知府，后任江宁巡抚、漕运总督等职）说："本朝顺治六、七年间，海禁未设，见市井贸易多以外国银钱，各省流行，所在多有。自一禁海之后，绝迹不见，是塞财源之明验也。"[2]复界之后，禁海政策仍然延续了下来，至多不过是在一段时间里放宽一点出海的限制。这种作茧自缚式的闭关政策严重地阻碍了我国社会的发展。

迁海政策加重了我国社会的闭塞性，人民的活动领域和地区都受到限制。以海南岛为例，清代在这里设琼州府，下辖三州十县。由于岛的内陆五指山区是黎族同胞居住的地方，"州县反环其外，惟定安居中，余皆滨海，势不可迁"。但是，清政府仍然在全岛"边周环立界二千七百里，惟海口所津渡往来如故，自余鱼盐小径俱禁断不行"[3]。可以想象，在这种禁令下海南人民的活动范围是多么狭窄，给他们带来的困苦又是多么严重了。

清政府为了防微杜渐，对入海的河流一律发兵把断，河中钉立木桩，防止舟船透越。如福建省，"其入海之水曰潘渡河、曰铜镜河、曰廉村河、曰洋尾河、曰大梅河、曰赤头河、曰云霄河、曰开溪

---

[1] 《粤闽巡视纪略》。
[2] 顾炎武《日知录》卷十一《银》条内注文。
[3] 杜臻《粤闽巡视纪略》。

河，皆断而守之"[1]。苏北兴化县白驹场原来建造了闸口四座，按照旱涝情况调节淮扬一带的河水入海。尽管"白驹场离海甚远，并非沿边地方"，清政府也悍然下令填塞，"以致水无所出，淹没田亩"，使水利变成了水害[2]。

清廷颁布迁海令，原来的目的是断绝郑成功义师的物资供应，以收不攻自破之效。这样的目的达到了没有呢？清政府作为政策的制定者自然是声称效果显著，说什么此策既行，"贼势果绌，降者接踵"[3]。就康熙二十三年台湾回归大陆，实现了全国统一来看，似乎证明迁海政策不无效果。实际上并不是这么回事。

就在清政府雷厉风行地强迫驱赶沿海百姓迁往内地的时候，郑成功亲统大军渡海作战，从荷兰殖民主义者手中收复了我国神圣疆土台湾。郑成功对清廷的决策迁海深为不满，同部下将领谈及此事时叹息道："吾欲留此数茎发，累及桑梓人民，且以数千里膏腴鱼盐之地、百万亿众生灵，一旦委而弃之，将以为得计乎？徒殃民而已。吾若不决志东征，苟徇诸将意，株守各岛，岂不笑吾英雄为其束缚？今当驰令各处，收沿海之残民，移我东土，开辟草莱，相助耕种，养精蓄锐，俟有衅隙，整甲而西，恢复迎驾，未为晚也。"[4]郑经还接受忠振伯洪旭的建议派遣屯兵入山伐木，修造船舶战舰，"又别遣商船前往各港，多价购船料，载到台湾，兴造洋艘乌船，装白鹿皮等物，

---

[1] 杜臻《粤闽巡视纪略》。
[2] 《清圣祖实录》卷二十七。
[3] 杜臻《粤闽巡视纪略》。
[4] 江日升《台湾外纪》卷十二。温睿临《南疆逸史》卷五十四《郑成功传》；连横《台湾通史》卷二《建国纪》也记载了郑成功这段话，但比较简略，文字也有所不同。

上通日本，制造铜熕、倭刀、盔甲，并铸永历钱；下贩暹罗、交趾、东京各处以富国。从此台湾日盛，田畴市肆，不让内地"[1]。由于布帛等物来源阻隔，价值昂贵，郑经又从参军陈永华之请，派江胜驻扎厦门，"斩茅为市，禁止掳掠，平价交易。凡沿海内地穷民乘夜窃负货物入界，虽儿童无欺。……其达濠货物聚而流通台湾，因此而物价平，洋贩愈兴"[2]。郑氏父子"课耕积谷，务生聚，招徕远人"[3]，凭借着军民的勤奋劳动和优越的自然条件，终于把台湾经营成了"田庐辟，亩浍治，树畜饶"[4]，"人居稠密，户口繁息，农工商贾，各遂其生"的宝岛。到康熙二十三年清军收取台湾时，统军大将施琅所见到的情况是："臣奉旨征讨，亲历其地。备见野沃土膏，物产利溥，耕桑并耦，渔盐滋生，满山皆属茂树，遍处俱植修竹。硫磺、水藤、糖蔗、鹿皮以及一切日用之需，无所不有。向之所少者布帛耳，兹则木棉盛出，经织不乏；且舟帆四达，丝缕踵至，饬禁虽严，终难杜绝。实肥饶之区，险阻之域。"[5]杜臻也说：郑成功入台之后，"规度便近地，给兵屯种，而收赋于诸社以自给，又多种桐树及枲麻为治船之需"[6]。这就表明，清廷的迁海政策不仅没有达到从经济上困死郑成功义师的目的，相反地，迫使他们走自力更生之路，在开发台湾的宏伟事业中做出了巨大贡献。

---

[1] 《台湾外纪》卷十三。
[2] 《台湾外纪》卷十三。《金门志》卷十二也载：康熙"八年，（郑）经将江胜往来两岛（指金门、厦门），踞埠头与奸民互市。"
[3] 《郑成功海东事·郑成功传》，见《野史无文》卷十二。
[4] 谢金銮《蛤仔难纪略》，见《皇朝经世文编》卷八十四，兵考。
[5] 施琅《谨题为恭陈台湾弃留之利害仰祈睿事》，见《靖海纪事》卷下，又见《皇朝经世文编》卷八十四，兵政。
[6] 《粤闽巡视纪略》附纪澎湖台湾。

其次，清政府沿着人为的标界挖沟立墙，设兵戍守，固然增加了濒海居民同郑成功义师联络的困难，但并没有能够割断他们之间的来往。清初一位福建人士依据耳闻目睹写了下面一段话：

> 当是时，大吏以界外为大荒，人迹阻绝，寇指日穷饿死。而寇窃笑于岛屿曰："是畀我以田园矣，予我以薮泽矣。"于是，群浮游于其间，架阁瓯脱，渐通奸民，为越贩之利，物之竹木，食之五谷，器用之油铁，以及布帛麻枲之属，昼伏宵行，络绎成市。……予尝游清漳，过蒜岭，望江阴废城，烟火迷漫，而缠头之寇（指不剃发的郑成功义师）且观剧其市。惊避之，肆主人曰："无伤也，是征米者。"亦异矣。[1]

这委实是一种滑稽的场面。在距厦门不远的一些地方，清方守边将士为求得安静宁谧，也私下放宽禁令，"虽汛地谨防，而透越不时可通，有佩鞍穿甲追赶者，明是护送；即巡哨屡行，有耀武扬威才出者，明使回避。故台湾货物船料，不乏于用"[2]。一位当时的福建乡绅在诗中不无讽刺地说："闽海昔迁徙，流离我黔首。高栋灰咸阳，寒烟昏白昼。四郡美田园，割弃资逋寇。拒门撤藩篱，阶除议战守。群盗方揶揄，佃渔恣奔走。流亡死内地，穷蹙遑相救？"[3]沿海居民不顾禁令，冒着生命危险给郑氏义师提供粮食，在清政府官方文

---

[1] 高兆《长乐福清复界图记》，见《闽颂汇编·记》。
[2] 《台湾外纪》，卷十五。
[3] 《闽颂汇编》，五言古，黄瑊诗。

书中也有反映。康熙十七年福建总督姚启圣曾发布文告说:"近闻界内不法居民每每鸠输米谷于贼,公然赍为盗粮。……其中必有为首之人,代贼科敛。"[1]

这些材料令人信服地表明,迁海政策只是给沿海居民造成了极大的灾难,给清政府自身带来了重重困难,对郑成功父子领导的义师并没有起到多大的威胁作用。康熙二十三年台湾的回归大陆是当时的大势所趋,无论在直接意义上还是在间接意义上都不是迁海政策的结果。如果清廷抱住迁海政策不放的话,台湾问题不仅不能解决,分离的局面还将继续拖延下去。值得注意的是,在清朝大臣中主张进取台湾的人(如福建水师提督施琅、福建总督姚启圣)都是迁海政策的反对者。清朝统治者对于自己的文治武功历来是不厌其烦地张扬备至。唯独对于沿海迁界这个涉及东南各省,持续时间长达二十年的重大政策却很少记叙,连清实录当中也只是寥寥数语,一笔带过。这种现象多少可以说明清廷事后终于明白自己的失策。依赖当时承办官员的文书、地方志和私家记载才多少保存了事情的真相,使我们从一个侧面看到清初推行的政策是怎样阻碍了我国社会经济的恢复和发展。

第五节 鲁监国病死与张煌言就义

鲁王朱以海在1645年(顺治二年)七月出任监国以后,在东南沿海的抗清事业中做出了相当大的贡献。1651年(顺治八年)清军攻

---

[1] 姚启圣《忧畏轩文集·文告》,见《闽颂汇编》。

陷舟山，鲁监国在张名振等的军队扈卫下移居金门、厦门，由于郑成功不承认监国政权，而在西南建立的永历朝廷基本上得到了包括郑成功在内的南明各方势力的一致拥护，1653年三月，朱以海也承认了永历帝的正统地位，派使者上疏提出退位归藩。永历帝为了维护朱明王朝对东南地区的影响，仍让他保留监国的名义。但这并没有多大实际意义，福建沿海的抗清实力基本上控制在郑成功手里，朱以海只是作为"寓公"过着寄人篱下的生活。

1661年（顺治十八年）永历帝及其太子被清军俘获，明统告绝。东南沿海的一些忠于明室的文官武将又重新酝酿拥戴朱以海出面组织朝廷。但是，掌握实权的郑成功父子对此毫不热心。次年（康熙元年）五月，郑成功突然得病去世。张煌言等一心以恢复明朝为己任的官绅志士立即提出由鲁监国继统。《海东逸史》卷二载："五月初八日，延平王郑成功卒。海上诸臣议复奉王监国。"这一记载并不准确。"海上诸臣"商议的并不是"奉王监国"，而是拥立朱以海为皇帝。张煌言在这年七月《上鲁监国启》中说："为国难已极，天命宜还。伏乞早定大计，以存正统，以图中兴事。春来阅邸抄，知去年十一月，缅夷内变，导虏入缅，致我永历皇帝蒙尘，一时扈从宗室官员无一得免。……但中华正统岂可久虚。只今胡亦以诸夏无君，遍张伪檄，荧惑视听。四顾敷天，止海上尚留左袒。臣以为延平藩（郑成功）必当速定大计，以申大义，亟誓大师，以报大仇。而至今寂寂，道路谣传又有子弄父兵难信之事（指郑经在众将领支持下违抗成功之命）。……计惟在闽诸勋镇，正在危疑之际，不若急用收罗之术，以为拥卫之资。然后速正大号，使天下晓然知本朝尚有真主，中国自有正朔。……臣今拟上诏书一道，伏祈主上密与宁靖王及诸缙绅谋之，发愤为雄，以慰遐迩。"[1]当时他在浙江濒海军中，还不知道郑成功病逝。八月间，张煌言得到郑成功在台湾去世的消息，又曾两次启奏鲁国主，其中讲道："去冬缅甸之变，君亡臣死，天下已无明室矣。止海上犹存一线，而主上尚在龙潜，真乃天留硕果。自当誓师讨贼，以维系人心，以嗣续正统。昔莽移汉鼎，光武中兴；丕废山阳，昭烈践阼；怀愍北狩，晋元称制；徽钦蒙尘，宋高继立。以视今日，谁曰不然。"[2]张煌言明确地表达了他认为在永历朝廷覆灭以后，当务之急是拥立朱以海为帝，借以存有明之正统，号召远近，致力于复兴事业。然而，郑经对鲁监国态度的冷淡却较其父有过之而无不及。如张煌言启本中就提道："八月八日，御史臣陈修捧纶音至臣营。臣焚香开读，知主上薪胆忧危，较昔倍甚。臣南望仓皇，罔知所措。"另一件启本中说"顾岛上勋贵，罔识春秋大义"，批评了郑经之流不能从大局着眼。更令人惊奇的是在张煌言《答闽南缙绅公书》中竟然出现这样的句子："日来浙直老稚，喧传鹭左勋镇绅衿，复奉鲁王监国。正在疑信间。及接老先生公函，谆谆以鲁国主玉食为商。""今不幸延平殿下薨逝，大丧未毕，繁费难支，即军储尚恐不给，何暇言及宗禄。旁观者岂不谅当事苦心？""然我辈所为何事，而致亲藩流离琐尾，饥饿于我土地，非特诸勋贵之责，亦诸老先生之羞也。若新府（指郑经）肯敬承先志，敦厚天潢，哀王孙而进食。又何烦不肖之片芹寸曝哉。"[3]透过张煌言的启本和书信，不难看出郑经掌权以后，鲁监国的"宗禄"被停发，日常生活都不能保证，还谈什么即位做皇

---

[1] 《张苍水集》，上海古籍出版社1985年新一版，第二十六至二十七页。
[2] 《张苍水集》第二十九页。
[3] 《张苍水集》第三十一至三十二页。

帝。张煌言当时只有少数兵船驻泊于浙江沿海僻岛，用他自己的话来说："臣以孤军，孑处荒壖，夷艘星列，五倍于臣，而臣又无蚁子之援。臣日夜枕戈，与死为邻，亦以死自誓。若轻为移跸（指从金门迎出鲁监国），则风鹤频惊，臣罪谁倭？倘仍栖浯岛（即金门），窃恐号召既远，复与臣呼应不灵。"[1]处于焦虑两难之中，张煌言仍抱一线希望，"犹幸旧主之在"，拥明诸绅衿将领"或能旋乾转坤"，"首为拥戴"[2]。可是，这个希望很快就化作泡影。朱以海当时正值中年，但身体状况却不佳，长期患有哮喘病，这年十一月十三日"中痰"去世[3]，享年四十五岁。

张煌言在鲁王病死后，对前途感到完全绝望。他始终是一位抗清志士，而不是一个独善其身的人。何况他对郑氏父子的所作所为常有异议，所以没有像其他一些官绅那样跟随郑氏移居台湾，满足于保住先人衣冠头发。复明运动的旗帜既已不复存在，继续同清军作战也就失去了意义。1664年（康熙三年）六月，他下令解散自己部下的军队[4]，只留下几个亲信居住于人迹罕至的悬山花岙，这是个距离舟山

---

[1] 《张苍水集》第二十八页。
[2] 《张苍水集》第二十九页。
[3] 光绪八年《金门志》卷二《坟墓》记"监国鲁王墓在古坑后埔"，附录了道光十六年巡道周凯的两篇短文，文中引林霍子瀇《续闽书》载"王素有哮疾，壬寅十一月十三日中痰薨。生万历戊午（万历四十六年，1618）五月十五日，年四十有五。葬于金门王所尝游地"。又说，王墓久已湮失，当地土人虽称其墓为王墓，但"不知何王墓也"。道光十二年春天当地生员林树海访得，参考诸书确定为朱以海墓。墓前尚"镌王手书'汉影云根'四字，并镌从亡诸公题咏"。台湾有关方面在金门曾对鲁监国墓进行发掘考证，有圹志等实物出土，惜未见到详细报告。《海东逸史》卷二记壬寅年"十一月二十三日，王薨"，较《续闽书》所载晚十天。至于野史云鲁监国被郑成功沉于海中毙命，更属不根之谈。
[4] 《张苍水集》第二四七页。

不远的孤岛。由于岛中不产粮食，日常所需不得不以寺庙和尚的名义前往舟山购买。清浙江提督张杰从降将处探知张煌言藏身于附近海岛，就派遣兵丁潜伏于舟山的普陀、朱家尖一带，不久果然截获了张煌言的购粮船，当即利用所获船只连夜赶往花岙。七月十七日天色未明时分，清兵出其不意地突然闯入煌言居室，煌言及随从被活捉，搜出永历帝颁发的"视师兵部"银印和九枚关防[1]。张煌言被俘以后，断然拒绝了清政府的招降，在押解到宁波、杭州直至就义之前，写下了许多壮丽诗篇。如《被执过故里》诗云："知者哀其辱，愚者笑其颠。或有贤达士，谓此胜锦旋。人生七尺躯，百岁宁复延。所贵一寸丹，可逾金石坚。求仁而得仁，抑又何怨焉？"[2]《甲辰八月辞故里》诗更是脍炙人口："国亡家破欲何之，西子湖头有我师。日日双悬于氏墓，乾坤半壁岳家祠。惭将赤手分三席，敢为丹心借一枝。他日素车东浙路，怒涛岂必属鸱夷。"[3]九月初七日，张煌言在杭州遇害[4]。在南明为数众多的人物中，张煌言的地位并不显赫，然而在长达二十年的抗清斗争中，他历尽了艰难险阻，处处以大局为重，几乎是一位无可挑剔的完人。黄宗羲为他撰墓志铭说："今公已为千载人物，比之文山，人皆信之。余屈身养母，戈戈自附于晋之处士，未知后之人其许我否也。"[5]可谓定评。

---

[1]　《清圣祖实录》卷十二引浙江总督赵廷臣疏报七月二十日夜间擒张煌言于悬山范岙。

[2]　《张苍水集》第一七六页。

[3]　《张苍水集》第一七六页。

[4]　参见《张苍水集》附录之多种材料，特别是高允权作《奇零草后序》，第三三四至三三五页。《清圣祖实录》卷十二记张煌言被杀于十月初十日。

[5]　黄宗羲《有明兵部左侍郎苍水张公墓志铭》，见《张苍水集》附录，第三一二页。

第三十二章
夔东抗清基地的覆灭

第一节 清廷组织三省会剿

清朝初年，由于满洲贵族推行的民族压迫和民族征服政策，使民族矛盾在一段时间里上升成为我国社会的主要矛盾。在长达二十年的抗清斗争中，大顺军余部和大西军余部一直是这一斗争的主力。

顺治十八年（1661），南明永历帝被俘，次年李定国病死，部将有的牺牲，有的降清，结束了以大西军为主体的西南抗清斗争。这时，除了经营台湾的郑氏和张煌言部少数兵力驻于浙江沿海岛屿以外，在中国大地上继续坚持武装抗清的只剩下了四川东部和湖北西部以大顺军余部为主的所谓"夔东十三家"。"十三家"这个词并不大准确，它指的是以李来亨、刘体纯、袁宗第、郝摇旗、党守素、塔天宝、马腾云为首的大顺军余部以及以王光兴、贺珍等为首的其他抗清武装。所谓夔东，大致相当于长江三峡地区，这里山高水急，形势险要，从军事上来说，不仅是易守难攻的地方，而且切断了四川同湖北的通道，进可以出击两湖、豫西、陕南和四川，退可以据险自守。然而，由于这个地区基本上是重峦叠嶂，人烟稀少，生产很不发达，要维持一支足够强大的军队无论在人员补充上还是在物资供应上都有很大困难。直到顺治帝在位的中期，清军用兵的主攻方向是西南地区，不可能调集重兵围攻夔东抗清基地。郝摇旗、李来亨等人还有可能进军郧阳、襄阳一带，既打击了清朝的统治，也取得了部分人力、物力的补充。西南抗清斗争的失败，使清廷可以腾出手来集中兵力镇压夔东抗清武装。

康熙元年（1662）七月，清朝四川总督李国英向朝廷建议发动四川、湖广、陕西三省会剿，并请朝廷确定统一进兵的日期。他在密疏中说：

> ……闯逆余党郝摇旗、李来亨、刘体纯、贺珍、袁宗第、党守素、塔天宝、王光兴等贼窜伏于荆、郧、蜀东之间。在楚则远安、兴山、归州、巴东、施州卫、房、竹等处；在蜀则大宁、大昌、夔州、巫山、建始等处；而逼近陕西之兴安。计其切（窃）据地方横亘数千余里……楚蜀难通，气脉梗阻。向来勾通滇寇李定国等假窃号召，摇惑人心，其肆猖獗而稽天讨盖有年矣。前者台臣两次建议，奉旨会剿；旋又奉旨暂停。庙谟深远，诚非愚臣所能窥测。但诸逆向所倚恃观望，惟在滇南。今大兵远伐，六诏敉宁；而诸寇尚负固弄兵，阻我声教……逼处内地，有同养痈。……且楚、郧、秦、蜀处处设防，旷日持久，息肩无期。……惟祈立奋乾断，敕行进剿，俾屡年逋诛之巨寇速就殄诛……庙堂

之上酌定师期，三省士马同于是日进发。……[1]

李国英的建议正中清廷统治者的下怀。这年九月初四日奉旨："这所奏三路进兵剿除郝摇旗等贼，说的是。著密速议奏，兵部知道。"兵部经过秘密会议后，同意了李国英的建议，提出如下具体方案：由湖广提督董学礼调总兵三员统兵三万，从湖广进剿；陕西提督王一正调总兵二员统兵二万五千，另调河南省的河北镇总兵鲍照统兵五千，凑足三万，从陕西进剿；四川由总督李国英亲自率领，官兵酌量带往。进剿的日期确定为康熙元年十二月二十日逼近夔东抗清基地，同时发动进攻。这个方案在九月十三日得到清廷的批准，下达给川、楚、陕三省。这年年底，三路清军进迫夔东抗清基地，一场旷日持久的激烈战斗从此开始了。

由于夔东地区重峦叠嶂，山势险峻，进兵运粮困难重重，清政府为了尽量减少损失，采取了剿抚齐下的方针。顺治十八年八月初九日，清廷特地发布一道诏书招降刘体纯、郝摇旗等义军首领；诏书中说"兹特开一面，赦其既往之辜，予以功名之径。刘二虎等果能悔罪投诚，真心向化，即赦其前罪，优加升赏"，云云[2]。次年，又颁发了同一精神的谕旨，在康熙元年，陕西总督白如梅《招抚刘体纯等书》《回贺道宁书》内除了传达清廷旨意，还反复说明清兵入缅、永

---

[1] 《李勤襄公抚督秦蜀奏议》卷二十。
[2] 《明清档案》第三十七册，A37—71号、A37—72号均为此件影印本；《明清史料》丙编，第十本，第九九三页所录文本即A37—71号，个别字模糊不清。第一档案馆藏本亦有残缺，见《清代档案史料丛编》第六辑，第三五二至三五三页。这件诏书现存（北京、台北）共有三份，约为当时颁往相关省份誊黄广为张挂所用。

历朝廷被俘，白文选和李定国之子李嗣兴、刘文秀之子刘震部已投降，郑成功也已病死，"天下事无复可望，又何所待乎？"劝他们做"识时务之俊杰"，并且以孙可望封义王，黄梧封海澄公，谭诣、谭弘封慕义、向化侯做典型，多方引诱。值得注意的是，这两件文书中都提到清方派遣招降义军首领的使者几次被郝永忠阻回[1]。尽管清廷的招降政策收到了部分效果，夔东之战仍然是惊心动魄的。

1663年（康熙二年）正月初一日，李国英趁新春佳节之际，带领重夔镇总兵程廷俊、抚剿署总兵梁加琦两部官兵从夔州（奉节县）出发，顺长江北岸"沿岸前进"，于初三日渡过大宁河，占领了大昌县（今大昌镇）。驻守在这里的明军袁宗第部战败，被迫将城内房屋粮草放火烧毁，撤往茶园坪。据守大昌北面大宁的是岐侯贺珍[2]，这时已经病死，由其子贺道宁以富平伯名义统率部众。贺道宁见袁宗第败走，清兵迫近营垒，吓得失魂丧魄，于正月十八日向李国英投降。李国英即于是月下旬分兵两路夹攻茶园坪，同时派出部分军队堵截郝摇旗、刘体纯来援之路。袁宗第虽然据险拼杀，终因寡不敌众，将士阵亡和跳崖跌死的多达二千五六百人，被俘三百余名，部下新化伯冯启凤缴印投降。袁宗第带着残兵败卒乘夜跳崖脱走，同郝摇旗部合营。四川清军也因为粮草不继，暂时停止了追击。

与此同时，湖广清军在提督董学礼率领下攻占了香溪口，这里

---

[1] 《甲申朝事小纪》三编卷七收"陕西白制台"的两封信，白制台即清陕西总督白如梅。这两封信的起草人为白如梅的幕客郑与侨。

[2] 贺珍在陕西降清、反清事已见前述。岐侯当为永历朝廷所封。贺珍在大宁屯驻期间颇有建树，道光《夔州府志》载《大宁场龙君庙碑记》云："自岐侯贺公建节兹土，招徕抚集，百堵皆作，籍什一之赋而民租减，革盐法之弊而税课蠲。诸如虑民之病涉也，则造梁以济之，惧神之匮祀也，则捐赀以享之。出则以勤王灭虏为事，入则以课农练兵为本。"

是李来亨部据守的兴山县进入长江的重要通道。正月上旬，陕西提督王一正带领陕西、河南兵也由白土关进入湖北，攻占了竹山和竹溪二县。二月十五日，郝摇旗率部同清军交战于房县赤土坡，郝部被击败。清军三十六营驻扎于房县西面的茅坪，接着又在邓川峪再次击败明军[1]。郝摇旗因兵力不敌，在房县境内无法立足，于六月二十日带领部下士卒和家口放弃该县山中营寨，取道上龛，在七月初十日到达川鄂交界处的吴家垣子，同刘体纯部会合[2]。郝摇旗经营了十二年的房县据点从此落入清军之手。

在清军步步进逼、形势逐渐恶化的情况下，郝摇旗同刘体纯商议采取以攻为守的战术，联合以兴山县为基地的李来亨部对清军实行反击，借以变被动为主动，打破清政府的围剿计划。这个提议得到了李来亨的积极赞同，决定首先合力迎击湖广清军。出战之前，李来亨命人杀猪备酒犒赏了刘、郝两部将士，鼓舞斗志。七月二十三日，李来亨、刘体纯、郝摇旗三部联合对湖广清军大举反击。明军英勇作战，清"楚师全军失利"[3]，董学礼指挥的三万官兵被杀得抱头鼠窜，"带伤、死者甚多"[4]，"除杀伤外，挤窜于南阳河（在兴山县境内），水为不流"[5]。湖广清军一直逃回彝陵（今湖北宜昌市），喘

---

[1] 同治四年《房县志》卷六《事纪》；《竹山县志》卷十八《兵防》。
[2] 李国英《李勤襄公抚督秦蜀奏议》卷二十。
[3] 《李勤襄公抚督秦蜀奏议》卷二十一，康熙二年十一月初十日题本。
[4] 同上书，康熙二年八月初九日题本。如襄阳镇南营游击王进忠、前营守备张所蕴、千总李三畏等均被击毙，见《襄阳府志》卷二十《名宦》。
[5] 乾隆十五年《直隶澧州州志》卷十九《兵难》。康熙五十四年《巫山县志·兵防》记："五月，郑提督命师于巫。适郝摇旗弃房、竹至巴东，与诸逆合攻七连坪，楚师失利，势猖獗，且谋犯蜀。"（郑提督指四川提督郑蛟麟）康熙八年《当阳县志》卷一《事纪》载："越明年（指康熙二年）七月，我师稍却，复屯当邑。是年冬，益以禁旅，复由当阳进。"

息方定。

取得东线重大胜利以后，李来亨、刘体纯、郝摇旗又联合袁宗第、党守素、塔天宝、马腾云共计七部约五万明军（均为原大顺军）乘胜西上，准备一举击破四川清军。当时，清四川总督李国英统率的官兵已进抵巫山县城。部下除提督郑蛟麟和重夔、建昌、遵义、永宁等镇陆师以外，还有不久前降清、熟悉三峡形势的明向化侯谭诣、慕义侯谭弘部水师，兵力相当雄厚。

八月二十四日，刘体纯，李来亨等七部数万之众乘船直抵巫山城下。次日凌晨，开始强行攻城。巫山县地处长江三峡之中，县城面江背山。清人李调元《巫山县》诗云："小小巫山县，云峰密似麻。天宽才一线，地仄控三巴。……瞿塘天下险，莫更说褒斜。"这一地形特点既决定了它易守难攻，而一旦攻克，守敌势必全军覆没，逃跑的可能性很小。李国英意识到生死成败决于此战，除了两次向清廷告急请速派援兵以外（就巫山战役而言这几乎没有任何实际意义），致力于加强防守。他对部下将领说："巫地势低凹，难驰骤。贼众若远来，利速战；我坚壁以待，彼不能久持。乘其懈，可击而歼也。"李国英"躬先士卒缮完城垣，北城下锭梅花木桩，桩下挑品字深坑；西城外之高唐观地高峻，可瞰城中，立敌楼炮台；东城外一阜峻阔，筑土寨焉"[1]。他责成部将分汛把守，自己坐镇城内最高处调度指挥。为了鼓舞士气，他一面"大书赏罚之格，悬示城头"，一面"以小刀自随，指其地以告将士曰：'此本部院报国之所，不令诸君独冒锋刃也。'"[2]明军从八月二十五日起昼夜轮番进攻，志在必克。他们建

---

[1] 康熙五十四年《巫山县志·兵防》。
[2] 《李勤襄公抚督秦蜀奏议》卷二十一，康熙二年十一月初十日题本。

造了土囤、挨牌、云梯等攻城设施，还开挖地道准备用爆破式透入城内的方法夺取县城。李国英则严厉督率部下官兵负隅顽抗。双方拼死搏斗了几天以后，李国英发现了明军给攻城部队运粮的饷道，就派出几百名精兵用白布包头伪装成明军，潜伏在明军运粮路旁。见有运粮士兵经过，就从暗中猝然击杀，然后把尸体和粮食拖到林木荒草间。他还下令把明军为运粮和兵员往来而铺设的浮桥砍断[1]，使攻城明军得不到食品等物资和兵员的补给，陷于饥疲交困之中。九月初七日，李国英认为时机已到，在黎明时分突然开城出战。明军虽然奋勇迎敌，但已成强弩之末，被清军击败，阵亡将士多达七千人[2]。刘体纯、李来亨等被迫于次日撤退。

1663年（康熙二年）七月至九月的东、西两线反击战，是原大顺军改编成的明军在夔东地区为了打破清军围剿而展开的两次规模较大的战役。结果是一胜一负，虽然打击了清军的嚣张气焰，自己却并没有摆脱战略上的被动局面。在这以后，随着清军兵力的不断增强，夔东基地逐渐缩小，抗清义师基本上处于被动挨打的地位。

这年秋天，清廷接到湖广清军严重失利的报告，四川当局又一再求援，决定增派满洲八旗兵参战。命西安将军傅喀禅、副都统杜敏带领驻防西安满兵由陕入川，从水路抵巫山；另调京师八旗禁旅一万名，以都统穆里玛为靖西将军、都统图海为定西将军率领前往湖

---

[1] 按，巫山县城在长江北岸，城东为大宁河，这里讲的浮桥当是架设于大宁河上，而不是跨越长江之桥。

[2] 李国英在康熙二年十一月初十日题本中报告巫山之捷说，"通共斩杀伪总兵、副、参、都、守、领旗四十八名，贼兵共六千九百四十四名"，另"正法"被擒"活贼"一百一十九名，见《李勤襄公抚督秦蜀奏议》卷二十一。

广,加强东路清军实力[1]。十一月二十九日,傅喀禅、杜敏带领的西安满洲兵到达巫山。由于途经汉中入川,"栈道崎岖,马匹困惫",李国英奴颜卑膝地下令把自己所统四川绿营兵的马匹让给满兵骑乘,"鼓励汉兵荷戈步走"[2]。十二月,穆里玛、图海带领的八旗禁旅也进至房县,从北面向兴山推进[3]。清政府重兵的集结,标志着一场大战即将开始。明军内部一些意志薄弱者既震慑于清军的浩大声势,又忍受不了穷山僻水的艰苦生活,不断发生叛变事件。十一月间,郝摇旗部下的挂印总兵罗茂同向清军投降。十二月上旬,又有郝部挂印总兵马进玉、王之炳、张大盛、武自强,袁宗第部下的挂印总兵邓秉志、杨㳘、赵云等带领部众集体哗变,叛投清朝。郝摇旗、袁宗第无可奈何,带着为数不多的士卒前往巴东投靠刘体纯[4]。可是,这时刘体纯部的处境也已经相当困难。从四川方面推进的满汉清兵在十二月二十三日逼近了刘体纯的营垒陈家坡,大举进攻。刘体纯部抵敌不住,退到天池寨,部下总兵锁彦龙、吴之奇、王加玉、李之翠、刘应昌、胡君贵、田守一、王之礼等先后降清[5]。清军乘势攻占了刘部重要据点老木崆。刘体纯见大势已去,同家属一道自缢而死。据文献记载,刘体纯"骁勇有方略,御众严明","颇知爱民"[6]。他壮烈牺牲的消息传开后,当地百姓都为之伤心落泪。清四川总督李国英为收

---

[1] 《清圣祖实录》卷九。
[2] 《李勤襄公抚督秦蜀奏议》卷二十二,康熙三年二月十九日题本。
[3] 同治四年《房县志》卷六《事纪》云:"十二月,定南将军图海率禁旅抵房,督秦豫诸师入蜀会剿。"按,图海为定西将军,他和穆里玛带领的八旗兵由房县南攻兴山县茅麓山,都在湖北境内,说他"入蜀"不妥。
[4] 《李勤襄公抚督秦蜀奏议》卷二十一。
[5] 同上书,卷二十二。
[6] 光绪六年《巴东县志》卷十四《事变志·寇乱》。

买民心，下令以礼安葬[1]。二十六日，清军追至黄草坪，郝摇旗、袁宗第两人带领兵丁拼死抵抗，终因敌势过大，郝摇旗、袁宗第和永历帝所委派的部院洪育鳌被俘，长期依附于郝摇旗的明东安王朱盛蒗也被清军擒获，永历帝派出的监军太监潘应龙自缢身死。郝摇旗、袁宗第、洪育鳌、朱盛蒗被押解到巫山县城，后奉清廷旨意于1664年（康熙三年）十月十二日在该地杀害[2]。

第二节　关于"韩主定武"政权的考辨

在讲述夔东地区的抗清活动时，有一个重要的问题需要澄清。清朝初年查继佐撰写的《罪惟录》中依据不可靠的传闻在南明诸主间添了一位所谓年号"定武"的"韩主"，对后世研究南明史事造成了很大的混乱，其文云：

> 韩王本铉，系太祖十九子宪王松之后，世封平凉。崇祯十六年，李贼自成陷陕，王被执，间脱。适献贼陷楚，其部将郝永忠者枭悍，军中望永忠摇旗辄奋，遂以郝摇旗著名，敌遇之震。及献贼死，摇旗内款，独奉韩王为主。自闽事坏（指隆武帝遇难），韩便称尊，改元定武。尝移书桂主（指永历帝），叙长幼，不称臣。……癸卯

---

[1] 光绪六年《巴东县志》卷十四《事变志·寇乱》。
[2] 李馥荣《滟预囊》卷四记："遂生擒宗第、摇旗献功。太保（指李国英）命囚于巫山，请旨。命下，斩宗第、摇旗。"《南疆逸史》卷二十三《洪育鳌传》记："甲辰（1664）十月十二日杀于巫山，投尸峡中。"

（1663，康熙二年）定武十七年，来亨被困，弃七连，保谭家寨。永忠与二虎（指刘体纯）合力，从来亨北御，大战四昼夜，北协湖广之师大挫。已而，巫山不能守，先败。房山旋败，韩主不终。[1]

这段史料中的错误不胜枚举，如：一、郝摇旗原是大顺军李自成部下偏裨，误作大西军张献忠麾下之枭悍。二、永忠乃郝摇旗联明抗清后隆武帝所"赐"之名，误作本名。三、郝摇旗长期追随永历朝廷，不仅同何腾蛟、瞿式耜交往甚多，还曾在桂林亲自护卫永历帝出逃（见上文），误为自隆武帝遇难后即拥戴韩王本铉称尊，改元定武。四、即便有明初所封韩王后裔在大动荡中流落他乡自称或被推为"韩王"，也不可能名为"朱本铉"，因为按朱元璋亲自反复修改酌定后颁布的《皇明祖训》之《礼仪》篇规定了诸藩命名世系的二十字，"本"字为封于山东兖州的鲁王位下第十九世，明朝灭亡时鲁藩才传到第九世"以"字辈，如袭封鲁王朱以派、朱以海（即鲁监国）兄弟，根本不可能出现"本"字辈；韩王位下没有"本"字辈，所谓"韩王朱本铉"完全是空穴来风。查继佐曾经在鲁监国政权中任职，所著《罪惟录》中也记载"自帝系成祖下，预派二十字，世以辅名，名旁按五行取相生义。……而亲王亦各派二十字，载玉牒"[2]，可见疏于查考。查氏立志著史，但常有失误。如他在《鲁春秋》一书中开头就说："乙酉夏五月，南都不守，……杭诸绅奉皇太后命敦请潞王

---

[1] 《罪惟录》附纪卷二十二《韩王附纪》，见浙江古籍出版社1986年版第四三五页。同书卷十九《鲁王监国附纪》也两处提到"定武"建号称尊，"以延明运"，见第四一六至四一七页。

[2] 《罪惟录》卷二十五《宗藩志》，排印本第九二四页。

503

朱翊镠监国。"把朱常涝误记为其父老潞王。记鲁王监国事又云：朱以海"甲申（1644），甫袭封四日而东师入兖州，王南奔浙江"，显然是把1642年清军攻破兖州与1644年大顺军接管山东两件事混为一谈。记绍武政权则说："唐王朱聿镇据广州自立"，把朱聿鐭的名字误写作聿镇。查继佐在清初搜罗史料不易，辨别不清，误信讹传本不足怪。

辛亥革命后，孟森先生依据查氏所记，不厌其烦地抄录最常见史籍，撰成《后明韩主》一文，尽管他连东安王朱盛蒗、韩王朱本铉是一人还是两人都说不明白，仍然武断地写道："是年（1643，崇祯十六年）献忠（？）陷平凉，韩王被执而脱走入楚，遂为郝摇旗所得而奉之。摇旗等盖已先降，其奉韩王，自为明延统之意矣。以后摇旗等久不见于史，从《罪惟录》观之，则正于山僻中缔造一韩主之明国时也。韩主立国，在丙戌（1646）九月闽败之后，已当清顺治三年。而十三家之帅，遂以郝永忠、李来亨等著。……"[1]在南明诸将领当中，郝摇旗的记载是比较多比较有系统的，孟森先生说"摇旗等久不见于史"，只能说明他自己所见史料甚少。柳亚子先生撰《南明史纲·史料》一书中有《韩王本铉传》，他察觉了查氏所记有些不可靠，如韩藩排行没有"本"字辈，郝永忠不可能在隆武二年拥立本铉之类，也不列入正"编"（相当本纪）之中，然而在传文中仍然写道："隆武二年丙戌八月，汀州不守，绍宗襄皇帝殉国。本铉方拥众保郧西乱山中之房县，遂建号自立，改元定武。然局蹐一隅，不能有

---

[1] 孟森《后明韩主》，收入中华书局印《明清史论著集刊》上册，引文见该书第九十四页。

所展布也。"[1]柳亚子文中根据的除查继佐《罪惟录》外，多次提及全祖望、赵之谦撰写的《张苍水年谱》做旁证。其实，张煌言本人的诗文集中从来没有提到"韩王""定武"，他写的《送吴佩远职方南行访行在兼会师郧阳》诗，意在寻访昆明破后流离失所的永历帝并且同夔东十三家军建立联系。全祖望、赵之谦撰年谱为此诗作注时即误信查继佐《罪惟录》窜入了"奉韩主本铉为主，改元定武"的情节，既歪曲了张煌言的原意，更无助于证实"韩主定武"。我们无意于对前辈学者吹毛求疵，但是，在南明史上凭空增加一个立国建号十七年的朝廷事关重大，不容不辨。即如孟森所言，"治明史者，不能忽为细事"。既然不是"细事"，又何必在未加详考的情况下做出极大胆的论断？只要对南明众多史料和清初档案加以排比考证，就可以知道根本没有什么年号定武的韩主。

指出称尊建号的"韩主"纯属讹传，并不是说明清易代之际没有一位"韩王"曾在郝摇旗营中参与复明运动。明崇祯朝廷覆亡前后，诸藩有的被擒杀，有的轻信清廷给以"恩养"的谎言自投罗网，有的流离失所。南明自弘光以后，除了对身份明确者予以安置外，已经不能依据谱牒确定袭封人选。朱明宗室人数既多，谱系亦紊，有的自称或被推为一字王（亲王）、二字王（郡王）以资号召，并不足怪。在现存档案、野史等文献中无论是在清统治区还是在南明管辖区都有很多谱系袭封情况不清楚的明朝藩王。郝摇旗营中确实曾经有过

---

[1] 柳亚子《南明史纲·史料》之《南明人物志》四《韩王本铉传》，见上海人民出版社1994年版第二〇二页。按，《罪惟录》在浙江古籍出版社排印以前一直以抄本行世，"本鈝""本铉"字形相似，故有差异。

几位藩王,一位是东安王朱盛蒗,一位是通山王朱蕴钤[1],另一位是韩王朱璟溧。朱璟溧是明太祖之子韩宪王朱松的九世孙,顺治五年山西反清运动风起云涌时,他被虞胤、韩昭宣推举为"韩王",作为复明运动的号召。山西兵败以后,朱璟溧逃到湖广南明控制区,不迟于1651年(顺治八年)进入设于湖北房县山区的郝永忠营里。他虽然很可能不是韩藩世袭近支,但是由于在山西等地复明志士中有一定影响,又受到夔东抗清义师郝摇旗等人的郑重接待,永历朝廷在宗藩凋零、谱系紊乱的情况下,出于策略考虑承认了他的韩王封号。从现有档案等文献看,韩王朱璟溧的任务主要是代表永历朝廷联络北方的复明势力。清初档案内有一件报告"逆王"朱存梧在河南洛阳地区秘密联络反清人士,准备在1656年(顺治十三年)元宵节起事,夺取洛阳的案件。朱存梧被清政府捕获后供述他在1651年(顺治八年)到过郝摇旗部据守的湖北房县山中,"住半年,与韩伪王相处,他是一字王"[2]。朱存梧的供词明确说这位寄居于郝摇旗营中的韩王只是"一字王",并没有说他建号称尊。何况朱存梧还供称在这以前(1649,顺治六年),他还"潜身至贵州省下投见永历,说要中兴,领受有龙边伪票一张,无龙边伪札四张,又空头伪札二张,结连会兵"[3],显

---

[1] 鲁可藻《岭表纪年》卷二记:永历二年(1648)二月郝永忠营中有宗藩通城王蕴钤、东安王盛蒗。"守辅(瞿式耜)为蕴钤,郝永忠为盛蒗疏请承袭楚王",鲁可藻说这两人都是楚藩疏裔,自称郡王都有问题,更不要说袭封亲王了。通城王蕴钤在瞿式耜《贤王宜优异疏》中作通山王蕴钤,符合明代宗室命名原则(见《瞿式耜集》第一二○至一二一页)。《岭表纪年》作通城王蕴钤有误,但也说明南明时期宗藩袭封已经无章可循,相当紊乱了。

[2] 刑部尚书图海等题本残件,见《清代农民战争史资料选编》第一册(下),第二○九页。按,存字为秦王朱樉之后第十一辈,但朱存梧是不是秦藩下世袭郡王已难查考。

[3] 上引刑部尚书图海等残题本。

然同郝摇旗等人一样是尊奉永历朝廷的。另一件清方档案为湖广总督祖泽远在顺治十三年的奏疏，其中说：山西人李企晟"先在韩城一带与虞胤同韩昭宣结草作乱，私立伪韩王，行伪永历事。企晟自加伪总督职衔，于顺治十二年十一月内自华山出营"，后来取道潼关，河南邓州、淅川，到达湖北均州，"郝永忠将企晟接入营盘安住。……至十三年二月十一日引企晟出山。比企晟遂于贼营内携带镀金印一颗、伪银印五颗、铜关防十八颗，伪永历敕札一道、伪历日一本，伪韩王龙札三十二张、伪龙票一十八张、伪国公札付五十张、伪咨揭帖三件、伪告示一十七张、伪书札五十件"，本拟"往陕西一路给散"，为南明招兵买马，不料进入清辖区不久就被清军捉获。李企晟在供词中说，他"于十二年间自华山来到邓州淅川县，至十一月十五日到均州黄家湾过河，十六日进山，十一月二十四日到房县郝永忠贼营住两月半，见韩王并郝永忠商议联络内外兵马，会同兴山、巴东各家头目，随领出敕印关防共二十四颗并龙告示书札，仍往山西一带散给众党陕西虞胤、太行山牛光天、五台山高鼎等"。值得注意的是，在同一文件中还提到李企晟派随行人员李得福到郝永忠营后"差赴云贵通信未回"[1]。沈佳记：丙申十年（1656，顺治十三年）五月初一日，永历帝由李定国扈卫到昆明不久，就批准了韩王璟溧的请求，加封虞胤为莱国公，仍以文渊阁大学士兼兵部尚书总督军务的头衔联络山西、陕西清统治区内的复明势力进行斗争[2]。从上面引用的文献来分析，韩藩宗室朱璟溧是在山西姜瓖等人于顺治五年反清时被虞胤、韩

---

[1] 湖广总督祖泽远"为飞报密擒渠逆叛党并获金印、银印及伪爵关防敕札，以沮贼谋，以弭内患事"题本，原件尾部残缺，现藏中国第一历史档案馆。
[2] 沈佳《存信编》卷四。

昭宣等拥立的，以"韩王"名义"行伪永历事"，权宜委任参加起义的文武官职。晋、陕大规模反清运动失败以后，朱璟溧辗转逃入湖北房县一带的郝摇旗营中，同永历朝廷的关系肯定比在山西时要密切一些；郝摇旗以至永历朝廷也希望借助他在晋、陕一带的旧有影响和关系联络北方清统治区内的复明力量。尽管我们掌握的只限于几件片断的可信材料，这些材料却毫无例外地证明韩王朱璟溧只是作为永历朝廷的代表人物进行过活动。从1656年（顺治十三年）到1662年（康熙元年）清军对夔东明军根据地展开三省会剿，时间已过六年，没有见到文献中再提及韩王朱璟溧，大约是已死。同郝摇旗、袁宗第等人一道被俘的只有东安王朱盛蒗，毫无"定武十七年，韩主不终"的任何迹象[1]。如果清军擒杀了一位纪号称尊的南明皇帝，当事文官武将必然在奏捷疏中大肆吹嘘一番，怎么可能一字不提呢？至于夔东十三家武装尊奉永历朝廷，十三家首领人物和部将接受永历朝廷颁授的官爵，作为朝廷的象征和负责联络各部的"督师""阁部""部院"和太监都由永历帝委任，有大量材料证明。为了维护历史的真相，必须剔除所谓以"韩主"为首的"定武"朝廷的谬说，以免以讹传讹，贻误后人。

第三节　茅麓山战役

在形势急剧恶化的情况下，原来坚持抗清的一些领导人丧失了信心，先后率部向清朝投降。其中最著名的如据守长江南岸施州卫

---

[1] 参看《李勤襄公抚督秦蜀奏议》等清方摧毁夔东抗清基地的原始文件。

（今湖北恩施）一带的荆国公王光兴的降清。当清军开始围剿夔东义师时，他还拒绝清方招降，回信说："当日郧阳一举，至今泪滴九原"，"不佞首阳饿夫耳，老此地云云"[1]，表示鉴于其兄王光恩无辜被杀，同清廷势不两立。康熙二年（1663）十月，他却和永历朝廷任命的巡抚蒋尚膺一道带领部下兵丁七千余名向清朝湖广当局投降[2]。康熙三年（1664），永历朝廷委派联络夔东各支义师的最高官员总督部院毛寿登也屈膝降清[3]。甚至原大顺军旧部高级将领马腾云、党守素、塔天宝也觉得大势已去，在这年二月间带领部众向清军投降[4]。

这样，到康熙三年春天，原来的夔东十三家只剩下李来亨（永历朝廷封临国公）部仍然坚持于湖北兴山县境内的茅麓山区，以大无畏的气概抗击着三省清军和增援的满洲八旗兵共达十万之强敌。清靖西将军穆里玛统兵到达茅麓山下后，自以为兵精将勇，为了收取全功贸然下令向山寨发起进攻。李来亨指挥部众凭借山险予以迎头痛击，满洲兵坠崖落涧，伤亡惨重，镶红旗副都统贺布索、一等阿达哈哈番桑图、穆里玛的第三个儿子苏尔马都被击毙[5]。穆里玛追悔莫及[6]，

---

[1] 查继佐《罪惟录》列传卷九（下）《李来亨传》附。
[2] 《清圣祖实录》卷十三、卷十五。按，王光兴、王昌（或作王光泰）兄弟自顺治四年反清后，被清军击败，退入巴东县。不久，王昌病死。顺治十三年王光兴在清军压迫下由巴东转入施州卫，"去之日秋毫无犯"，见光绪六年《巴东县志》卷十四《事变志·寇乱》。
[3] 《清圣祖实录》卷十一。
[4] 《清圣祖实录》卷十一。
[5] 鄂尔泰《八旗通志》卷一四一《穆里玛传》；卷一六四《贺布索传》；卷一六六《哈尔松阿传附子桑图传》。
[6] 张玉书《张文贞公集》卷九《柯尔昆神道碑》云："慕公大悔。"穆里玛名译作汉字又作"慕礼衷"。

改由汉族军队打前阵，满洲兵督战，实行长期围困。满洲八旗兵在茅麓山区吃尽了苦头，直到凯旋京师以后仍然心有余悸。嘉庆年间，礼亲王昭梿在书中写道："康熙初，命图文襄公海为督师，同川督李公国英、护军统领穆公里玛率三省兵会剿。诸将皆于层岩陡壁间，草衣卉服，攀援荆葛而进，逾年始荡平其巢穴。故今京师中谚语有其事险难者，则曰：'又上茅麓山耶！'则当日之形势可知矣。"[1]

二月初，四川总督李国英、提督郑蛟麟接到穆里玛咨文，领兵进抵茅麓山南面的黄龙山参加围剿。李国英同穆里玛、图海等观察了地势，"见逆寨高险异常，周围一百五十余里"，强攻难以取胜，但当地山岚陡峭，地瘠民稀，粮食等物资不能自给，因此他们决定采取长期围困的战术，由三省官兵会同满洲八旗兵分汛连营扼守。为了达到困死明军的目的，清军构筑木城，挑挖堑沟，竖立排桩，切断明军同外界的一切联系。木城是为清军驻守而设立的，城外挖掘阔深各八尺的壕沟；壕外埋设一道五尺宽的排桩，名为梅花桩。其形制是用长五尺、围一尺的原木一半埋入地中，地面桩高二尺五寸，各根木桩之间相距仅五寸，参差排列，状如梅花。这项耗费巨大人力、物力的工事完成以后，给李来亨部明军的行动和军需供应造成了极大的困难。

双方相持了几个月，李来亨部贮积的粮草消耗得差不多了，求战不得，被迫拼死突围。六月十五日深夜，李来亨亲自率领总兵五名、精兵数千名分路进攻清军防线，另派三名总兵带领士卒旁攻，牵制他部清军赴援。明军抬着云梯、盾牌，手持钩镰大斧，砍断木桩，填平沟堑，"炮矢如雨，蜂拥攻打"。由于清军防御严密，突围未能成功。闰六月初九日夜晚，李来亨再次率领数千名士卒向清军阵地发

---

[1] 昭梿《啸亭杂录》卷八《茅麓山》条。

起猛攻,"枪炮齐发,势如风雨骤至"。明军战士"莫不奋臂争呼,拼死力战"[1]。因双方兵力对比悬殊,明军虽"连攻五阵",结果仍被清军击退。两次突围的失败,使李来亨深知打破清军重兵包围的希望已化作泡影,但他仍然大义凛然地决心与阵地共存亡。他把清方派来招降的叛徒李有实处斩,表达了宁死不屈的高风亮节[2]。清军见劝降无效,进一步挑深壕堑,加固工事,以求不战而胜。

八月初四日,寨内粮食全部吃完了,军心不稳,少数官兵私自逃出向清方投降。李来亨知道已经到了最后关头,他先把妻子杀死,放火烧毁房屋,然后自缢而死[3]。我们对李来亨的情况至今了解得并不多,只知道他是李自成的侄儿李过(李赤心)的养子,在大顺军联明抗清后才崭露头角,他带领的军队估计就是李过在南宁地区病死后留下的部众为骨干转战到夔东地区以后扩充起来的。鄂尔泰主编的《八旗通志》《穆理玛传》记载茅麓山战役时,说"来亨子率四千余贼筑城垛,排列枪炮挨牌拒敌"[4]。李来亨有儿子能领兵作战,没有见到其他史籍记载。虽然我们对李来亨的生年和早期情况都不清楚,甚至连他的儿子的名字也难以查考,李自成祖孙四代在明清之际为反抗明朝和清朝统治者的暴政而英勇献身的精神确令人钦佩不已。李来亨父子牺牲后,部下士卒除少数投降外,都在混战中壮烈捐躯。清朝将领唯恐有明军将士潜藏逃出,派了大批兵丁"四山搜剿",穷

---

[1] 《李勤襄公抚督秦蜀奏议》卷二十三。
[2] 王光谦《东华录》康熙七。
[3] 李国英康熙四年五月初八日题本,见《李勤襄公抚督秦蜀奏议》卷二十三。光绪十年《兴山县志》卷十九《艺文》收雍正年间知县潘内召《茅麓山记》中说:"三年八月,贼食尽,从党争降。来亨计穷,自焚死。"
[4] 《八旗通志》卷一四一《穆理玛传》;同书卷二二〇《古楞格传》《倭和仁传》有类似记载。

凶极恶地实行斩草除根，用他们自己的话说是"扫穴无遗类"[1]。至此，以原大顺军余部为主体的夔东抗清斗争坚持了二十年之久，以失败告终，大陆上公开以恢复明朝为旗帜的武装抗清运动结束了。

清政府为摧毁茅麓山这一弹丸之地，付出的代价是极其大的。投入的兵力多达十万以上，据李国英的描述，四川清军和驻防西安八旗兵由南面和西面，湖广清军由东面，陕西清军由北面，把茅麓山区一百五十余里的地方团团围住，清军主帅靖西将军穆里玛，定西将军图海驻于茅麓山南面的黄龙山督战，相持在半年以上。附近各省为运送军粮、物资、服其他劳役而征发的民夫更是不计其数，使百姓们承受了难以忍受的负担。王夫之记载："而□（房）兵督挽运，丁夫死者积崖谷，益峻法驱里民，三千里外诸军负挽，披蓑笠，缘绝巘峭壁蚁行，延绵弥望不绝。"[2]李国英之子李雯也写道："先是楚运自西瀼、渣溪起旱（即由船运改为人挑肩负的旱运），用夫背运至茅麓山。道里险远，往返不下半月，运既无多，夫多饥毙。"[3]康熙二年（1663）湖南宁乡人陶汝鼐作《西山行》诗云：

西山旧将久不服，高据巉岩最深谷。绝徼孤悬楚蜀间，中原已一无秦鹿。何妨弃置守其疆，以逸待劳俟穷蹙。一旦张皇大用兵，仰攻四面如缘木。转输骡橇百万人，风雨雷霆驱比屋。正是萧萧寒食时，长沙一路从军哭。抛田应募五千余，顷刻民间空杼柚。大吏轰轰小吏愁，奸胥更喜剜民肉。纷纷鬻子

---

[1] 《李勤襄公抚督秦蜀奏议》卷二十。参见康熙八年《当阳县志》卷一《事纪》。
[2] 王夫之《永历实录》卷十五《李来亨列传》。
[3] 《李勤襄公抚督秦蜀奏议》卷二十二。

叹伈离，我亦沾襟遣童仆。此去死生那得知，更番且喜还家速。仆夫垂泪向我言，人力如今贱如犊。西山上天下及泉，负挽步步石磨腹。烈日炙顶渴欲僵，百钱买浆才一掬。摇足便堕万丈崖，死者还遭勾摄牍。泣谈未了催檄来，增夫更饷巴东陆。巫山三峡又崎岖，魂魄初收岂堪复？吁嗟再遣诚万难，髓竭膏枯惨心目。谓天盖高胡不闻，六月炎炎书此竹[1]。

康熙初年任浏阳知县的侯朴也在一首叙事诗中写道：

……加之西山役，繁重不可当。夫草数千万，长驱解荆襄。卖牛卖儿女，赔绝赔逃荒。无计能活口，移徙走他邦。所以五十都，都都鲜全庄。于中逃最多，东乡与坊厢。伶俜几孑遗，鹄面而羸尪。我闻父老语，泪下沾衣裳。愿言勤抚字，拯救此一方[2]。

这真可谓长歌当哭，道出了民间几多辛酸。在地方志里更留下了这方面的许多记载，如湖北《安陆府志》记："康熙二年……民役西山，起运夫于各州县，往来死伤甚众。"[3]《松滋县志》记"顾觅运夫"云："锋镝余生，闻征鼓则返走，见旌旗则魂消。一听派取粮石、人夫运米随征，男儿嚎于道，妇子泣于室。视入山一路不啻刀山剑树矣。""二十三里（这是指里甲的里）携妻挈子担囊负耒逃匿数

---

[1] 陶汝鼐《荣木堂诗集》卷四。
[2] 康熙十九年《浏阳县志》卷十二，诗，知县侯朴《咏怀五十韵》。
[3] 康熙六年《安陆府志》卷一《郡纪》。

百里外者踵相接也。""况当事者复迫于军情重务，或差舍严催，或亲临督比，数十万呼庚呼癸之众，嗷嗷待哺，能为我凋残之松民宽乎。"[1]《当阳县志》记载："康熙元年壬寅，李来亨等盘踞竹、房、兴、巴一带，凭险不下，奉旨三省会剿，秦军上庸，蜀军巫山，楚军当阳，转输络绎往返，兵夫不下数百万。"[2]《枝江县志》载："康熙元年壬寅冬，王师征剿西山，民苦夫役"，"三年中枝民流离转徙日以百户计。"[3]连远在湖北东隅的广济县，康熙二年"西山之役，济一岁索夫三千一百七十焉"[4]。湖南《安福县志》记："康熙二年……民役西山，死者十之五。"[5]甚至有的地方还因为夫役负担过重发生哗变，如湖北大冶县，"康熙三年春正月，运夫哗。西山用师，县派民夫运粮，轮至第三批三百余人，中路逃归，拥聚北关外，左公铉等倡首，要索公县，抢掳后衙与猾胥之家。县官屏匿数日始去。而公铉自称左将军。上檄招安，至县，鼓吹迎之。公铉益恣"[6]。这些零星史料透露清政府围剿夔东抗清武装给湖北、湖南、四川等省百姓造成了极大的灾难，大致与此同时，为对付郑成功而采取的沿海迁界（史称"迁海"），同样使东南沿海百姓流离失所，陷入水深火热之中。据说，"历史是胜利者的历史"，而"胜利者是不受审判的"，当胜利者踌躇满志的时候，被征服被奴役者自然只有忍

---

[1] 康熙九年《松滋县志》卷下《宦绩》。
[2] 康熙八年《当阳县志》卷一《事纪》。
[3] 康熙九年《枝江县志》卷一《灾祥》；卷八《周邑侯实政记》。
[4] 张仁熙《藕湾诗集》卷一《役夫行》题下注文，转引自邓之诚《清诗纪事初编》卷二。
[5] 同治八年《安福县志》卷二十九《祥异》。
[6] 康熙二十二年《大冶县志》卷四《治忽·兵寇》。

气吞声，不可能去审判他们。然而，历史是公正的，即便过了几个世纪，云霾散尽，昔日的统治者随时都有押上被告席的可能。

本书作者认为，1664年夔东抗清基地的被摧毁，应当视为南明史的结束。理由是，永历帝虽然在两年以前被俘杀，以明朝为正朔的夔东抗清复明运动仍在继续，他们有永历朝廷委派的全权代表，有相当可观的旗帜鲜明的军队，有地方政权[1]，维护和行使明朝的制度。至于台湾、厦门一带的郑经、郑克塽虽然遵奉永历正朔，一直到康熙二十二年（1683）施琅率军攻克澎湖，刘国轩等劝郑克塽降清为止，从这一角度来看，明朔尚存，衣冠未改，似乎也可以列入南明史内。[2]但是，我们不应忘记康熙十二年（1673）发生了三藩之变，郑经同耿精忠有一段联合与分裂的历史。把三藩之变扯进南明史显然不大合适。自然，南明史的下限学术界同好有不同意见，如主张以永历帝1659年入缅做结束[3]，主张以永历帝被俘、杀做结束，主张以李定国病死、部卒降清做结束，等等。本书以康熙三年（1664）八月夔东抗清基地彻底覆灭作为南明结束的标志，实际上还考虑到了同年六月间在东海沿海活动的张煌言因为复兴无望，主动解散军队，不久被清军俘杀的因素在内。这只是一种看法和叙述体例，无妨与其

---

[1] 夔东地区有永历朝廷委派的总督、巡抚、关南道、大宁、兴山等县知县，参见《李勤襄公抚督秦蜀奏议》。光绪十年《兴山县志》卷七《人物列女表》说："兴山为李赤心、李来亨先后窃据，士民皆奉宏（弘）光、隆武、永历年号，故县无顺治券契。"

[2] 柳亚子《南明史纲·史料》一书即以"永历三十七年""武平侯刘国轩、忠诚伯冯锡范奉延平王出降"作为"明亡"的标志，见一〇三页。

[3] 谭其骧先生《俗传中国史朝代起迄纪年匡谬》一文（载《历史研究》1991年第六期）中即主此说，他指出："一般认为是1661年即永历十五年吴三桂兵入缅甸永历被擒之年"终止"是说不通的"，"又有人说南明终止于1662年永历被杀时，那就更说不通了"。

他说法并存。

纵观南明长达二十年的曲折历程，不能不承认原来的大顺军和大西军始终发挥了举足轻重的作用。如果把视界放宽一点，郑成功之所以能在明清之际扮演抗清主角之一，同他继承了海盗出身的郑芝龙的部众和资业有密切关系。换句话说，腐败透顶的明王朝自甲申（1644）以后，实际上已经没有自立的能力，同气焰方张的清朝周旋了二十年，主要是靠曾被视作"大逆不道"的"流寇"和"海贼"。没有这种大换血，朱明朝廷早就灰飞烟灭了。弘光在位一年期间奉行"联虏平寇"方针，结果导致了自身的土崩瓦解，何况正是由于大顺军在山西、河南、陕西的抗清，拖住了清军主力，弘光朝廷才得以坐山观虎斗，偏安江左达一年之久。隆武朝廷肇建以后，由于民族矛盾上升改变了"联虏平寇"政策，转而联合农民军余部共同抗清，但当国大臣对原农民军怀有极深的偏见，处处加以歧视和排斥，难以扭转日益深重的民族危机。到永历后期，南明朝廷的"嫡系"杂牌"官军"死、降殆尽，原大西军余部肩负起抗清拥明的重任，取得了一系列彪炳史册的辉煌战果。永历朝廷凭借原大西军的支持才苟延残喘了若干年。1661年永历帝的被俘实际上是中国社会中拥明势力衰微的结果，否则，朱由榔不致落入清军之手。即便朱由榔父子由于其他原因夭折，拥明势力如果还拥有同清方较量的实力，完全可以另选其他朱明宗室作为复兴的号召，就像帝系远裔隆武帝、鲁监国开创的先例一样。当复明运动已经走到山穷水尽的时候，原大西军将领李定国，原大顺军将领刘体纯、李来亨、袁宗第、郝摇旗仍然没有放下武器，在极端穷困的地区面对占绝对优势的清军做顽强的拼搏，用鲜血和生命谱写了一曲曲可歌可泣的壮烈史诗。曲终人散，南明悲剧至此落下帷幕，留下无数功罪听凭后人思索评说。

引用书目

中国第一历史档案馆藏档案原件
其他图书馆博物馆藏档案原件
张伟仁主编《明清档案》
《顺治元年内外官署奏疏》
《顺治录疏》
《故宫文献丛编》
《清代档案史料丛编》
《明清史料》甲编
《明清史料》乙编
《明清史料》丙编
《明清史料》丁编
《明清史料》己编
《明清史料》壬编
《清代农民战争史资料选编》
《郑成功档案史料选辑》
《郑成功满文档案史料选译》
《郑成功收复台湾史料选编》
《清初内国史院满文档案译编》
罗振玉《清初史料丛编》
《史料丛刊初编》
《明神宗实录》
《明熹宗实录》
《清太宗实录》
《清世祖实录》
《清圣祖实录》
《清世宗实录》
《明史》
《清史稿》
《清史列传》
吴晗辑《朝鲜李朝实录中的中国史料》

蒋良骐《东华录》
王先谦《东华录》
鄂尔泰主编《八旗通志》
《满汉名臣传》
李元度《国朝先正事略》
黄宗羲《明文海》
《明经世文编》
《皇清名臣奏议汇编》
《皇朝经世文编》
张岱《石匮书后集》
温睿临《南疆逸史》
李天根《爝火录》
谈迁《国榷》
查继佐《罪惟录》
徐鼒《小腆纪年附考》
沈佳《存信编》
计六奇《明季北略》《明季南略》
郑达《野史无文》
蒋景祁《瑶华集》
陈鼎《东林列传》
吴殳、戴笠《怀陵流寇始终录》（《玄览堂丛书》本）
戴笠、吴乔《流寇长编》（书目文献出版社影印本）
吴伟业《绥寇纪略》
彭孙贻《流寇志》（即《平寇志》）
邵廷寀《东南纪事》
邵廷寀《西南纪事》
孙承泽《春明梦余录》

杨嗣昌《杨文弱先生集》
史可法《史忠正公集》《史可法集》
瞿式耜《瞿忠宣公集》《瞿式耜集》《虞山集》
黄道周《黄漳浦集》
杨廷麟《杨忠节公遗集》
刘城《峄桐集》
刘宗周《刘子全书》
归庄《归庄集》
王思任《王季重十种》
陈子龙《陈子龙诗集》《兵垣奏议》
左懋第《萝石山房文钞》
林时对《留补堂文集选》
王铎《拟山园选集》
管绍宁《赐诚堂文集》
辛升《寒香馆遗稿》
余煌《余忠节公遗文》
张履祥《杨园先生全集》
袁继咸《六柳堂遗集》
袁继咸《浔阳纪事》
阎尔梅《阎古古全集》
金堡《偏行堂集》
金堡《岭海焚余》
顾景星《白茅堂集》
侯方域《壮悔堂集》
祁彪佳《祁忠敏公日记》
张家玉《张文烈遗集》
王锡衮《禄丰王忠节公集》，见《明滇南五名臣集》

陈确《陈确集》
钱秉镫《藏山阁集》
张煌言《张苍水集》
彭孙贻《茗斋集》
邝露《邝海雪集笺》
熊开元《鱼山剩稿》
朱之瑜《朱舜水集》
徐孚远《钓璜堂存稿》
徐孚远《交行摘稿》
李邺嗣《杲堂诗文集》
陶汝鼐《荣木堂诗集》
陶汝鼐《密庵先生遗集》
《昆山王源鲁先生遗稿》
钱谦益《牧斋全集》
彭士望《耻躬堂集》
连城璧《蹇愚录》
侯中一编《沈光文斯庵先生专集》
《陈璧诗文残稿笺注》，江村、瞿冕良笺证
方以智《浮山文集》
戴廷栻《半可集》
顾炎武《顾亭林诗文集》
《顾亭林诗集汇注》，王蘧常辑注
屈大均《翁山佚文辑》
魏耕《雪翁诗集》
方孔炤《抚楚公牍》《西库随笔》，见《桐城方氏七世遗书》
吴伟业《梅村家藏稿》
《吴梅村诗集笺注》，程穆衡、杨学沆笺注

李世熊《寒支初集》《寒支二集》
《夏完淳集校笺》，白坚笺校
张岱《琅嬛文集》
傅山《霜红龛集》
李雯《蓼斋集》
佘一元《潜沧集》
孟乔芳《孟忠毅公奏议》
李国英《李勤襄公抚督秦蜀奏议》
郝浴《中山奏议》
张王治《工垣谏草》
卫周胤《兵言》
张玉书《张文贞公集》
方文《涂山集》
彭而述《读史亭文集》
姚文燮《无异堂文集》
刘武元《虔南奏议》
胡有升《镇虔奏疏》
曹烨《曹司马集》
佟国器《三抚捷功奏疏》
佟国器《三抚密奏疏稿》
施闰章《施愚山文集》
耿兴宗《遵汝山房文稿》
蔡士英《抚江集》
曹寅《楝亭集》
戴名世《戴名世集》
全祖望《鲒埼亭集》
李光地《榕村语录》《榕村续语录》
陈恭尹《独漉堂集》

王熙《王文靖公集》
姚启圣《忧畏轩奏疏》（在《闽颂汇编》内）
洪若皋《南沙文集》
魏裔介《兼济堂诗集选》
龚鼎孳《定山堂集》
刘尚友《定思小记》
张正声《二素纪事》
顾炎武《明季实录》
顾炎武《日知录》
高斗枢《守郧纪略》
《梨洲遗著汇刊》内之《郑成功传》（托名黄宗羲撰）
文秉《烈皇小识》
孙承泽《山书》
刘若愚《酌中志》
张怡《謏闻续笔》
张怡《白云道人自述》
杨士聪《甲申核真录》
冯梦龙《甲申纪事》
姜曰广《过江七事》
陈定生《书事七则》
谈迁《枣林杂俎》
谈迁《北游录》
李清《南渡录》
李清《三垣笔记》
李清《甲申日记》
夏完淳《续幸存录》
徐应芬（聋道人）《遇变纪略》

边大绶《虎口余生记》
钱馠《甲申传信录》
王度《伪官据城记》，见《荆驼逸史》
郑廉《豫变纪略》
《吴三桂纪略》，见《辛巳丛编》
史惇《恸余杂记》
王秀楚《扬州十日记》
《嘉定屠城纪略》
《江阴城守记》（托名韩菼）
许重熙《江阴城守后纪》
沈涛《江上遗闻》
《思文大纪》
钱秉镫《所知录》
张岱《陶庵梦忆》（《砚云甲编》本）
查继佐《国寿录》
查继佐《敬修堂钓业》
佚名《舟山纪略》
吴晋锡《半生自记》
钱肃润《南忠记》
曹大镐《化碧录》
杨苞《桐川纪事》
素心室主人编《南沙枕秘四种》
翁洲老民《海东逸史》
徐芳烈《浙东纪略》
林佳矶《闽记》，见抄本《明季稗史》第三种
海外散人《榕城纪闻》
任光复《航海遗闻》（又名《航海纪闻》）

查继佐《鲁春秋》
李聿求《鲁之春秋》
费密《荒书》
顾公燮《丹午笔记》
《吴城日记》
姚廷遴《历年纪》
抱阳生《甲申朝事小记》
王应奎《柳南续笔》
《平南王元功垂范》
《研堂见闻杂录》
南园啸客《平吴事略》
张道《临安旬制记》
陆圻《纤言》
《鹿樵纪闻》
应廷吉《青燐屑》
陈济生《再生纪略》
南沙三余氏《南明野史》
陈洪范《北使纪略》
刘献廷《广阳杂记》
茅元仪《平巢事迹考》
姚康《太白剑》
杜登春《社事始末》
黄宗羲《行朝录》
黄宗羲《弘光实录钞》
黄宗羲《海上恸哭记》
黄宗羲《赐姓始末》
黄宗羲《汰存录》
《殷顽录》
华夏《过宜言》

徐世溥《江变纪略》
柳同春《天念录》
佚名《监国纪年》
欧阳直《欧阳氏遗书》《蜀乱》
沈荀蔚《蜀难叙略》
李馥荣《滟滪囊》
李蕃《雅安追记》
顾山贞《客滇述》
傅迪吉《五马先生纪年》
华廷献《闽海月记》
鲁可藻《岭表纪年》
蒙正发《三湘从事录》
王夫之《永历实录》
李介《天香阁随笔》
《大义觉迷录》
缪荃孙《云自在龛笔记》
《希青亭集》
王沄《漫游纪略》
何焯《晴江阁文钞》
何是非《风倒梧桐记》
《两粤新书》
雷亮功《桂林田海记》
《东华录缀言》，见《佳梦轩丛著》
瞿共美《天南逸史》
《粤游见闻》
《滇缅录》附文安之《黔记》
屈大均《安龙逸史》
江之春《安龙纪事》
胡钦华《天南纪事》

瞿昌文《粤行纪事》（又名《粤行小记》）
陈聂恒《边州闻见录》
陈舜系《乱离见闻录》
《行在阳秋》
康范生《仿指南录》
华复蠡《粤中偶记》（又名《两广纪略》）
林时对《荷牐丛谈》
丁大任《永历纪事》
丁大任《入长沙记》
陈伯陶《胜朝粤东遗民录》
杨英《先王实录》（又名《从征实录》）
夏琳《闽海纪要》
阮曼锡《海上见闻录》（定本）（彭孙贻《靖海志》）
江日升《台湾外纪》
沈云《台湾郑氏始末》
许基浩《郑延平年谱》
《延平二王遗集》
《郑成功族谱三种》
庄为玑、王连茂编《闽台关系族谱资料选编》
郑亦邹《郑成功传》
施琅《靖海纪事》
《东明见闻录》
冯甦《滇考》
《滇系》

《滇粹》
叶梦珠《阅世编》
陆桂荣《三藩纪事本末》
（汉译）魏特《汤若望传》
屈大均《皇明四朝成仁录》
屈大均《广东新语》
许旭《闽中纪略》
杜臻《粤闽巡视纪略》
《闽颂汇编》
钮琇《觚剩》
余飏《芦中全集》
余飏《莆变纪事》
陈鸿、陈邦贤《清初莆变小乘》
陈鸿、陈邦贤《熙朝莆靖小纪》
昭梿《啸亭杂录》
《观海指掌图》
刘健《庭闻录》
《旅滇闻见随笔》
罗谦《残明记事》
佚名《明亡述略》
《永昌府文征》
《晋宁诗文征》
倪蜕《滇云历年传》
谢圣纶辑《滇黔志略》
《云南备征志》
珠江寓舫偶记《劫灰录》
客溪樵隐编《求野录》
邓凯《也是录》
刘菂《狩缅纪事》

杨德泽《杨监笔记》
金钟《皇明末造录》
《明末滇南纪略》
昆明无名氏辑《滇南外史》
徐弘祖《徐霞客游记》
纪昀《阅微草堂笔记》
《虞山集》
康熙年间修《佟氏宗谱》
《沅湘耆旧集》
《潮州耆旧集》
卫匡国《鞑靼战纪》，见《清代西人见闻录》
魏源《圣武记》
叶梦珠《续编绥寇纪略》

谢国桢《增订晚明史籍考》
谢国桢《南明史略》
Lynn A. Struve "The Southern Ming 1644-1662"（1984）（汉译本　司徒琳《南明史》，上海古籍出版社，1992年版）
柳亚子《怀旧集》
柳亚子《南明史纲·史料》
邓之诚《清诗纪事初编》
连横《台湾通史》
郭影秋《李定国纪年》
《郑成功全传》，台湾史迹研究中心1979年版
何廷瑞《日本平户岛上有关郑成功父子之资料》

陈碧笙《一六四六年郑成功海上起兵经过》，载《历史研究》1978年第二期
《郑成功研究论文集》
《郑成功研究国际学术会议论文集》
马楚坚《明清边政与治乱》
《清史论丛》第二辑，1980年版
《明史论文集》，黄山书社1994年版
台湾《大陆杂志史学丛书》第四辑第五册
方国瑜《云南史料目录概说》
郑天挺《探微集》
汪宗衍《艺文丛谈续编》
G. E. Harvey原著、姚枬译《缅甸史》
罗宗颐《郭之奇年谱》
曹锦炎、王小红《南明官印集释》（打印论文稿）
孟森《明清史论著集刊》
李光涛《明清档案论文集》
《清代人物传稿》上编，第三卷
谭其骧《俗传中国史朝代起迄纪年匡谬》，载《历史研究》1991年第六期

康熙八年《山海关志》
光绪四年《临榆县志》
乾隆三十九年《永平府志》
光绪五年《永平府志》
康熙十一年《重修大名府志》
康熙十五年《元城县志》
乾隆十年《永年县志》

雍正八年《高阳县志》　　　　　　乾隆三十七年《历城县志》
康熙二十四年《灵寿县志》　　　　乾隆二十四年《阳信县志》
雍正十年《肥城县志》　　　　　　康熙三十四年《邹平县志》
康熙十年《雄县志》　　　　　　　康熙十二年《莱芜县志》
康熙十七年《庆都县志》　　　　　康熙二十一年《山西通志》
康熙四十四年《怀柔县新志》　　　雍正十三年《朔州志》
康熙十一年《遵化州志》　　　　　康熙五十一年《定襄县志》
康熙四十三年《蓟州志》　　　　　康熙三十九年《重修静乐县志》
康熙十二年《东安县志》　　　　　乾隆六年《沁州志》
咸丰三年《大名府志》　　　　　　康熙四十五年《泽州志》
康熙十七年《山东通志》　　　　　康熙三十二年《平顺县志》
康熙十二年《德州志》　　　　　　乾隆二年《翼城县志》
乾隆五十三年《德州志》　　　　　康熙三十五年《介休县志》
康熙六十年《青州府志》　　　　　康熙二十六年《五台县志》
乾隆五十年《济宁直隶州志》　　　顺治十六年《绛县志》
乾隆二十三年《高苑县志》　　　　光绪十二年《永济县志》
康熙三十二年《新城县志》　　　　光绪七年《荣河县志》
乾隆八年《淄川县志》　　　　　　乾隆二十八年《稷山县志》
乾隆二十一年《曹州府志》　　　　乾隆三十五年《汾州府志》
康熙十三年《曹州志》　　　　　　康熙二十一年《阳曲县志》
咸丰九年《武定府志》　　　　　　雍正七年《临汾县志》
道光十一年《冠县志》　　　　　　顺治九年《云中郡志》
康熙二十四年《蒙阴县志》　　　　乾隆二十七年《延长县志》
康熙十二年《高唐州志》　　　　　乾隆五十年《绥德直隶州志》
乾隆六年《夏津县志》　　　　　　康熙三十六年《阶州志》
乾隆三十三年《金乡县志》　　　　道光二十七年《吴堡县志》
康熙十二年《胶州志》　　　　　　道光二十一年《榆林府志》
乾隆二十八年《即墨县志》　　　　康熙五年《蒲城县志》
康熙三十年《临城县志》　　　　　康熙十二年《延绥镇志》

康熙二十四年《潼关志》
康熙六年《洛川县志》
顺治四年《白水县志》
康熙十九年《延安府志》
道光二十二年《怀远县志》
康熙四年《续修商志》
康熙七年《咸宁县志》
乾隆四十四年《甘州府志》
道光十三年《兰州府志》
乾隆十一年《西宁府新志》
乾隆十四年《五凉考治六德集全志》
康熙三十四年《怀庆府志》
康熙三十一年《光州志》
康熙二十九年《上蔡县志》
康熙九年《西平县志》
康熙元年《汝宁府志》
乾隆十八年《郾城县志》
康熙三十二年《内乡县志》
顺治十六年《邓州志》
康熙十二年《濮州志》
康熙三十二年《睢州志》
光绪（宣统元年刻）《濮州志》
康熙二十二年《安庆府志》
康熙十二年《安庆府桐城县志》
康熙十四年《太湖县志》
康熙十二年《巢县志》
顺治十三年《新修丰县志》
乾隆十年《铜山县志》
康熙元年《宿迁县志》

康熙十二年《广州府志》
乾隆十八年《南雄府志》
康熙十二年《连州志》
光绪元年《怀集县志》
道光十三年《肇庆府志》
乾隆六年《新会县志》
道光七年《高州府志》
嘉庆二十四年《茂名县志》
光绪十四年《化州志》
乾隆四十四年《揭阳县志》
道光十三年《廉州府志》
道光二十二年《英德县志》
同治十三年《韶州府志》
嘉庆二十四年《三水县志》
光绪十九年《新宁县志》
道光七年《香山县志》
道光二年《阳江县志》
康熙抄本《南宁府全志》
同治十一年《苍梧县志》
嘉庆十年《平乐府志》
光绪三十年《临桂县志》
康熙五十九年《西江志》
乾隆五十四年《南昌府志》
嘉庆二十三年《湖口县志》
康熙十二年《九江府志》
康熙二十二年《彭泽县志》
康熙十九年《宁州志》
康熙二十三年《赣州府续志》
康熙三十二年《福建通志》

乾隆十六年《福州府志》
康熙五十三年《漳州府志》
乾隆二十八年《泉州府志》
乾隆二十七年《福宁府志》
嘉庆八年《惠安县志》
乾隆二十八年《长乐县志》
光绪八年《金门志》
乾隆十七年《汀州府志》
康熙二十五年《杭州府志》
康熙二十二年《金华府志》
道光三年《金华县志》
道光二十六年《宁波府志》
康熙二十三年《温州府志》
康熙六十一年《台州府志》
康熙十一年《襄阳府志》
康熙二十四年《郧阳府志》
康熙六年《安陆府志》
同治四年《房县志》
康熙十二年《均州志》
同治六年《谷城县志》
光绪九年《光化县志》
康熙三年《蕲州志》
康熙二十三年《蕲水县志》
康熙九年《麻城县志》
顺治《孝感县志》
康熙九年《松滋县志》
康熙九年《枝江县志》
康熙二十二年《大冶县志》
康熙二十四年《荆州府志》

同治四年《竹山县志》
康熙八年《当阳县志》
光绪六年《巴东县志》
光绪十年《兴山县志》
康熙五年《德安安陆郡志》
康熙十二年《德安府志》
康熙四年《通山县志》
乾隆二十八年《衡州府志》
康熙二十四年《宝庆府志》
嘉靖十四年《常德府志》
同治九年《江华县志》
康熙六年《永明县志》
同治十二年《沅州府志》
康熙四十四年《沅陵县志》
乾隆二十八年《永顺府志》
同治十年《保靖县志》
同治十三年《黔阳县志》
康熙二十四年《桃源县志》
康熙十九年《浏阳县志》
康熙三年《湘潭县志》
乾隆二十六年《衡阳县志》
康熙四十二年《长沙县志》
乾隆十五年《澧州志林》
康熙二十四年《岳州府志》
康熙二十四年《巴陵县志》
乾隆二十六年《清泉县志》
乾隆八年《平江县志》
康熙五十二年《安福县志》
同治八年《安福县志》

乾隆四十二年《富顺县志》

嘉庆十七年《乐山县志》

民国十八年《南充县志》

乾隆二十四年《直隶泸州志》

康熙五十三年《涪州志》

道光二十四年《江北厅志》

嘉庆十七年《宜宾县志》

道光十五年《綦江县志》

康熙五十四年抄本《巫山县志》

嘉庆十八年《洪雅县志》

光绪十年《洪雅县续志》

乾隆四年《雅州府志》

嘉庆五年《清溪县志》

乾隆二十二年《广元县志》

道光二十年《乐至县志》

道光七年《夔州府志》

乾隆八年《新繁县志》

道光二十一年《安岳县志》

弘治《贵州图经新志》

康熙三十一年《贵州通志》

宣统元年《贵州全省地舆图说》

道光三十年《贵阳府志》

康熙五十七年《定番州志》

民国三十七年《贵州通志》

道光二十一年《遵义府志》

民国三十五年《镇宁县志》

民国十八年《桐梓县志》

康熙六十一年《思州府志》

光绪二十三年《平越直隶州志》

光绪五年《毕节县志》

咸丰元年《安顺府志》

民国三十二年《兴仁县补志》

乾隆二十九年《南笼府志》

康熙三十年《云南通志》

康熙三十五年《云南府志》

雍正九年《建水州志》

康熙五十八年《澂江府志》

康熙五十五年《楚雄府志》

康熙三十三年《大理府志》

康熙十二年《石屏州志》

嘉庆四年《临安府志》

康熙四十四年《平彝县志》

康熙十二年《阿迷州志》

康熙五十三年《鹤庆府志》

康熙五十四年《新兴州志》

道光二十年《晋宁州志》

康熙二十六年《武定府志》

康熙五十二年《剑川州志》

康熙五十一年《禄丰县志》

康熙四十一年《永昌府志》

乾隆二十六年《东川府志》

康熙三十年《通海县志》

道光六年《元江府志》

康熙四十九年《黑盐井志》

雍正五年《宾川州志》

《鸡足山志补》

原版后记

这部《南明史》终于交付出版社了。说来话长，1982年我写完《明末农民战争史》，就开始了南明史的撰作。大约写了一半草稿，由于一些原因曾经一度搁置。原因之一是我感到明代的卫所制度和相关问题非常重要，值得下功夫去探讨。于是，在教学之余集中时间收集有关卫所的资料进行研究，从1986年起发表了一组这方面的论文。卫所制度的探讨刚有头绪，关心南明史的朋友经常询问书稿的进展情况，出版部门也来联系。自己在《明末农民战争史》的前言里许下诺言要出《南明史》作为"姊妹篇"，姐姐早已出世，妹妹却不见倩影，岂非失信于读者。这样，不得不翻出旧稿，重新开手。

本书的初稿在1990年底以前就写出来了。可是，总觉得不满意。尽管热心的出版社编辑催稿信多达数十封，却迟迟未能交稿。南明史牵涉面太广，头绪太多，史料既庞杂又往往在关键问题上缺乏可信的文献，弄清事实真相殊非易事。经过反反复复地查找材料，增删修改，许多章节是改乱了重抄，誊清后又改，一拖就是五年。自己也陷入矛盾的境地，南明史不交稿，腾不出手来从事其他问题的探索，熟悉和未曾谋面的朋友不断催促，又形成一种压力，拖延下去不是办法。然而，南明史中确实还有许多问题需要继续做深入研究，凭借个人绵薄之力想查个水落石出，可谓不自量。何况，我还发现在反复加工中有时会花费无谓的劳动。清人袁枚说过："因忆四十年来，将诗改好者固多，改坏者定复不少。"真是经验之谈。那么，就这样交稿吧，敬听读者的批评。在本书撰写过程中，多得内子何龙素从旁协助，谨此致谢。

顾 诚

1996年5月15日

激发个人成长

多年以来，千千万万有经验的读者，都会定期查看熊猫君家的最新书目，挑选满足自己成长需求的新书。

读客图书以"激发个人成长"为使命，在以下三个方面为您精选优质图书：

1. 精神成长

熊猫君家精彩绝伦的小说文库和人文类图书，帮助你成为永远充满梦想、勇气和爱的人！

2. 知识结构成长

熊猫君家的历史类、社科类图书，帮助你了解从宇宙诞生、文明演变直至今日世界之形成的方方面面。

3. 工作技能成长

熊猫君家的经管类、家教类图书，指引你更好地工作、更有效率地生活，减少人生中的烦恼。

每一本读客图书都轻松好读，精彩绝伦，充满无穷阅读乐趣！

认准读客熊猫

读客所有图书,在书脊、腰封、封底和前后勒口都有"**读客熊猫**"标志。

两步帮你快速找到读客图书

1. 找读客熊猫

2. 找黑白格子

马上扫二维码,关注**"熊猫君"**

和千万读者一起成长吧!